THE INTERLINEARY

Hebrew and English Psalter

THE

INTERLINEARY

Hebrew and English Psalter

in which
The Construction of Every Word Is Indicated,
and the Root of Each Distinguished
by the Use
of Hollow and Other Types

WIPF & STOCK · Eugene, Oregon

Wipf and Stock Publishers
199 W 8th Ave, Suite 3
Eugene, OR 97401

The Interlineary Hebrew and English Psalter
Softcover ISBN-13: 978-1-7252-8757-0
Hardcover ISBN-13: 978-1-7252-8756-3
eBook ISBN-13: 978-1-7252-8758-7
Publication date 9/8/2020
Previously published by Zondervan
Publishing House, 1970

This edition is a scanned facsimile
of the original edition published in 1970.

PREFACE.

THE object of this Work is to afford to the Hebrew Student grammatical aid in reading the book of Psalms in the original language.

The Hebrew Text is printed with care, according to Van der Hooght. The servile letters are distinguished by hollow types, the root remaining black: and in all cases where a radical letter has been dropped from a word, it is supplied in small type above the line.

The English translation has been made as literal as seemed practically useful; and the greatest possible *uniformity* in rendering the Hebrew has been preserved. That is to say, every needless variation of the translation, where the original remained the same, has been avoided.

In many instances, however, strict uniformity of rendering would have altered the true sense;—

as in the case of verbs having both transitive and intransitive meanings,—in words applied to God,—and when the context affected the signification: these peculiarities have been observed.

Words which cannot be expressed in English are marked with)(; this is almost exclusively confined to אֵת.

Words which the idiom of the English language has required, are inclosed between [ ].

All supplied words are inclosed within ( ).

The Hebrew article, when prefixed to substantives, has been distinguished thus, 'THE'; but this was not always practicable before participles and adjectives.

The interrogative הֲ is marked by a *prefixed* (?).

ספר תהלים׃

THE BOOK OF PSALMS.

ספר תהלים׃

THE BOOK OF PSALMS.

א

אַשְׁרֵי הָאִישׁ אֲשֶׁר ׀ לֹא הָלַךְ בַּעֲצַת רְשָׁעִים
,wicked-the of-counsel-the-in walked not who man-THE of-Blessings

וּבְדֶרֶךְ חַטָּאִים לֹא עָמָד וּבְמוֹשַׁב לֵצִים לֹא יָשָׁב׃
.sat not scorners of-seat-the-in-and ,stood not sinners of-way-the-in-and

2 כִּי ׀ אִם בְּתוֹרַת יְהוָה חֶפְצוֹ וּבְתוֹרָתוֹ יֶהְגֶּה
meditate-will-he law-his-in-and ;delight-his (*is*) Jehovah of-law-the-in rather But

יוֹמָם וָלָיְלָה׃ 3 וְהָיָה כְּעֵץ שָׁתוּל עַל־פַּלְגֵי־מָיִם
;waters of-channels-the by planted tree-a-as be-shall-he-And .night-and day-by

אֲשֶׁר פִּרְיוֹ ׀ יִתֵּן בְּעִתּוֹ וְעָלֵהוּ לֹא־יִבּוֹל
,fade-shall not leaf-its-and ;season-its-in give-shall fruit-its which

וְכֹל אֲשֶׁר־יַעֲשֶׂה יַצְלִיחַ׃ 4 לֹא־כֵן הָרְשָׁעִים
,wicked-THE so Not .prosper-shall-he work-shall-he which thing-every-(*in*)-and

כִּי אִם־כַּמֹּץ אֲשֶׁר־תִּדְּפֶנּוּ רוּחַ׃ 5 עַל־כֵּן ׀ לֹא־
not Therefore .wind-the away-[it]-driveth which chaff-THE-as rather but

יָקֻמוּ רְשָׁעִים בַּמִּשְׁפָּט וְחַטָּאִים בַּעֲדַת
of-congregation-THE-in sinners-and ,judgment-THE-in wicked-the rise-shall

צַדִּיקִים׃ 6 כִּֽי־יוֹדֵעַ יְהוָה דֶּרֶךְ צַדִּיקִים וְדֶרֶךְ
of-way-the-and ;righteous-the of-way-the Jehovah knowing (*is*) For .righteous-the

רְשָׁעִים תֹּאבֵד׃
.perish-shall wicked-the

ב

לָמָּה רָגְשׁוּ גוֹיִם וּלְאֻמִּים יֶהְגּוּ־רִיק׃
?vanity meditate-will peoples-the-and ,Gentiles-the assembled-have Why

2 יִתְיַצְּבוּ ׀ מַלְכֵי־אֶרֶץ וְרוֹזְנִים נוֹסְדוּ־יָחַד
,together consulted-have rulers-the-and ,earth-the of-kings-the themselves-set-Will

עַל־יְהוָה וְעַל־מְשִׁיחוֹ׃ 3 נְנַתְּקָה אֶת־
X asunder-break-will-We .(sg)-anointed-his against-and Jehovah against

מוֹסְרוֹתֵימוֹ וְנַשְׁלִיכָה מִמֶּנּוּ עֲבֹתֵימוֹ׃ 4 יוֹשֵׁב
sitteth-that-He .cords-their us-from cast-and ,bands-their

בַּשָּׁמַיִם יִשְׂחָק אֲדֹנָי יִלְעַג־לָמוֹ׃ 5 אָז יְדַבֵּר
speak-he-will Then .them-at mock-will Lord-The ;laugh-will heavens-THE-in

אֵלֵימוֹ בְאַפּוֹ וּבַחֲרוֹנוֹ יְבַהֲלֵמוֹ׃ 6 וַאֲנִי נָסַכְתִּי
anointed-have I-And .them-trouble-will-he wrath-his-in-& ;anger-his-in them-to

מַלְכִּי עַל־צִיּוֹן הַר־קָדְשִׁי׃ 7 אֲסַפְּרָה אֶל־חֹק
statute-a for declare-will-I .holiness-my of-mountain-the ,Zion-upon king-my

יְהוָה אָמַר אֵלַי בְּנִי אַתָּה אֲנִי הַיּוֹם יְלִדְתִּיךָ׃
.thee-begotten-have day-to I ;thou-(*art*) son-my —,me-to said Jehovah

8 שְׁאַל מִמֶּנִּי וְאֶתְּנָה גוֹיִם נַחֲלָתֶךָ
,inheritance-thy-(*as*) Gentiles-the give-will-I-and ,me-from Ask

וַאֲחֻזָּתְךָ אַפְסֵי־אָרֶץ׃ 9 תְּרֹעֵם בְּשֵׁבֶט
of-rod-a-with them-break-shalt-Thou .earth-the of-ends-the possession-thy-(*as*)-and

בַּרְזֶל כִּכְלִי יוֹצֵר תְּנַפְּצֵם׃ 10 וְעַתָּה מְלָכִים
,Kings-O ,now-And .them-dash-wilt-thou potter-a of-vessel-a-as ;iron

הַשְׂכִּילוּ הִוָּסְרוּ שֹׁפְטֵי אָרֶץ׃ 11 עִבְדוּ אֶת־יְהוָה
Jehovah X Serve .earth-the of-judges-O chastised-be ;understand

בְּיִרְאָה וְגִילוּ בִּרְעָדָה׃ 12 נַשְּׁקוּ־בַר פֶּן־יֶאֱנַף ׀
,angry-be-he lest ,son-the ye-Kiss .trembling with-rejoice-and ; fear-with

וְתֹאבְדוּ דֶרֶךְ כִּי־יִבְעַר כִּמְעַט אַפּוֹ
:anger-his little-a-(*in*)-as kindle-shall for ,way-the-(*from*) perish-ye-and

אַשְׁרֵי כָּל־חוֹסֵי בוֹ׃
! Him-in trusting all of-blessings-the-O

ג

מִזְמוֹר לְדָוִד בְּבָרְחוֹ ׀ מִפְּנֵי אַבְשָׁלוֹם בְּנוֹ׃
.son-his Absalom of-face-the-from flying-his-in ; David-of Psalm-A

2 יְהוָה מָה־רַבּוּ צָרָי רַבִּים קָמִים עָלָי׃
.me-against rising-(*are*) Many ! distressors-my multiplied-have How Jehovah-O

3 רַבִּים אֹמְרִים לְנַפְשִׁי אֵין יְשׁוּעָתָה לּוֹ בֵאלֹהִים
.God-in him-for salvation not-is-there —; soul-my-to saying-(*are*) Many

סֶלָה׃ 4 וְאַתָּה יְהוָה מָגֵן בַּעֲדִי כְּבוֹדִי
,glory-my ;me-about shield-a-(*art*) ,Jehovah-O ,Thou-And Selah.

וּמֵרִים רֹאשִׁי׃ 5 קוֹלִי אֶל־יְהוָה אֶקְרָא
; cry-will-I Jehovah unto voice-my-(*With*) .head-my up-lifts-who-he-&

וַיַּעֲנֵנִי מֵהַר קָדְשׁוֹ סֶלָה׃ 6 אֲנִי
I .Selah : holiness-his of-mountain-the-from me-answer-will-he-&

שָׁכַבְתִּי וָאִישָׁנָה הֱקִיצוֹתִי כִּי יְהוָה יִסְמְכֵנִי׃ 7 לֹא־
Not .me-hold-will Jehovah for ,awoke-I ; slept-I-and down-lay

אִירָא מֵרִבְבוֹת עָם אֲשֶׁר סָבִיב שָׁתוּ
(*themselves*)-set around which nation-a of-myriads-of-because fear-will-I

עָלָי׃ 8 קוּמָה יְהוָה ׀ הוֹשִׁיעֵנִי אֱלֹהַי כִּי־הִכִּיתָ
smitten-hast-thou for ; God-my-O ,me-save ; Jehovah-O ,Rise .me-against

אֶת־כָּל־אֹיְבַי לֶחִי שִׁנֵּי רְשָׁעִים שִׁבַּרְתָּ׃
.broken-hast-thou wicked-the of-teeth-the ; bone-cheek-the-(*on*) enemies-my all)(

9 לַיהוָה הַיְשׁוּעָה עַל־עַמְּךָ בִרְכָתֶךָ סֶּלָה׃
Selah. .blessing-thy-(*is*) nation-thy-upon ; salvation-THE (*is*)-Jehovah-To

ד

לַמְנַצֵּחַ בִּנְגִינוֹת מִזְמוֹר לְדָוִד׃ 2 בְּקָרְאִי
calling-my-In .David-of Psalm-a ;Neginoth-on over-is-that-him-To

עֲנֵנִי ׀ אֱלֹהֵי צִדְקִי בַּצָּר הִרְחַבְתָּ לִּי
;me-to enlarged-hast-thou distress-THE-in ;righteousness-my of-God-O ,me-answer

חָנֵּנִי וּשְׁמַע תְּפִלָּתִי׃ 3 בְּנֵי־אִישׁ עַד־מֶה
when until !man of-Sons .prayer-my hear-and me-to-gracious-be

כְבוֹדִי לִכְלִמָּה תֶּאֱהָבוּן רִיק תְּבַקְשׁוּ
for-inquire-ye-will ?vanity love-ye-will ?dishonour-to (*turned-be*)-glory-my-(*shall*)

כָזָב סֶלָה׃ 4 וּדְעוּ כִּי־הִפְלָה יְהוָה חָסִיד לוֹ
;himself-for saint-the Jehovah apart-set-has that know-And .Selah ?lying

יְהוָה יִשְׁמַע בְּקָרְאִי אֵלָיו׃ 5 רִגְזוּ וְאַל־תֶּחֱטָאוּ
;sin not-and troubled-Be .him-unto calling-my-in hear-will Jehovah

אִמְרוּ בִלְבַבְכֶם עַל־מִשְׁכַּבְכֶם וְדֹמּוּ סֶלָה׃ 6 זִבְחוּ
Sacrifice .Selah .silent-be-and ,bed-your upon heart-your-in say

זִבְחֵי־צֶדֶק וּבִטְחוּ אֶל־יְהוָה׃ 7 רַבִּים
Many .Jehovah upon confident-be-& ;righteousness of-sacrifices-the

אֹמְרִים מִי־יַרְאֵנוּ טוֹב נְסָה־עָלֵינוּ אוֹר פָּנֶיךָ
,face-thy of-light-the us-upon up-lift ?good see-us-make-will who ,saying-(*are*)

יְהוָה׃ 8 נָתַתָּה שִׂמְחָה בְלִבִּי מֵעֵת
,season-the-than-more heart-my-in gladness given-hast-Thou .Jehovah-O

דְּגָנָם וְתִירוֹשָׁם רָבּוּ׃ 9 בְּשָׁלוֹם יַחְדָּו אֶשְׁכְּבָה
down-lie-will-I together peace-In .multiplied wine-new-their-& corn-their

וְאִישָׁן כִּי־אַתָּה יְהוָה לְבָדָד לָבֶטַח תּוֹשִׁיבֵנִי׃
.dwell-me-make-wilt confidence-in alone ,Jehovah-O ,thou for ;sleep-and

ה

לַמְנַצֵּחַ אֶל־הַנְּחִילוֹת מִזְמוֹר לְדָוִד׃ 2 אֲמָרַי
words-My .David-of Psalm-a ;Nechiloth-THE upon ,over-is-that-him-To

הַאֲזִינָה יְהוָה בִּינָה הֲגִיגִי׃ 3 הַקְשִׁיבָה לְקוֹל
of-voice-the-to Attend .meditation-my consider ;Jehovah-O ,to-ear-give

שַׁוְעִי מַלְכִּי וֵאלֹהָי כִּי־אֵלֶיךָ אֶתְפַּלָּל׃ 4 יְהוָה
,Jehovah-O .pray-will-I thee-unto for ;God-my-& king-my-O ,cry-my

בֹּקֶר תִּשְׁמַע קוֹלִי בֹּקֶר אֶעֱרָךְ־לְךָ
thee-to order-in-set-will-I morning-the-(*in*) ;voice-my hear-wilt-thou morning-the-(*in*)

וַאֲצַפֶּה׃ 5 כִּי ׀ לֹא אֵל־חָפֵץ רֶשַׁע אָתָּה לֹא
not ;thou-(*art*) wickedness (*in*)-delighting-God-a not For .watch-will-&

יְגֻרְךָ רָע׃ 6 לֹא־יִתְיַצְּבוּ הוֹלְלִים לְנֶגֶד
before foolish-the themselves-set-shall Not .evil thee-with-sojourn-shall

עֵינֶיךָ שָׂנֵאתָ כָּל־פֹּעֲלֵי אָוֶן׃ 7 תְּאַבֵּד דֹּבְרֵי
speak-who-those destroy-wilt-Thou .iniquity of-doers all hated-hast-Thou ;eyes-thy

כָזָב אִישׁ־דָּמִים וּמִרְמָה יְתָעֵב ׀ יְהוָה׃ 8 וַאֲנִי
I-And .Jehovah abhor-will deceit-and blood of-man-the ;falsehood

בְּרֹב חַסְדְּךָ אָבוֹא בֵיתֶךָ אֶשְׁתַּחֲוֶה אֶל־
towards down-bow-will-I ;house-thy (*into*)-go-will mercy-thy of-multitude-the-in

הֵיכַל־קָדְשְׁךָ בְּיִרְאָתֶךָ׃ 9 יְהוָה ׀ נְחֵנִי בְצִדְקָתֶךָ
,righteousness-thy-in me-lead ,Jehovah-O .fear-thy-in holiness-thy of-temple-the

לְמַעַן שׁוֹרְרָי הוֹשַׁר לְפָנַי דַּרְכֶּךָ׃ 10 כִּי
For .way-thy me-before straight-make ;me-observe-who-those of-because

אֵין בְּפִיהוּ נְכוֹנָה קִרְבָּם הַוּוֹת קֶבֶר־
sepulchre-a ;wickedness (*is*)-part-inward-their ,steadfastness mouth-his-in not-is-there

פָּתוּחַ גְּרוֹנָם לְשׁוֹנָם יַחֲלִיקוּן׃ 11 הַאֲשִׁימֵם ׀
,guilt-with-them-Charge .flatter-will-they tongue-their-(*with*) ;throat-their-(*is*) opened

אֱלֹהִים יִפְּלוּ מִמֹּעֲצוֹתֵיהֶם בְּרֹב פִּשְׁעֵיהֶם
transgressions-their of-multitude-the-in ;counsels-their-by fall-shall-they ,God-O

הַדִּיחֵמוֹ כִּי־מָרוּ בָךְ׃ 12 וְיִשְׂמְחוּ כָל־חוֹסֵי
trust-who all glad-be-shall-And. thee-against rebelled-have-they for ;away-them-drive

בָךְ לְעוֹלָם יְרַנֵּנוּ וְתָסֵךְ עָלֵימוֹ וְיַעְלְצוּ
exult-shall-& ;them-over cover-wilt-thou-& ;joy-for-shout-shall-they ever-for ,thee-in

בְּךָ אֹהֲבֵי שְׁמֶךָ׃ 13 כִּֽי־אַתָּה תְּבָרֵךְ צַדִּיק ׀

(sg.)-righteous-the bless-wilt thou For .name-thy love-who-those thee-in

יְהוָה כַּצִּנָּה רָצוֹן תַּעְטְרֶֽנּוּ׃

.him-surround-wilt-thou favour-(*with*) buckler-THE-as ;Jehovah-O

ו

לַמְנַצֵּחַ בִּנְגִינוֹת עַֽל־הַשְּׁמִינִית מִזְמוֹר לְדָוִד׃

.David-of Psalm-a ;Sheminith-THE-upon ,Neginoth-on over-is-that-him-To

2 יְהוָה אַל־בְּאַפְּךָ תוֹכִיחֵנִי וְאַל־בַּחֲמָתְךָ תְיַסְּרֵֽנִי׃

.me-chasten wrath-thy-in not-and ;me-rebuke anger-thy-in not ,Jehovah-O

3 חָנֵּנִי יְהוָה כִּי אֻמְלַל אָנִי רְפָאֵנִי יְהוָה כִּי

for ,Jehovah-O ,me-heal ;I-(*am*) weak-very for ;Jehovah-O ,me-to-gracious-Be

נִבְהֲלוּ עֲצָמָי׃ 4 וְנַפְשִׁי נִבְהֲלָה מְאֹד וְאַתְּ

thou-& ;greatly troubled-been-has soul-my-And .bones-my troubled-been-have

יְהוָה עַד־מָתָי׃ 5 שׁוּבָה יְהוָה חַלְּצָה נַפְשִׁי

;soul-my deliver ,Jehovah-O ,Return ?When until ,Jehovah-O

הוֹשִׁיעֵנִי לְמַעַן חַסְדֶּךָ׃ 6 כִּי אֵין בַּמָּוֶת

death-[THE]-in not-is-there For .mercy-thy of-because ,me-save

זִכְרֶךָ בִּשְׁאוֹל מִי יֽוֹדֶה־לָּךְ׃ 7 יָגַעְתִּי ׀

wearied-been-have-I thee-to-thanks-give-shall who hades-in ;remembrance-thy

בְאַנְחָתִי אַשְׂחֶה בְכָל־לַיְלָה מִטָּתִי בְּדִמְעָתִי

tear-my-with ,bed-my night-the all-in swim-to-make-shall-I ,groaning-my-in

עַרְשִׂי אַמְסֶה׃ 8 עָֽשְׁשָׁה מִכַּעַס עֵינִי

;eye-my grief-of-because consumed-been-Has .melt-to-make-shall-I couch-my

עָֽתְקָה בְּכָל־צוֹרְרָי׃ 9 סוּרוּ מִמֶּנִּי כָּל־פֹּעֲלֵי

of-doers-ye all ,me-from Depart .oppressors-my all-through old-become-has-it

אָוֶן כִּֽי־שָׁמַע יְהוָה קוֹל בִּכְיִי׃ 10 שָׁמַע יְהוָה

Jehovah Heard .weeping-my of-voice-the Jehovah heard for ;iniquity

תְּחִנָּתִי יְהוָה תְּפִלָּתִי יִקָּח׃ 11 יֵבֹשׁוּ וְיִבָּהֲלוּ
troubled-& ashamed-be-Shall .receive-will prayer-my Jehovah ;supplication-my

מְאֹד כָּל־אֹיְבָי יָשֻׁבוּ יֵבֹשׁוּ רָגַע׃
.moment-a-in ashamed-be-(&) return-shall-they ;enemies-my all greatly

ז

שִׁגָּיוֹן לְדָוִד אֲשֶׁר־שָׁר לַיהוָה עַל־דִּבְרֵי־כוּשׁ
Cush of-words-the of-because ,Jehovah-to sang-he which ,David-of wandering-A

בֶּן־יְמִינִי׃ 2 יְהוָה אֱלֹהַי בְּךָ חָסִיתִי הוֹשִׁיעֵנִי
me-save ,trusted-I thee-in ,God-my Jehovah-O .Ben-jamite-the

מִכָּל־רֹדְפַי וְהַצִּילֵנִי׃ 3 פֶּן־יִטְרֹף כְּאַרְיֵה
lion-a-as tear-he Lest .me-deliver-and ,me-pursue-who-those all-from

נַפְשִׁי פֹּרֵק וְאֵין מַצִּיל׃ 4 יְהוָה אֱלֹהַי אִם־
if ,God-my Jehovah-O .delivering none-be-there-& ,(*it*)-rending ,soul-my

עָשִׂיתִי זֹאת אִם־יֶשׁ־עָוֶל בְּכַפָּי׃ 5 אִם־גָּמַלְתִּי
rewarded-I if ;hands-my-in iniquity be-there if ;this done-have-I

שׁוֹלְמִי רָע וָאֲחַלְּצָה צוֹרְרִי רֵיקָם׃
.causelessly me-oppressed-who-him delivered-even-have-I —;evil me-with-peace-at-one-to

6 יִרַדֹּף אוֹיֵב ׀ נַפְשִׁי וְיַשֵּׂג וְיִרְמֹס לָאָרֶץ חַיָּי
;life-my earth-THE-to trample-shall-& ;overtake-& ,soul-my enemy-the pursue-Shall

וּכְבוֹדִי ׀ לֶעָפָר יַשְׁכֵּן סֶלָה׃ 7 קוּמָה יְהוָה ׀
,Jehovah-O ,Rise Selah. .dwell-to-make-shall dust-the-in honour-my-&

בְּאַפֶּךָ הִנָּשֵׂא בְּעַבְרוֹת צוֹרְרָי וְעוּרָה
awake-and ;oppressors-my of-rage-the-of-account-on up-lifted-be ;anger-thy-in

אֵלַי מִשְׁפָּט צִוִּיתָ׃ 8 וַעֲדַת לְאֻמִּים
peoples-the of-congregation-the-And .commanded-hast-thou judgment ;me-for

תְּסוֹבְבֶךָּ וְעָלֶיהָ לַמָּרוֹם שׁוּבָה׃ 9 יְהוָה
Jehovah .return high-[THE]-on it-of-because-& ;thee-surround-shall

יָדִין עַמִּים שָׁפְטֵנִי יְהוָה כְּצִדְקִי
righteousness-my-to-according Jehovah-O me-judge :peoples-the judge-will

וּכְתֻמִּי עָלָי׃ 10 יִגְמָר־נָא רַע ׀
of-evil-the ,pray-I ,end-an-to-come-Let .me-upon integrity-my-to-according-&

רְשָׁעִים וּתְכוֹנֵן צַדִּיק וּבֹחֵן לִבּוֹת
heart-the proving-(*is*)-& ;(sg.)-righteous-the establish-wilt-thou-& ;wicked-the

וּכְלָיוֹת אֱלֹהִים צַדִּיק׃ 11 מָגִנִּי עַל־אֱלֹהִים מוֹשִׁיעַ
saves-who ,God upon-(*is*) shield-My .righteous-the God reins-and

יִשְׁרֵי־לֵב׃ 12 אֱלֹהִים שׁוֹפֵט צַדִּיק וְאֵל זֹעֵם
indignant-(*is*) God-& ;(sg.)-righteous-the judging-(*is*) God .heart of-upright-the

בְּכָל־יוֹם׃ 13 אִם־לֹא יָשׁוּב חַרְבּוֹ יִלְטוֹשׁ קַשְׁתּוֹ
bow-his ;whet-will-he sword-his ,turn-will-he not If .day every-in

דָּרַךְ וַיְכוֹנְנֶהָ׃ 14 וְלוֹ הֵכִין כְּלֵי־
of-instruments-the established-hath-he him-for-And .it-establish-will-& ,bent-hath-he

מָוֶת חִצָּיו לְדֹלְקִים יִפְעָל׃ 15 הִנֵּה יְחַבֶּל־
with-travail-will-he Behold .make-will-he pursuers-hot-the-for arrows-his ;death

אָוֶן וְהָרָה עָמָל וְיָלַד שָׁקֶר׃ 16 בּוֹר
pit-A .falsehood borne-hath-& ,grievousness conceiving-(*was*)-& ;iniquity

כָּרָה וַיַּחְפְּרֵהוּ וַיִּפֹּל בְּשַׁחַת יִפְעָל׃
.make-will-he-(*which*) ditch-the-in fallen-has-he-& ;it-bored-& ,digged-he

17 יָשׁוּב עֲמָלוֹ ׀ בְרֹאשׁוֹ וְעַל קָדְקֳדוֹ
head-his-of-crown-the upon-and ;head-own-his-upon grievousness-his turn-Shall

חֲמָסוֹ יֵרֵד׃ 18 אוֹדֶה יְהוָה כְּצִדְקוֹ
;righteousness-his-to-according Jehovah to-thanks-give-will-I .descend-shall violence-his

וַאֲזַמְּרָה שֵׁם־יְהוָה עֶלְיוֹן׃
.high-most Jehovah of-name-the to-psalms-sing-will-I-&

ח

לַמְנַצֵּחַ עַל־הַגִּתִּית מִזְמוֹר לְדָוִד׃ 2 יְהוָה
Jehovah-O .David-of Psalm-A .Gittith-THE upon over-is-that-him-To

אֲדֹנֵינוּ מָה־אַדִּיר שִׁמְךָ בְּכָל־הָאָרֶץ אֲשֶׁר
which-(*of-because*) ;earth-THE all-in name-thy-(*is*) excellent how ,Lord-our

תְּנָה הוֹדְךָ עַל־הַשָּׁמָיִם׃ 3 מִפִּי עוֹלְלִים
babes of-mouth-the-From .heavens-THE above honour-thy thou-set

וְיֹנְקִים יִסַּדְתָּ עֹז לְמַעַן צוֹרְרֶיךָ לְהַשְׁבִּית
cease-to-cause-to ; oppressors-thy of-because ,strength founded-hast-thou sucklings-&

אוֹיֵב וּמִתְנַקֵּם׃ 4 כִּי־אֶרְאֶה שָׁמֶיךָ מַעֲשֵׂה
of-work-the ,heavens-thy see-I When .avenger-and enemy-the

אֶצְבְּעֹתֶיךָ יָרֵחַ וְכוֹכָבִים אֲשֶׁר כּוֹנָנְתָּה׃ 5 מָה־
(*is*)-What : established-hast-thou which stars-the-and moon-the —; fingers-thy

אֱנוֹשׁ כִּי־תִזְכְּרֶנּוּ וּבֶן־אָדָם כִּי תִפְקְדֶנּוּ׃
? him-visit-wilt-thou that ,man of-son-the-& ? him-remember-wilt-thou that ,man

6 וַתְּחַסְּרֵהוּ מְּעַט מֵאֱלֹהִים וְכָבוֹד וְהָדָר
honour-& glory-and *; angels-the-than little-a less-him-made-hast-thou-And

תְּעַטְּרֵהוּ׃ 7 תַּמְשִׁילֵהוּ בְּמַעֲשֵׂי יָדֶיךָ כֹּל
all ; hands-thy of-works-the-over rule-him-make-wilt-Thou .with-him-crown-wilt-thou

שַׁתָּה תַחַת־רַגְלָיו׃ 8 צֹנֶה וַאֲלָפִים כֻּלָּם וְגַם
moreover-& ,them-of-all oxen-and Sheep : feet-his under put-hast-thou

בַּהֲמוֹת שָׂדָי׃ 9 צִפּוֹר שָׁמַיִם וּדְגֵי הַיָּם
,sea-THE of-fishes-*the*-& ,heavens-the of-bird-The : fields-the of-cattle-the

עֹבֵר אָרְחוֹת יַמִּים׃ 10 יְהוָה אֲדֹנֵינוּ מָה־
how ,Lord-our Jehovah-O .seas-the of-paths-the passeth-(*which-that*)

אַדִּיר שִׁמְךָ בְּכָל־הָאָרֶץ׃
! earth-THE all-in name-thy-(*is*) excellent

ט

לַמְנַצֵּחַ עַל־מוּת לַבֵּן מִזְמוֹר לְדָוִד׃
.David-of Psalm-a ; Labben Muth upon over-is-that-him-To

2 אוֹדֶה יְהוָה בְּכָל־לִבִּי אֲסַפְּרָה כָּל־
all declare-will-I ; heart-my all-with Jehovah to-thanks-give-will-I

נִפְלְאוֹתֶיךָ׃ 3 אֶשְׂמְחָה וְאֶעֶלְצָה בָךְ אֲזַמְּרָה
to-psalms-sing-will-I ; thee-in exult-and glad-be-will-I .works-wondrous-thy

שְׁמֶךָ עֶלְיוֹן ׃ ⁴ בְּשׁוּב־אוֹיְבַי אָחוֹר יִכָּשְׁלוּ
stumble-shall-they ,backward enemies-my turning-In .high-most-O ,name-thy

וְיֹאבְדוּ מִפָּנֶיךָ ׃ ⁵ כִּי־עָשִׂיתָ מִשְׁפָּטִי וְדִינִי
; cause-my-& judgment-my wrought-hast-thou For presence-thy-at perish-and

יָשַׁבְתָּ לְכִסֵּא שׁוֹפֵט צֶדֶק ׃ ⁶ גָּעַרְתָּ גוֹיִם
,Gentiles-the rebuked-hast-Thou .righteousness judging throne-the-on sat-hast-thou

אִבַּדְתָּ רָשָׁע שְׁמָם מָחִיתָ לְעוֹלָם
ever-for out-blotted-hast-thou name-their (sg.)-wicked-the destroyed-hast-thou

וָעֶד ׃ ⁷ הָאוֹיֵב ׀ תַּמּוּ חֳרָבוֹת לָנֶצַח וְעָרִים
cities-and ; ever-for desolations ended-have ,enemy-[THE] .ever-and

נָתַשְׁתָּ אָבַד זִכְרָם הֵמָּה ׃ ⁸ וַיהוָה
Jehovah-And .them-(*with*) remembrance-their perished-has ; up-plucked-hast-thou

לְעוֹלָם יֵשֵׁב כּוֹנֵן לַמִּשְׁפָּט כִּסְאוֹ ׃ ⁹ וְהוּא
he-And .throne-his judgment-THE-for established-he ; sit-shall ever-for

יִשְׁפֹּט תֵּבֵל בְּצֶדֶק יָדִין לְאֻמִּים בְּמֵישָׁרִים ׃
.uprightness-in peoples-the judge-(*and*) ; righteousness-in world-the judge-shall

¹⁰ וִיהִי יְהוָה מִשְׂגָּב לַדָּךְ מִשְׂגָּב לְעִתּוֹת
seasons-for place-high-a ; (sg.)-oppressed-the-for place-high-a Jehovah be-shall-And

בַּצָּרָה ׃ ¹¹ וְיִבְטְחוּ בְךָ יוֹדְעֵי שְׁמֶךָ כִּי לֹא־
not for ; name-thy know-who-those thee-in confide-shall-And .distress-THE-in

עָזַבְתָּ דֹרְשֶׁיךָ יְהוָה ׃ ¹² זַמְּרוּ לַיהוָה
Jehovah-to psalms-Sing .Jehovah-O ,thee-seek-who-those forsaken-thou-hast

יֹשֵׁב צִיּוֹן הַגִּידוּ בָעַמִּים עֲלִילוֹתָיו ׃ ¹³ כִּי־
When .deeds-his nations-THE-among Shew ; Zion inhabits-who

דֹרֵשׁ דָּמִים אוֹתָם זָכָר לֹא שָׁכַח צַעֲקַת
of-cry-the forgot-he not ; remembered-he them blood seeking

עֲנָוִים ׃ ¹⁴ חָנְנֵנִי יְהוָה ׀ רְאֵה עָנְיִי
affliction-my see ,Jehovah-O ,me-to-gracious-Be .humble-the

מִשֹּׂנְאָי מְרוֹמְמִי מִשַּׁעֲרֵי־מָוֶת ׃
.death of-gates-the-from up-me-liftest-who-thou-O ; me-hate-who-those-of-because

15 לְמַעַן אֲסַפְּרָה כָּל־תְּהִלָּתֶיךָ בְּשַׁעֲרֵי בַת־צִיּוֹן
; Zion of-daughter-the of-gates-the-in praise-thy all declare-will-I Therefore

אָגִילָה בִּישׁוּעָתֶךָ׃ 16 טָבְעוּ גוֹיִם בְּשַׁחַת
ditch-the-in Gentiles-the sunk-Have .salvation-thy-in rejoice-will-I

עָשׂוּ בְּרֶשֶׁת־זוּ טָמָנוּ נִלְכְּדָה רַגְלָם׃
.foot-their caught-been-has ,concealed-they which net-the-in ; made-they-(*which*)

17 נוֹדַע ׀ יְהוָה מִשְׁפָּט עָשָׂה בְּפֹעַל כַּפָּיו
hands-his of-deed-the-in ; wrought-he judgment ; Jehovah known-been-Has

נוֹקֵשׁ רָשָׁע הִגָּיוֹן סֶלָה׃ 18 יָשׁוּבוּ רְשָׁעִים
wicked-the turn-Shall .Selah .meditation-A (sg.) wicked-the snares-laying-*is*

לִשְׁאוֹלָה כָּל־גּוֹיִם שְׁכֵחֵי אֱלֹהִים׃ 19 כִּי לֹא
not For .God forgetting Gentiles-the all-(*even*) ; hades-to

לָנֶצַח יִשָּׁכַח אֶבְיוֹן תִּקְוַת עֲנִוִּים תֹּאבַד
perish-shall poor-the of-waiting-the-(*nor*) ; (sg.) needy-the forgotten-be-shall ever-for

לָעַד׃ 20 קוּמָה יְהוָה אַל־יָעֹז אֱנוֹשׁ
; man himself-strengthen-shall not ; Jehovah-O ,Rise .ever-for

יִשָּׁפְטוּ גוֹיִם עַל־פָּנֶיךָ׃ 21 שִׁיתָה יְהוָה ׀
Jehovah-O Put .presence-thy at Gentiles-the judged-be-shall

מוֹרָה לָהֶם יֵדְעוּ גוֹיִם אֱנוֹשׁ הֵמָּה סֶּלָה׃
.Selah .(*are*)-they man-(*that*) Gentiles-the know-shall ; them-to fear

י

לָמָה יְהוָה תַּעֲמֹד בְּרָחוֹק תַּעְלִים
(*thyself*)-hide-thou-wilt-(*why*) ? afar stand-thou-wilt ,Jehovah-O ,Why

לְעִתּוֹת בַּצָּרָה׃ 2 בְּגַאֲוַת רָשָׁע יִדְלַק
pursue-hotly-will-he wicked-the of-pride-the-In .distress-[THE]-in seasons-at

עָנִי יִתָּפְשׂוּ בִּמְזִמּוֹת זוּ חָשָׁבוּ׃
.out-thought-have-they which devices-the-in taken-be-shall-they ; (sg.)-poor-the

3 כִּי־הִלֵּל רָשָׁע עַל־תַּאֲוַת נַפְשׁוֹ וּבֹצֵעַ
covetous-the-& ; soul-his of-desire-the upon (sg.)-wicked-the boasted-has For

בֵּרֵךְ נִאֵץ ׀ יְהוָה : 4 רָשָׁע כְּגֹבַהּ
of-pride-the-to-according (sg.)-wicked-The .Jehovah despised-he ; blessed-he

אַפּוֹ בַּל־יִדְרֹשׁ אֵין אֱלֹהִים כָּל־מְזִמּוֹתָיו :
.devices-his all-(in) God not-is-there ; seek-will not countenance-his

5 יָחִילוּ דְרָכָו ׀ בְּכָל־עֵת מָרוֹם מִשְׁפָּטֶיךָ
judgments-thy (are)-high ; season every-in ways-his painful-be-Will

מִנֶּגְדּוֹ כָּל־צוֹרְרָיו יָפִיחַ בָּהֶם : 6 אָמַר
said-He .them-at puff-will-he oppressors-his all-(for-as) ; him-before-from

בְּלִבּוֹ בַּל־אֶמּוֹט לְדֹר וָדֹר אֲשֶׁר לֹא
(be)-not-(shall) who ; generation-& generation-to ,moved-be-I-shall not ,heart-his-in

בְרָע : 7 אָלָה ׀ פִּיהוּ מָלֵא וּמִרְמוֹת וָתֹךְ תַּחַת
under ; fraud-& ,deceits-and ,of-full-is mouth-his Cursing .evil-in

לְשׁוֹנוֹ עָמָל וָאָוֶן : 8 יֵשֵׁב ׀ בְּמַאְרַב חֲצֵרִים
; villages-the of-ambush-the-in sit-will-He .iniquity-& grievousness (are)-tongue-his

בַּמִּסְתָּרִים יַהֲרֹג נָקִי עֵינָיו לְחֵלְכָה
(sg.)-poor-the-against eyes-his : innocent-the kill-will-he places-secret-in

יִצְפֹּנוּ : 9 יֶאֱרֹב בַּמִּסְתָּר ׀ כְּאַרְיֵה
lion-a-as place-secret-THE-in ambush-in-lie-will-He .(themselves)-hide-will

בְסֻכֹּה יֶאֱרֹב לַחֲטוֹף עָנִי יַחְטֹף
catch-will-he ; (sg.)-poor-the catch-to ambush-in-lie-will-he ; covert-his-in

עָנִי בְּמָשְׁכוֹ בְרִשְׁתּוֹ : 10 וְדָכָה יָשֹׁחַ
; down-bow-will-he, himself-break-will-He .net-his-in him-drawing-in (sg.)-poor-the

וְנָפַל בַּעֲצוּמָיו חֵלְכָּאִים : 11 אָמַר. בְּלִבּוֹ
—; heart-his-in said-He .poor-the ones-strong-his-by fallen-hath-&

שָׁכַח אֵל הִסְתִּיר פָּנָיו בַּל־רָאָה לָנֶצַח :
.ever-for see-should-he lest ; face-his hid-hath-he ; God forgotten-Hath

12 קוּמָה יְהוָה אֵל נְשָׂא יָדֶךָ אַל־תִּשְׁכַּח עֲנָוִים :
.humble-the forget not ; hand-thy up-lift ,God-O ; Jehovah-O ,Rise

13 עַל־מֶה ׀ נִאֵץ רָשָׁע ׀ אֱלֹהִים אָמַר בְּלִבּוֹ לֹא
Not —,heart-his-in said-he ? God (sg.)-wicked-the despised-has what of-Because

תִּדְרֹשׁ ׃ 14 רָאִתָה ׀ כִּי־אַתָּה ׀ עָמָל וָכַעַס ׀
grief-and grievousness thou for ,seen-hast-Thou .seek-will-he

תַּבִּיט לָתֵת בְּיָדֶךָ עָלֶיךָ יַעֲזֹב
(*himself*)-leave-will thee-unto ; hand-thy-with (*retribution*)-give-to ,on-look-wilt

חֵלֶכָה יָתוֹם אַתָּה ׀ הָיִיתָ עוֹזֵר ׃ 15 שְׁבֹר
Break .helping wast thou orphan-the (sg.)-poor-the

זְרוֹעַ רָשָׁע וָרָע תִּדְרוֹשׁ־רִשְׁעוֹ בַל־
not-(*till*) ,wickedness-his seek-wilt-thou (sg.),evil-& (sg.)-wicked-the of-arm-the

תִּמְצָא ׃ 16 יְהוָה מֶלֶךְ עוֹלָם וָעֶד אָבְדוּ
perished-are ; ever-& ever-(*for*) king-the-(*is*) Jehovah .(*it*)-find-shalt-thou

גוֹיִם מֵאַרְצוֹ ׃ 17 תַּאֲוַת עֲנָוִים שָׁמַעְתָּ
,heard-hast-thou humble-the of-desire-The .land-his-from Gentiles-the

יְהוָה תָּכִין לִבָּם תַּקְשִׁיב אָזְנֶךָ ׃ 18 לִשְׁפֹּט
judge-To .ear-thy attend-will ; heart-their establish-wilt-thou ; Jehovah-O

יָתוֹם וָדָךְ בַּל־יוֹסִיף עוֹד לַעֲרֹץ אֱנוֹשׁ
man oppress-to yet add-shall-he lest ; (sg.)-oppressed-the-& orphan-the

מִן־הָאָרֶץ ׃
.earth-THE from

יא

לַמְנַצֵּחַ לְדָוִד בַּיהוָה ׀ חָסִיתִי אֵיךְ
how ; trusted-I Jehovah-In .David-of ; over-is-that-him-To

תֹּאמְרוּ לְנַפְשִׁי נוּדוּ הַרְכֶם צִפּוֹר ׃ 2 כִּי הִנֵּה
behold For .bird-a-(*as*) ,mountain-your (*to*)-flee ,soul-my-to say-ye-will

הָרְשָׁעִים יִדְרְכוּן קֶשֶׁת כּוֹנְנוּ חִצָּם עַל־יֶתֶר
; string-the upon arrow-their established-they ; bow-the bend-will wicked-THE

לִירוֹת בְּמוֹ־אֹפֶל לְיִשְׁרֵי־לֵב ׃ 3 כִּי הַשָּׁתוֹת
foundations-THE When .heart of-upright-the-at darkness in shoot-to

יֵהָרֵסוּן צַדִּיק מַה־פָּעָל ׃ 4 יְהוָה ׀ בְּהֵיכַל
of-temple-the-in-(*is*) Jehovah ? done-hath what (sg.)-righteous-the ; destroyed-be-shall

קָדְשׁוֹ יְהוָה בַּשָּׁמַיִם כִּסְאוֹ עֵינָיו יֶחֱזוּ
,behold-will eyes-his ; throne-his-(*is*) heavens-THE-in ,Jehovah-(*to-As*) ; holiness-his

עַפְעַפָּיו יִבְחֲנוּ בְּנֵי אָדָם ׃ 5 יְהוָה צַדִּיק
(sg.)-righteous-the Jehovah .man of-sons-the prove-will eyelids-his

יִבְחָן וְרָשָׁע וְאֹהֵב חָמָס שָׂנְאָה נַפְשׁוֹ ׃
.soul-his hated-has violence loves-that-him-& (sg.)-wicked-the-& ; prove-will

6 יַמְטֵר עַל־רְשָׁעִים פַּחִים אֵשׁ וְגָפְרִית וְרוּחַ
of-wind-a-& ,brimstone-& ,fire ,traps wicked-the upon rain-will-He

זִלְעָפוֹת מְנָת כּוֹסָם ׃ 7 כִּי־צַדִּיק יְהוָה
Jehovah righteous-the For .cup-their of-portion-the-(*is-this*) ; horrors

צְדָקוֹת אָהֵב יָשָׁר יֶחֱזוּ פָנֵימוֹ ׃
.face-his behold-will (sg.)-upright-the ; loved-hath righteousnesses

יב

לַמְנַצֵּחַ עַל־הַשְּׁמִינִית מִזְמוֹר לְדָוִד ׃
.David-of Psalm-a ; Sheminith-THE upon over-is-that-him-To

2 הוֹשִׁיעָה יְהוָה כִּי־גָמַר חָסִיד כִּי־פַסּוּ
failed-have for ; saint-the end-an-to-come-hath for ,Jehovah-O ,Save

אֱמוּנִים מִבְּנֵי אָדָם ׃ 3 שָׁוְא ׀ יְדַבְּרוּ אִישׁ
man-a ,speak-will-they Vanity .man of-sons-the-from faithful-the

אֶת־רֵעֵהוּ שְׂפַת חֲלָקוֹת בְּלֵב וָלֵב
heart-a-& heart-a-with ,slipperinesses of-lip-a-(*with*) ; neighbour-his with

יְדַבֵּרוּ ׃ 4 יַכְרֵת יְהוָה כָּל־שִׂפְתֵי חֲלָקוֹת לָשׁוֹן
tongue-the ; slipperinesses of-lips all Jehovah off-cut-Will .speak-they-will

מְדַבֶּרֶת גְּדֹלוֹת ׃ 5 אֲשֶׁר אָמְרוּ ׀ לִלְשֹׁנֵנוּ
tongues-our-By ,said Who .things-great speaking

נַגְבִּיר שְׂפָתֵינוּ אִתָּנוּ מִי אָדוֹן לָנוּ ׃
? us-over lord (*is*)-who ; us-with-(*are*) lips-our ; prevail-will-we

6 מִשֹּׁד עֲנִיִּים מֵאַנְקַת אֶבְיוֹנִים

,needy-the of-sighing-the-of-because ,poor-the of-destruction-the-of-Because

עַתָּה אָקוּם יֹאמַר יְהוָה אָשִׁית בְּיֵשַׁע

; salvation-in (*them*)-put-will-I ; Jehovah say-will ; rise-I-will now

יָפִיחַ לוֹ׃ 7 אִמֲרוֹת יְהוָה אֲמָרוֹת טְהֹרוֹת

; clean words-(*are*) Jehovah of-words-The .him-at puff-will-he

כֶּסֶף צָרוּף בַּעֲלִיל לָאָרֶץ מְזֻקָּק שִׁבְעָתָיִם׃

.times-seven purified ,earth-of furnace-a-in refined silver-(*as*)

8 אַתָּה־יְהוָה תִּשְׁמְרֵם תִּצְּרֶנּוּ ׀ מִן־הַדּוֹר

generation-[THE] from him-preserve-wilt-thou ,them-keep-wilt Jehovah-O ,Thou

זוּ לְעוֹלָם׃ 9 סָבִיב רְשָׁעִים יִתְהַלָּכוּן כְּרֻם זֻלּוּת

vileness raising-at ,walk-will wicked-the Around .ever-for this

לִבְנֵי אָדָם׃

.man of-sons-the-of

יג

לַמְנַצֵּחַ מִזְמוֹר לְדָוִד׃ 2 עַד־אָנָה יְהוָה

,Jehovah-O ,when Until .David-of Psalm-a ,over-is-that-him-To

תִּשְׁכָּחֵנִי נֶצַח עַד־אָנָה תַּסְתִּיר אֶת־פָּנֶיךָ

face-thy)(hide-thou-wilt when Until ? ever-for me-forget-thou-wilt

מִמֶּנִּי׃ 3 עַד־אָנָה אָשִׁית עֵצוֹת בְּנַפְשִׁי יָגוֹן

sorrow-(*with*) ,soul-my-in counsel put-I-shall when Until ? me-from

בִּלְבָבִי יוֹמָם עַד־אָנָה יָרוּם אֹיְבִי עָלָי׃

? me-against enemy-my rise-shall when Until ? day-by heart-my-in

4 הַבִּיטָה עֲנֵנִי יְהוָה אֱלֹהָי הָאִירָה עֵינַי פֶּן־

lest eyes-my shine-to-make ,God-my Jehovah-O ,me-answer ,Look

אִישַׁן הַמָּוֶת׃ 5 פֶּן־יֹאמַר אֹיְבִי יְכָלְתִּיו

; him-overcome-have-I ,enemy-the say-shall Lest .death-[THE] sleep-shall-I

צָרַי יָגִילוּ כִּי אֶמּוֹט׃ 6 וַאֲנִי ׀ בְּחַסְדְּךָ

mercy-thy-in I-And .moved-be-shall-I when rejoice-will distressors-my

בָטַחְתִּי יָגֵל לִבִּי בִּישׁוּעָתֶךָ אָשִׁירָה לַיהוָה
,Jehovah-unto sing-will-I ;salvation-thy-in heart-my rejoice-shall ;confided-have

כִּי גָמַל עָלָי׃
.me-unto rewarded-hath-he for

יד

לַמְנַצֵּחַ לְדָוִד אָמַר נָבָל בְּלִבּוֹ אֵין
no-is-there ,heart-his-in fool-the Said David-of ;over-is-that-him-To

אֱלֹהִים הִשְׁחִיתוּ הִתְעִיבוּ עֲלִילָה
;deeds abominable-done-have-they ;corrupt-become-have-they ;God

אֵין עֹשֵׂה־טוֹב׃ 2 יְהוָה מִשָּׁמַיִם הִשְׁקִיף
down-looked heavens-the-from Jehovah .good doing none-is-there

עַל־בְּנֵי־אָדָם לִרְאוֹת הֲיֵשׁ מַשְׂכִּיל דֹּרֵשׁ
seeks-who ;understands-(*who-any*) were-there-if see-to ,man of-sons-the upon

אֶת־אֱלֹהִים׃ 3 הַכֹּל סָר יַחְדָּו נֶאֱלָחוּ
;filthy-become-have-they together ,departed-has one-every-[THE] .God)(

אֵין עֹשֵׂה־טוֹב אֵין גַּם־אֶחָד׃ 4 הֲלֹא
Not? .one even not-is-there ;good doing none-is-there

יָדְעוּ כָּל־פֹּעֲלֵי אָוֶן אֹכְלֵי עַמִּי אָכְלוּ לֶחֶם
?bread eaten-have-they nation-my eating ,iniquity of-doers-the all known-have

יְהוָה לֹא קָרָאוּ׃ 5 שָׁם ׀ פָּחֲדוּ פַחַד כִּי־
for ,fear-(*with*) afraid-were-they There .on-called-they-have not Jehovah

אֱלֹהִים בְּדוֹר צַדִּיק׃ 6 עֲצַת־־עָנִי
(sg.)-poor-the of-counsel-The (sg.)-righteous-the of-generation-the-in (*is*)-God

תָּבִישׁוּ כִּי יְהוָה מַחְסֵהוּ׃ 7 מִי יִתֵּן
give-will Who .refuge-his-(*is*) Jehovah when ;shame-to-put-have-ye

מִצִּיּוֹן יְשׁוּעַת יִשְׂרָאֵל בְּשׁוּב יְהוָה שְׁבוּת
of-captivity-the Jehovah of-turning-In ?Israel of-salvation-the Zion-from

עַמּוֹ יָגֵל יַעֲקֹב יִשְׂמַח יִשְׂרָאֵל׃
.Israel glad-be-shall-(*&*) ;Jacob rejoice-shall nation-his

טו

מִזְמוֹר לְדָוִד יְהוָה מִי־יָגוּר בְּאָהֳלֶךָ מִי־
Who ? tent-thy-in sojourn-shall who ,Jehovah O .David-of Psalm-A

יִשְׁכֹּן בְּהַר קָדְשֶׁךָ׃ 2 הוֹלֵךְ תָּמִים וּפֹעֵל
does-and ,upright*ly* walks-who-He ? holiness-thy of-mountain-the-in dwell-shall

צֶדֶק וְדֹבֵר אֱמֶת בִּלְבָבוֹ׃ 3 לֹא־רָגַל ׀ עַל־
upon slandered-he Not .heart-his-in truth speaks-and ,righteousness

לְשֹׁנוֹ לֹא־עָשָׂה לְרֵעֵהוּ רָעָה וְחֶרְפָּה לֹא־נָשָׂא
up-taken-has not reproach-a-& ; evil neighbour-his-to wrought-has-he not ,tongue-his

עַל־קְרֹבוֹ׃ 4 נִבְזֶה ׀ בְּעֵינָיו נִמְאָס וְאֶת־
)(-and ; reprobate-a eyes-his-in despised-been-Has .him-near-is-that-him against

יִרְאֵי יְהוָה יְכַבֵּד נִשְׁבַּע לְהָרַע וְלֹא
not-& ,evil-*(himself)*-doing-to sware-he honour-will-he Jehovah fear-who-those

יָמִר׃ 5 כַּסְפּוֹ ׀ לֹא־נָתַן בְּנֶשֶׁךְ וְשֹׁחַד עַל־נָקִי
innocent-the against bribe-a-& ,usury-with gave-he not silver-His .change-will

לֹא לָקָח עֹשֵׂה־אֵלֶּה לֹא יִמּוֹט לְעוֹלָם׃
.ever-for moved-be-shall not things-these does-that-he : received-hath-he not

טז

מִכְתָּם לְדָוִד שָׁמְרֵנִי אֵל כִּי־חָסִיתִי בָךְ׃
.thee-in trusted-I for ,God-O ,me-Keep .David-of ,Michtam

2 אָמַרְתְּ לַיהוָה אֲדֹנָי אָתָּה טוֹבָתִי בַּל־
not-*(is)* goodness-my ; thou-*(art)* Lord-my ,Jehovah-to (fem.)-said-hast-Thou

עָלֶיךָ׃ 3 לִקְדוֹשִׁים אֲשֶׁר־בָּאָרֶץ הֵמָּה וְאַדִּירֵי
,excellent-the-and [; they] ,earth-THE-in *(are)*-who ones-holy-the-To .thee-unto

כָּל־חֶפְצִי־בָם׃ 4 יִרְבּוּ עַצְּבוֹתָם אַחֵר
(God)-another-*(who)* ,sorrows-their increase-Shall .them-in-*(is)* delight-my all

מָהָרוּ בַּל־אַסִּיךְ נִסְכֵּיהֶם מִדָּם וּבַל־אֶשָּׂא
up-take-will not-& ,blood-of offerings-drink-their out-pour-will-I not ; after-hasted-have

אֶת־שְׁמוֹתָם עַל־שְׂפָתָי׃ 5 יְהוָה מְנָת־חֶלְקִי
portion-my of-allotment-the (*is*)-Jehovah .lips-my upon names-their)(

וְכוֹסִי אַתָּה תּוֹמִיךְ גּוֹרָלִי׃ 6 חֲבָלִים נָפְלוּ־לִי
me-to fallen-are cords-The .lot-my maintaining-(*art*) thou ; cup-my-&

בַּנְּעִמִים אַף־נַחֲלָת שָׁפְרָה עָלָי׃ 7 אֲבָרֵךְ
bless-will-I .me-unto goodly-been-has inheritance-the yea ; places-pleasant-THE-in

אֶת־יְהוָה אֲשֶׁר יְעָצָנִי אַף־לֵילוֹת יִסְּרוּנִי
me-chasten-will nights-the-(*in*) also ; me-counsel-will who Jehovah)(

כִלְיוֹתָי׃ 8 שִׁוִּיתִי יְהוָה לְנֶגְדִּי תָמִיד כִּי
because ; always me-before Jehovah set-have-I .reins-my

מִימִינִי בַּל־אֶמּוֹט׃ 9 לָכֵן ׀ שָׂמַח לִבִּי
,heart-my glad-been-has Therefore .moved-be-I-shall not ,hand-right-my-at-(*is-he*)

וַיָּגֶל כְּבוֹדִי אַף־בְּשָׂרִי יִשְׁכֹּן לָבֶטַח׃ 10 כִּי ׀
For : confidence-in dwell-shall flesh-my also ; glory-my rejoiced-has-and

לֹא־תַעֲזֹב נַפְשִׁי לִשְׁאוֹל לֹא־תִתֵּן חֲסִידֶיךָ
saint-thy give-thou-wilt not ,hades-to soul-my forsake-thou-wilt not

לִרְאוֹת שָׁחַת׃ 11 תּוֹדִיעֵנִי אֹרַח חַיִּים שֹׂבַע
of-fulness ; life of-path-the know-me-make-wilt-Thou .corruption see-to

שְׂמָחוֹת אֶת־פָּנֶיךָ נְעִמוֹת בִּימִינְךָ נֶצַח׃
.ever-for hand-right-thy-at (*are*)-pleasures ; presence-thy with-(*is*) joys

יז

תְּפִלָּה לְדָוִד שִׁמְעָה יְהוָה ׀ צֶדֶק הַקְשִׁיבָה
to-attend ; righteousness ,Jehovah-O ,Hear .David-of prayer-A

רִנָּתִי הַאֲזִינָה תְפִלָּתִי בְּלֹא שִׂפְתֵי מִרְמָה׃
.deceit of-lips not-in-(*is-which*) ; prayer-my to-ear-give ; outcry-my

2 מִלְּפָנֶיךָ מִשְׁפָּטִי יֵצֵא עֵינֶיךָ תֶּחֱזֶינָה
behold-shall eyes-thy ; out-go-shall judgment-my presence-thy-From

מֵישָׁרִים׃ 3 בָּחַנְתָּ לִבִּי ׀ פָּקַדְתָּ לַּיְלָה
; night-(*at*) (*it*)-visited-hast-thou ,heart-my proved-hast-Thou .uprightness

צְרַפְתַּנִי בַל־תִּמְצָא זַמֹּתִי בַּל־

,me-refined-hast-thou ; find-wilt-thou nothing purposing-my not-that-(*is*)

יַעֲבָר־פִּי׃ 4 לִפְעֻלּוֹת אָדָם בִּדְבַר שְׂפָתֶיךָ

.mouth-my transgress-shall of-doings-the-to-As man of-word-the-by lips-thy

אֲנִי שָׁמַרְתִּי אָרְחוֹת פָּרִיץ׃ 5 תָּמֹךְ אֲשֻׁרַי

I (*from*)-kept-have of-paths-the ,destroyer-the maintain-To goings-my

בְּמַעְגְּלוֹתֶיךָ בַּל־נָמוֹטּוּ פְעָמָי׃ 6 אֲנִי־קְרָאתִיךָ

,tracks-thy-in moved-been-have not-that .steps-my I ,thee-called

כִי־תַעֲנֵנִי אֵל הַט־אָזְנְךָ לִי שְׁמַע אִמְרָתִי׃

for ,me-answer-wilt-thou ; God-O ear-thy turn ,me-to hear .word-my

7 הַפְלֵה חֲסָדֶיךָ מוֹשִׁיעַ חוֹסִים

apart-Set ,mercies-thy savest-who-(*thou*) (*thee-in*)-trust-who-those

מִמִּתְקוֹמְמִים בִּימִינֶךָ׃ 8 שָׁמְרֵנִי כְּאִישׁוֹן בַּת־

up-rise-who-those-from .hand-right-thy-by me-Keep apple-the-as of-daughter-the

עָיִן בְּצֵל כְּנָפֶיךָ תַּסְתִּירֵנִי׃ 9 מִפְּנֵי

; eye-the of-shadow-the-in wings-thy .me-hide-wilt-thou of-face-the-From

רְשָׁעִים זוּ שַׁדּוּנִי אֹיְבַי בְּנֶפֶשׁ יַקִּיפוּ

,wicked-the who ;me-destroyed-have (*even*)-enemies-my against-soul-(*my*) ; inclose-will-they

עָלָי׃ 10 חֶלְבָּמוֹ סָּגְרוּ פִּימוֹ דִּבְּרוּ

.me-about fat-Their ; with-up-shut-are-they mouth-their-(*with*) spoken-have-they

בְגֵאוּת׃ 11 אַשֻּׁרֵינוּ עַתָּה סְבָבוּנוּ עֵינֵיהֶם

.pride-in goings-our-(*In*) now ; us-surrounded-have-they eyes-their

יָשִׁיתוּ לִנְטוֹת בָּאָרֶץ׃ 12 דִּמְיֹנוֹ כְּאַרְיֵה יִכְסוֹף

put-will-they incline-to .earth-THE-in (*is*)-likeness-His lion-a-as desire-will-(*which*)

לִטְרוֹף וְכִכְפִיר יֹשֵׁב בְּמִסְתָּרִים׃ 13 קוּמָה

; tear-to lion-young-a-as-and sitting .places-secret-in ,Rise

יְהוָה קַדְּמָה פָנָיו הַכְרִיעֵהוּ פַּלְּטָה נַפְשִׁי

,Jehovah-O prevent ; face-his ; him-subdue deliver soul-my

מֵרָשָׁע חַרְבֶּךָ׃ 14 מִמְתִים־יָדְךָ

(sg.)-wicked-the-from .sword-thy-(*is-who*) (*are-who*)-,mortals-From ,hand-thy

יְהוָה מִמְתִים מֵחֶלֶד חֶלְקָם בַּחַיִּים

;life-[THE]-in portion-their age-(*present-the*)-from (*have-who*)-mortals-from ;Jehovah-O

וּצְפוּנְךָ תְּמַלֵּא בִטְנָם יִשְׂבְּעוּ בָנִים

,sons with-satisfied-be-will-they ; belly-their with-fill-wilt-thou (*treasure*)-hid-thy-and

וְהִנִּיחוּ יִתְרָם לְעוֹלְלֵיהֶם׃ 15 אֲנִי בְּצֶדֶק אֶחֱזֶה

behold-shall righteousness-in I .babes-their-to plenty-their leave-will-&

פָנֶיךָ אֶשְׂבְּעָה בְהָקִיץ תְּמוּנָתֶךָ׃

.likeness-thy awaking-in with-satisfied-be-shall-I ; face-thy

יח

לַמְנַצֵּחַ לְעֶבֶד יְהוָה לְדָוִד אֲשֶׁר דִּבֶּר ׀

spake who ; David-of ,Jehovah of-servant-the-Of .over-is-that-him-To

לַיהוָה אֶת־דִּבְרֵי הַשִּׁירָה הַזֹּאת בְּיוֹם הִצִּיל־

delivered (*when*)-day-the-in : this-[THE] song-[THE] of-words-the)(Jehovah-to

יְהוָה אוֹתוֹ מִכַּף כָּל־אֹיְבָיו וּמִיַּד שָׁאוּל׃

.Saul of-hand-the-of-out-& enemies-his all of-hand-the-of-out him Jehovah

2 וַיֹּאמַר אֶרְחָמְךָ יְהוָה חִזְקִי׃ 3 יְהוָה ׀ סַלְעִי

,crag-my Jehovah .strength-my Jehovah-O ,thee-love-will-I ,said-he-And

וּמְצוּדָתִי וּמְפַלְטִי אֵלִי צוּרִי אֶחֱסֶה־בּוֹ מָגִנִּי

shield-my ; him-in trust-will-I rock-my ,God-my ; deliverer-my-& ,fortress-my-&

וְקֶרֶן יִשְׁעִי מִשְׂגַּבִּי׃ 4 מְהֻלָּל אֶקְרָא

unto-cry-will-I praised-be-to-is-Who .place-high-my ,salvation-my of-horn-the-&

יְהוָה וּמִן־אֹיְבַי אִוָּשֵׁעַ׃ 5 אֲפָפוּנִי חֶבְלֵי־מָוֶת

,death of-cords-the me-Compassed .saved-be-shall-I enemies-my from-& ; Jehovah

וְנַחֲלֵי בְלִיַּעַל יְבַעֲתוּנִי׃ 6 חֶבְלֵי שְׁאוֹל

hades of-cords-The .afraid-me-make-will Belial of-streams-the-&

סְבָבוּנִי קִדְּמוּנִי מוֹקְשֵׁי מָוֶת׃ 7 בַּצַּר־לִי ׀

me-to distress-[THE]-In .death of-snares-the me-prevented ; me-surrounded

אֶקְרָא יְהוָה וְאֶל־אֱלֹהַי אֲשַׁוֵּעַ יִשְׁמַע מֵהֵיכָלוֹ

temple-his-from hear-will-he ; cry-will-I God-my unto-& ,Jehovah call-will-I

קוֹלִי וְשַׁוְעָתִי לְפָנָיו ׀ תָּבֹא בְאָזְנָיו׃ 8 וַתִּגְעַשׁ

shook-And .ears-his-into in-go-shall him-before cry-my-and ,voice-my

וַתִּרְעַשׁ ׀ הָאָרֶץ וּמוֹסְדֵי הָרִים יִרְגָּזוּ

,troubled-be-will mountains-the of-foundations-the-& ;earth-THE trembled-and

וַיִּתְגָּעֲשׁוּ כִּי־חָרָה לוֹ׃ 9 עָלָה עָשָׁן ׀ בְּאַפּוֹ

,anger-his-in smoke up-Went .him-to wrath-was-it because shaken-were-&

וְאֵשׁ־מִפִּיו תֹּאכֵל גֶּחָלִים בָּעֲרוּ מִמֶּנּוּ׃

.it-from kindled coals ;devour-shall mouth-his-from fire-&

10 וַיֵּט שָׁמַיִם וַיֵּרַד וַעֲרָפֶל תַּחַת רַגְלָיו׃

.feet-his under (*was*)-darkness-& ;descended-&,heavens-the bowed-he-And

11 וַיִּרְכַּב עַל־כְּרוּב וַיָּעֹף וַיֵּדֶא עַל־כַּנְפֵי־רוּחַ׃

.wind-the of-wings-the upon soared-he-& ;flew-& ,cherub-a upon rode-he-And

12 יָשֶׁת חֹשֶׁךְ ׀ סִתְרוֹ סְבִיבוֹתָיו סֻכָּתוֹ חֶשְׁכַת־

of-darkness ;pavilion-his him-around (*place*)-hiding-his darkness put-will-He

מַיִם עָבֵי שְׁחָקִים׃ 13 מִנֹּגַהּ נֶגְדּוֹ

,him-before brightness-the-of-Because .skies-the of-clouds-thick waters

עָבָיו עָבְרוּ בָּרָד וְגַחֲלֵי־אֵשׁ׃ 14 וַיַּרְעֵם

thundered-And .fire of-coals-and hail ;by-passed clouds-thick-his

בַּשָּׁמַיִם ׀ יְהוָה וְעֶלְיוֹן יִתֵּן קֹלוֹ בָּרָד וְגַחֲלֵי־

of-coals-& hail ;voice-his give-will high-most-the-& ,Jehovah heavens-THE-in

אֵשׁ׃ 15 וַיִּשְׁלַח חִצָּיו וַיְפִיצֵם וּבְרָקִים

lightnings-& ,them-scattered-and arrows-his sent-he-And .fire

רָב וַיְהֻמֵּם׃ 16 וַיֵּרָאוּ ׀ אֲפִיקֵי מַיִם

;water of-brooks-the seen-were-And .them-discomfited-and ,out-shot-he

וַיִּגָּלוּ מוֹסְדוֹת תֵּבֵל מִגַּעֲרָתְךָ יְהוָה

,Jehovah-O ,rebuke-thy-of-because ,world-the of-foundations-the discovered-were-&

מִנִּשְׁמַת רוּחַ אַפֶּךָ׃ 17 יִשְׁלַח מִמָּרוֹם

,high-on-from send-will-He .nose-thy of-wind-the of-breath-the-of-because

יִקָּחֵנִי יַמְשֵׁנִי מִמַּיִם רַבִּים׃ 18 יַצִּילֵנִי

me-deliver-will-He .many waters-from out-me-draw-will-he ;me-take-will-he

מֵאֹיְבִי עָז וּמִשֹּׂנְאַי כִּי־אָמְצוּ מִמֶּנִּי׃
.I-than-more strong-were-they for ; me-hate-who-those-from-& ; strong enemy-my-from

19 יְקַדְּמוּנִי בְיוֹם־אֵידִי וַיְהִי־יְהוָה לְמִשְׁעָן
stay-a-for Jehovah was-and ,calamity-my of-day-the-in me-prevent-will-They

לִי׃ 20 וַיּוֹצִיאֵנִי לַמֶּרְחָב יְחַלְּצֵנִי כִּי
for ,me-deliver-will-He ; place-large-THE-to out-me-brought-he-And .me-to

חָפֵץ בִּי׃ 21 יִגְמְלֵנִי יְהוָה כְּצִדְקִי
;righteousness-my-to-according Jehovah me-reward-Will .me-in delighted-he

כְּבֹר יָדַי יָשִׁיב לִי׃ 22 כִּי־שָׁמַרְתִּי
kept-I For .me-to restore-will-he hands-my of-pureness-the-to-according

דַּרְכֵי יְהוָה וְלֹא רָשַׁעְתִּי מֵאֱלֹהָי׃ 23 כִּי כָל־
all For .God-my-from departed-wickedly not-& ;Jehovah of-ways-the

מִשְׁפָּטָיו לְנֶגְדִּי וְחֻקֹּתָיו לֹא־אָסִיר מֶנִּי׃
.me-from remove-will-I not statutes-his-& ,me-before-(*were*) judgments-his

24 וָאֱהִי תָמִים עִמּוֹ וָאֶשְׁתַּמֵּר מֵעֲוֺנִי׃ 25 וַיָּשֶׁב־
restored-And .iniquity-my-from myself-kept-I-& ; him-with upright was-I-And

יְהוָה לִי כְצִדְקִי כְּבֹר יָדַי
hands-my of-pureness-the-to-according ; righteousness-my-to-according me-to Jehovah

לְנֶגֶד עֵינָיו׃ 26 עִם־חָסִיד תִּתְחַסָּד עִם־
with ; merciful-thyself-shew-wilt-thou saint-the With .eyes-his before

גְּבַר תָּמִים תִּתַּמָּם׃ 27 עִם־נָבָר
(sg.)-purified-the with : upright-thyself-shew-wilt-thou upright man-a

תִּתְבָּרָר וְעִם־עִקֵּשׁ תִּתְפַּתָּל׃
.contrary-thyself-shew-wilt-thou ,(sg.)-froward-the with-& ,pure-thyself-shew-wilt-thou

28 כִּי־אַתָּה עַם־עָנִי תוֹשִׁיעַ וְעֵינַיִם רָמוֹת תַּשְׁפִּיל׃
.low-make-wilt exalted eyes-and ; save-wilt poor nation-the thou For

29 כִּי־אַתָּה תָּאִיר נֵרִי יְהוָה אֱלֹהַי יַגִּיהַּ
brighten-will God-my Jehovah ; lamp-my shine-to-make-wilt thou For

חָשְׁכִּי׃ 30 כִּי בְךָ אָרֻץ גְּדוּד וּבֵאלֹהַי
God-my-by-and ; troop-a through-run-will-I thee-by For .darkness-my

אֲדַלֶּג־־שׁוּר ׃ 31 הָאֵל תָּמִים דַּרְכּוֹ אִמְרַת־
of-word-the ; way-his-(*to-as*) upright-(*is*) God-[THE] .wall-a over-leap-will-I

יְהוָה צְרוּפָה מָגֵן הוּא לְכֹל ׀ הַחוֹסִים בּוֹ ׃
.him-in trust-who all-to (*is*)-he shield-a ; purified (*is*)-Jehovah

32 כִּי מִי אֱלוֹהַּ מִבַּלְעֲדֵי יְהוָה וּמִי צוּר זוּלָתִי
except rock-a (*is*)-who-& ? Jehovah beside God-a (*is*)-who For

אֱלֹהֵינוּ ׃ 33 הָאֵל הַמְאַזְּרֵנִי חָיִל וַיִּתֵּן תָּמִים
upright made-has-& ; might with-me-girdeth-who God-[THE] ? God-our

דַּרְכִּי ׃ 34 מְשַׁוֶּה רַגְלַי כָּאַיָּלוֹת וְעַל בָּמֹתַי
places-high-my on-and ,hinds-THE-like feet-my setting-(*is-He*) .way-my

יַעֲמִידֵנִי ׃ 35 מְלַמֵּד יָדַי לַמִּלְחָמָה וְנִחֲתָה
broken-been-has-& ; war-THE-to hands-my Teaching .stand-me-make-will-he

קֶשֶׁת־־נְחוּשָׁה זְרוֹעֹתָי ׃ 36 וַתִּתֶּן־־לִי מָגֵן
of-shield-the me-to given-hast-thou-And .arms-my-(*by*) brass of-bow-a

יִשְׁעֶךָ וִימִינְךָ תִסְעָדֵנִי וְעַנְוַתְךָ תַרְבֵּנִי ׃
.great-me-make-will humility-thy-& ; up-me-hold-wilt hand-right-thy-(*with*)-& ; salvation-thy

37 תַּרְחִיב צַעֲדִי תַחְתָּי וְלֹא מָעֲדוּ קַרְסֻלָּי ׃
.ancles-my slid-have not-& ; me-under step-my enlarge-wilt-Thou

38 אֶרְדּוֹף אוֹיְבַי וְאַשִּׂיגֵם וְלֹא־־אָשׁוּב עַד־
until turn-will-I not-& ; them-overtake-will-& ,enemies-my pursue-will-I

כַּלּוֹתָם ׃ 39 אֶמְחָצֵם וְלֹא־־יֻכְלוּ קוּם יִפְּלוּ
fall-will-they ; rise-to able-be-they-will not-& ,them-wound-will-I .consuming-their

תַּחַת רַגְלָי ׃ 40 וַתְּאַזְּרֵנִי חַיִל לַמִּלְחָמָה
; war-THE-for might with-me-girded-hast-thou-And .feet-my under

תַּכְרִיעַ קָמַי תַּחְתָּי ׃ 41 וְאֹיְבַי
enemies-my-And .me-under me-against-rise-who-those subdue-wilt-thou

נָתַתָּה לִּי עֹרֶף וּמְשַׂנְאַי אַצְמִיתֵם ׃
.off - them - cut-will-I me-hate-who-those-and ; neck-the me-to given-hast-thou

42 יְשַׁוְּעוּ וְאֵין מוֹשִׁיעַ עַל־־יְהוָה וְלֹא עָנָם ׃
.them-answered-he not-& ,Jehovah unto ; saving none-is-there-& ,cry-will-They

43 וָאֶשְׁחָקֵם כְּעָפָר עַל־פְּנֵי־רוּחַ כְּטִיט
of-mire-as ;wind-the of-face-the on dust-as them-grind-will-I-And

חוּצוֹת אֲרִיקֵם׃ 44 תְּפַלְּטֵנִי מֵרִיבֵי עָם
;nation-the of-strivings-the-from me-deliver-wilt-Thou .them-spread-will-I streets-the

תְּשִׂימֵנִי לְרֹאשׁ גּוֹיִם עַם לֹא־יָדַעְתִּי
,knew-I not-(*which*) nation-a ;Gentiles-the of-head-the-for me-set-wilt-thou

יַעַבְדוּנִי׃ 45 לְשֵׁמַע אֹזֶן יִשָּׁמְעוּ לִי בְּנֵי
of-sons the ;me-to obey-shall-they ear-the of-hearing-the-At .me-serve-shall

נֵכָר יְכַחֲשׁוּ־לִי׃ 46 בְּנֵי־נֵכָר יִבֹּלוּ וְיַחְרְגוּ
afraid-be-& ,fade-shall stranger-the of-sons-The .me-to submit-shall stranger-the

מִמִּסְגְּרוֹתֵיהֶם׃ 47 חַי־יְהוָה וּבָרוּךְ צוּרִי
;rock-my-(*be*) blessed-& ,Jehovah Lived .borders-their-from

וְיָרוּם אֱלוֹהֵי יִשְׁעִי׃ 48 הָאֵל הַנּוֹתֵן נְקָמוֹת
avengements giveth-that God-THE .salvation-my of-God-the raise-shall-(*one*)-&

לִי וַיַּדְבֵּר עַמִּים תַּחְתָּי׃ 49 מְפַלְּטִי
me-delivers-who-He .me-under nations destroy-will-he-& ;me-to

מֵאֹיְבָי אַף מִן־קָמַי תְּרוֹמְמֵנִי
;me-exalt-wilt-thou me-against-rise-who-those from yea ;enemies-my-from

מֵאִישׁ חָמָס תַּצִּילֵנִי׃ 50 עַל־כֵּן ׀ אוֹדְךָ
thanks-thee-give-will-I Therefore .me-deliver-wilt-thou violence of-man-the-from

בַגּוֹיִם יְהוָה וּלְשִׁמְךָ אֲזַמֵּרָה׃ 51 מַגְדִּל
Magnifying .psalms-sing-will-I name-thy-to-& ;Jehovah-O ,Gentiles-THE-among

יְשׁוּעוֹת מַלְכּוֹ וְעֹשֶׂה חֶסֶד ׀ לִמְשִׁיחוֹ לְדָוִד
David-to ;anointed-his-to mercy working-& ,king-his of-salvations-the

וּלְזַרְעוֹ עַד־עוֹלָם׃
.ever for seed-his-to-and

יט

לַמְנַצֵּחַ מִזְמוֹר לְדָוִד׃ 2 הַשָּׁמַיִם מְסַפְּרִים
declaring-(*are*) heavens-THE .David-of Psalm-a ;over-is-that-him-To

כְּבוֹד־אֵל וּמַעֲשֵׂה יָדָיו מַגִּיד הָרָקִיעַ׃ 3 יוֹם
Day .expanse-THE shewing-(*is*) hands-his of-work-the-and ; God of-glory-the

לְיוֹם יַבִּיעַ אֹמֶר וְלַיְלָה לְּלַיְלָה יְחַוֶּה־דָּעַת׃
.knowledge shew-will night-unto night-and ; speech utter-will day-unto

4 אֵין־אֹמֶר וְאֵין דְּבָרִים בְּלִי נִשְׁמָע קוֹלָם׃
.voice-their heard-(*is*) not-where ,words no-are-there-and speech no-is-There

5 בְּכָל־הָאָרֶץ ׀ יָצָא קַוָּם וּבִקְצֵה תֵבֵל
world-the of-ends-the-in-and ; line-their out-gone-has earth-THE all-In

מִלֵּיהֶם לַשֶּׁמֶשׁ שָׂם־אֹהֶל בָּהֶם׃ 6 וְהוּא כְּחָתָן
bridegroom-a-as (*is*)-he-And .them-in tent-a set-hath-he sun-THE-for ; words-their

יֹצֵא מֵחֻפָּתוֹ יָשִׂישׂ כְּגִבּוֹר לָרוּץ אֹרַח׃
.path-the run-to man-mighty-a-as joyful-be-will-he ; canopy-his-from out-coming

7 מִקְצֵה הַשָּׁמַיִם ׀ מוֹצָאוֹ וּתְקוּפָתוֹ עַל־
unto circuit-his-and ,out-going-his-(*is*) heavens-THE of-end-the-From

קְצוֹתָם וְאֵין נִסְתָּר מֵחַמָּתוֹ׃ 8 תּוֹרַת יְהוָה
Jehovah of-law-The .heat-its-from hidden nothing-is-there-& ; ends-their

תְּמִימָה מְשִׁיבַת נָפֶשׁ עֵדוּת יְהוָה נֶאֱמָנָה
,stedfast (*is*)-Jehovah of-testimony-the ; soul-the restoring ,upright-(*is*)

מַחְכִּימַת פֶּתִי׃ 9 פִּקּוּדֵי יְהוָה יְשָׁרִים מְשַׂמְּחֵי־
glad-making ,upright-(*are*) Jehovah of-precepts-The .simple-the wise-making

לֵב מִצְוַת יְהוָה בָּרָה מְאִירַת עֵינָיִם׃
.eyes-the enlightening pure-(*is*) Jehovah of-commandment-the ; heart-the

10 יִרְאַת יְהוָה ׀ טְהוֹרָה עוֹמֶדֶת לָעַד מִשְׁפְּטֵי־
of-judgments-The ; ever-for standing ,clean-is Jehovah of-fear-The

יְהוָה אֱמֶת צָדְקוּ יַחְדָּו׃ 11 הַנֶּחֱמָדִים
desirable-are-Which .together righteous-are-they ; truth-(*are*) Jehovah

מִזָּהָב וּמִפַּז רָב וּמְתוּקִים מִדְּבַשׁ
honey-than-more sweet-and ; much gold-pure-than-and ,gold-than-more

וְנֹפֶת צוּפִים׃ 12 גַּם־עַבְדְּךָ נִזְהָר בָּהֶם
; them-by warned-(*is*) servant-thy Moreover .honeycombs of-droppings-and

בְּשָׁמְרָם עֵקֶב רָב׃ 13 שְׁגִיאוֹת מִי־יָבִין

?consider-shall who wanderings-(*His*) .great (*is*)-recompense-the them-keeping-in

מִנִּסְתָּרוֹת נַקֵּנִי׃ 14 גַּם מִזֵּדִים ׀ חֲשֹׂךְ

back-keep proudnesses-from Moreover .me-cleanse (*faults*)-hidden-from

עַבְדֶּךָ אַל־יִמְשְׁלוּ־בִי אָז אֵיתָם וְנִקֵּיתִי

innocent-be-shall-I-& ,upright-be-shall-I then ;me-over rule-them-let not ;servant-thy

מִפֶּשַׁע רָב׃ 15 יִהְיוּ־לְרָצוֹן ׀ אִמְרֵי־פִי

mouth-my of-words-the favour-for be-Shall .great transgression-from

וְהֶגְיוֹן לִבִּי לְפָנֶיךָ יְהוָה צוּרִי וְגֹאֲלִי׃

.redeemer-my-and ,rock-my ,Jehovah-O ,thee-before ,heart-my of-meditation-the-and

כ

לַמְנַצֵּחַ מִזְמוֹר לְדָוִד׃ 2 יַעַנְךָ יְהוָה

Jehovah thee-answer-Shall .David-of Psalm-a ,over-is-that-him-To

בְּיוֹם צָרָה יְשַׂגֶּבְךָ שֵׁם ׀ אֱלֹהֵי יַעֲקֹב׃

.Jacob of-God-the of-name-the high-on-thee-set-Shall ;distress of-day-the-in

3 יִשְׁלַח־עֶזְרְךָ מִקֹּדֶשׁ וּמִצִּיּוֹן יִסְעָדֶךָּ׃

.up-thee-hold-shall Zion-from-and ;sanctuary-the-from help-thy send-shall-He

4 יִזְכֹּר כָּל־מִנְחֹתֶךָ וְעוֹלָתְךָ יְדַשְּׁנֶה

.accept-shall sacrifice-burnt-thy-and ;offerings-thy all remember-shall-He

סֶלָה׃ 5 יִתֶּן־לְךָ כִלְבָבֶךָ וְכָל־עֲצָתְךָ יְמַלֵּא׃

.fulfil-shall-he counsel-thy all-& ;heart-thy-to-according thee-to give-shall-He .Selah

6 נְרַנְּנָה ׀ בִּישׁוּעָתֶךָ וּבְשֵׁם אֱלֹהֵינוּ

God-our of-name-the-in-and ;salvation-thy-in joy-for-shout-will-We

נִדְגֹּל יְמַלֵּא יְהוָה כָּל־מִשְׁאֲלוֹתֶיךָ׃

.petitions-thy all Jehovah fulfil-shall :banners-our-up-set-will-we

7 עַתָּה יָדַעְתִּי כִּי הוֹשִׁיעַ ׀ יְהוָה מְשִׁיחוֹ

;(sg.)-anointed-his Jehovah saved-hath that known-have-I Now

יַעֲנֵהוּ מִשְּׁמֵי קָדְשׁוֹ בִּגְבוּרוֹת

of-might-the-with ,holiness-his of-heavens-the-from him-answer-will-he

יֶ֫שַׁע יְמִינוֹ׃ 8 אֵ֣לֶּה בָ֭רֶכֶב וְאֵ֣לֶּה בַסּוּסִ֑ים

,horses-THE-in these-and ,chariot-THE-in These .hand-right-his of-salvation-the

וַאֲנַ֓חְנוּ ׀ בְּשֵׁם־יְהוָ֖ה אֱלֹהֵ֣ינוּ נַזְכִּֽיר׃

.remember-to-make-will God-our Jehovah of-name-the-in we-and

9 הֵ֭מָּה כָּרְע֣וּ וְנָפָ֑לוּ וַאֲנַ֥חְנוּ קַּ֝֗מְנוּ וַנִּתְעוֹדָֽד׃

.upright-stood-and ,risen-have we-and ;fallen-and ,down-bowed-have They

10 יְהוָ֥ה הוֹשִׁ֑יעָה הַ֝מֶּ֗לֶךְ יַעֲנֵ֥נוּ בְיוֹם־קָרְאֵֽנוּ׃

.calling-our of-day-the-in us-answer-will king-THE ;save ,Jehovah-O

כא

לַמְנַצֵּ֗חַ מִזְמ֥וֹר לְדָוִֽד׃ 2 יְֽהוָ֗ה בְּעָזְּךָ֥

strength-thy-in Jehovah-O .David-of Psalm-A ;over-is-that-him-To

יִשְׂמַח־־מֶ֑לֶךְ וּ֝בִישׁ֥וּעָתְךָ֗ מַה־־יָּ֥גֶיל מְאֹֽד׃

.greatly rejoice-he-shall how salvation-thy-in-and ;king-the glad-be-shall

3 תַּאֲוַ֣ת לִ֭בּוֹ נָתַ֣תָּה לּ֑וֹ וַאֲרֶ֥שֶׁת שְׂ֝פָתָ֗יו

lips-his of-request-the-and ;him-to given-hast-thou heart-his of-desire-The

בַּל־מָנַ֥עְתָּ סֶּֽלָה׃ 4 כִּֽי־תְקַדְּמֶ֣נּוּ בִּרְכ֣וֹת

of-blessings-the-(*with*) him-prevent-wilt-thou For .Selah .withheld-thou-hast not

ט֑וֹב תָּשִׁ֥ית לְ֝רֹאשׁ֗וֹ עֲטֶ֣רֶת פָּֽז׃ 5 חַיִּ֤ים ׀

Life .gold-pure of-crown-a head-his-on set-wilt-thou ;goodness

שָׁאַ֣ל מִ֭מְּךָ נָתַ֣תָּה לּ֑וֹ אֹ֥רֶךְ יָ֝מִ֗ים עוֹלָ֥ם וָעֶֽד׃

.ever-and ever-for ,days of-length him-to given-hast-thou ;thee-from asked-he

6 גָּד֣וֹל כְּ֭בוֹדוֹ בִּישׁוּעָתֶ֑ךָ ה֥וֹד וְ֝הָדָ֗ר תְּשַׁוֶּ֥ה

set-wilt-thou majesty-and honour ;salvation-thy-in glory-his (*is*)-Great

עָלָֽיו׃ 7 כִּֽי־תְשִׁיתֵ֣הוּ בְרָכ֣וֹת לָעַ֑ד תְּחַדֵּ֥הוּ

rejoice-him-make-wilt-thou ;ever-for blessings him-set-hast-thou For .him-upon

בְ֝שִׂמְחָ֗ה אֶת־פָּנֶֽיךָ׃ 8 כִּֽי־הַ֭מֶּלֶךְ בֹּטֵ֣חַ בַּיהוָ֑ה

;Jehovah-in confiding-(*is*) king-THE For .presence-thy with gladness-with

וּבְחֶ֥סֶד עֶ֝לְי֗וֹן בַּל־יִמּֽוֹט׃ 9 תִּמְצָ֣א יָ֭דְךָ

hand-thy find-Shall .moved-be-he-will not high-most-the of-mercy-the-in-and

לְכָל־אֹיְבֶיךָ יְמִינְךָ תִּמְצָא שֹׂנְאֶיךָ׃ 10 תְּשִׁיתֵמוֹ ׀

them-put-wilt-Thou .thee-hate-that-those find-shall hand-right-thy ; enemies-thy all

כְּתַנּוּר אֵשׁ לְעֵת פָּנֶיךָ יְהוָה בְּאַפּוֹ

anger-his-in Jehovah ; presence-thy of-season-the-at fire of-furnace-a-as

יְבַלְּעֵם וְתֹאכְלֵם אֵשׁ׃ 11 פִּרְיָמוֹ מֵאֶרֶץ

earth-the-from fruit-Their .fire-the them-eat-shall-& ,them-swallow-shall

תְּאַבֵּד וְזַרְעָם מִבְּנֵי אָדָם׃ 12 כִּי־נָטוּ

directed-they For man. of-sons-the-from seed-their-and ,destroy-wilt-thou

עָלֶיךָ רָעָה חָשְׁבוּ מְזִמָּה בַּל־יוּכָלוּ׃

.accomplish-could-they not-(*which*) device-a thought-have-they ; evil thee-against

13 כִּי תְּשִׁיתֵמוֹ שֶׁכֶם בְּמֵיתָרֶיךָ תְּכוֹנֵן

(*arrows*)-establish-wilt-thou strings-thy-in ; shoulder-the set-them-make-wilt-thou For

עַל־פְּנֵיהֶם׃ 14 רוּמָה יְהוָה בְעֻזֶּךָ נָשִׁירָה

,sing-will-we ; strength-thy-in ,Jehovah-O (*thyself*)-Raise .faces-their against

וּנְזַמְּרָה גְּבוּרָתֶךָ׃

.might-thy of-psalms-sing-and

כב

לַמְנַצֵּחַ עַל־אַיֶּלֶת הַשַּׁחַר מִזְמוֹר לְדָוִד׃

.David-of Psalm-A ; dawn-THE of-hind-the upon ,over-is-that-him-To

2 אֵלִי אֵלִי לָמָה עֲזַבְתָּנִי רָחוֹק מִישׁוּעָתִי

,salvation-my-from far-(*art-&*) ? me-forsaken-thou-hast why ,God-my ,God-My

דִּבְרֵי שַׁאֲגָתִי׃ 3 אֱלֹהַי אֶקְרָא יוֹמָם וְלֹא

not-and ,day-by call-will-I ,God-my-O ? roaring-my of-words-the-(*and*)

תַעֲנֶה וְלַיְלָה וְלֹא־דוּמִיָּה לִי׃ 4 וְאַתָּה

(*art*)-thou-And .me-to (*is*)-silence not-and ,night-(*at*)-and ,answer-wilt-thou

קָדוֹשׁ יוֹשֵׁב תְּהִלּוֹת יִשְׂרָאֵל׃ 5 בְּךָ בָּטְחוּ

confided thee-In .Israel of-praises-the inhabitest-who ,holy

אֲבֹתֵינוּ בָּטְחוּ וַתְּפַלְּטֵמוֹ׃ 6 אֵלֶיךָ זָעֲקוּ

,cried-they thee-Unto .them-deliveredst-thou-and confided-they ; fathers-our

וְנִמְלָטוּ בְּךָ בָטְחוּ וְלֹא־בוֹשׁוּ׃ 7 וְאָנֹכִי

(*am*)-I-But .ashamed-were not-and ,confided-they thee-in ; escaped-they-and

תוֹלַעַת וְלֹא־אִישׁ חֶרְפַּת אָדָם וּבְזוּי עָם׃

.nation-the of-despised-and ,man of-reproach-a ; man-a not-and worm-a

8 כָּל־רֹאַי יַלְעִגוּ לִי יַפְטִירוּ בְשָׂפָה יָנִיעוּ

wag-will-they ; lip-the-[with] open-will-they ; me-at mock-will me-seeing All

רֹאשׁ׃ 9 גֹּל אֶל־יְהוָה יְפַלְּטֵהוּ יַצִּילֵהוּ

,him-deliver-will-he ; him-deliver-will-he ,Jehovah unto (*himself*)-roll-To .head-the

כִּי חָפֵץ בּוֹ׃ 10 כִּי־אַתָּה גֹחִי מִבָּטֶן

; belly-the-from out-me-taking (*wast*)-thou For .him-in delighted-he for

מַבְטִיחִי עַל־שְׁדֵי אִמִּי׃ 11 עָלֶיךָ הָשְׁלַכְתִּי

cast-was-I thee-Unto .mother-my of-breasts-the upon confide-to-me-causing

מֵרָחֶם מִבֶּטֶן אִמִּי אֵלִי אָתָּה׃ 12 אַל־

Not .thou-(*art*) God-my mother-my of-belly-the-from ; womb-the-from

תִּרְחַק מִמֶּנִּי כִּי־צָרָה קְרוֹבָה כִּי־אֵין עוֹזֵר׃

.helper-a not-is-there for : near-(*is*) distress for ,me-from far-be

13 סְבָבוּנִי פָּרִים רַבִּים אַבִּירֵי בָשָׁן

Bashan of-(*bulls*)-mighty ; many bulls me-surrounded-Have

כִּתְּרוּנִי׃ 14 פָּצוּ עָלַי פִּיהֶם אַרְיֵה

lion-a-(*as*) ; mouth-their me-upon opened-have-They .about-me-compassed-have

טֹרֵף וְשֹׁאֵג׃ 15 כַּמַּיִם נִשְׁפַּכְתִּי וְהִתְפָּרְדוּ

separated-been-have-& ,out-poured-been-have-I water-Like .roaring-and tearing

כָּל־עַצְמוֹתָי הָיָה לִבִּי כַּדּוֹנָג נָמֵס בְּתוֹךְ

of-midst-the-in melted-is-it ; wax-[THE]-like heart-my was ; bones-my all

מֵעָי׃ 16 יָבֵשׁ כַּחֶרֶשׂ ׀ כֹּחִי וּלְשׁוֹנִי מֻדְבָּק

to-cleaving-(*is*) tongue-my-and ; strength-my potsherd-a-as dried-Has .bowels-my

מַלְקוֹחָי וְלַעֲפַר־מָוֶת תִּשְׁפְּתֵנִי׃ 17 כִּי סְבָבוּנִי

me-surrounded-have For .me-bring-wilt-thou death of-dust-the-to-& ; palate-my

כְּלָבִים עֲדַת מְרֵעִים הִקִּיפוּנִי כָּאֲרִי יָדַי

hands-my piercing ; me-inclosed-have wicked-the of-congregation-the ; dogs

וְרַגְלָי׃ 18 אֲסַפֵּר כָּל־עַצְמוֹתָי הֵמָּה יַבִּיטוּ

,look-will they ; bones-my all declare-will-I .feet-my-and

יִרְאוּ־בִי׃ 19 יְחַלְּקוּ בְגָדַי לָהֶם וְעַל־לְבוּשִׁי

clothing-my upon-& ; them-to garments-my divide-will-They .me-[upon] see-will-They

יַפִּילוּ גוֹרָל׃ 20 וְאַתָּה יְהוָה אַל־תִּרְחָק

; off-far-be not ,Jehovah-O ,thou-And .lot-a cast-will-they

אֱיָלוּתִי לְעֶזְרָתִי חוּשָׁה׃ 21 הַצִּילָה מֵחֶרֶב

sword-the-from Deliver .haste-make help-my-to ,strength-my-O

נַפְשִׁי מִיַּד־כֶּלֶב יְחִידָתִי׃ 22 הוֹשִׁיעֵנִי

me-Save .one-only-my dog-the of-hand-the-from ; soul-my

מִפִּי אַרְיֵה וּמִקַּרְנֵי רֵמִים עֲנִיתָנִי׃

.me-heard-hast-thou unicorns-the of-horns-the-from-& ; lion-the of-mouth-the-from

23 אֲסַפְּרָה שִׁמְךָ לְאֶחָי בְּתוֹךְ קָהָל

congregation-the of-midst-the-in ; brethren-my-to name-thy declare-will-I

אֲהַלְלֶךָּ׃ 24 יִרְאֵי יְהוָה הַלְלוּהוּ כָּל־זֶרַע יַעֲקֹב

Jacob of-seed-the all ; him-praise Jehovah fear-that-Ye .thee-praise-will-I

כַּבְּדוּהוּ וְגוּרוּ מִמֶּנּוּ כָּל־זֶרַע יִשְׂרָאֵל׃ 25 כִּי

For .Israel of-seed-the all him-[from] fear-and ; him-glorify

לֹא־בָזָה וְלֹא שִׁקַּץ עֱנוּת עָנִי וְלֹא־הִסְתִּיר

hidden-hath not-and ; (sg.)-poor-the of-poverty-the abhorred not-and ,despised-he not

פָּנָיו מִמֶּנּוּ וּבְשַׁוְּעוֹ אֵלָיו שָׁמֵעַ׃ 26 מֵאִתְּךָ

thee-Of .heard-he him-unto crying-his-in-and ; him-from face-his

תְּהִלָּתִי בְּקָהָל רָב נְדָרַי אֲשַׁלֵּם נֶגֶד

before pay-will-I vows-my ; great congregation-the-in (*be-shall*)-praise-my

יְרֵאָיו׃ 27 יֹאכְלוּ עֲנָוִים וְיִשְׂבָּעוּ יְהַלְלוּ

praise-shall ; satisfied-be-and humble-the eat-Shall .him-fear-who-those

יְהוָה דֹּרְשָׁיו יְחִי לְבַבְכֶם לָעַד׃ 28 יִזְכְּרוּ

remember-Shall .ever-for heart-your live-shall ; him-seek-who-those Jehovah

וְיָשֻׁבוּ אֶל־יְהוָה כָּל־אַפְסֵי־אָרֶץ וְיִשְׁתַּחֲווּ

down-bow-shall-and ; earth-the of-ends-the all Jehovah to turn-shall-and

לְפָנֶיךָ כָּל־מִשְׁפְּחוֹת גּוֹיִם׃ 29 כִּי לַיהוָה
Jehovah-to For .Gentiles-the of-families-the all thee-before

הַמְּלוּכָה וּמוֹשֵׁל בַּגּוֹיִם׃ 30 אָכְלוּ
eaten-Have .Gentiles-THE-among ruler-the-(*is-he*)-and ;kingdom-THE-(is)

וַיִּשְׁתַּחֲווּ ׀ כָּל־דִּשְׁנֵי־אֶרֶץ לְפָנָיו יִכְרְעוּ כָּל־
all bend-shall him-before ;earth-the of-ones-fat-the all down-bowed-and

יוֹרְדֵי עָפָר וְנַפְשׁוֹ לֹא חִיָּה׃ 31 זֶרַע
seed-A .alive-kept-he not soul-his-and ;dust-the to-descend-who-those

יַעַבְדֶנּוּ יְסֻפַּר לַאדֹנָי לַדּוֹר׃ 32 יָבֹאוּ
come-shall-They .generation-THE-for Lord-the-to counted-be-shall-it ,him-serve-shall

וְיַגִּידוּ צִדְקָתוֹ לְעַם נוֹלָד כִּי
because ,born-be-shall-that nation-a-to righteousness-his shew-shall-and

עָשָׂה׃
.(*it*)-wrought-hath-he

כג

מִזְמוֹר לְדָוִד יְהוָה רֹעִי לֹא אֶחְסָר׃
.want-shall-I not ,shepherd-my-(*is*) Jehovah .David-of Psalm-A

2 בִּנְאוֹת דֶּשֶׁא יַרְבִּיצֵנִי עַל־מֵי מְנוּחֹת
rest of-waters-the by ;down-me-lay-will-he herb-tender of-pastures-In

יְנַהֲלֵנִי׃ 3 נַפְשִׁי יְשׁוֹבֵב יַנְחֵנִי בְמַעְגְּלֵי־
of-tracks-the-in me-lead-will-he ;restore-will-he soul-My .me-guide-will-he

צֶדֶק לְמַעַן שְׁמוֹ׃ 4 גַּם כִּי־אֵלֵךְ בְּגֵיא
of-valley-the-in walk-shall-I when Mŏreover .name-his of-because ,righteousness

צַלְמָוֶת לֹא־אִירָא רָע כִּי־אַתָּה עִמָּדִי שִׁבְטְךָ
rod-thy me-with-(*art*) thou for ;evil fear-will-I not death-of-shadow-the

וּמִשְׁעַנְתֶּךָ הֵמָּה יְנַחֲמֻנִי׃ 5 תַּעֲרֹךְ לְפָנַי ׀
me-before order-in-set-wilt-Thou .me-comfort-will [they] staff-thy-and

שֻׁלְחָן נֶגֶד צֹרְרָי דִּשַּׁנְתָּ בַשֶּׁמֶן רֹאשִׁי
;head-my oil-with fat-made-hast-thou ;oppressors-my of-presence-the-in table-a

כּוֹסִי רְוָיָה׃ 6 אַךְ ׀ טוֹב וָחֶסֶד יִרְדְּפוּנִי

me-pursue-will mercy-and goodness Surely .overflowing-(*is*) cup-my

כָּל־יְמֵי חַיָּי וְשַׁבְתִּי בְּבֵית־יְהוָֹה לְאֹרֶךְ יָמִים׃

.days of-length-to Jehovah of-house-the-in dwell-shall-I-& ; life-my of-days-the all

כד

לְדָוִד מִזְמוֹר לַיהוָֹה הָאָרֶץ וּמְלוֹאָהּ תֵּבֵל

world-the ; fulness-its-and earth-THE (*is*)-Jehovah-To .Psalm-A ,David-Of

וְיֹשְׁבֵי בָהּ׃ 2 כִּי־הוּא עַל־יַמִּים יְסָדָהּ וְעַל־

upon-& ; it-founded seas-the upon he For .it-in dwelling-those-&

נְהָרוֹת יְכוֹנְנֶהָ׃ 3 מִי־יַעֲלֶה בְהַר־יְהוָֹה

? Jehovah of-mountain-the-into up-go-shall Who .it-establish-will-he rivers-the

וּמִי יָקוּם בִּמְקוֹם קָדְשׁוֹ׃ 4 נְקִי כַפַּיִם

,hands of-(sg.)-innocent-The ? holiness-his of-place-the-into rise-shall who-and

וּבַר־לֵבָב אֲשֶׁר ׀ לֹא־נָשָׂא לַשָּׁוְא נַפְשִׁי

; soul-his vanity-[THE]-to up-lifted-has not who ; heart of-(sg.)-pure-the-&

וְלֹא נִשְׁבַּע לְמִרְמָה׃ 5 יִשָּׂא בְרָכָה מֵאֵת

)(-from blessing receive-shall-He .deceit-to sworn-hath not-and

יְהוָֹה וּצְדָקָה מֵאֱלֹהֵי יִשְׁעוֹ׃ 6 זֶה דּוֹר

of-generation-the (*is*)-This .salvation-his of-God-the-from righteousness-& ,Jehovah

דֹּרְשׁוֹ מְבַקְשֵׁי פָנֶיךָ יַעֲקֹב סֶלָה׃

.Selah .Jacob-O .face-thy for-enquire-who-those ,him-seek-who-those

7 שְׂאוּ שְׁעָרִים ׀ רָאשֵׁיכֶם וְהִנָּשְׂאוּ פִּתְחֵי עוֹלָם

,eternity of-doors-O ,up-lifted-be-and ; heads-your gates-O up-Lift

וְיָבוֹא מֶלֶךְ הַכָּבוֹד׃ 8 מִי־זֶה מֶלֶךְ הַכָּבוֹד

? glory-[THE] of-king this (*is*)-Who .glory-[THE] of-king-the come-shall-&

יְהוָֹה עִזּוּז וְגִבּוֹר יְהוָֹה גִּבּוֹר מִלְחָמָה׃ 9 שְׂאוּ

,up-Lift .war of-mighty Jehovah ,mighty-& strong Jehovah

שְׁעָרִים ׀ רָאשֵׁיכֶם וּשְׂאוּ פִּתְחֵי עוֹלָם וְיָבֹא

come-shall-& eternity of-doors-O ,up-lift-& ,heads-your ,Gates-O

מֶלֶךְ הַכָּבוֹד׃ 10 מִי הוּא זֶה מֶלֶךְ הַכָּבוֹד

?glory-[THE] of-king this ,he (*is*)-Who .glory-[THE] of-king-the

יְהוָה צְבָאוֹת הוּא מֶלֶךְ הַכָּבוֹד סֶלָה׃

.Selah .glory-THE of-king-the (*is*)-he ,hosts-(of) Jehovah

כה

לְדָוִד אֵלֶיךָ יְהוָה נַפְשִׁי אֶשָּׂא׃ 2 אֱלֹהַי בְּךָ

thee-in ,God-my .up-lift-will-I soul-my Jehovah-O thee-Unto .David-Of

בָטַחְתִּי אַל־אֵבוֹשָׁה אַל־יַעַלְצוּ אֹיְבַי לִי׃

.me-at enemies-my exult-let not ;ashamed-be-me-let not ,confided-have-I

3 גַּם כָּל־קֹוֶיךָ לֹא יֵבֹשׁוּ יֵבֹשׁוּ

ashamed-be-shall-they ;ashamed-be-shall not thee-on-wait-who-those all Moreover

הַבּוֹגְדִים רֵיקָם׃ 4 דְּרָכֶיךָ יְהוָה הוֹדִיעֵנִי

;know-me-make ,Jehovah-O ,ways-Thy .causelessly offend-who

אֹרְחוֹתֶיךָ לַמְּדֵנִי׃ 5 הַדְרִיכֵנִי בַאֲמִתֶּךָ ׀ וְלַמְּדֵנִי

me-teach-and truth-thy-in me-Guide .me-teach paths-thy

כִּי־אַתָּה אֱלֹהֵי יִשְׁעִי אוֹתְךָ קִוִּיתִי כָּל־הַיּוֹם׃

.day-THE all for-waited-I-have thee ;salvation-my of-God-the (*art*)-thou for

6 זְכֹר־רַחֲמֶיךָ יְהוָה וַחֲסָדֶיךָ כִּי מֵעוֹלָם

old-of-from for ;mercies-thy-and ,Jehovah-O ,mercies-tender-thy Remember

הֵמָּה׃ 7 חַטֹּאות נְעוּרַי ׀ וּפְשָׁעַי אַל־תִּזְכֹּר

;remember not transgressions-my-and ,youth-my of-sins-The (*were*)-they

כְּחַסְדְּךָ זְכָר־לִי־אַתָּה לְמַעַן טוּבְךָ

goodness-thy of-because ;thou me-[for] remember mercy-thy-to-according

יְהוָה׃ 8 טוֹב־וְיָשָׁר יְהוָה עַל־כֵּן יוֹרֶה

teach-will-he this of-because ;Jehovah-(*is*) upright-and Good .Jehovah-O

חַטָּאִים בַּדָּרֶךְ׃ 9 יַדְרֵךְ עֲנָוִים בַּמִּשְׁפָּט

;judgment-THE-in humble-the guide-will-He .way-THE-in sinners

וִילַמֵּד עֲנָוִים דַּרְכּוֹ׃ 10 כָּל־אָרְחוֹת יְהוָה

Jehovah of-paths-the All .way-his humble-the teach-will-he-&

חֶסֶד וֶאֱמֶת לְנֹצְרֵי בְרִיתוֹ וְעֵדֹתָיו׃

.testimonies-his-and covenant-his preserve-who-those-to ,truth-and mercy-(*are*)

11 לְמַעַן־שִׁמְךָ יְהוָה וְסָלַחְתָּ לַעֲוֹנִי כִּי רַב־הוּא׃

.it (*is*)-great for ,iniquity-my pardon-even ,Jehovah-O ,name-thy of-Because

12 מִי־זֶה הָאִישׁ יְרֵא יְהוָה יוֹרֶנּוּ בְּדֶרֶךְ

(*which*)-way-the-in him-teach-will-he ? Jehovah fearing man-THE this (*is*)-Who

יִבְחָר׃ 13 נַפְשׁוֹ בְּטוֹב תָּלִין וְזַרְעוֹ יִירַשׁ

inherit-shall seed-his-and ; lodge-shall good-in soul-His .choose-will-he

אָרֶץ׃ 14 סוֹד יְהוָה לִירֵאָיו וּבְרִיתוֹ

covenant-his-& ; him-fear-who-those-for (*is*)-Jehovah of-counsel-secret-The .earth-the

לְהוֹדִיעָם׃ 15 עֵינַי תָּמִיד אֶל־יְהוָה כִּי הוּא־

he for ; Jehovah unto-(*are*) continually eyes-My .know-them-make-to

יוֹצִיא מֵרֶשֶׁת רַגְלָי׃ 16 פְּנֵה אֵלַי

,me-unto face-thy-Turn .feet-my net-the-from out-bring-will

וְחָנֵּנִי כִּי־יָחִיד וְעָנִי אָנִי׃ 17 צָרוֹת

of-distresses-The .I-(*am*) poor-and alone for ; me-with-gracious-be-and

לְבָבִי הִרְחִיבוּ מִמְּצוּקוֹתַי הוֹצִיאֵנִי׃ 18 רְאֵה

See ·out-me-bring afflictions-my-from ; enlarged-been-have heart-my

עָנְיִי וַעֲמָלִי וְשָׂא לְכָל־חַטֹּאותָי׃ 19 רְאֵה־

See .sins-my all forgive-& ,grievousness-my-& ,affliction-my

אוֹיְבַי כִּי־רָבּוּ וְשִׂנְאַת חָמָס שְׂנֵאוּנִי׃

.me-hated-have-they violence of-hatred-(*with*)-& multiplied-are-they for, enemies-my

20 שָׁמְרָה נַפְשִׁי וְהַצִּילֵנִי אַל־אֵבוֹשׁ כִּי־חָסִיתִי

trusted-I for ,ashamed-be-me-let not ; me-deliver-and soul-my Keep

בָךְ׃ 21 תֹּם־וָיֹשֶׁר יִצְּרוּנִי כִּי קִוִּיתִיךָ׃

.thee-for-waited-have-I for ,me-preserve-shall uprightness-& Integrity .thee-in

22 פְּדֵה אֱלֹהִים אֶת־יִשְׂרָאֵל מִכֹּל צָרוֹתָיו׃

.distresses-his all-from Israel)(,God-O ,Redeem

כו

לְדָוִד ׀ שָׁפְטֵנִי יְהוָה כִּי אֲנִי בְּתֻמִּי הָלַכְתִּי
; walked-have integrity-my-in I for ,Jehovah-O ,me-Judge .David-Of

וּבַיהוָה בָּטַחְתִּי לֹא אֶמְעָד׃ 2 בְּחָנֵנִי יְהוָה
,Jehovah-O, me-Prove .slide-shall-I not ,confided-I-have Jehovah-in-&

וְנַסֵּנִי צָרְופָה כִלְיוֹתַי וְלִבִּי׃ 3 כִּי חַסְדְּךָ לְנֶגֶד
before (*is*) mercy-thy For .heart-my-and reins-my refine ; me-try-and

עֵינָי וְהִתְהַלַּכְתִּי בַּאֲמִתֶּךָ׃ 4 לֹא־יָשַׁבְתִּי עִם־
with sat-have-I Not .truth-thy-in walked-have-I-and ; eyes-my

מְתֵי־שָׁוְא וְעִם נַעֲלָמִים לֹא אָבוֹא׃ 5 שָׂנֵאתִי
hated-have-I .go-will-I not themselves-of-hiders with-& ; vanity of-mortals

קְהַל מְרֵעִים וְעִם־רְשָׁעִים לֹא אֵשֵׁב׃
.sit-will-I not wicked-the with-and ; doers-wicked-the of-congregation-the

6 אֶרְחַץ בְּנִקָּיוֹן כַּפָּי וַאֲסֹבְבָה אֶת־מִזְבַּחֲךָ יְהוָה׃
.Jehovah O ,altar-thy)(surround-will-I-& ; hands-my innocency-in wash-will-I

7 לַשְׁמִעַ בְּקוֹל תּוֹדָה וּלְסַפֵּר כָּל־
all declare-to-and ,thanksgiving of-voice-the-[with] hear-to-cause-To

נִפְלְאוֹתֶיךָ׃ 8 יְהוָה אָהַבְתִּי מְעוֹן בֵּיתֶךָ
house-thy of-habitation-the loved-have-I ,Jehovah-O .works-wondrous-thy

וּמְקוֹם מִשְׁכַּן כְּבוֹדֶךָ׃ 9 אַל־תֶּאֱסֹף עִם־
with gather Not ·honour-thy of-dwelling-the of-place-the-&

חַטָּאִים נַפְשִׁי וְעִם־אַנְשֵׁי דָמִים חַיָּי׃ 10 אֲשֶׁר־
Who .life-my ,blood of-men with-(*not*)-and ; soul-my sinners

בִּידֵיהֶם זִמָּה וִימִינָם מָלְאָה שֹּׁחַד׃
.bribe-a of-full-is hand-right-their-and mischief-(*is*) hand-their-in

11 וַאֲנִי בְּתֻמִּי אֵלֵךְ פְּדֵנִי וְחָנֵּנִי׃ 12 רַגְלִי
foot-My .me-to-gracious-be-& ,me-redeem ; walk-will integrity-my-in I-And

עָמְדָה בְמִישׁוֹר בְּמַקְהֵלִים אֲבָרֵךְ יְהוָה׃
.Jehovah bless-will-I congregations-the-in ; place-plain-a-in stood-hath

כז

לְדָוִד ׀ יְהוָה ׀ אוֹרִי וְיִשְׁעִי מִמִּי
whom-[of] ; salvation-my-and light-my-(*is*) Jehovah .David-Of

אִירָא יְהוָה מָעוֹז־חַיַּי מִמִּי אֶפְחָד׃
? afraid-be-I-shall whom-of life-my of-strength-the (*is*) Jehovah ? fear-I-shall

2 בִּקְרֹב עָלַי ׀ מְרֵעִים לֶאֱכֹל אֶת־בְּשָׂרִי
,flesh-my)(eat-to doers-wicked-the me-against near-drawing-In

צָרַי וְאֹיְבַי לִי הֵמָּה כָשְׁלוּ וְנָפָלוּ׃ 3 אִם־
If .fell-and stumbled they ; me-to enemies-my-& distressors-my

תַּחֲנֶה עָלַי ׀ מַחֲנֶה לֹא־יִירָא לִבִּי אִם־
if ; heart-my fear-shall not ,camp-a me-against encamp-shall

תָּקוּם עָלַי מִלְחָמָה בְּזֹאת אֲנִי בוֹטֵחַ׃
.confiding-(*am*) I this-in ,war me-against rise-shall

4 אַחַת ׀ שָׁאַלְתִּי מֵאֵת־יְהוָה אוֹתָהּ אֲבַקֵּשׁ
; for-enquire-will-I it ; Jehovah)(from asked-I (*thing*)-One

שִׁבְתִּי בְּבֵית־יְהוָה כָּל־יְמֵי חַיַּי לַחֲזוֹת
behold-to ; life-my of-days-the all Jehovah of-house-the-in dwelling-my

בְּנֹעַם־יְהוָה וּלְבַקֵּר בְּהֵיכָלוֹ׃ 5 כִּי
For .temple-his-in enquiry-make-to-& ,Jehovah of-beauty-the [upon]

יִצְפְּנֵנִי ׀ בְּסֻכֹּה בְּיוֹם רָעָה יַסְתִּרֵנִי
me-hide-will-he ; evil of-day-the-in pavilion-his-in me-hide-will-he

בְּסֵתֶר אָהֳלוֹ בְּצוּר יְרוֹמְמֵנִי׃ 6 וְעַתָּה
now-And .me-exalt-will-he rock-a-on ; tent-his of-place-hiding-the-in

יָרוּם רֹאשִׁי עַל אֹיְבַי סְבִיבוֹתַי וְאֶזְבְּחָה
sacrifice-will-I-& ; me-about-round enemies-my above head-my exalted-be-shall

בְאָהֳלוֹ זִבְחֵי תְרוּעָה אָשִׁירָה וַאֲזַמְּרָה
psalms-sing-will-I-and sing-will-I ; shouting of-sacrifices tent-his-in

לַיהוָה׃ 7 שְׁמַע־יְהוָה קוֹלִי אֶקְרָא וְחָנֵּנִי
; me-to-gracious-be-& ; call-shall-I-(*when*) voice-my ,Jehovah-O Hear .Jehovah-to

וַעֲנֵנִי׃ 8 לְךָ ׀ אָמַר לִבִּי בַּקְּשׁוּ פָנָי אֶת־פָּנֶיךָ

,face-thy)(; face-my for-ye-Enquire ; heart-my said thee-To .me-answer-and

יְהוָה אֲבַקֵּשׁ׃ 9 אַל־תַּסְתֵּר פָּנֶיךָ ׀ מִמֶּנִּי אַל־

not ; me-from face-thy hide Not .for-enquire-will-I ,Jehovah-O

תַּט בְּאַף עַבְדֶּךָ עֶזְרָתִי הָיִיתָ אַל־תִּטְּשֵׁנִי

,me-leave not ; been-hast-thou help-my ; servant-thy anger-in away-turn

וְאַל־תַּעַזְבֵנִי אֱלֹהֵי יִשְׁעִי׃ 10 כִּי־אָבִי וְאִמִּי

,mother-my-& father-my When .salvation-my of-God-O ,me-forsake not-and

עֲזָבוּנִי וַיהוָה יַאַסְפֵנִי׃ 11 הוֹרֵנִי יְהוָה דַּרְכֶּךָ

; way-thy ,Jehovah-O ,me-Teach .me-gathered Jehovah-then ,me-forsook

וּנְחֵנִי בְּאֹרַח מִישׁוֹר לְמַעַן שׁוֹרְרָי׃ 12 אַל־

Not .me-observe-who-those of-because plainness of-path-a-in me-lead-&

תִּתְּנֵנִי בְּנֶפֶשׁ צָרָי כִּי קָמוּ־בִי

me-against risen-have for ; distressors-my of-soul-the-in me-give

עֵדֵי־שֶׁקֶר וִיפֵחַ חָמָס׃ 13 לוּלֵא הֶאֱמַנְתִּי

believed-had-I Unless .violence out-breathes-who-he-& ; falsehood of-witnesses

לִרְאוֹת בְּטוּב־יְהוָה בְּאֶרֶץ חַיִּים׃ 14 קַוֵּה

Expect .living-the of-land-the-in ,Jehovah of-goodness-the-[in] see-to

אֶל־יְהוָה חֲזַק וְיַאֲמֵץ לִבֶּךָ וְקַוֵּה אֶל־

[unto] expect-& ; heart-thy strengthen-shall-he-&, strong-be ,Jehovah [unto]

יְהוָה׃

.Jehovah

כח

לְדָוִד אֵלֶיךָ יְהוָה ׀ אֶקְרָא צוּרִי אַל־תֶּחֱרַשׁ

silent-be not ,rock-my-O ; call-will-I ,Jehovah-O ,thee-Unto .David-Of

מִמֶּנִּי פֶּן־תֶּחֱשֶׁה מִמֶּנִּי וְנִמְשַׁלְתִּי עִם־

unto like-be-I-and ,me-from peace-thy-hold-thou (*if*)-lest ; me-from

יוֹרְדֵי בוֹר׃ 2 שְׁמַע קוֹל תַּחֲנוּנַי

supplications-my of-voice-the Hear .pit-the to-descend-who-those

בְּשַׁוְּעִי אֵלֶיךָ בְּנָשְׂאִי יָדַי אֶל־דְּבִיר קָדְשֶׁךָ׃
.holiness-thy of-oracle-the unto hands-my up-lifting-my-in ; thee-unto crying-my-in

3 אַל־תִּמְשְׁכֵנִי עִם־רְשָׁעִים וְעִם־פֹּעֲלֵי אָוֶן
; iniquity of-doers-the with-and ,wicked-the with me-draw Not

דֹּבְרֵי שָׁלוֹם עִם־רֵעֵיהֶם וְרָעָה בִּלְבָבָם׃
.hearts-their-in-(*is*) evil-and ,neighbours-their with peace speak-who-those

4 תֶּן־לָהֶם כְּפָעֳלָם וּכְרֹעַ מַעַלְלֵיהֶם
; actions-their of-evil-the-to-according-& deed-their-to-according them-to Give

כְּמַעֲשֵׂה יְדֵיהֶם תֵּן לָהֶם הָשֵׁב גְּמוּלָם
desert-their return ; them-to give hands-their of-work-the-to-according

לָהֶם׃ 5 כִּי ׀ לֹא יָבִינוּ אֶל־פְּעֻלֹּת יְהוָה
,Jehovah of-deeds-the [unto] consider-they-will not For .them-to

וְאֶל־מַעֲשֵׂה יָדָיו יֶהֶרְסֵם וְלֹא יִבְנֵם׃
.them-build-will not-and ,them-destroy-will-he ; hands-his of-work-the unto-and

6 בָּרוּךְ יְהוָה כִּי שָׁמַע קוֹל תַּחֲנוּנָי׃ 7 יְהוָה ׀
Jehovah .supplications-my of-voice-the heard-he for .Jehovah (*be*)-Blessed

עֻזִּי וּמָגִנִּי בּוֹ בָטַח לִבִּי וְנֶעֱזָרְתִּי
; helped-been-have-I-and ,heart-my confided him-in ; shield-my-& ,strength-my-(*is*)

וַיַּעֲלֹז לִבִּי וּמִשִּׁירִי אֲהוֹדֶנּוּ׃ 8 יְהוָה עֹז־
strength-(*is*) Jehovah .him-praise-will-I song-my-with-and ; heart-my exulted-and

לָמוֹ וּמָעוֹז יְשׁוּעוֹת מְשִׁיחוֹ הוּא׃
.he-(*is*) (sg.)-anointed-his of-salvations-the of-strength-the-even ; him-to

9 הוֹשִׁיעָה ׀ אֶת־עַמֶּךָ וּבָרֵךְ אֶת־נַחֲלָתֶךָ וּרְעֵם
,them-feed-& ; inheritance-thy)(bless-and ,nation-thy)(Save

וְנַשְּׂאֵם עַד־הָעוֹלָם׃
.ever-[THE] for up-them-lift-and

כט

מִזְמוֹר לְדָוִד הָבוּ לַיהוָה בְּנֵי אֵלִים הָבוּ
Give ; gods of-sons-O, Jehovah-to Give .David-of Psalm-A

לַיהוָה כָּבוֹד וָעֹז׃ 2 הָבוּ לַיהוָה כְּבוֹד שְׁמוֹ

name-his of-glory-the Jehovah-to Give .strength-and Glory Jehovah-to

הִשְׁתַּחֲווּ לַיהוָה בְּהַדְרַת־קֹדֶשׁ׃ 3 קוֹל יְהוָה

Jehovah of-voice-The .holiness of-majesty-the-in Jehovah-to down-Bow

עַל־הַמָּיִם אֵל־הַכָּבוֹד הִרְעִים יְהוָה עַל־

above-(*is*) Jehovah ;thunder-caused Glory-[THE]of-God-The ;waters-THE upon-(*is*)

מַיִם רַבִּים׃ 4 קוֹל־יְהוָה בַּכֹּחַ קוֹל

of-voice-the ;strength-[THE]-in-(*is*) Jehovah of-voice-The .many waters

יְהוָה בֶּהָדָר׃ 5 קוֹל יְהוָה שֹׁבֵר אֲרָזִים

;cedars-the breaking-(*is*) Jehovah of-voice-The .majesty-in-(*is*) .Jehovah

וַיְשַׁבֵּר יְהוָה אֶת־אַרְזֵי הַלְּבָנוֹן׃ 6 וַיַּרְקִידֵם

skip-them-made-he-And .Lebanon-[THE] of-cedars)(Jehovah break-will-&

כְּמוֹ־עֵגֶל לְבָנוֹן וְשִׂרְיֹן כְּמוֹ בֶן־רְאֵמִים׃ 7 קוֹל־

of-voice-The .unicorns of-son-a like Sirion-and Lebanon ;calf-a like

יְהוָה חֹצֵב לַהֲבוֹת אֵשׁ׃ 8 קוֹל יְהוָה

Jehovah of-voice-The .fire of-flames-the out-cutting-(*is*) Jehovah

יָחִיל מִדְבָּר יָחִיל יְהוָה מִדְבַּר קָדֵשׁ׃

.Kadesh of-wilderness-the Jehovah pain-in-put-will ;wilderness-the pain-in-put-will

9 קוֹל יְהוָה ׀ יְחוֹלֵל אַיָּלוֹת וַיֶּחֱשֹׂף יְעָרוֹת

;forests-the bare-laid-and ,hinds-the pain-in-put-will Jehovah of-voice-The

וּבְהֵיכָלוֹ כֻּלּוֹ אֹמֵר כָּבוֹד׃ 10 יְהוָה

Jehovah .glory saying-(*is*) it-of-all ,temple-his-in-and

לַמַּבּוּל יָשָׁב וַיֵּשֶׁב יְהוָה מֶלֶךְ לְעוֹלָם׃ 11 יְהוָה

Jehovah .ever-for king Jehovah sat-and ;sat flood-THE-on

עֹז לְעַמּוֹ יִתֵּן יְהוָה ׀ יְבָרֵךְ אֶת־עַמּוֹ

nation-his X bless-will Jehovah ;give-will nation-his-to strength

בַשָּׁלוֹם׃

.peace-[THE]-with

ל

מִזְמוֹר שִׁיר־חֲנֻכַּת הַבַּיִת לְדָוִד׃

.David-of house-THE of-dedication-the of-song-a ;psalm-A

2 אֲרוֹמִמְךָ יְהוָה כִּי דִלִּיתָנִי וְלֹא־שִׂמַּחְתָּ

gladdened-hast not-and ; up-me-drawn-hast-thou for ,Jehovah-O ,thee-exalt-will-I

אֹיְבַי לִי׃ 3 יְהוָה אֱלֹהָי שִׁוַּעְתִּי אֵלֶיךָ

,thee-unto cried-have-I ,God-my Jehovah .me-by enemies-my

וַתִּרְפָּאֵנִי׃ 4 יְהוָה הֶעֱלִיתָ מִן־שְׁאוֹל נַפְשִׁי

; soul-my Hades from up-brought-hast-thou ,Jehovah .me-healed-hast-thou-&

חִיִּיתַנִי מִיָּרְדִי־בוֹר׃ 5 זַמְּרוּ לַיהוָה

,Jehovah-to psalms-Sing .pit-the-(*to*) not-descend-I-that ,alive-me-kept-hast-thou

חֲסִידָיו וְהוֹדוּ לְזֵכֶר קָדְשׁוֹ׃ 6 כִּי רֶגַע ׀

(*is*)-moment-a For .holiness-his of-remembrance-the-at thanks-give-& saints-his-ye

בְּאַפּוֹ חַיִּים בִּרְצוֹנוֹ בָּעֶרֶב יָלִין בֶּכִי

; weeping lodge-shall evening-the-in ; pleasure-his-in (*is*)-life ; anger-his-in

וְלַבֹּקֶר רִנָּה׃ 7 וַאֲנִי אָמַרְתִּי בְשַׁלְוִי

; prosperity-my-in said I-And .shouting-(*shall-be*) morning-THE-at-and

בַּל־אֶמּוֹט לְעוֹלָם׃ 8 יְהוָה בִּרְצוֹנְךָ הֶעֱמַדְתָּה

stand-to-made-hast-thou pleasure-thy-in ,Jehovah .ever-for moved-be-shall-I not

לְהַרְרִי עֹז הִסְתַּרְתָּ פָנֶיךָ הָיִיתִי נִבְהָל׃

.troubled been-have-I ; face-thy hid-hast-thou ; strength mountain-my-for

9 אֵלֶיךָ יְהוָה אֶקְרָא וְאֶל־יְהוָה אֶתְחַנָּן׃ 10 מַה־

What .supplicate-will-I Jehovah unto-and ; call-will-I ,Jehovah ,thee-Unto

בֶּצַע בְּדָמִי בְּרִדְתִּי אֶל־שָׁחַת הֲיוֹדְךָ עָפָר

? dust-the thee-praise-Shall ? ditch-the to descending-my-in blood-my-in (*is*)-gain

הֲיַגִּיד אֲמִתֶּךָ׃ 11 שְׁמַע־יְהוָה וְחָנֵּנִי יְהוָה

Jehovah-O ; me-to-gracious-be-and ,Jehovah-O Hear, ? truth-thy shew-it-shall?

הֱיֵה־עֹזֵר לִי׃ 12 הָפַכְתָּ מִסְפְּדִי לְמָחוֹל לִי

; me-for ; dancing-to mourning-my turned-hast-Thou .me-to helping thou-be

פִּתַּחְתָּ שַׂקִּי וַתְּאַזְּרֵנִי שִׂמְחָה׃ 13 לְמַעַן ׀
Therefore .gladness with-me-girded-hast-& ; sackcloth-my loosed-hast-thou

יְזַמֶּרְךָ כָבוֹד וְלֹא יִדֹּם יְהוָה אֱלֹהַי
God-my Jehovah-O ; silent-be-shall not-& ; glory-(*my*) thee-to-psalms-sing-shall

לְעוֹלָם אוֹדֶךָּ׃
.thanks-thee-give-will-I ever-for

לא

לַמְנַצֵּחַ מִזְמוֹר לְדָוִד׃ 2 בְּךָ־יְהוָה
,Jehovah-O ,thee-In .David-of psalm-a ; over-is-that-him-To

חָסִיתִי אַל־אֵבוֹשָׁה לְעוֹלָם בְּצִדְקָתְךָ
righteousness-thy-in ; ever-for ashamed-be-me-let not ; trusted-have-I

פַּלְּטֵנִי׃ 3 הַטֵּה אֵלַי ׀ אָזְנְךָ מְהֵרָה הַצִּילֵנִי
; me-deliver speedily ; ear-thy me-to Incline .me-deliver

הֱיֵה לִי ׀ לְצוּר מָעוֹז ׀ לְבֵית מְצוּדוֹת
fortresses of-house-a-for strength, of-rock-a-for me-for thou-be

לְהוֹשִׁיעֵנִי׃ 4 כִּי־סַלְעִי וּמְצוּדָתִי אָתָּה וּלְמַעַן
of-because-& ; thou-(*art*) fortress-my-and crag-my For .me-save-to

שִׁמְךָ תַּנְחֵנִי וּתְנַהֲלֵנִי׃ 5 תּוֹצִיאֵנִי מֵרֶשֶׁת
net-the-of-out me-bring-wilt-Thou .me-lead-and me-guide-wilt-thou name-thy

זוּ טָמְנוּ לִי כִּי אַתָּה מָעוּזִּי׃ 6 בְּיָדְךָ אַפְקִיד
commit-will-I hand-thy-Into .strength-my (*art*)-thou for ; me-for hid-have-they which

רוּחִי פָּדִיתָה אוֹתִי יְהוָה אֵל אֱמֶת׃
.truth of-God Jehovah-O ,me redeemed-hast-thou ; spirit-my

7 שָׂנֵאתִי הַשֹּׁמְרִים הַבְלֵי־שָׁוְא וַאֲנִי אֶל־יְהוָה
Jehovah unto I-and emptiness of-vanities keep-who-those hated-hast-Thou

בָּטָחְתִּי׃ 8 אָגִילָה וְאֶשְׂמְחָה בְּחַסְדֶּךָ אֲשֶׁר רָאִיתָ
seen-hast who ; mercy-thy-in glad-be-and rejoice-will-I .confided-have

אֶת־עָנְיִי יָדַעְתָּ בְּצָרוֹת נַפְשִׁי׃ 9 וְלֹא
not-And .soul-my distresses-in known-hast-thou ; affliction-my X

הִסְגַּרְתַּנִי בְּיַד אוֹיֵב הֶעֱמַדְתָּ בַּמֶּרְחָב

place-large-THE-in set-hast-Thou ; enemy-the of-hand-the-in over-me-given-hast-thou

רַגְלָי׃ 10 חָנֵּנִי יְהוָה כִּי צַר־לִי

;me-to distress-is-there for ,Jehovah-O me-to-gracious-Be .feet-my

עָשְׁשָׁה בְכַעַס עֵינִי נַפְשִׁי וּבִטְנִי׃ 11 כִּי

For .belly-my-and soul-my ,eye-my grief-with consumed-been-has

כָלוּ בְיָגוֹן חַיַּי וּשְׁנוֹתַי בַּאֲנָחָה כָּשַׁל

stumbled-has ; groaning-THE-with years-my-and ,life-my sorrow-with consumed-has

בַעֲוֹנִי כֹחִי וַעֲצָמַי עָשֵׁשׁוּ׃ 12 מִכָּל־

all-of-Because .consumed-been-have bones-my-and ; strength-my iniquity-my-with

צֹרְרַי הָיִיתִי חֶרְפָּה וְלִשְׁכֵנַי ׀ מְאֹד וּפַחַד

fear-a-and ; especially neighbours-my-to-& ,reproach-a been-have-I oppressors-my

לִמְיֻדָּעָי רֹאַי בַחוּץ נָדְדוּ מִמֶּנִּי׃

.me-from fled without me-see-who-those ; acquaintances-my-to

13 נִשְׁכַּחְתִּי כְּמֵת מִלֵּב הָיִיתִי כִּכְלִי אֹבֵד׃

.perishing vessel-a-as been-have-I ; heart-the-from man-dead-a-as forgotten-been-have-I

14 כִּי שָׁמַעְתִּי ׀ דִּבַּת רַבִּים מָגוֹר מִסָּבִיב

; around-from (*was*)-fear ; many of-slander-the heard-have-I For

בְּהִוָּסְדָם יַחַד עָלַי לָקַחַת נַפְשִׁי זָמָמוּ׃

.purposed-have-they soul-my take-to ,me-against together consulting-their-in

15 וַאֲנִי ׀ עָלֶיךָ בָטַחְתִּי יְהוָה אָמַרְתִּי אֱלֹהַי אָתָּה׃

.thou-(*art*) God-my ,said-I ; Jehovah-O ,confided-have thee-unto I-And

16 בְּיָדְךָ עִתֹּתָי הַצִּילֵנִי מִיַּד־אוֹיְבַי

enemies-my of-hand-the-from me-deliver seasons-my-(*are*) hand-thy-In

וּמֵרֹדְפָי׃ 17 הָאִירָה פָנֶיךָ עַל־עַבְדֶּךָ

,servant-thy upon face-thy shine-to-Cause .me-pursue-who-those-from-&

הוֹשִׁיעֵנִי בְחַסְדֶּךָ׃ 18 יְהוָה אַל־אֵבוֹשָׁה כִּי

for ,ashamed-be-me-let not ,Jehovah-O .mercy-thy-in me-save

קְרָאתִיךָ יֵבֹשׁוּ רְשָׁעִים יִדְּמוּ לִשְׁאוֹל׃

.hades-in silent-be-shall-they ,wicked-the ashamed-be-shall ; thee-on-called-have-I

[19] תֵּאָלַמְנָה שִׂפְתֵי־שָׁקֶר הַדֹּבְרוֹת עַל־צַדִּיק
dumb-be-Shall of-lips-the falsehood; speak-which against the-righteous-(sg.)

עָתָק בְּגַאֲוָה וָבוּז׃ [20] מָה רַב טוּבְךָ
a-thing-hard, with-pride and-contempt. How great (is)-thy-goodness

אֲשֶׁר־צָפַנְתָּ לִּירֵאֶיךָ פָּעַלְתָּ
which, thou-hast-hidden for-those-who-fear-thee; (which)-thou-hast-wrought

לַחוֹסִים בָּךְ נֶגֶד בְּנֵי אָדָם׃ [21] תַּסְתִּירֵם
for-those-who-trust in-thee, before the-sons-of man. Thou-wilt-hide-them

בְּסֵתֶר פָּנֶיךָ ׀ מֵרֻכְסֵי אִישׁ תִּצְפְּנֵם
in-the-hiding-place-of thy-presence, from-the-pride-of man; thou-wilt-hide-them

בְּסֻכָּה מֵרִיב לְשֹׁנוֹת׃ [22] בָּרוּךְ יְהוָה כִּי
in-a-pavilion from-the-strife-of tongues. Blessed-(be) Jehovah, for

הִפְלִיא חַסְדּוֹ לִי בְּעִיר מָצוֹר׃
he-hath-marvellously-wrought his-mercy to-me in-a-city-of strength.

[23] וַאֲנִי ׀ אָמַרְתִּי בְחָפְזִי נִגְרַזְתִּי מִנֶּגֶד עֵינֶיךָ
And-I said, in-my-haste, I-have-been-cut-off from-before thy-eyes;

אָכֵן שָׁמַעְתָּ קוֹל תַּחֲנוּנַי בְּשַׁוְּעִי אֵלֶיךָ׃
surely thou-hast-heard the-voice-of my-supplications in-my-crying unto-thee.

[24] אֶהֱבוּ אֶת־יְהוָה כָּל־חֲסִידָיו אֱמוּנִים נֹצֵר
Love-ye)(Jehovah, all his-saints; the-faithful (is)-preserving,

יְהוָה וּמְשַׁלֵּם עַל־יֶתֶר עֹשֵׂה גַאֲוָה׃ [25] חִזְקוּ
Jehovah; &-(he-is)-paying with plenty him-who-doeth pride. Be-strong

וְיַאֲמֵץ לְבַבְכֶם כָּל־הַמְיַחֲלִים לַיהוָה׃
&-he-will-strengthen your-heart, all ye-who-hope in-Jehovah.

לב

לְדָוִד מַשְׂכִּיל אַשְׁרֵי נְשׂוּי־
Of-David; causing-to-understand. O-the-blessings-of him-who-is-forgiven-(as-to)

פֶּשַׁע כְּסוּי חֲטָאָה׃ [2] אַשְׁרֵי־אָדָם לֹא
transgression, covered (as-to)-sin. O-the-blessings-of the-man, not

יַחְשֹׁב יְהוָה לוֹ עָוֹן וְאֵין בְּרוּחוֹ רְמִיָּה׃

guile. spirit-his-in not-is-there-& ; iniquity him-to Jehovah impute-will

3 כִּי הֶחֱרַשְׁתִּי בָּלוּ עֲצָמָי בְּשַׁאֲגָתִי כָּל־הַיּוֹם׃

.day-THE all roaring-my-with bones-my old-waxed ,silence-kept-I When

4 כִּי ׀ יוֹמָם וָלַיְלָה תִּכְבַּד עָלַי יָדֶךָ נֶהְפַּךְ

changed-been-has ; hand-thy me-upon heavy-be-will night-and day-by For

לְשַׁדִּי בְּחַרְבֹנֵי קַיִץ סֶלָה׃ 5 חַטָּאתִי

sin-my .Selah .summer of-droughts-the-into freshness-my

אוֹדִיעֲךָ וַעֲוֹנִי לֹא־כִסִּיתִי אָמַרְתִּי אוֹדֶה

confess-will-I ,said-I ; covered-I not iniquity-my-& ; thee-to-acknowledge-will-I

עֲלֵי פְשָׁעַי לַיהוָה וְאַתָּה ׀ נָשָׂאתָ עֲוֹן חַטָּאתִי

.sin-my of-iniquity-the forgiven-hast thou-and ; Jehovah-to transgressions-my [upon]

סֶלָה׃ 6 עַל־זֹאת יִתְפַּלֵּל כָּל־חָסִיד ׀ אֵלֶיךָ

thee-unto saint every pray-shall this of-Because .Selah

לְעֵת מְצֹא רַק לְשֵׁטֶף מַיִם רַבִּים אֵלָיו

him-unto many ,waters of-flood-the-in surely ; (*thee*)-finding-of season-a-at

לֹא יַגִּיעוּ׃ 7 אַתָּה ׀ סֵתֶר לִי מִצַּר

distress-from ,me-to place-hiding-a (*art*)-Thou .near-draw-they-shall not

תִּצְּרֵנִי רָנֵּי פַלֵּט תְּסוֹבְבֵנִי סֶלָה׃

Selah. .with-me-surround-wilt-thou ,deliverance of-shoutings ; me-preserve-wilt-thou

8 אַשְׂכִּילְךָ ׀ וְאוֹרְךָ בְּדֶרֶךְ־זוּ תֵלֵךְ אִיעֲצָה

counsel-will-I ; walk-shalt-thou which way-the-in thee-teach-and ,thee-instruct-will-I

עָלֶיךָ עֵינִי׃ 9 אַל־תִּהְיוּ ׀ כְּסוּס כְּפֶרֶד

,mule-the-as(*or*) horse-a-as ye-be Not .eye-my-(*with*) thee-[upon]

אֵין הָבִין בְּמֶתֶג־וָרֶסֶן עֶדְיוֹ לִבְלוֹם

; in-held-be-to-is mouth-his bridle-& bit-a-with ; understanding not-is-there-(*which-in*)

בַּל קְרוֹב אֵלֶיךָ׃ 10 רַבִּים מַכְאוֹבִים

sorrows Many .thee-unto near-draw-(*they*) lest

לָרָשָׁע וְהַבּוֹטֵחַ בַּיהוָה חֶסֶד

mercy Jehovah-in confides-that-he-and ; (sg)-wicked-the-to-(*be-shall*)

יְסוֹבְבֶנּוּ׃ 11 שִׂמְחוּ בַיהוָה וְגִילוּ צַדִּיקִים
,righteous-ye ,rejoice-and ,Jehovah-in glad-Be .him-surround-shall

וְהַרְנִינוּ כָּל־יִשְׁרֵי־לֵב׃
.heart of-upright-ye all joy-for-shout

לג

רַנְּנוּ צַדִּיקִים בַּיהוָה לַיְשָׁרִים נָאוָה תְהִלָּה׃
.praise (*is*)-comely upright-THE-for ; Jehovah-in ,righteous-ye ,joy-for-Shout

2 הוֹדוּ לַיהוָה בְּכִנּוֹר בְּנֵבֶל עָשׂוֹר זַמְּרוּ־
psalms-sing (*stringed*)-ten psaltery-the-with ; harp-the-with Jehovah-to thanks-ye-Give

לוֹ׃ 3 שִׁירוּ־לוֹ שִׁיר חָדָשׁ הֵיטִיבוּ נַגֵּן בִּתְרוּעָה׃
.shouting-with play-to skilful-be ,new song-a him-to Sing .him-to

4 כִּי־יָשָׁר דְּבַר־יְהוָה וְכָל־מַעֲשֵׂהוּ בֶּאֱמוּנָה׃
.truth-in-(*are*) his-works all-and ; Jehovah of-word-the-(*is*) upright For

5 אֹהֵב צְדָקָה וּמִשְׁפָּט חֶסֶד יְהוָה מָלְאָה
is-of-full Jehovah of-mercy-the ; judgment-and righteousness loving-(*is-He*)

הָאָרֶץ׃ 6 בִּדְבַר יְהוָה שָׁמַיִם נַעֲשׂוּ וּבְרוּחַ
of-spirit-the-by-& ; made-were heavens-the Jehovah of-word-the-By .earth-THE

פִּיו כָּל־צְבָאָם׃ 7 כֹּנֵס כַּנֵּד מֵי הַיָּם
; sea-THE of-waters-the heap-THE-as gathering-(*is-He*) .host-their all mouth-his

נֹתֵן בְּאוֹצָרוֹת תְּהוֹמוֹת׃ 8 יִירְאוּ מֵיְהוָה
Jehovah-of-because fear-Shall .deeps-the storehouses-in putting-(*is-he*)

כָּל־הָאָרֶץ מִמֶּנּוּ יָגוּרוּ כָּל־יֹשְׁבֵי תֵבֵל׃ 9 כִּי
For .world-the of-inhabitants-the all afraid-be-shall him-of-because ; earth-THE all

הוּא אָמַר וַיֶּהִי הוּא צִוָּה וַיַּעֲמֹד׃ 10 יְהוָה
Jehovah .stood-it-and commanded he ; was-it-and ,spoke he

הֵפִיר עֲצַת־גּוֹיִם הֵנִיא מַחְשְׁבוֹת
of-devices-the broken-hath-he ; Gentiles-the of-counsel-the void-made-hath

עַמִּים׃ 11 עֲצַת יְהוָה לְעוֹלָם תַּעֲמֹד מַחְשְׁבוֹת
of-devices-the ,stand-shall ever-for Jehovah of-counsel-The .peoples-the

לבו לדר ודר: 12 אשרי הגוי אשר־

which people-THE of-blessings-the-O .generation-& generation-to heart-his

יהוה אלהיו העם בחר לנחלה לו:

.him-to inheritance-an-for chosen-has-he-(*which*) nation-THE ;God-its (*is*)-Jehovah

13 משמים הביט יהוה ראה את־כל־בני האדם:

.man-THE of-sons-the all)(saw-he ,Jehovah beheld heavens-the-From

14 ממכון־שבתו השגיח אל כל־ישבי

of-inhabitants-the all upon looked-he dwelling-his of-settlement-the-From

הארץ: 15 היצר יחד לבם המבין אל־כל־

all [unto] understands-who ;hearts-their together forms-Who .earth-THE

מעשיהם: 16 אין המלך נושע ברב־חיל

host-a of multitude-the-by saved king-THE not-is-There .works-their

גבור לא־ינצל ברב־כח: 17 שקר הסוס

horse-THE-(*is*) Falsehood .strength much-by delivered-be-will not man-mighty-a

לתשועה וברב חילו לא ימלט: 18 הנה עין

of-eye-the Behold .save-he-will not might-his of-multitude-the-in-& ;salvation-for

יהוה אל־יראיו למיחלים לחסדו: 19 להציל

deliver-To .mercy-his-in hope-who-those-to ,him-fear-who-those unto (*is*)-Jehovah

ממות נפשם ולחיותם ברעב: 20 נפשנו

soul-Our .famine-THE-in alive-them-keep-to-and ,soul-their death-from

חכתה ליהוה עזרנו ומגננו הוא: 21 כי־בו

him-in For .(*is*)-he shield-our-and help-our ;Jehovah-for waited-has

ישמח לבנו כי בשם קדשו בטחנו:

.confided-have-we holiness-his of-name-the-in for ;heart-our glad-be-shall

22 יהי־חסדך יהוה עלינו כאשר יחלנו לך:

.thee-in hoped-we as ,us-upon ,Jehovah-O ,mercy-thy be-Shall

לד

לדוד בשנותו את־טעמו לפני אבימלך

; Abimelech before judgment-his)(changing-his-in ,David-Of

וַיְגָרְשֵׁהוּ וַיֵּלַךְ׃ 2 אֲבָרְכָה אֶת־יְהוָה בְּכָל־עֵת

; season every-in Jehovah)(bless-will-I .went-he-& ,away-him-drove-he-&

תָּמִיד תְּהִלָּתוֹ בְּפִי׃ 3 בַּיהוָה תִּתְהַלֵּל

glory-shall Jehovah-In .mouth-my-in-(*be-shall*) praise-his continually

נַפְשִׁי יִשְׁמְעוּ עֲנָוִים וְיִשְׂמָחוּ׃ 4 גַּדְּלוּ לַיהוָה

Jehovah-[to] Magnify .glad-be-and humble-the hear-shall ; soul-my

אִתִּי וּנְרוֹמְמָה שְׁמוֹ יַחְדָּו׃ 5 דָּרַשְׁתִּי אֶת־יְהוָה

,Jehovah)(sought-I .together name-his exalt-will-we-and ,me-with

וְעָנָנִי וּמִכָּל־מְגוּרוֹתַי הִצִּילָנִי׃ 6 הִבִּיטוּ

looked-They .me-delivered-he fears-my all-of-out-& ,me-answered-he-&

אֵלָיו וְנָהָרוּ וּפְנֵיהֶם אַל־יֶחְפָּרוּ׃ 7 זֶה

This .confounded-be-shall not faces-their-and ; together-flowed-& ,him-unto

עָנִי קָרָא וַיהוָה שָׁמֵעַ וּמִכָּל־צָרוֹתָיו הוֹשִׁיעוֹ׃

.him-saved-he distresses-his all-of-out-& ; heard Jehovah-& ,called man-poor

8 חֹנֶה מַלְאַךְ־יְהוָה סָבִיב לִירֵאָיו

,him-fear-who-those-[to] around Jehovah of-angel-the encamping-(*Is*)

וַיְחַלְּצֵם׃ 9 טַעֲמוּ וּרְאוּ כִּי־טוֹב יְהוָה

; Jehovah (*is*)-good that see-and Taste .them-delivered-he-and

אַשְׁרֵי הַגֶּבֶר יֶחֱסֶה־בּוֹ׃ 10 יְראוּ אֶת־

)(fear-Will .him-in trust-will-(*who*) man-THE of-blessings-the-O

יְהוָה קְדֹשָׁיו כִּי־אֵין מַחְסוֹר לִירֵאָיו׃

.him-fear-who-those-to want not-is-there for ; ones-holy-his Jehovah

11 כְּפִירִים רָשׁוּ וְרָעֵבוּ וְדֹרְשֵׁי יְהוָה לֹא־

not Jehovah seek-who-those-& ; hungred-and lacked-have lions-young-The

יַחְסְרוּ כָל־טוֹב׃ 12 לְכוּ־בָנִים שִׁמְעוּ־לִי יִרְאַת

of-fear-the ; me-to hearken ,sons-ye ,Come .thing-good every want-shall

יְהוָה אֲלַמֶּדְכֶם׃ 13 מִי־הָאִישׁ הֶחָפֵץ חַיִּים אֹהֵב

loving ,life desires-who man-THE-(*is*) Who .you-teach-will-I Jehovah

יָמִים לִרְאוֹת טוֹב׃ 14 נְצֹר לְשׁוֹנְךָ מֵרָע וּשְׂפָתֶיךָ

lips-thy-and ,evil-from tongue-thy Preserve .good see-to days,

מְדַבֵּר מִרְמָה׃ 15 סוּר מֵרָע וַעֲשֵׂה־טוֹב בַּקֵּשׁ
for-enquire ; good do-and ,evil-from Depart .deceit speaking-from

שָׁלוֹם וְרָדְפֵהוּ׃ 16 עֵינֵי יְהוָה אֶל־צַדִּיקִים
; righteous-the upon-(*are*) Jehovah of-eyes-The .it-pursue-and ,peace

וְאָזְנָיו אֶל־שַׁוְעָתָם׃ 17 פְּנֵי יְהוָה בְּעֹשֵׂי
do-who-those against-(*is*) Jehovah of-face-The .cry-their unto-(*are*) ears-his-and

רָע לְהַכְרִית מֵאֶרֶץ זִכְרָם׃ 18 צָעֲקוּ וַיהוָה
Jehovah-and cried-They .remembrance-their earth-the-from off-cut-to ,evil

שָׁמֵעַ וּמִכָּל־צָרוֹתָם הִצִּילָם׃ 19 קָרוֹב יְהוָה
,Jehovah-(*is*) Near .them-delivered-he distresses all-from-and ; heard

לְנִשְׁבְּרֵי־לֵב וְאֶת־דַּכְּאֵי־רוּחַ יוֹשִׁיעַ׃ 20 רַבּוֹת
(*are*)-Many .save-will-he spirit of-crushed-those and)(; heart of-broken-those-to

רָעוֹת צַדִּיק וּמִכֻּלָּם יַצִּילֶנּוּ יְהוָה׃
.Jehovah him-deliver-will all-them-of-out-and ; righteous-the of-distresses-the

21 שֹׁמֵר כָּל־עַצְמוֹתָיו אַחַת מֵהֵנָּה לֹא נִשְׁבָּרָה׃
.broken-been-has not them-of one ; bones-his all keeping-(*is-He*)

22 תְּמוֹתֵת רָשָׁע רָעָה וְשֹׂנְאֵי צַדִּיק
(sg.)-righteous-the hate-who-those-and ; evil (sg.)-wicked-the kill-Shall

יֶאְשָׁמוּ׃ 23 פּוֹדֶה יְהוָה נֶפֶשׁ עֲבָדָיו וְלֹא
not-and ; servants-his of-soul-the Jehovah redeeming-(*Is*) .guilty-be-shall

יֶאְשְׁמוּ כָּל־הַחֹסִים בּוֹ׃
.him-in trust-who-those all guilty-be-shall

לה

לְדָוִד ׀ רִיבָה יְהוָה אֶת־יְרִיבַי לְחַם
with-Fight ; me-with-plead-who-those-(*with*))(Jehovah-O ,Plead .David-Of

אֶת־לֹחֲמָי׃ 2 הַחֲזֵק מָגֵן וְצִנָּה וְקוּמָה
arise-and ,buckler-and shield-the fast-Hold .me-with-fight-who-those)(

בְּעֶזְרָתִי׃ 3 וְהָרֵק חֲנִית וּסְגֹר לִקְרַאת רֹדְפָי
; pursuers-my meet-to inclose-and ; spear-the out-stretch-And .help-my-in

אֱמֹר לְנַפְשִׁי יְשֻׁעָתֵךְ אָנִי׃ 4 יֵבֹשׁוּ וְיִכָּלְמוּ

shame-to-put-& ,ashamed-be-Shall .(*am*)-I salvation-Thy ,soul-my-to say

מְבַקְשֵׁי נַפְשִׁי יִסֹּגוּ אָחוֹר וְיַחְפְּרוּ

confounded-and backward turned-be-shall ; soul-my for-enquire-who-those

חֹשְׁבֵי רָעָתִי׃ 5 יִהְיוּ כְּמֹץ לִפְנֵי־־רוּחַ

,wind-the before chaff-as be-shall-They .me-to-evil devise-who-those

וּמַלְאַךְ יְהוָה דּוֹחֶה׃ 6 יְהִי־־דַרְכָּם חֹשֶׁךְ

darkness way-their be-Shall .(*them*)-thrusting Jehovah of-angel-the-and

וַחֲלַקְלַקּוֹת וּמַלְאַךְ יְהוָה רֹדְפָם׃ 7 כִּי־־חִנָּם

causelessly For .them-pursuing Jehovah of-angel-the-& ,slipperinesses-and

טָמְנוּ־־לִי שַׁחַת רִשְׁתָּם חִנָּם חָפְרוּ

bored-have-they causelessly ; net-their ditch-a-(*in*) me-for hid-have-they

לְנַפְשִׁי׃ 8 תְּבוֹאֵהוּ שׁוֹאָה לֹא יֵדָע וְרִשְׁתּוֹ

net-his-& ; know-shall-he not-(*which*) ,destruction him-to-come-Shall .soul-my-for

אֲשֶׁר־טָמַן תִּלְכְּדוֹ בְּשׁוֹאָה יִפָּל־־בָּהּ׃ 9 וְנַפְשִׁי

soul-my-And .it-in fall-shall-he destruction-into ; him-catch-shall hid-he which

תָּגִיל בַּיהוָה תָּשִׂישׂ בִּישׁוּעָתוֹ׃ 10 כָּל

All .salvation-his-in joyful-be-shall-it ; Jehovah-in rejoice-shall

עַצְמוֹתַי ׀ תֹּאמַרְנָה יְהוָה מִי כָּמוֹךָ מַצִּיל

delivering ? thee-like-(*is*) who ,Jehovah-O ,say-shall bones-my

עָנִי מֵחָזָק מִמֶּנּוּ וְעָנִי וְאֶבְיוֹן

(sg.)-needy-& (sg.)-poor-the-& ; he-than-more strong-is-who-him-from (sg)-poor-the

מִגֹּזְלוֹ׃ 11 יְקוּמוּן עֵדֵי חָמָס אֲשֶׁר לֹא־

not which-(*things*) ; violence of-witnesses rise-Will .him-spoils-who-him-from

יָדַעְתִּי יִשְׁאָלוּנִי׃ 12 יְשַׁלְּמוּנִי רָעָה תַּחַת טוֹבָה

; good of-instead evil me-to-pay-will-They .me-ask-will-they knew-I

שְׁכוֹל לְנַפְשִׁי׃ 13 וַאֲנִי ׀ בַּחֲלוֹתָם לְבוּשִׁי

clothing-my sickness-their-in I-And .soul-my-to bereaving-(*even*)

שָׂק עִנֵּיתִי בַצּוֹם נַפְשִׁי וּתְפִלָּתִי עַל־־חֵיקִי

bosom-my unto prayer-my-and ; soul-my fasting-THE-with humbled-I ; sackcloth-(*was*)

תָּשׁוּב׃ 14 כְּרֵעַ כְּאָח לִי הִתְהַלָּכְתִּי כַּאֲבֶל־־

mourning-(*one*)-as ; myself-behaved-I me-to brother-a-as neighbour-a-As .return-will

אֵם קֹדֵר שַׁחוֹתִי׃ 15 וּבְצַלְעִי שָׂמְחוּ

,glad-were-they halting-my-in-And .down-bowed-I mourning ,mother-a

וְנֶאֱסָפוּ נֶאֶסְפוּ עָלַי נֵכִים וְלֹא

not-and ; abjects-the me-against together-gathered-were ; together-gathered-were-&

יָדַעְתִּי קָרְעוּ וְלֹא־־דָמּוּ׃ 16 בְּחַנְפֵי לַעֲגֵי מָעוֹג

cake-a of-mockers of-hypocrites-With .silent-were not-and ,tore-they ; (*it*)-knew-I

חָרֹק עָלַי שִׁנֵּימוֹ׃ 17 אֲדֹנָי כַּמָּה תִּרְאֶה

? see-thou-wilt how Lord-O .teeth-their-(*with*) me-upon gnash-to

הָשִׁיבָה נַפְשִׁי מִשֹּׁאֵיהֶם מִכְּפִירִים יְחִידָתִי׃

.one-only-my lions-young-from ,destructions-their-from soul-my restore

18 אוֹדְךָ בְּקָהָל רָב בְּעַם עָצוּם

strong nation-a-in ; great congregation-the-in thanks-thee-give-will-I

אֲהַלְלֶךָּ׃ 19 אַל־־יִשְׂמְחוּ־־לִי אֹיְבַי שֶׁקֶר

; falsehood-(*with*) enemies-my me-at glad-be-let Not .thee-praise-will-I

שֹׂנְאַי חִנָּם יִקְרְצוּ־־עָיִן׃ 20 כִּי לֹא שָׁלוֹם

peace not For .eye-the wink-(*not*)-let causelessly me-hate-who-those

יְדַבֵּרוּ וְעַל רִגְעֵי־־אֶרֶץ דִּבְרֵי מִרְמוֹת

deceits of-words earth-the of-ones-quiet-the against-and ; speak-they-will

יַחֲשֹׁבוּן׃ 21 וַיַּרְחִיבוּ עָלַי פִּיהֶם אָמְרוּ הֶאָח ׀

! Aha said-they ; mouth-their me-upon widened-they-And .devise-they-will

הֶאָח רָאֲתָה עֵינֵנוּ׃ 22 רָאִיתָה יְהוָה אַל־תֶּחֱרַשׁ

,silent-be not ,Jehovah-O seen-hast-Thou .eye-our seen-hath ! Aha

אֲדֹנָי אַל־תִּרְחַק מִמֶּנִּי׃ 23 הָעִירָה וְהָקִיצָה

awake-and thyself-Arouse .me-from far-be not ; Lord-O

לְמִשְׁפָּטִי אֱלֹהַי וַאדֹנָי לְרִיבִי׃ 24 שָׁפְטֵנִי

me-Judge .cause-my-to Lord-O-and ,God-my-O judgment-to

כְצִדְקְךָ יְהוָה אֱלֹהָי וְאַל־־יִשְׂמְחוּ־־לִי׃

.me-at glad-be-them-let not-& ; God-my, Jehovah-O ,righteousness-thy-to-according

25 אַל־יֹאמְרוּ בְלִבָּם הֶאָח נַפְשֵׁנוּ אַל־יֹאמְרוּ

,say-them-let not !soul-our !Aha ,hearts-their-in say-them-let Not

בִּלַּעֲנוּהוּ׃ 26 יֵבֹשׁוּ וְיַחְפְּרוּ ׀ יַחְדָּו

together confounded-and ashamed-be-Shall .up-him-swallowed-have-We

שְׂמֵחֵי רָעָתִי יִלְבְּשׁוּ־בֹשֶׁת וּכְלִמָּה

dishonour-and shame with-clothed-be-shall ;evil-my of-glad-are-who-those

הַמַּגְדִּילִים עָלָי׃ 27 יָרֹנּוּ וְיִשְׂמְחוּ

glad-be-and joy-for-shout-Shall .me-against themselves-magnify-who-those

חֲפֵצֵי צִדְקִי וְיֹאמְרוּ תָמִיד יִגְדַּל

magnify-shall-(*one*) ,continually say-shall.they-& ;righteousness-my in-delight-who.those

יְהוָה הֶחָפֵץ שְׁלוֹם עַבְדּוֹ׃ 28 וּלְשׁוֹנִי

tongue-my-and servant-his of-peace-the in-delighting-(*is*)-who ,Jehovah

תֶּהְגֶּה צִדְקֶךָ כָּל־הַיּוֹם תְּהִלָּתֶךָ׃

.praise-thy day-the all-(*and*) ,righteousness-thy meditate-shall

לו

לַמְנַצֵּחַ לְעֶבֶד־יְהוָה לְדָוִד׃ 2 נְאֻם־

Said .David-Of ,Jehovah of-servant-the-Of ;over-is-that-him-To

פֶּשַׁע לָרָשָׁע בְּקֶרֶב לִבִּי אֵין־פַּחַד

of-fear-the not-is-there ;heart-my within (sg.)-wicked-the-of transgression-the

אֱלֹהִים לְנֶגֶד עֵינָיו׃ 3 כִּי־הֶחֱלִיק אֵלָיו

(*self*)-him-unto flattered-has-he For .eyes-his before God

בְּעֵינָיו לִמְצֹא עֲוֺנוֹ לִשְׂנֹא׃ 4 דִּבְרֵי־פִיו

mouth-his of-words-The (*it*)-hate-to iniquity-his find-to ;eyes-own-his-in

אָוֶן וּמִרְמָה חָדַל לְהַשְׂכִּיל לְהֵיטִיב׃ 5 אָוֶן ׀

Iniquity .good-do-to ,understand-to off-left-has-he ;deceit-and vanity-(*are*)

יַחְשֹׁב עַל־מִשְׁכָּבוֹ יִתְיַצֵּב עַל־דֶּרֶךְ לֹא־טוֹב

;good not way-a upon himself-set-will-he ;bed-his upon devise-will-he

רָע לֹא יִמְאָס׃ 6 יְהוָה בְּהַשָּׁמַיִם חַסְדֶּךָ

,mercy-thy-(*is*) heavens-THE-in ,Jehovah-O .reject-will-he not evil

אֱמוּנָתְךָ עַד־שְׁחָקִים׃ 7 צִדְקָתְךָ ׀ כְּהַרְרֵי־
of-mountains-the-as-(*is*) righteousness-Thy .skies-the unto-(*is*) truth-thy

אֵל מִשְׁפָּטֶךָ תְּהוֹם רַבָּה אָדָם וּבְהֵמָה
cattle-and man ; great depth-a-(*are*) judgments-thy ; God

תוֹשִׁיעַ יְהוָה׃ 8 מַה־יָּקָר חַסְדְּךָ אֱלֹהִים וּבְנֵי
of-sons-the-& ; God-O ,mercy-thy (*is*)-precious How .Jehovah-O ,save-wilt-thou

אָדָם בְּצֵל כְּנָפֶיךָ יֶחֱסָיוּן׃ 9 יִרְוְיֻן
watered-be-shall-They .trust-shall wings-thy of-shadow-the-in ,man

מִדֶּשֶׁן בֵּיתֶךָ וְנַחַל עֲדָנֶיךָ תַשְׁקֵם׃
.drink-them-make-shalt-thou pleasures-thy of-stream-the-& ;house-thy of-fatness-the-with

10 כִּי עִמְּךָ מְקוֹר חַיִּים בְּאוֹרְךָ נִרְאֶה־אוֹר׃
.light see-shall-we light-thy-in ; life of-fountain-the-(*is*) thee-with For

11 מְשֹׁךְ חַסְדְּךָ לְיֹדְעֶיךָ וְצִדְקָתְךָ
righteousness-thy-and \ ; thee-know-who-those-to mercy-thy out-Draw

לְיִשְׁרֵי־לֵב׃ 12 אַל־תְּבוֹאֵנִי רֶגֶל גַּאֲוָה וְיַד־
of-hand-the-& ; pride of-foot-the me-to-bring Not .heart of-upright-the-to

רְשָׁעִים אַל־תְּנִדֵנִי׃ 13 שָׁם נָפְלוּ פֹּעֲלֵי אָוֶן
;iniquity of-doers-the fallen-have There .me-move-let not wicked-the

דֹּחוּ וְלֹא־יָכְלוּ קוּם׃
.rise-to able-be-shall not-and ,down-thrust-been-have-They

לז

לְדָוִד ׀ אַל־תִּתְחַר בַּמְּרֵעִים אַל־תְּקַנֵּא
jealous-be not ; doers-wicked-THE-at thyself-fret Not .David-Of

בְּעֹשֵׂי עַוְלָה׃ 2 כִּי כֶחָצִיר מְהֵרָה יִמָּלוּ
; off-cut-be-shall-they speedily grass-as For .iniquity of-workers-the-at

וּכְיֶרֶק דֶּשֶׁא יִבּוֹלוּן׃ 3 בְּטַח בַּיהוָה
,Jehovah-in confident-Be .fade-shall-they herb-tender of-greenness-the-as-and

וַעֲשֵׂה־טוֹב שְׁכָן־אֶרֶץ וּרְעֵה אֱמוּנָה׃ 4 וְהִתְעַנַּג
thyself-delight-And .faithfulness-(*in*) feed-and land-the in-dwell ; good do-and

עַל־יְהוָה וְיִתֶּן־לְךָ מִשְׁאֲלוֹת לִבֶּךָ׃ 5 גּוֹל עַל־
upon roll-To .heart-thy of-requests-the thee-to give-will-he-& ; Jehovah upon

יְהוָה דַּרְכֶּךָ וּבְטַח עָלָיו וְהוּא יַעֲשֶׂה׃
.(*it*)-do-will he-and ; him-upon confident-be-and ,way-thy Jehovah

6 וְהוֹצִיא כָאוֹר צִדְקֶךָ וּמִשְׁפָּטֶךָ כַּצָּהֳרָיִם׃
.noon-THE-as judgment-thy-& ,righteousness-thy light-THE-as forth-bring-will-he-And

7 דּוֹם ׀ לַיהוָה וְהִתְחוֹלֵל לוֹ אַל־תִּתְחַר
thyself-fret not ; him-for patiently-wait-and ,Jehovah-for silent-Be

בְּמַצְלִיחַ דַּרְכּוֹ בְּאִישׁ עֹשֶׂה מְזִמּוֹת׃
.devices making man-a-against ; way-his prosper-to-makes-who-him-against

8 הֶרֶף מֵאַף וַעֲזֹב חֵמָה אַל־תִּתְחַר אַךְ־לְהָרֵעַ׃
.evil-do-to surely thyself-fret not ,wrath forsake-& anger-from still-Be

9 כִּי־מְרֵעִים יִכָּרֵתוּן וְקֹוֵי יְהוָה הֵמָּה
[they] Jehovah expect-who-those-& ; off-cut-be-shall doers-wicked For

יִירְשׁוּ אָרֶץ׃ 10 וְעוֹד מְעַט וְאֵין רָשָׁע
; (sg.)-wicked-the not-is-and ,little-a yet-And .earth-the inherit-shall

וְהִתְבּוֹנַנְתָּ עַל־מְקוֹמוֹ וְאֵינֶנּוּ׃ 11 וַעֲנָוִים
humble-the-And .not-is-it-and ,place-his upon considered-hast-thou-and

יִירְשׁוּ־אָרֶץ וְהִתְעַנְּגוּ עַל־רֹב שָׁלוֹם׃
.peace much with themselves-delight-shall-& ,earth-the inherit-shall

12 זֹמֵם רָשָׁע לַצַּדִּיק וְחֹרֵק עָלָיו
him-upon gnashing-(*is*)-& ,(sg.)-righteous-THE-against (sg.)-wicked-the purposing-(*Is*)

שִׁנָּיו׃ 13 אֲדֹנָי יִשְׂחַק־לוֹ כִּי־רָאָה כִּי־יָבֹא יוֹמוֹ׃
.day-his come-will that seen-hath-he for ,him-at laugh-will Lord-The .teeth-his

14 חֶרֶב ׀ פָּתְחוּ רְשָׁעִים וְדָרְכוּ קַשְׁתָּם לְהַפִּיל
fall-to-cause-to ,bow-their bent-have-and ,wicked-the drawn-have sword-A

עָנִי וְאֶבְיוֹן לִטְבוֹחַ יִשְׁרֵי־דָרֶךְ׃ 15 חַרְבָּם
sword-Their .way of-upright-are-who-those slay-to ,(sg.)-needy-& (sg.)-poor-the

תָּבוֹא בְלִבָּם וְקַשְּׁתוֹתָם תִּשָּׁבַרְנָה׃ 16 טוֹב
(*is*)-Good · .broken-be-shall bows-their-and ; heart-own-their-into go-shall

מְעַט לַצַּדִּיק מֵהֲמוֹן רְשָׁעִים רַבִּים׃

.many wicked of-plenty-the-than-more (sg.)-righteous-THE-to little-a

17 כִּי ׀ זְרוֹעוֹת רְשָׁעִים תִּשָּׁבַרְנָה וְסוֹמֵךְ צַדִּיקִים

righteous-the holding-(*is*)-& ; broken-be-shall wicked-the of-arms-the For

יְהוָה׃ 18 יוֹדֵעַ יְהוָה יְמֵי תְמִימִים וְנַחֲלָתָם

inheritance-their-&, upright-the of-days-the Jehovah knowing-(*Is*) .Jehovah

לְעוֹלָם תִּהְיֶה׃ 19 לֹא יֵבֹשׁוּ בְּעֵת רָעָה

; evil of-season-the-in ashamed-be-shall-they Not .be-shall ever-for

וּבִימֵי רְעָבוֹן יִשְׂבָּעוּ׃ 20 כִּי רְשָׁעִים ׀ יֹאבֵדוּ

; perish-shall wicked-the For .satisfied-be-shall-they famine of-days-the-in-&

וְאֹיְבֵי יְהוָה כִּיקַר כָּרִים כָּלוּ

; consumed-have-they ; lambs of-fat-the-as-(*be-shall*) Jehovah of-enemies-the-and

בֶעָשָׁן כָּלוּ׃ 21 לֹוֶה רָשָׁע וְלֹא יְשַׁלֵּם

; pay-will not-& ,(sg.)-wicked-the borrowing-(*Is*) .consumed-have-they smoke-into

וְצַדִּיק חוֹנֵן וְנוֹתֵן׃ 22 כִּי מְבֹרָכָיו

him-by-blessed-are-who-those For .giving-& ,gracious-(*is*) (sg.)-righteous-the-&

יִירְשׁוּ אָרֶץ וּמְקֻלָּלָיו יִכָּרֵתוּ׃ 23 מֵיְהוָה

Jehovah-From .off-cut-be-shall him-of-cursed-are-who-those-& ; earth-the inherit-shall

מִצְעֲדֵי־גֶבֶר כּוֹנָנוּ וְדַרְכּוֹ יֶחְפָּץ׃ 24 כִּי־

Though .in-delight-will-he way-his-& ; established-been-have man-a of-steps-the

יִפֹּל לֹא יוּטָל כִּי־יְהוָה סוֹמֵךְ יָדוֹ׃

.hand-his holding-(*is*) Jehovah for ; down-cast-utterly-be-shall-he not fall-he

25 נַעַר ׀ הָיִיתִי גַּם־זָקַנְתִּי וְלֹא רָאִיתִי

seen-I-have not-and ; man-old-an-become-have-I moreover ,been-have-I youth-A

צַדִּיק נֶעֱזָב וְזַרְעוֹ מְבַקֶּשׁ־לָחֶם׃ 26 כָּל־הַיּוֹם

day-THE All .bread for-enquiring seed-his-and forsaken (sg.)-righteous-the

חוֹנֵן וּמַלְוֶה וְזַרְעוֹ לִבְרָכָה׃ 27 סוּר מֵרָע

evil-from Depart .blessing-a-for-(*is*) seed-his-& ; lending-& gracious-(*is-he*)

וַעֲשֵׂה־טוֹב וּשְׁכֹן לְעוֹלָם׃ 28 כִּי יְהוָה ׀ אֹהֵב

loving-(*is*) Jehovah For .ever-for dwell-and ; good do-and

מִשְׁפָּט וְלֹא־יַעֲזֹב אֶת־חֲסִידָיו לְעוֹלָם נִשְׁמָרוּ
; kept-been-have-they ever-for ; saints-his)(forsake-he-will not-& ; judgment

וְזֶרַע רְשָׁעִים נִכְרָת׃ 29 צַדִּיקִים יִירְשׁוּ־אָרֶץ
; earth-the inherit-shall righteous-The .off-cut-been-has wicked-the of-seed-the-&

וְיִשְׁכְּנוּ לָעַד עָלֶיהָ׃ 30 פִּי־צַדִּיק יֶהְגֶּה
meditate-will (sg.)-righteous-the of-mouth-The .it-upon ever-for dwell-shall-and

חָכְמָה וּלְשׁוֹנוֹ תְּדַבֵּר מִשְׁפָּט׃ 31 תּוֹרַת אֱלֹהָיו
God-his of-law-The .judgment speak-will tongue-his-and ; wisdom

בְּלִבּוֹ לֹא תִמְעַד אֲשֻׁרָיו׃ 32 צוֹפֶה רָשָׁע
(sg.)-wicked-the watching-(*Is*) .goings-his-(*of*) slide-(*any*)-shall not ; heart-his-in-(*is*)

לַצַּדִּיק וּמְבַקֵּשׁ לַהֲמִיתוֹ׃ 33 יְהוָה לֹא־
not Jehovah .him-slay-to enquiring-(*is*)-& ,(sg.)-righteous-THE-for

יַעַזְבֶנּוּ בְיָדוֹ וְלֹא יַרְשִׁיעֶנּוּ בְּהִשָּׁפְטוֹ׃
.judged-is-he-when him-condemn-will not-and ; hand-his-in him-forsake-will

34 קַוֵּה אֶל־יְהוָה ׀ וּשְׁמֹר דַּרְכּוֹ וִירוֹמִמְךָ לָרֶשֶׁת
inherit-to thee-exalt-shall-he-& ; way-his keep-and ,Jehovah unto Expect

אָרֶץ בְּהִכָּרֵת רְשָׁעִים תִּרְאֶה׃ 35 רָאִיתִי
seen-have-I .(*it*)-see-shalt-thou wicked-the of-off-cutting-the-in ; earth-the

רָשָׁע עָרִיץ וּמִתְעָרֶה כְּאֶזְרָח רַעֲנָן׃
.green tree-native-a-as himself-spreading-and oppressing (sg.)-wicked-the

36 וַיַּעֲבֹר וְהִנֵּה אֵינֶנּוּ וָאֲבַקְשֵׁהוּ וְלֹא
not-and ,him-for-enquired-have-I-and ; not-is-he behold-and, away-passed-he-And

נִמְצָא׃ 37 שְׁמָר־תָּם וּרְאֵה יָשָׁר כִּי־
for ; (sg.)-upright-the see-and (sg.)-perfect-the Keep .found-he-was

אַחֲרִית לְאִישׁ שָׁלוֹם׃ 38 וּפֹשְׁעִים נִשְׁמְדוּ
destroyed-been-have transgressors-And .peace-(*is*) man-(*that*)-to end-latter-the

יַחְדָּו אַחֲרִית רְשָׁעִים נִכְרָתָה׃ 39 וּתְשׁוּעַת
of-salvation-the-And .off-cut-been-has wicked-the of-end-latter-the ; together

צַדִּיקִים מֵיְהוָה מָעוּזָּם בְּעֵת צָרָה׃
.distress of-season-the-in strength-their-(*is-he*) ; Jehovah-from-(*is*) righteous-the

40 וַיַּעְזְרֵם יְהוָֹה וַיְפַלְּטֵם יְפַלְּטֵם מֵרְשָׁעִים

wicked-the-from them-deliver-will-he ; them-delivered-& ,Jehovah them-helped-has-And

וְיוֹשִׁיעֵם כִּי־חָסוּ בוֹ׃

.him-in trusted-they because ; them-save-will-&

לח

מִזְמוֹר לְדָוִד לְהַזְכִּיר׃ 2 יְהוָֹה אַל־

not ,Jehovah-O .remembrance-to-bring-to ,David-of psalm-A

בְּקֶצְפְּךָ תוֹכִיחֵנִי וּבַחֲמָתְךָ תְיַסְּרֵנִי׃ 3 כִּי־

For .me-chasten-(*not*) wrath-thy-in-and ; me-rebuke anger-thy-in

חִצֶּיךָ נִחֲתוּ בִי וַתִּנְחַת עָלַי יָדֶךָ׃ 4 אֵין־

not-is-There .hand-thy me-upon down-come-has-& ; me-into entered-are arrows-thy

מְתֹם בִּבְשָׂרִי מִפְּנֵי זַעְמֶךָ אֵין־שָׁלוֹם בַּעֲצָמַי

bones-my-in peace not-is-There ; indignation-thy of-because flesh-my-in soundness

מִפְּנֵי חַטָּאתִי׃ 5 כִּי עֲוֺנֹתַי עָבְרוּ רֹאשִׁי

,head-my over-passed-have iniquities-my For .sin-my of-because

כְּמַשָּׂא כָבֵד יִכְבְּדוּ מִמֶּנִּי׃ 6 הִבְאִישׁוּ

,stunk-Have .me-for-much-too heavy-be-will-they heavy burden-a-as

נָמַקּוּ חַבּוּרוֹתָי מִפְּנֵי אִוַּלְתִּי׃ 7 נַעֲוֵיתִי

,bent-was-I .foolishness-my of-because bruises-my dissolved-have

שַׁחוֹתִי עַד־מְאֹד כָּל־הַיּוֹם קֹדֵר הִלָּכְתִּי׃

.walked-have-I mourning day-the all ,greatly down-bowed-I

8 כִּי־כְסָלַי מָלְאוּ נִקְלֶה וְאֵין מְתֹם בִּבְשָׂרִי׃

.flesh-my-in soundness not-is-there ; dryness of-full-been-have loins-my For

9 נְפוּגוֹתִי וְנִדְכֵּיתִי עַד־מְאֹד שָׁאַגְתִּי

roared-have-I ; greatly broken-been-have-and feeble-been-have-I

מִנַּהֲמַת לִבִּי׃ 10 אֲדֹנָי נֶגְדְּךָ כָל־תַּאֲוָתִי

; desire-my all-(*is*) thee-before ,Lord-O .heart-my of-roaring-the-of-account-on

וְאַנְחָתִי מִמְּךָ לֹא־נִסְתָּרָה׃ 11 לִבִּי סְחַרְחַר

,panted-has heart-My .hidden-been-has not thee-from groaning-my-and

עֲזָבַנִי כֹחִי וְאוֹר־עֵינַי גַּם־הֵם אֵין
not-are they moreover ,eyes-my of-light-the-& ; strength-my me-forsaken-has

אִתִּי׃ 12 אֹהֲבַי ׀ וְרֵעַי מִנֶּגֶד נִגְעִי
stroke-my before-from neighbours-my-and me-love-who-Those .me-with

יַעֲמֹדוּ וּקְרוֹבַי מֵרָחֹק עָמָדוּ׃ 13 וַיְנַקְשׁוּ ׀
snares-laid-have-And .stood-have off-afar me-near-those-and ; stand-will

מְבַקְשֵׁי נַפְשִׁי וְדֹרְשֵׁי רָעָתִי דִּבְּרוּ
spoken-have me-for-evil seek-who-those-and ; soul-my for-enquire-who-those

הַוּוֹת וּמִרְמוֹת כָּל־הַיּוֹם יֶהְגּוּ׃ 14 וַאֲנִי
I-And .meditate-will-they day-THE all deceits-and ; wickednesses

כְחֵרֵשׁ לֹא אֶשְׁמָע וּכְאִלֵּם לֹא יִפְתַּח־
open-will not-(*who*) man-dumb-a-as-and ; hear-will not man-deaf-a-as

פִּיו׃ 15 וָאֱהִי כְּאִישׁ אֲשֶׁר לֹא־שֹׁמֵעַ וְאֵין
not-are-there-& ,hearing-(*is*) not who man-a-as was-I-And .mouth-his

בְּפִיו תּוֹכָחוֹת׃ 16 כִּי־לְךָ יְהוָה הוֹחָלְתִּי אַתָּה
thou ; hoped-have-I Jehovah-O ,thee-to For .rebukes mouth-his-in

תַעֲנֶה אֲדֹנָי אֱלֹהָי׃ 17 כִּי־אָמַרְתִּי פֶּן־יִשְׂמְחוּ־
glad-be-shall-they Lest ,said-have-I For .God-my Lord-O ,answer-wilt

לִי בְּמוֹט רַגְלִי עָלַי הִגְדִּילוּ׃ 18 כִּי־
But .themselves-magnified-they me-over foot-my of-moving-the-in ; me-at

אֲנִי לְצֶלַע נָכוֹן וּמַכְאוֹבִי נֶגְדִּי תָמִיד׃
.continually me-before-(*is*) sorrow-my-and ,established-(*am*) halting-for I

19 כִּי־עֲוֺנִי אַגִּיד אֶדְאַג מֵחַטָּאתִי׃ 20 וְאֹיְבַי
enemies-my-And .sin-my-of-because afraid-be-will-I ; shew-will-I iniquity-my For

חַיִּים עָצֵמוּ וְרַבּוּ שֹׂנְאַי שָׁקֶר׃
.falsehood-(*with*) me-hate-who-those multiplied-have-and ; strong-been-have living

21 וּמְשַׁלְּמֵי רָעָה תַּחַת טוֹבָה יִשְׂטְנוּנִי תַּחַת
of-because ,me-oppose-will good of-instead evil pay-who-those-And

רָדְופִי טוֹב׃ 22 אַל־תַּעַזְבֵנִי יְהוָה אֱלֹהַי
; God-my Jehovah-O ,me-forsake Not .good pursuing-my

אַל־תִּרְחַק מִמֶּנִּי׃ 23 חוּשָׁה לְעֶזְרָתִי אֲדֹנָי
,Lord-O help-my-for Haste .me-from far-be not

תְּשׁוּעָתִי׃
.salvation-my

לט

לַמְנַצֵּחַ לִידִיתוּן מִזְמוֹר לְדָוִד׃ 2 אָמַרְתִּי
,said-I .David-of psalm-A : Jeduthun-to ; over-is-that-him-To

אֶשְׁמְרָה דְרָכַי מֵחֲטוֹא בִלְשׁוֹנִי אֶשְׁמְרָה לְפִי
mouth-my-to keep-will-I ; tongue-my-with sinning-from ,ways-my keep-will-I

מַחְסוֹם בְּעֹד רָשָׁע לְנֶגְדִּי׃ 3 נֶאֱלַמְתִּי דוּמִיָּה
,silence-(*with*) dumb-was-I .me-before (*is*)-(sg)-wicked-the while ,bridle-a

הֶחֱשֵׁיתִי מִטּוֹב וּכְאֵבִי נֶעְכָּר׃ 4 חַם־לִבִּי ׀
heart-my hot-Was .troubled-was sorrow-my-and ,good-from peace-my-held-I

בְּקִרְבִּי בַּהֲגִיגִי תִבְעַר־אֵשׁ דִּבַּרְתִּי בִּלְשׁוֹנִי׃
.tongue-my-with spoken-have-I : fire-the burn-will meditation-my-in ; midst-my-in

5 הוֹדִיעֵנִי ׀ יְהוָה ׀ קִצִּי וּמִדַּת יָמַי מַה־הִיא
;(*is*)-it what ; days-my of-measure-the-and ,end-my ,Jehovah-O ,know-me-Make

אֵדְעָה מֶה־חָדֵל אָנִי׃ 6 הִנֵּה טְפָחוֹת ׀ נָתַתָּה
made-hast-thou handbreadths Behold .(*am*)-I off-leaving how know-will-I

יָמַי וְחֶלְדִּי כְאַיִן נֶגְדֶּךָ אַךְ כָּל־הֶבֶל כָּל־אָדָם
man every-(*is*) vanity all surely : thee-before nothing-as age-my-and ,days-my

נִצָּב סֶלָה׃ 7 אַךְ־בְּצֶלֶם ׀ יִתְהַלֶּךְ־אִישׁ אַךְ־הֶבֶל
vanity-(*for*) surely ; man walk-will image-an-in Surely .Selah .standing

יֶהֱמָיוּן יִצְבֹּר וְלֹא־יֵדַע מִי־אֹסְפָם׃
.them-gathering-(*is*) who know-will not-& ;up-heap-will-he ; disquieted-be-will-they

8 וְעַתָּה מַה־קִּוִּיתִי אֲדֹנָי תּוֹחַלְתִּי לְךָ הִיא׃
.(*is*)-it thee-to hope-My ? Lord-O expected-I-have what now-And

9 מִכָּל־פְּשָׁעַי הַצִּילֵנִי חֶרְפַּת נָבָל אַל־
not fool-the of-reproach-the ; me-deliver transgressions-my all-From

תְּשִׂימֵנִי׃ 10 נֶאֱלַמְתִּי לֹא אֶפְתַּח־פִּי כִּי אַתָּה
thou because ,mouth-my open-will-I not ,dumb-was-I .me-set

עָשִׂיתָ׃ 11 הָסֵר מֵעָלַי נִגְעֶךָ מִתִּגְרַת
of-conflict-the-of-because ;stroke-thy me-off-from Remove .(*it*)-done-hast

יָדְךָ אֲנִי כָלִיתִי׃ 12 בְּתוֹכָחוֹת עַל־עָוֺן ׀
iniquity upon With-rebukes .consumed-been-have I hand-thy

יִסַּרְתָּ אִישׁ וַתֶּמֶס כָּעָשׁ חֲמוּדוֹ
: desirableness-his moth-THE-as melt-to-causedst-thou-and ,man chastened-hast-thou

אַךְ הֶבֶל כָּל־אָדָם סֶלָה׃ 13 שִׁמְעָה תְפִלָּתִי ׀
,prayer-my Hear .Selah .(*is*)-man every vanity surely

יְהוָה וְשַׁוְעָתִי ׀ הַאֲזִינָה אֶל־דִּמְעָתִי אַל־תֶּחֱרַשׁ
;silent-be not tear-my unto ;to-ear-give cry-my-and ;Jehovah-O

כִּי גֵר אָנֹכִי עִמָּךְ תּוֹשָׁב כְּכָל־אֲבוֹתָי׃
.fathers-my all-(*were*)-as sojourner-a ;thee-with (*am*)-I stranger-a for

14 הָשַׁע מִמֶּנִּי וְאַבְלִיגָה בְּטֶרֶם אֵלֵךְ וְאֵינֶנִּי׃
.not-am-and go-shall-I before ,comfort-take-will-I-and ,me-from Look

מ

לַמְנַצֵּחַ לְדָוִד מִזְמוֹר׃ 2 קַוֺּה קִוִּיתִי יְהוָה
;Jehovah expected-I Expecting .psalm-a David-Of ;over-is-that-him-To

וַיֵּט אֵלַי וַיִּשְׁמַע שַׁוְעָתִי׃ 3 וַיַּעֲלֵנִי ׀ מִבּוֹר
of-pit-a-from up-me-brought-he-And .cry-my heard-and ,me-unto inclined-he-&

שָׁאוֹן מִטִּיט הַיָּוֵן וַיָּקֶם עַל־סֶלַע רַגְלַי כּוֹנֵן
established-he ;feet-my crag-a upon raised-he-& ;mire-THE of-clay-from ,noise

אֲשֻׁרָי׃ 4 וַיִּתֵּן בְּפִי ׀ שִׁיר חָדָשׁ תְּהִלָּה לֵאלֹהֵינוּ
;God-our-to praise ,new song-a mouth-my-in put-he-And .goings-my

יִרְאוּ רַבִּים וְיִירָאוּ וְיִבְטְחוּ בַּיהוָה׃ 5 אַשְׁרֵי
of-blessings-the-O .Jehovah-in confident-be-and ,fear-shall-& ,many see-shall

הַגֶּבֶר אֲשֶׁר־שָׂם יְהוָה מִבְטַחוֹ וְלֹא־פָנָה אֶל־
to turned-has not-And .confidence-his-(*as*) Jehovah set-has who man-THE

רְהָבִים וְשָׂטֵי כָזָב׃ 6 רַבּוֹת עָשִׂיתָ ׀ אַתָּה
,thou done-hast things-Great .lying to-aside-turn-who-those-& ,proud-the

יְהוָה ׀ אֱלֹהַי נִפְלְאֹתֶיךָ וּמַחְשְׁבֹתֶיךָ אֵלֵינוּ
; us-towards devices-thy-and works-wondrous-thy-(*even*) ; God-my Jehovah-O

אֵין ׀ עֲרֹךְ אֵלֶיךָ אַגִּידָה וַאֲדַבֵּרָה עָצְמוּ
strong-are-they ; speak-will-I-& shew-will-I ; thee-unto order-in-set-to none-is-there

מִסַּפֵּר׃ 7 זֶבַח וּמִנְחָה ׀ לֹא חָפַצְתָּ
; in-delighted-hast-thou not offering-and Sacrifice .declare-(*can-one*)-than-more

אָזְנַיִם כָּרִיתָ לִּי עוֹלָה וַחֲטָאָה לֹא שָׁאָלְתָּ׃
.asked-thou-hast not sin-(*for*)-and offering-burnt ; me-for digged-hast-thou ears

8 אָז אָמַרְתִּי הִנֵּה־בָאתִי בִּמְגִלַּת־סֵפֶר כָּתוּב
written-(*is-it*) book-the of-roll-the-in ; come-have-I Behold ,said-I Then

עָלָי׃ 9 לַעֲשׂוֹת־רְצוֹנְךָ אֱלֹהַי חָפָצְתִּי וְתוֹרָתְךָ
law-thy-and ; delighted-have-I ,God-my-O ,pleasure-thy do-To ; me-of

בְּתוֹךְ מֵעָי׃ 10 בִּשַּׂרְתִּי צֶדֶק ׀
righteousness of-tidings-borne-have-I .bowels-my of-midst-the-in-(*is*)

בְּקָהָל רָב הִנֵּה שְׂפָתַי לֹא אֶכְלָא יְהוָה
Jehovah-O ; withhold-will-I not lips-my behold ; great congregation-the-in

אַתָּה יָדָעְתָּ׃ 11 צִדְקָתְךָ לֹא־כִסִּיתִי ׀ בְּתוֹךְ
of-midst-the-in hid-have-I not righteousness-Thy .known-hast thou

לִבִּי אֱמוּנָתְךָ וּתְשׁוּעָתְךָ אָמָרְתִּי לֹא־כִחַדְתִּי
concealed-have-I not ; said-have-I salvation-thy-and faithfulness-thy ; heart-my

חַסְדְּךָ וַאֲמִתְּךָ לְקָהָל רָב׃ 12 אַתָּה יְהוָה
,Jehovah-O Thou .great congregation-the-from truth-thy-& mercy-thy

לֹא־תִכְלָא רַחֲמֶיךָ מִמֶּנִּי חַסְדְּךָ וַאֲמִתְּךָ תָּמִיד
continually truth-thy-and mercy-thy ; me-from mercies-tender-thy withhold-wilt not

יִצְּרוּנִי׃ 13 כִּי אָפְפוּ־עָלַי ׀ רָעוֹת עַד־אֵין מִסְפָּר
; number not-is-there until ,evils me-upon compassed For .me-preserve-shall

הִשִּׂיגוּנִי עֲוֹנֹתַי וְלֹא־יָכֹלְתִּי לִרְאוֹת
; see-to able-been-have-I not-and ,iniquities-my me-overtaken-have

עָצְמוּ מִשַּׂעֲרוֹת רֹאשִׁי וְלִבִּי עֲזָבָנִי׃
.me-forsaken-has heart-my-& ,head-my of-hairs-the-than-more strong-been-have-they

14 רְצֵה יְהוָה לְהַצִּילֵנִי יְהוָה לְעֶזְרָתִי חוּשָׁה׃
.haste help-my-for ,Jehovah-O ; me-deliver-to ,Jehovah-O pleased-Be

15 יֵבֹשׁוּ וְיַחְפְּרוּ ׀ יַחַד מְבַקְשֵׁי נַפְשִׁי
soul-my for-enquire-who-those together confounded-and ashamed-be-Shall

לִסְפּוֹתָהּ יִסֹּגוּ אָחוֹר וְיִכָּלְמוּ חֲפֵצֵי
in-delight-who-those shame-to-put-be-shall-& ,backward turned-be-shall ; it-destroy-to

רָעָתִי׃ 16 יָשֹׁמּוּ עַל־עֵקֶב בָּשְׁתָּם הָאֹמְרִים
say-who ,shame-their of-recompense-a for desolate-be-shall-They .me-for-evil

לִי הֶאָח ׀ הֶאָח׃ 17 יָשִׂישׂוּ ׀ וְיִשְׂמְחוּ ׀ בְּךָ כָּל־
all thee-in glad-be-and joyful-be-Shall ! Aha ! Aha ,me-to

מְבַקְשֶׁיךָ יֹאמְרוּ תָמִיד יִגְדַּל יְהוָה
,Jehovah magnified-be-Let ,continually say-shall ; thee-for-enquire-who-those

אֹהֲבֵי תְּשׁוּעָתֶךָ׃ 18 וַאֲנִי ׀ עָנִי וְאֶבְיוֹן אֲדֹנָי
Lord-the ; needy-and poor (*am*)-I-And .salvation-thy love-who-those

יַחֲשָׁב־לִי עֶזְרָתִי וּמְפַלְטִי אַתָּה אֱלֹהַי אַל־
not God-my-O ; thou-(*art*) deliverer-my-and help-my ; me-for devise-will

תְּאַחַר׃
.tarry

מא

לַמְנַצֵּחַ מִזְמוֹר לְדָוִד׃ 2 אַשְׁרֵי מַשְׂכִּיל
considers-who-him of-blessings-the-O .David-of Psalm-A ; over-is-that-him-To

אֶל־דָּל בְּיוֹם רָעָה יְמַלְּטֵהוּ יְהוָה׃ 3 יְהוָה ׀
Jehovah .Jehovah him-deliver-will evil of-day-the-in ; (sg.)-poor-the unto

יִשְׁמְרֵהוּ וִיחַיֵּהוּ וְאֻשַּׁר בָּאָרֶץ וְאַל־
not-and ,earth-THE-in blessed-be-shall-he-& ; alive-him-keep-will-& ,him-keep-will

תִּתְּנֵהוּ בְּנֶפֶשׁ אֹיְבָיו׃ 4 יְהוָה יִסְעָדֶנּוּ עַל־
upon up-him-hold-will Jehovah .enemies-his of-soul-the-unto given-be-shall

עֶרֶשׂ דְּוָי כָּל־מִשְׁכָּבוֹ הָפַכְתָּ בְחָלְיוֹ׃ 5 אֲנִי

I .sickness-his-in turned-hast-thou bed-his all ;languishing of-couch-the

אָמַרְתִּי יְהוָה חָנֵּנִי רְפָאָה נַפְשִׁי כִּי־חָטָאתִי

sinned-have-I for ,soul-my heal ;me-to-gracious-be ,Jehovah-O ,said

לָךְ׃ 6 אוֹיְבַי יֹאמְרוּ רַע לִי מָתַי יָמוּת וְאָבַד

perish-and ,die-he-will When ;me-to evil say-will enemies-My .thee-against

שְׁמוֹ׃ 7 וְאִם־בָּא לִרְאוֹת ׀ שָׁוְא יְדַבֵּר לִבּוֹ

heart-his ;speak-will-he vanity ,(*me*)-see-to come-he if-And ?name-his

יִקְבָּץ־אָוֶן לוֹ יֵצֵא לַחוּץ יְדַבֵּר׃ 8 יַחַד

Together .speak-will-he without-[THE]-to ,go-will-he ;itself-to iniquity gather-will

עָלַי יִתְלַחֲשׁוּ כָּל־שֹׂנְאָי עָלַי ׀ יַחְשְׁבוּ

devise-will-they me-against ;me-hate-who-those all together-whisper-will me-against

רָעָה לִי׃ 9 דְּבַר־בְּלִיַּעַל יָצוּק בּוֹ וַאֲשֶׁר שָׁכַב

down-laid-has-he when-& ;him-in firm-(*is*) Belial of-matter-A .me-for evil

לֹא־יוֹסִיף לָקוּם׃ 10 גַּם־אִישׁ שְׁלוֹמִי ׀ אֲשֶׁר־

whom ,peace-my of-man-a Moreover .rise-to add-he-will not

בָּטַחְתִּי בוֹ אוֹכֵל לַחְמִי הִגְדִּיל עָלַי עָקֵב׃

.heel-(*his*) me-against magnified-has bread-my eating-one ,him-in confided-I

11 וְאַתָּה יְהוָה חָנֵּנִי וַהֲקִימֵנִי וַאֲשַׁלְּמָה

pay-will-I-and ;me-raise-and ,me-to-gracious-be ,Jehovah-O ,thou-And

לָהֶם׃ 12 בְּזֹאת יָדַעְתִּי כִּי־חָפַצְתָּ בִּי כִּי

because ;me-in delighted-hast-thou that known-have-I this-By .them-to

לֹא־יָרִיעַ אֹיְבִי עָלָי׃ 13 וַאֲנִי בְּתֻמִּי תָּמַכְתָּ

maintained-hast-thou uprightness-my-in I-And .me-over enemy-my shout-will not

בִּי וַתַּצִּיבֵנִי לְפָנֶיךָ לְעוֹלָם׃ 14 בָּרוּךְ

(*be*)-Blessed .ever-for thee-before stand-me-make-wilt-thou ;me-[on]

יְהוָה ׀ אֱלֹהֵי יִשְׂרָאֵל מֵהָעוֹלָם וְעַד הָעוֹלָם

.eternity-THE unto-and eternity-THE-from ,Israel of-God-the Jehovah

אָמֵן ׀ וְאָמֵן׃

.Amen-and Amen

מב

לַמְנַצֵּחַ מַשְׂכִּיל לִבְנֵי־קֹרַח׃ 2 כְּאַיָּל
hart-the-As .Korah of-sons-the-to ; understand-to-causing ; over-is-that-him-To

תַּעֲרֹג עַל־אֲפִיקֵי־מָיִם כֵּן נַפְשִׁי תַעֲרֹג אֵלֶיךָ
,thee-unto pant-will soul-my so ,water of-brooks-the after pant-will

אֱלֹהִים׃ 3 צָמְאָה נַפְשִׁי ׀ לֵאלֹהִים לְאֵל חָי מָתַי
When ; living God-for ,God-for soul-my thirsted-Has .God-O

אָבוֹא וְאֵרָאֶה פְּנֵי אֱלֹהִים׃ 4 הָיְתָה־לִּי דִמְעָתִי
tear-my me-to Was ? God before appear-and come-I-shall

לֶחֶם יוֹמָם וָלָיְלָה בֶּאֱמֹר אֵלַי כָּל־הַיּוֹם אַיֵּה
(*is*)-Where ,day-THE all me-unto saying-in ,night-and day-by bread

אֱלֹהֶיךָ׃ 5 אֵלֶּה אֶזְכְּרָה ׀ וְאֶשְׁפְּכָה עָלַי ׀ נַפְשִׁי
; soul-my me-upon out-pour-will-I-and ,remember-will-I things-These ? God-thy

כִּי אֶעֱבֹר ׀ בַּסָּךְ אֶדַּדֵּם עַד־בֵּית אֱלֹהִים
,God of-house-the unto them-with-go-will-I ,multitude-THE-with pass-will-I for

בְּקוֹל־רִנָּה וְתוֹדָה הָמוֹן חוֹגֵג׃ 6 מַה־
Why .feast-a-keeping multitude-the ; thanksgiving-& ,shouting of-voice-the-with

תִּשְׁתּוֹחֲחִי ׀ נַפְשִׁי וַתֶּהֱמִי עָלָי הוֹחִלִי
hope ? me-upon disquieted-been-hast-and ,soul-my-O down-bowed-be-thou-wilt

לֵאלֹהִים כִּי־עוֹד אוֹדֶנּוּ יְשׁוּעוֹת פָּנָיו׃
.face-his of-salvations-the ,thanks-him-give-shall-I yet for ; God-in

7 אֱלֹהַי עָלַי נַפְשִׁי תִשְׁתּוֹחָח עַל־כֵּן אֶזְכָּרְךָ
thee-remember-will-I therefore ; down-bowed-be-will soul-my me-upon ,God-my-O

מֵאֶרֶץ יַרְדֵּן וְחֶרְמוֹנִים מֵהַר מִצְעָר׃
.Mizar mountain-the-from ,Hermonites-the-and ,Jordan of-land-the-from

8 תְּהוֹם־אֶל־תְּהוֹם קוֹרֵא לְקוֹל צִנּוֹרֶיךָ כָּל־
all ; waterspouts-thy of-voice-the-at calling-(*is*) deep unto Deep

מִשְׁבָּרֶיךָ וְגַלֶּיךָ עָלַי עָבָרוּ׃ 9 יוֹמָם ׀ יְצַוֶּה יְהוָה ׀
Jehovah command-will day-By .passed-have me-over billows-thy-& ,waves-thy

חַסְדּוֹ וּבַלַּיְלָה שִׁירֹה עִמִּי תְּפִלָּה לְאֵל חַיָּי׃

life-my of-God-the-to prayer-(*even*) ,me-with (*is*)-song-his night-THE-in-& ; mercy-his

10 אוֹמְרָה ׀ לְאֵל סַלְעִי לָמָה שְׁכַחְתָּנִי לָמָּה־קֹדֵר

mourning Why ? me-forgotten-thou-hast Why ,crag-my God-to say-will-I

אֵלֵךְ בְּלַחַץ אוֹיֵב׃ 11 בְּרֶצַח ׀ בְּעַצְמוֹתַי

bones-my-in sword-a-With ? enemy-the of-oppression-the-by go-I-shall

חֵרְפוּנִי צוֹרְרָי בְּאָמְרָם אֵלַי כָּל־הַיּוֹם אַיֵּה

(*is*)-Where ,day-THE all me-unto saying-their-in ,oppressors-my me-reproached-have

אֱלֹהֶיךָ׃ 12 מַה־תִּשְׁתּוֹחֲחִי ׀ נַפְשִׁי וּמַה־

why-and ; soul-my-O down-bowed-be-thou-wilt Why ? God-thy

תֶּהֱמִי עָלָי הוֹחִילִי לֵאלֹהִים כִּי־עוֹד

yet for God-in hope ? me-upon disquieted-be-thou-wilt

אוֹדֶנּוּ יְשׁוּעֹת פָּנַי וֵאלֹהָי׃

.God-my-and ,face-my of-salvations-the ,him-praise-will-I

מג

שָׁפְטֵנִי אֱלֹהִים ׀ וְרִיבָה רִיבִי מִגּוֹי לֹא־

not nation-a-with cause-my plead-and ,God-O ,me-Judge

חָסִיד מֵאִישׁ מִרְמָה וְעַוְלָה תְפַלְּטֵנִי׃ 2 כִּי־

For .me-deliver-wilt-thou iniquity-and deceit of-man-a-from ; saintly

אַתָּה ׀ אֱלֹהֵי מָעוּזִּי לָמָה זְנַחְתָּנִי לָמָּה־

Why ? off-me-cast-thou-hast Why ; strength-my of-God-the (*art*)-thou

קֹדֵר אֶתְהַלֵּךְ בְּלַחַץ אוֹיֵב׃ 3 שְׁלַח־אוֹרְךָ

light-thy Send ? enemy-the of-oppression-the-by walk-I-shall mourning

וַאֲמִתְּךָ הֵמָּה יַנְחוּנִי יְבִיאוּנִי אֶל־הַר־

of-mountain-the unto me-bring-shall-they ; me-lead-shall they ; truth-thy-and

קָדְשְׁךָ וְאֶל־מִשְׁכְּנוֹתֶיךָ׃ 4 וְאָבוֹאָה ׀ אֶל־מִזְבַּח

of-altar-the unto go-will-I-And .tabernacles-thy unto-and ,holiness-thy

אֱלֹהִים אֶל־אֵל שִׂמְחַת גִּילִי וְאוֹדְךָ

to-thanks-give-will-I-and ; joy-my of-gladness-the ,God unto ,God

בְּכִנּוֹר אֱלֹהִים אֱלֹהָי׃ 5 מַה־תִּשְׁתּוֹחֲחִי ׀
,down-bowed-be-thou-wilt Why .God-my God harp-the-with

נַפְשִׁי וּמַה־תֶּהֱמִי עָלָי הוֹחִילִי לֵאלֹהִים
,God-in hope ? me-upon disquieted-be-thou-wilt why-and ? soul-my-O

כִּי־עוֹד אוֹדֶנּוּ יְשׁוּעֹת פָּנַי וֵאלֹהָי׃
.God-my-and ,face-my of-salvations-the ,thanks-him-give-shall-I yet for

מד

לַמְנַצֵּחַ לִבְנֵי־קֹרַח מַשְׂכִּיל׃ 2 אֱלֹהִים ׀
God-O .understand-to-causing ; Korah of-sons-the-to ; over-is-that-him-To

בְּאָזְנֵינוּ שָׁמַעְנוּ אֲבוֹתֵינוּ סִפְּרוּ־לָנוּ פֹּעַל
deed-a ; us-to declared-have fathers-our ; heard-have-we ears-our-with

פָּעַלְתָּ בִימֵיהֶם בִּימֵי קֶדֶם׃ 3 אַתָּה ׀ יָדְךָ ׀
hand-thy-(*with*) Thou .old of-days-the-in ,days-their-in didst-thou

גּוֹיִם הוֹרַשְׁתָּ וַתִּטָּעֵם תָּרַע לְאֻמִּים
,peoples-the to-evil-do-wilt-thou ; them-planted-hast-& ,out-driven-hast Gentiles-the

וַתְּשַׁלְּחֵם׃ 4 כִּי ׀ לֹא בְחַרְבָּם יָרְשׁוּ־אָרֶץ
; land-the inherited-they sword-their-with not For .forth-them-send-and

וּזְרוֹעָם לֹא־הוֹשִׁיעָה לָּמוֹ כִּי־יְמִינְךָ וּזְרוֹעֲךָ
,arm-thy-and hand-right-thy but ; them-[to] saved not arm-their-and

וְאוֹר פָּנֶיךָ כִּי רְצִיתָם׃ 5 אַתָּה־הוּא
he (*art*)-Thou .them-favoured-hast-thou because ,face-thy of-light-the-and

מַלְכִּי אֱלֹהִים צַוֵּה יְשׁוּעוֹת יַעֲקֹב׃ 6 בְּךָ
thee-By .Jacob of-salvations-the command ; God-O ,king-my

צָרֵינוּ נְנַגֵּחַ בְּשִׁמְךָ נָבוּס
down-tread-will-we name-thy-in ; down-push-will-we distressors-our

קָמֵינוּ׃ 7 כִּי לֹא בְקַשְׁתִּי אֶבְטָח וְחַרְבִּי
sword-my-& ,confide-will-I bow-my-in not For .us-against-rise-who-those

לֹא תוֹשִׁיעֵנִי׃ 8 כִּי הוֹשַׁעְתָּנוּ מִצָּרֵינוּ
; distressors-our-from us-saved-hast-thou But .me-save-shall not

וּמְשַׂנְאֵינוּ הֱבִישׁוֹתָ׃ 9 בֵּאלֹהִים הִלַּלְנוּ
praised-have-we God-In .shame-to-put-hast-thou us-hate-who-those-and

כָל־הַיּוֹם וְשִׁמְךָ ׀ לְעוֹלָם נוֹדֶה סֶלָה׃
.Selah .to-thanks-give-will-we ever-for name-thy-and ; day-THE all

10 אַף־זָנַחְתָּ וַתַּכְלִימֵנוּ וְלֹא־תֵצֵא בְּצִבְאוֹתֵינוּ׃
.hosts-our-with out-go-wilt not-& ; shame-to-us-put-& off-cast-hast-thou Yea

11 תְּשִׁיבֵנוּ אָחוֹר מִנִּי־צָר וּמְשַׂנְאֵינוּ שָׁסוּ
spoiled-have us-hate-who-those-& ; distressor-the from backward us-turn-wilt-Thou

לָמוֹ׃ 12 תִּתְּנֵנוּ כְּצֹאן מַאֲכָל וּבַגּוֹיִם
Gentiles-THE-among-& ; food of-sheep-as us-make-wilt-Thou .themselves-for

זֵרִיתָנוּ׃ 13 תִּמְכֹּר־עַמְּךָ בְלֹא־הוֹן וְלֹא־
not-and ; wealth without nation-thy sell-wilt-Thou .us-scattered-hast-thou

רִבִּיתָ בִּמְחִירֵיהֶם׃ 14 תְּשִׂימֵנוּ חֶרְפָּה
reproach-a us-set-wilt-Thou .price-their-by increased-hast-thou

לִשְׁכֵנֵינוּ לַעַג וָקֶלֶס לִסְבִיבוֹתֵינוּ׃
.us-around-are-who-those-to derision-and mocking-a ; neighbours-our-to

15 תְּשִׂימֵנוּ מָשָׁל בַּגּוֹיִם מְנוֹד־רֹאשׁ
head-the of-shaking-a ,Gentiles-THE-among proverb-a us-set-wilt-Thou

בַּלְאֻמִּים׃ 16 כָּל־הַיּוֹם כְּלִמָּתִי נֶגְדִּי וּבֹשֶׁת
of-shame-the-& ; me-before-(*is*) dishonour-my day-THE All .peoples-THE-among

פָּנַי כִּסָּתְנִי׃ 17 מִקּוֹל מְחָרֵף וּמְגַדֵּף
blasphemes-& reproaches-who-him of-voice-the-of-Because : me-covered-has face-my

מִפְּנֵי אוֹיֵב וּמִתְנַקֵּם׃ 18 כָּל־זֹאת בָּאַתְנוּ וְלֹא
not-and ,us-on-come-has this All .avenger-and enemy-the of-because

שְׁכַחֲנוּךָ וְלֹא־שִׁקַּרְנוּ בִּבְרִיתֶךָ׃ 19 לֹא־
Not .covenant-thy-in false-been-we-have not-& ; thee-forgotten-have-we

נָסוֹג אָחוֹר לִבֵּנוּ וַתֵּט אֲשֻׁרֵינוּ מִנִּי
from going-our inclined-has-(*not*)-& ; heart-our backward turned-has

אָרְחֶךָ׃ 20 כִּי דִכִּיתָנוּ בִּמְקוֹם תַּנִּים
,dragons of-place-the-in us-broken-hast-thou Though .path-thy

וַתְּכַס עָלֵינוּ בְּצַלְמָוֶת׃ 21 אִם שָׁכַחְנוּ
forgotten-have-we If .death-of-shadow-the-with us-over covered-hast-&

שֵׁם אֱלֹהֵינוּ וַנִּפְרֹשׂ כַּפֵּינוּ לְאֵל זָר׃
.strange God-a-to hands-our spread-have-and ,God-our of-name-the

22 הֲלֹא אֱלֹהִים יַחֲקָר־זֹאת כִּי־הוּא יֹדֵעַ תַּעֲלֻמוֹת
of-secrets-the knowing-(*is*) he for ? this search-will God Not?

לֵב׃ 23 כִּי־עָלֶיךָ הֹרַגְנוּ כָל־הַיּוֹם
; day-THE all killed-been-have-we thee-of-because For .heart-the

נֶחְשַׁבְנוּ כְּצֹאן טִבְחָה׃ 24 עוּרָה ׀ לָמָּה
Why ,Arouse .slaughter of-sheep-as counted-been-have-We

תִישַׁן ׀ אֲדֹנָי הָקִיצָה אַל־תִּזְנַח לָנֶצַח׃
.ever-for off-cast not ,Awake ? Lord-O ,sleep-thou-wilt

25 לָמָּה־פָנֶיךָ תַסְתִּיר תִּשְׁכַּח עָנְיֵנוּ וְלַחֲצֵנוּ׃
.oppression-our-& affliction-our forget-thou-wilt ? hide-thou-wilt face-thy Why

26 כִּי שָׁחָה לֶעָפָר נַפְשֵׁנוּ דָּבְקָה לָאָרֶץ
earth-THE-to cleaved-has ;soul-our dust-the-to bowed-been-has For

בִּטְנֵנוּ׃ 27 קוּמָה עֶזְרָתָה לָּנוּ וּפְדֵנוּ
us-redeem-and ; us-to help ,Arise .belly-our

לְמַעַן חַסְדֶּךָ׃
.mercy-thy of-because

מה

לַמְנַצֵּחַ עַל־שֹׁשַׁנִּים לִבְנֵי־קֹרַח
; Korah of-sons-the-to ; lilies-the upon ; over-is-that-him-To

מַשְׂכִּיל שִׁיר יְדִידֹת׃ 2 רָחַשׁ לִבִּי ׀
heart-my uttered-Has .loves of-song-a ; understand-to-causing

דָּבָר טוֹב אֹמֵר אָנִי מַעֲשַׂי לְמֶלֶךְ לְשׁוֹנִי
(*is*)-tongue-my ,king-the-to works-my I speaking-(*am*) ; good matter-a

עֵט ׀ סוֹפֵר מָהִיר׃ 3 יָפְיָפִיתָ מִבְּנֵי
of-sons-the-than-more fair-been-hast-Thou .quick scribe-a of-pen-the

אָדָם הוּצַק חֵן בְּשִׂפְתוֹתֶיךָ עַל־כֵּן בֵּרַכְךָ
thee-blessed-has therefore ;lips-thy-into grace poured-been-has ;man

אֱלֹהִים לְעוֹלָם׃ 4 חֲגוֹר חַרְבְּךָ עַל־יָרֵךְ
,thigh-(*thy*) upon sword-thy Gird .ever-for God

גִּבּוֹר הוֹדְךָ וַהֲדָרֶךָ׃ 5 וַהֲדָרְךָ ׀ צְלַח
,Prosper ,majesty-thy-(*in*)-And .majesty-thy-and honour-thy-(*with*) ;one-mighty-O

רְכַב עַל־דְּבַר־אֱמֶת וְעַנְוָה־צֶדֶק וְתוֹרְךָ
thee-teach-will-& ;righteousness-(*in*) humility-& ,truth of-matter-the upon ;ride

נוֹרָאוֹת יְמִינֶךָ׃ 6 חִצֶּיךָ שְׁנוּנִים עַמִּים תַּחְתֶּיךָ
thee-under nations-the ;whetted-(*are*) arrows-Thy .hand-right-thy things-terrible

יִפְּלוּ בְּלֵב אוֹיְבֵי הַמֶּלֶךְ׃ 7 כִּסְאֲךָ אֱלֹהִים
(*is*)-,God-O ,throne-Thy .king-THE of-enemies-the of-heart-the-in ;fall-will

עוֹלָם וָעֶד שֵׁבֶט מִישֹׁר שֵׁבֶט מַלְכוּתֶךָ׃
.kingdom-thy of-sceptre-the (*is*)-rightness of-sceptre-a ;ever-and ever-(*for*)

8 אָהַבְתָּ צֶּדֶק וַתִּשְׂנָא רֶשַׁע עַל־כֵּן ׀
therefore ;wickedness hated-hast-and ,righteousness loved-hast-Thou

מְשָׁחֲךָ אֱלֹהִים אֱלֹהֶיךָ שֶׁמֶן שָׂשׂוֹן
rejoicing of-oil-the God-thy-(*even*) God with-thee-anointed-has

מֵחֲבֵרֶיךָ׃ 9 מֹר־וַאֲהָלוֹת קְצִיעוֹת כָּל־
all (*on-are*)-cassia-(*and*) aloes-and Myrrh .companions-thy-than-more

בִּגְדֹתֶיךָ מִן־הֵיכְלֵי שֵׁן מִנִּי שִׂמְּחוּךָ׃
.thee-gladdened-have instruments-stringed-the ;ivory of-palaces-the from ,garments-thy

10 בְּנוֹת מְלָכִים בִּיקְּרוֹתֶיךָ נִצְּבָה שֵׁגַל
consort-the stood-has ;women-honourable-thy-among (*are*)-kings of-Daughters

לִימִינְךָ בְּכֶתֶם אוֹפִיר׃ 11 שִׁמְעִי־בַת וּרְאִי
,see-and ,Daughter-O Hear .Ophir of-gold-fine-in hand-right-thy-at

וְהַטִּי אָזְנֵךְ וְשִׁכְחִי עַמֵּךְ וּבֵית אָבִיךְ׃
.father-thy of-house-the-and nation-thy forget-and ;ear-thy incline-and

12 וְיִתְאָו הַמֶּלֶךְ יָפְיֵךְ כִּי־הוּא אֲדֹנַיִךְ
,lord-thy (*is*)-he for ,beauty-thy king-THE desire-greatly-shall-And

וְהִשְׁתַּחֲוִי־לוֹ׃ 13 וּבַת־צֹר ׀ בְּמִנְחָה פָּנַיִךְ
face-thy —,offering-an-with Tyre of-daughter-the-And .him-to down-bow-and

יְחַלּוּ עֲשִׁירֵי עָם׃ 14 כָּל־כְּבוּדָּה בַת־
of-daughter-the-(*is*) glorious All .nation-the of-rich-the intreat-shall

מֶלֶךְ פְּנִימָה מִמִּשְׁבְּצוֹת זָהָב לְבוּשָׁהּ׃ 15 לִרְקָמוֹת
needlework-In .clothing-her (*is*)-gold of-embroiderings-of ; within king-the

תּוּבַל לַמֶּלֶךְ בְּתוּלוֹת אַחֲרֶיהָ רֵעוֹתֶיהָ
companions-her her-after virgins-the ; king-THE-to brought-be-shall-she

מוּבָאוֹת לָךְ׃ 16 תּוּבַלְנָה בִּשְׂמָחֹת וָגִיל
; joy-and gladnesses-with brought-be-shall-They .thee-to brought-(*be-shall*)

תְּבֹאֶינָה בְּהֵיכַל מֶלֶךְ׃ 17 תַּחַת אֲבֹתֶיךָ
fathers-thy of-Instead .king-the of-palace-the-into brought-be-shall-they

יִהְיוּ בָנֶיךָ תְּשִׁיתֵמוֹ לְשָׂרִים בְּכָל־הָאָרֶץ׃
.earth-THE all-in princes-for them-set-shalt-thou ; sons-thy be-shall

18 אַזְכִּירָה שִׁמְךָ בְּכָל־דֹּר וָדֹר עַל־כֵּן
therefore ,generation-and generation every-in name-thy remember-to-cause-will-I

עַמִּים יְהוֹדֻךָ לְעֹלָם וָעֶד׃
.ever-and ever-for thanks-thee-give-shall nations

מו

לַמְנַצֵּחַ לִבְנֵי־קֹרַח עַל־עֲלָמוֹת שִׁיר׃
.song-A .Alamoth upon ; Korah of-sons-the-to ; over-is-that-him-To

2 אֱלֹהִים לָנוּ מַחֲסֶה וָעֹז עֶזְרָה בְצָרוֹת
distresses-in help-a ; strength-and refuge-a us-to-(*is*) God

נִמְצָא מְאֹד׃ 3 עַל־כֵּן לֹא־נִירָא בְּהָמִיר אָרֶץ
,earth-the changing-in ,fear-will-we not Therefore greatly found-be-to

וּבְמוֹט הָרִים בְּלֵב יַמִּים׃ 4 יֶהֱמוּ
,disquieted-be-Shall .seas-the of-heart-the-into mountains-the of-moving-the-in-and

יֶחְמְרוּ מֵימָיו יִרְעֲשׁוּ־הָרִים בְּגַאֲוָתוֹ סֶלָה׃
.Selah .pride-its-with mountains-the tremble-shall ; waters-its turbid-be-shall

5 נָהָר פְּלָגָיו יְשַׂמְּחוּ עִיר־אֱלֹהִים קְדֹשׁ
of-place-holy-the ,God of-city-the gladden-shall channels-its river-a-(*As*)

מִשְׁכְּנֵי עֶלְיוֹן׃ 6 אֱלֹהִים בְּקִרְבָּהּ בַּל־
not ,midst-her-in-(*is*) God .high-most-the of-tabernacles-the

תִּמּוֹט יַעְזְרֶהָ אֱלֹהִים לִפְנוֹת בֹּקֶר׃
.morning-the of-appearing-the-at God her-help-shall ; moved-be-shall-she

7 הָמוּ גוֹיִם מָטוּ מַמְלָכוֹת נָתַן בְּקוֹלוֹ
,voice-his-[with] gave-he ; kingdoms-the moved-were ; Gentiles-the disquieted-Were

תָּמוּג אָרֶץ׃ 8 יְהוָה צְבָאוֹת עִמָּנוּ מִשְׂגָּב
place-high-a ; us-with-(*is*) hosts-(*of*) Jehovah .earth-the dissolve-will

לָנוּ אֱלֹהֵי יַעֲקֹב סֶלָה׃ 9 לְכוּ חֲזוּ מִפְעֲלוֹת
of-works-the behold ,Come .Selah .Jacob of-God-the-(*is*) us-for

יְהוָה אֲשֶׁר־שָׂם שַׁמּוֹת בָּאָרֶץ׃ 10 מַשְׁבִּית
cease-to-making-(*is-He*) .earth-the-in desolations set-has who ; Jehovah

מִלְחָמוֹת עַד־קְצֵה הָאָרֶץ קֶשֶׁת יְשַׁבֵּר
,break-will-he bow-the ; earth-THE of-end-the unto wars

וְקִצֵּץ חֲנִית עֲגָלוֹת יִשְׂרֹף בָּאֵשׁ׃
.fire-THE-in burn-will-he chariots-the ; spear-the sunder-in-cut-will-and

11 הַרְפּוּ וּדְעוּ כִּי־אָנֹכִי אֱלֹהִים אָרוּם
exalted-be-will-I ; God (*am*)-I that know-and ,still-Be

בַּגּוֹיִם אָרוּם בָּאָרֶץ׃ 12 יְהוָה צְבָאוֹת
hosts-(*of*) Jehovah .earth-THE-in exalted-be-will-I ,Gentiles-THE-among

עִמָּנוּ מִשְׂגָּב לָנוּ אֱלֹהֵי יַעֲקֹב סֶלָה׃
.Selah .Jacob of-God-the-(*is*) us-for place-high-a us-with-(*is*)

מז

לַמְנַצֵּחַ לִבְנֵי־קֹרַח מִזְמוֹר׃ 2 כָּל־הָעַמִּים
,nations-THE All .psalm-A ; Korah of-sons-the-to ; over-is-that-him-To

תִּקְעוּ־כָף הָרִיעוּ לֵאלֹהִים בְּקוֹל רִנָּה׃

.shouting of-voice-the-with God-to ye-shout ,hand-the ye-Clap

3 כִּי־יְהוָה עֶלְיוֹן נוֹרָא מֶלֶךְ גָּדוֹל עַל־כָּל־

all over great king-a ; feared-be-to-(*is*) high-most Jehovah For

הָאָרֶץ׃ 4 יַדְבֵּר עַמִּים תַּחְתֵּינוּ וּלְאֻמִּים

peoples-the-and ,us-under nations-the destroy-will-He .earth-THE

תַּחַת רַגְלֵינוּ׃ 5 יִבְחַר־לָנוּ אֶת־נַחֲלָתֵנוּ אֶת

)(,inheritance-our)(us-for choose-will-He .feet-our under

גְּאוֹן יַעֲקֹב אֲשֶׁר־אָהֵב סֶלָה׃ 6 עָלָה אֱלֹהִים

God up-gone-Hath .Selah .loved-he whom Jacob of-pride-the

בִּתְרוּעָה יְהוָה בְּקוֹל שׁוֹפָר׃ 7 זַמְּרוּ אֱלֹהִים

,God to-psalms-Sing .cornet-a of-voice-the-with Jehovah ; shouting-with

זַמֵּרוּ זַמְּרוּ לְמַלְכֵּנוּ זַמֵּרוּ׃ 8 כִּי מֶלֶךְ

of-king-the For .psalms-sing ,king-our-to psalms-sing ; psalms-sing

כָּל־הָאָרֶץ אֱלֹהִים זַמְּרוּ מַשְׂכִּיל׃ 9 מָלַךְ

reigned-Has .understand-to-causing psalms-sing ; God-(*is*) earth-THE all

אֱלֹהִים עַל־גּוֹיִם אֱלֹהִים יָשַׁב ׀ עַל־כִּסֵּא

of-throne-the upon sat-has God ; Gentiles-the over God

קָדְשׁוֹ׃ 10 נְדִיבֵי עַמִּים ׀ נֶאֱסָפוּ עַם

of-nation-the-(*with*) ,together-gathered-are nations-the of-princes-The .holiness-his

אֱלֹהֵי אַבְרָהָם כִּי לֵאלֹהִים מָגִנֵּי־אֶרֶץ

; earth-the of-shields-the-(*are*) God-unto for ; Abraham of-God-the

מְאֹד נַעֲלָה׃

.exalted-been-he-has greatly

מח

שִׁיר מִזְמוֹר לִבְנֵי־קֹרַח׃ 2 גָּדוֹל יְהוָה

,Jehovah-(*is*) Great .Korah of-sons-the-to psalm-A ,song-A

וּמְהֻלָּל מְאֹד בְּעִיר אֱלֹהֵינוּ הַר־קָדְשׁוֹ׃

.holiness-his of-mountain-the ,God-our of-city-the-in greatly praised-be-to-and

3 יְפֵה נוֹף מְשׂוֹשׂ כָּל־הָאָרֶץ הַר־צִיּוֹן
,Zion of-mountain-the-(*is*) ,earth-THE all of-joy-the ; situation of-Fair

יַרְכְּתֵי צָפוֹן קִרְיַת מֶלֶךְ רָב׃ 4 אֱלֹהִים
God .great king-the of-city-the ,north-the of-sides-the

בְּאַרְמְנוֹתֶיהָ נוֹדַע לְמִשְׂגָּב׃ 5 כִּי־הִנֵּה
Behold For .place-high-a-for known-been-has courts-her-in

הַמְּלָכִים נוֹעֲדוּ עָבְרוּ יַחְדָּו׃ 6 הֵמָּה רָאוּ
,saw They .together by-passed-they ; met-were kings-THE

כֵּן תָּמָהוּ נִבְהֲלוּ נֶחְפָּזוּ׃ 7 רְעָדָה
Trembling .away-hasted-they ,troubled-were-they marvelled-they so

אֲחָזָתַם שָׁם חִיל כַּיּוֹלֵדָה׃ 8 בְּרוּחַ
of-wind-a-With .forth-brings-who-her-like anguish ; There them-upon-hold-took

קָדִים תְּשַׁבֵּר אֳנִיּוֹת תַּרְשִׁישׁ׃ 9 כַּאֲשֶׁר
As .Tarshish of-ships-the break-wilt-thou east-the

שָׁמַעְנוּ ׀ כֵּן רָאִינוּ בְּעִיר־יְהוָה צְבָאוֹת בְּעִיר
of-city-the-in ,hosts-(*of*) Jehovah of-city-the-in seen-have-we so heard-have-we

אֱלֹהֵינוּ אֱלֹהִים יְכוֹנְנֶהָ עַד־עוֹלָם סֶלָה׃
.Selah .ever until her-establish-will God ; God-our

10 דִּמִּינוּ אֱלֹהִים חַסְדֶּךָ בְּקֶרֶב הֵיכָלֶךָ׃
.temple-thy of-midst-the-in mercy-thy ,God-O ,of-thought-have-We

11 כְּשִׁמְךָ אֱלֹהִים כֵּן תְּהִלָּתְךָ עַל־קַצְוֵי־אֶרֶץ
; earth-the of-ends-the unto praise-thy-(*is*) so ,God-O ,name-thy-to-According

צֶדֶק מָלְאָה יְמִינֶךָ׃ 12 יִשְׂמַח ׀ הַר־צִיּוֹן
,Zion of-mountain-the glad-be-Shall .hand-right-thy of-full-is righteousness

תָּגֵלְנָה בְּנוֹת יְהוּדָה לְמַעַן מִשְׁפָּטֶיךָ׃ 13 סֹבּוּ
,ye-Surround .judgments-thy of-because ,Judah of-daughters-the rejoice-shall

צִיּוֹן וְהַקִּיפוּהָ סִפְרוּ מִגְדָּלֶיהָ׃ 14 שִׁיתוּ לִבְּכֶם ׀
heart-your ye-Set .towers-her ye-count ; it-inclose-and ,Zion

לְחֵילָה פַּסְּגוּ אַרְמְנוֹתֶיהָ לְמַעַן תְּסַפְּרוּ
declare-may-ye that ,courts-her investigate ; bulwark-the-to

לְדוֹר אַחֲרוֹן׃ 15 כִּי זֶה ׀ אֱלֹהִים אֱלֹהֵינוּ
God-our-(*is*) God this For .after generation-the-to

עוֹלָם וָעֶד הוּא יְנַהֲגֵנוּ עַל־מוּת׃
.death unto us-direct-will-he he ; ever-and ever-(*for*)

מט

לַמְנַצֵּחַ לִבְנֵי־קֹרַח מִזְמוֹר׃ 2 שִׁמְעוּ־
ye-Hear .Psalm-a Korah of-sons-the-To .over-is-that-him-To

זֹאת כָּל־הָעַמִּים הַאֲזִינוּ כָּל־יֹשְׁבֵי חָלֶד׃
.age-(*this*) of-inhabitants all ,ear-give ; nations-[THE] all ,this

3 גַּם־בְּנֵי אָדָם גַּם־בְּנֵי־אִישׁ יַחַד עָשִׁיר
(sg.)-rich together ; man of-sons moreover ,man of-sons Moreover

וְאֶבְיוֹן׃ 4 פִּי יְדַבֵּר חָכְמוֹת וְהָגוּת
of-meditation-the-and ; wisdoms speak-shall mouth-My .(sg)-needy-and

לִבִּי תְבוּנוֹת׃ 5 אַטֶּה לְמָשָׁל אָזְנִי אֶפְתַּח
open-will-I ,ear-my parable-a-to incline-will-I .understandings-(*be-shall*) heart-my

בְּכִנּוֹר חִידָתִי׃ 6 לָמָּה אִירָא בִּימֵי רָע
? evil of-days-the-in fear-I-shall Why .saying-dark-my harp-the-on

עֲוֹן עֲקֵבַי יְסוּבֵּנִי׃ 7 הַבֹּטְחִים עַל־חֵילָם
,wealth-their upon confide-who-Those ? me-surround-will heels-my of-iniquity-the

וּבְרֹב עָשְׁרָם יִתְהַלָּלוּ׃ 8 אָח לֹא־
not brother-A ; themselves-boast-will riches-their of-multitude-the-in-and

פָדֹה יִפְדֶּה אִישׁ לֹא־יִתֵּן לֵאלֹהִים כָּפְרוֹ׃
.ransom-his God-to give-will-he not ; man-a redeem-will redeeming

9 וְיֵקַר פִּדְיוֹן נַפְשָׁם וְחָדַל לְעוֹלָם׃
.ever-for off-left-has-it-and ; soul-their of-redemption-the precious-be-shall-And

10 וִיחִי־עוֹד לָנֶצַח לֹא יִרְאֶה הַשָּׁחַת׃
.corruption-[THE] see-he-shall not ; ever-for yet live-shall-he-And

11 כִּי יִרְאֶה ׀ חֲכָמִים יָמוּתוּ יַחַד כְּסִיל
fool-the together ; die-will men-wise (*that*)-see-will-he For

וָבַ֑עַר יֹאבֵ֑דוּ וְעָזְב֖וּ לַאֲחֵרִ֣ים חֵילָֽם׃
.wealth-their others-for forsake-and ,perish-will (sg.)-brutish-the-&

12 קִרְבָּ֤ם בָּתֵּ֨ימוֹ ׀ לְֽעוֹלָ֗ם מִ֭שְׁכְּנֹתָם
tabernacles-their ,ever-for-(*be-shall*) houses-their (*is-thought*)-inward-Their

לְדֹ֣ר וָדֹ֑ר קָֽרְא֥וּ בִ֝שְׁמוֹתָ֗ם עֲלֵ֣י
upon names-own-their-by called-have-They ;generation-and generation-to

אֲדָמֽוֹת׃ 13 וְאָדָ֣ם בִּ֭יקָר בַּל־יָלִ֑ין נִמְשַׁ֖ל
like-been-has-he ,lodge-will not honour-in man-And .lands-(*their*)

כַּבְּהֵמ֣וֹת נִדְמֽוּ׃ 14 זֶ֣ה דַ֭רְכָּם כֵּ֣סֶל לָ֑מוֹ
;them-to folly-(*is*) way-their This .alike-been-have-they ;cattle-THE-as

וְאַחֲרֵיהֶ֓ם ׀ בְּפִיהֶ֖ם יִרְצ֣וּ סֶֽלָה׃ 15 כַּצֹּ֤אן ׀
sheep-THE-Like Selah. .pleased-be-will mouth-their-in them-after-are-who-those-&

לִשְׁא֬וֹל שַׁתּוּ֮ מָ֤וֶת יִרְעֵ֗ם וַיִּרְדּוּ֩
dominion-had-have-& ;them-feed-shall death ,appointed-been-have-they Hades-to

בָ֤ם יְשָׁרִ֨ים ׀ לַבֹּ֗קֶר וְֽצוּרָ֗ם לְבַלּ֥וֹת
consuming-for (*is*)-strength-their-and ;morning-THE-at upright-the them-over

שְׁ֝א֗וֹל מִזְּבֻ֥ל לֽוֹ׃ 16 אַךְ־אֱלֹהִ֗ים יִפְדֶּ֣ה־נַ֭פְשִׁי
soul-my redeem-will God Surely .it-to dwelling-the-from Hades-(*is*)

מִֽיַּד־שְׁא֑וֹל כִּ֖י יִקָּחֵ֣נִי סֶֽלָה׃ 17 אַל־
Not ,Selah .me-take-will-he for ;Hades of-hand-the-from

תִּ֭ירָא כִּֽי־יַעֲשִׁ֣ר אִ֑ישׁ כִּֽי־יִ֝רְבֶּה כְּב֣וֹד בֵּיתֽוֹ׃
.house-his of-glory-the multiply-shall when ;man-a enriched-be-shall when fear

18 כִּ֤י לֹ֣א בְ֭מוֹתוֹ יִקַּ֣ח הַכֹּ֑ל לֹא־יֵרֵ֖ד
descend-shall not ;all-[THE] take-he-shall dying-his-in not For

אַחֲרָ֣יו כְּבוֹדֽוֹ׃ 19 כִּֽי־נַ֭פְשׁוֹ בְּחַיָּ֣יו יְבָרֵ֑ךְ
;bless-will-he life-his-in soul-his Though .glory-his him-after

וְ֝יוֹדֻ֗ךָ כִּֽי־תֵיטִ֥יב לָֽךְ׃ 20 תָּ֭בוֹא
go-wilt-Thou .thyself-to good-do-wilt-thou when thanks-thee-give-shall-they-&

עַד־דּ֣וֹר אֲבוֹתָ֑יו עַד־נֵ֝֗צַח לֹ֣א יִרְאוּ־אֽוֹר׃
.light see-they-will not ever for ;fathers-his of-generation-the unto

21 אָדָם בִּיקָר וְלֹא יָבִין נִמְשַׁל כַּבְּהֵמוֹת

; cattle-THE-as like-been-has consider-will not-and honour-in Man

נִדְמוּ׃

.alike-been-have-they

נ

מִזְמוֹר לְאָסָף אֵל ׀ אֱלֹהִים יְהוָה דִּבֶּר

,spoke ,Jehovah ,God ,God .Asaph-of psalm-A

וַיִּקְרָא־אָרֶץ מִמִּזְרַח־שֶׁמֶשׁ עַד־מְבֹאוֹ׃

.(*down*)-going-its unto sun-the of-rising-the-from ,earth-the called-and

2 מִצִּיּוֹן מִכְלַל־יֹפִי אֱלֹהִים הוֹפִיעַ׃ 3 יָבֹא

come-Shall .shined God beauty of-perfection-the Zion-of-Out

אֱלֹהֵינוּ וְאַל־יֶחֱרַשׁ אֵשׁ־לְפָנָיו תֹּאכֵל וּסְבִיבָיו

him-around-and ; eat-shall him-before fire-a ; silent-be not-and God-our

נִשְׂעֲרָה מְאֹד׃ 4 יִקְרָא אֶל־הַשָּׁמַיִם מֵעָל

,above-from heavens-THE to call-will-He .very tempestuous-was-it

וְאֶל־הָאָרֶץ לָדִין עַמּוֹ׃ 5 אִסְפוּ־לִי חֲסִידָי

saints-my ,me-to ye-Gather .nation-his judge-to earth-THE to-and

כֹּרְתֵי בְרִיתִי עֲלֵי־זָבַח׃ 6 וַיַּגִּידוּ שָׁמַיִם

heavens-the shewed-And .sacrifice upon covenant-my make-who-those

צִדְקוֹ כִּי־אֱלֹהִים ׀ שֹׁפֵט הוּא סֶלָה׃

.Selah .himself judge-(*is*) God for righteousness-his

7 שִׁמְעָה עַמִּי ׀ וַאֲדַבֵּרָה יִשְׂרָאֵל וְאָעִידָה

testify-will-I-and ,Israel-O ; speak-will-I-and ,nation-my-O ,Hear

בָּךְ אֱלֹהִים אֱלֹהֶיךָ אָנֹכִי׃ 8 לֹא עַל־

of-because Not .I-(*am*) God-thy-(*even*) God ; thee-against

זְבָחֶיךָ אוֹכִיחֶךָ וְעוֹלֹתֶיךָ לְנֶגְדִּי תָמִיד׃

.continually me-before offerings-burnt-thy-& ,thee-rebuke-will-I sacrifices-thy

9 לֹא־אֶקַּח מִבֵּיתְךָ פָר מִמִּכְלְאֹתֶיךָ עַתּוּדִים׃

.goats-he folds-thy-from-(*or*) ; bull-a house-thy-of-out take-will-I Not

10 כִּי־לִי כָל־חַיְתוֹ־יָעַר בְּהֵמוֹת בְּהַרְרֵי־אָלֶף׃

.thousand-a mountains-upon cattle-the ,forest-the of-beast every-(*is*) me-to For

11 יָדַעְתִּי כָּל־עוֹף הָרִים וְזִיז שָׂדַי

fields-the of-beast-wild-the-& ,mountains-the of-fowl every known-have-I

עִמָּדִי׃ 12 אִם־אֶרְעַב לֹא־אֹמַר לָךְ כִּי־לִי

me-to for ;thee-to say-will-I not ,hunger-shall-I If .me-with-(*is*)

תֵּבֵל וּמְלֹאָהּ׃ 13 הַאוֹכַל בְּשַׂר אַבִּירִים

?(*oxen*)-mighty of-flesh-the eat-I-Shall? .fulness-its-and world-the-(*is*)

וְדַם עַתּוּדִים אֶשְׁתֶּה׃ 14 זְבַח לֵאלֹהִים

God-to Sacrifice ?drink-I-shall goats-he of-blood-the-&

תּוֹדָה וְשַׁלֵּם לְעֶלְיוֹן נְדָרֶיךָ׃ 15 וּקְרָאֵנִי

me-upon-call-And .vows-thy high-most-the-to pay-and ,praise

בְּיוֹם צָרָה אֲחַלֶּצְךָ וּתְכַבְּדֵנִי׃

.me-glorify-shalt-thou-and thee-deliver-will-I ;distress of-day-the-in

16 וְלָרָשָׁע ׀ אָמַר אֱלֹהִים מַה־לְּךָ לְסַפֵּר

declare-to ,thee-to-(*is*) What ;God said (.sg)-wicked-THE-to-And

חֻקָּי וַתִּשָּׂא בְרִיתִי עֲלֵי־פִיךָ׃ 17 וְאַתָּה

thou-And .mouth-thy upon covenant-my up-taken-hast-thou-& ?statutes-my

שָׂנֵאתָ מוּסָר וַתַּשְׁלֵךְ דְּבָרַי אַחֲרֶיךָ׃ 18 אִם־

If .thee-behind words-my cast-hast-and ,chastisement hated-hast

רָאִיתָ גַנָּב וַתִּרֶץ עִמּוֹ וְעִם מְנָאֲפִים

adulterers with-and ;him-with pleased-wast-thou-& ,thief-a seen-hast-thou

חֶלְקֶךָ׃ 19 פִּיךָ שָׁלַחְתָּ בְרָעָה וּלְשׁוֹנְךָ תַּצְמִיד

frame-will tongue-thy-and ,evil-into sent-hast-thou mouth-Thy .portion-thy-(*is*)

מִרְמָה׃ 20 תֵּשֵׁב בְּאָחִיךָ תְדַבֵּר בְּבֶן־

of-son-the-against ;speak-wilt-thou brother-thy-against ,sit-wilt-Thou .deceit

אִמְּךָ תִּתֶּן־דֹּפִי׃ 21 אֵלֶּה עָשִׂיתָ ׀ וְהֶחֱרַשְׁתִּי

silent-been-have-I-& ,done-hast-thou things-These .slander give-wilt-thou mother-thy

דִּמִּיתָ הֱיוֹת־אֶהְיֶה כָמוֹךָ אוֹכִיחֲךָ וְאֶעֶרְכָה

order-in-set-& thee-rebuke-will-I ;thee-like be-shall-I being thought-hast-Thou

לְעֵינֶיךָ׃ 22 בִּינוּ־נָא זֹאת שֹׁכְחֵי אֱלוֹהַּ פֶּן־
lest ; God forget-who-ye ,this ,pray-I ,Consider .eyes-thy-to

אֶטְרֹף וְאֵין מַצִּיל׃ 23 זֹבֵחַ תּוֹדָה יְכַבְּדָנְנִי
; me-glorify-will thanksgiving sacrifices-who-He .delivering none-is-there-& ,tear-shall-I

וְשָׂם דֶּרֶךְ אַרְאֶנּוּ בְּיֵשַׁע אֱלֹהִים׃
.God of-salvation-the-[in] see-to-[him]-make-will-I ,way-(*his*) sets-who-him-And

נא

לַמְנַצֵּחַ מִזְמוֹר לְדָוִד׃ 2 בְּבוֹא־אֵלָיו נָתָן
Nathan him-to going-In .David-of Psalm-A .over-is-who-him-To

הַנָּבִיא כַּאֲשֶׁר־בָּא אֶל־בַּת־שָׁבַע׃ 3 חָנֵּנִי
,me-to-gracious-Be .sheba-Bath unto went-he When ; prophet-THE

אֱלֹהִים כְּחַסְדֶּךָ כְּרֹב רַחֲמֶיךָ
mercies-tender-thy of-multitude-the-to-according ; mercy-thy-to-according ,God-O

מְחֵה פְשָׁעָי׃ 4 הֶרֶבה כַּבְּסֵנִי מֵעֲוֺנִי
,iniquity-my-from ,me-wash ,thou-Increase .transgressions-my out-blot

וּמֵחַטָּאתִי טַהֲרֵנִי׃ 5 כִּי־פְשָׁעַי אֲנִי אֵדָע
,know-will I transgressions-my For .me-cleanse sin-my-from-and

וְחַטָּאתִי נֶגְדִּי תָמִיד׃ 6 לְךָ לְבַדְּךָ
only-thee ,thee-Against .continually me-before-(*is*) sin-my-and

חָטָאתִי וְהָרַע בְּעֵינֶיךָ עָשִׂיתִי לְמַעַן תִּצְדַּק
justified-be-shalt-thou that ; done-have-I eyes-thy-in evil-THE-& ,sinned-have-I

בְּדָבְרֶךָ תִּזְכֶּה בְשָׁפְטֶךָ׃ 7 הֵן־בְּעָווֹן
iniquity-in Behold .judging-thy-in clear-be-shalt-thou ,speaking-thy-in

חוֹלָלְתִּי וּבְחֵטְא יֶחֱמַתְנִי אִמִּי׃ 8 הֵן־אֱמֶת
truth Behold .mother-my me-conceived sin-in-and ,forth-brought-was-I

חָפַצְתָּ בַטֻּחוֹת וּבְסָתֻם חָכְמָה
wisdom closed-is-which-that-in-and ; parts-inward-the-in in-delighted-hast-thou

תוֹדִיעֵנִי׃ 9 תְּחַטְּאֵנִי בְאֵזוֹב וְאֶטְהָר
; clean-be-shall-I-and ,hyssop-with me-Purge .know-me-make-wilt-thou

תְּכַבְּסֵנִי וּמִשֶּׁלֶג אַלְבִּין׃ 10 תַּשְׁמִיעֵנִי
hear-me-make-wilt-Thou .white-be-shall-I snow-than-more-and ,me-wash-wilt-thou

שָׂשׂוֹן וְשִׂמְחָה תָּגֵלְנָה עֲצָמוֹת דִּכִּיתָ׃
.broken-hast-thou (*which*)-bones-the-(*of*) rejoice-shall-(*each*) ; gladness-and rejoicing

11 הַסְתֵּר פָּנֶיךָ מֵחֲטָאָי וְכָל־עֲוֺנֹתַי מְחֵה׃ 12 לֵב
heart-A .out-blot iniquities-my all-and sins-my-from face-thy Hide

טָהוֹר בְּרָא־לִי אֱלֹהִים וְרוּחַ נָכוֹן חַדֵּשׁ
renew established spirit-a-and ; God-O ,me-for create pure

בְּקִרְבִּי׃ 13 אַל־תַּשְׁלִיכֵנִי מִלְּפָנֶיךָ וְרוּחַ
of-spirit-the-and ,presence-thy-from me-cast Not .midst-my-in

קָדְשְׁךָ אַל־תִּקַּח מִמֶּנִּי׃ 14 הָשִׁיבָה לִּי שְׂשׂוֹן
of-rejoicing-the me-to Restore .me-from take not holiness-thy

יִשְׁעֶךָ וְרוּחַ נְדִיבָה תִסְמְכֵנִי׃ 15 אֲלַמְּדָה
teach-will-I .me-hold-let free spirit-the-and ,salvation-thy

פֹשְׁעִים דְּרָכֶיךָ וְחַטָּאִים אֵלֶיךָ יָשׁוּבוּ׃ 16 הַצִּילֵנִי
me-Deliver .turn-shall thee-unto sinners-and ,ways-thy transgressors

מִדָּמִים ׀ אֱלֹהִים אֱלֹהֵי תְּשׁוּעָתִי תְּרַנֵּן לְשׁוֹנִי
tongue-my shout-shall ; salvation-my of-God-the ,God-O ,blood-from

צִדְקָתֶךָ׃ 17 אֲדֹנָי שְׂפָתַי תִּפְתָּח וּפִי
mouth-my-and ,open-wilt-thou lips-my .Lord-O .righteousness-thy-(*of*)

יַגִּיד תְּהִלָּתֶךָ׃ 18 כִּי ׀ לֹא־תַחְפֹּץ זֶבַח
,sacrifice in-delight-wilt-thou not For .praise-thy shew-will

וְאֶתֵּנָה עוֹלָה לֹא תִרְצֶה׃ 19 זִבְחֵי
of-sacrifices-The .with-pleased-be-wilt-thou not offering-burnt ; it-give-would-I-or

אֱלֹהִים רוּחַ נִשְׁבָּרָה לֵב־נִשְׁבָּר וְנִדְכֶּה אֱלֹהִים
God-O ,contrite-and broken heart-a ; broken spirit-a-(*are*) God

לֹא תִבְזֶה׃ 20 הֵיטִיבָה בִרְצוֹנְךָ אֶת־צִיּוֹן
,Zion)(pleasure-thy-in to-good-Do .despise-wilt-thou not

תִּבְנֶה חוֹמוֹת יְרוּשָׁלִָם׃ 21 אָז תַּחְפֹּץ
in-delight-wilt-thou Then .Jerusalem of-walls-the build-wilt-thou

זִבְחֵי־צֶדֶק עוֹלָה וְכָלִיל אָז יַעֲלוּ
ap-go-will then ; offering-burnt-whole-& offering-burnt ,righteousness of-sacrifices

עַל־מִזְבַּחֲךָ פָרִים׃
.bulls altar-thy upon

נב

לַמְנַצֵּחַ מַשְׂכִּיל לְדָוִד׃ 2 בְּבוֹא ׀
going-In .David-Of ; understand-to-Causing .over-is-that-him-To

דּוֹאֵג הָאֲדֹמִי וַיַּגֵּד לְשָׁאוּל וַיֹּאמֶר לוֹ בָּא
Went —; him-to said-and ,Saul-to shewed-he-and ; Edomite-THE Doeg

דָוִד אֶל־בֵּית אֲחִימֶלֶךְ׃ 3 מַה־תִּתְהַלֵּל
thyself-boast-thou-wilt Why .Ahimelech of-house-the unto David

בְּרָעָה הַגִּבּוֹר חֶסֶד אֵל כָּל־הַיּוֹם׃ 4 הַוּוֹת
Wickednesses .day-THE all-(*is*) God of-mercy-the ?man-mighty-[THE] ,evil-in

תַּחְשֹׁב לְשׁוֹנֶךָ כְּתַעַר מְלֻטָּשׁ עֹשֵׂה רְמִיָּה׃
.guile working ,whetted razor-a-as-(*is-it*) ,tongue-thy-(*with*) devise-wilt-thou

5 אָהַבְתָּ רָּע מִטּוֹב שֶׁקֶר ׀ מִדַּבֵּר צֶדֶק
.righteousness speaking-than falsehood ; good-than-more evil loved-hast-Thou

סֶלָה׃ 6 אָהַבְתָּ כָל־דִּבְרֵי־בָלַע לְשׁוֹן מִרְמָה׃
.deceit of-tongue-O ,devouring of-words all loved-hast-Thou .Selah

7 גַּם־אֵל יִתָּצְךָ לָנֶצַח יַחְתְּךָ וְיִסָּחֲךָ
thee-pluck-& ,away-thee-take-will-he ; ever-for down-thee-break-shall God Moreover

מֵאֹהֶל וְשֵׁרֶשְׁךָ מֵאֶרֶץ חַיִּים סֶלָה׃ 8 וְיִרְאוּ
see-shall-And .Selah .living-the of-land-the-from thee-root-will-& ; tent-(*thy*)-from

צַדִּיקִים וְיִירָאוּ וְעָלָיו יִשְׂחָקוּ׃ 9 הִנֵּה הַגֶּבֶר
man-THE Behold .laugh-shall-they it-upon-and ; fear-shall-and righteous-the

לֹא יָשִׂים אֱלֹהִים מָעוּזּוֹ וַיִּבְטַח בְּרֹב
of-multitude-the-in confided-And ; strength-his-(*as*) God put-will not-(*who*)

עָשְׁרוֹ יָעֹז בְּהַוָּתוֹ׃ 10 וַאֲנִי ׀ כְּזַיִת
tree-olive-an-as (*am*)-I-And .wickedness-his-in himself-strengthen-will-he ; riches-his

רַעֲנָן בְּבֵית אֱלֹהִים בָּטַחְתִּי בְחֶסֶד־אֱלֹהִים
God of-mercy-the-in confided-have-I ; God of-house-the-in green

עוֹלָם וָעֶד׃ 11 אוֹדְךָ לְעוֹלָם כִּי עָשִׂיתָ
; (*this*)-done-hast-thou because ,ever-for thanks-thee-give-will-I .ever-and ever-(*for*)

וַאֲקַוֶּה שִׁמְךָ כִי־טוֹב נֶגֶד חֲסִידֶיךָ׃
.saints-thy before good-(*is-it*) for ,name-thy expected-have-I-and

נג

לַמְנַצֵּחַ עַל־מָחֲלַת מַשְׂכִּיל לְדָוִד׃
.David-Of ; understand-to-causing ; Mahalath upon over-is-who-him-To

2 אָמַר נָבָל בְּלִבּוֹ אֵין אֱלֹהִים הִשְׁחִיתוּ
,corrupted-become-have-They : God no-is-There ; heart-his-in fool-the Said

וְהִתְעִיבוּ עָוֶל אֵין עֹשֵׂה־טוֹב׃ 3 אֱלֹהִים
God .good doing none-is-there ; iniquity abominable-done-have-they-&

מִשָּׁמַיִם הִשְׁקִיף עַל־בְּנֵי אָדָם לִרְאוֹת
see-to ,man of-sons-the upon down-looked heavens-the-from

הֲיֵשׁ מַשְׂכִּיל דֹּרֵשׁ אֶת־אֱלֹהִים׃ 4 כֻּלּוֹ
one-Every .God)(seeks-who ,understands-who-(*any*) were-there-if ?

סָג יַחְדָּו נֶאֱלָחוּ אֵין עֹשֵׂה־טוֹב
,good doing none-is-there ,filthy-become-have-they ,together away-gone-has

אֵין גַּם־אֶחָד׃ 5 הֲלֹא יָדְעוּ פֹּעֲלֵי אָוֶן
; iniquity of-doers-the known-have ? Not .one even not-is-there

אֹכְלֵי עַמִּי אָכְלוּ לֶחֶם אֱלֹהִים לֹא
not God ? bread eaten-have-they nation-my eating

קָרָאוּ׃ 6 שָׁם פָּחֲדוּ־פַחַד לֹא־הָיָה פָחַד
,fear was not ; fear with-afraid-were-they There .on-called-they-have

כִּי־אֱלֹהִים פִּזַּר עַצְמוֹת חֹנָךְ
; thee-(*against*)-encamped-who-him of-bones-the scattered-has God for

הֱבִשֹׁתָה כִּי־אֱלֹהִים מְאָסָם׃ 7 מִי יִתֵּן
give-will Who .them-rejected-has God for ,shame-to-(*them*)-put-hast-thou

מִצִּיּוֹן יְשֻׁעוֹת יִשְׂרָאֵל בְּשׁוּב אֱלֹהִים שְׁבוּת
of-captivity-the God of-turning-In ?Israel of-salvations-the Zion-from

עַמּוֹ יָגֵל יַעֲקֹב יִשְׂמַח יִשְׂרָאֵל׃
.Israel glad-be-shall-(*and*) Jacob rejoice-shall ,nation-his

נד

לַמְנַצֵּחַ בִּנְגִינֹת מַשְׂכִּיל לְדָוִד׃
.David-Of .understand-to-Causing .Neginoth-on ;over-is-that-him-To

2 בְּבוֹא הַזִּיפִים וַיֹּאמְרוּ לְשָׁאוּל הֲלֹא דָוִד
David ?not ,Saul-to said-they-and Ziphites-THE going-In

מִסְתַּתֵּר עִמָּנוּ׃ 3 אֱלֹהִים בְּשִׁמְךָ הוֹשִׁיעֵנִי
;me-save name-thy-by God-O ?us-with himself-hiding-(*is*)

וּבִגְבוּרָתְךָ תְדִינֵנִי׃ 4 אֱלֹהִים שְׁמַע תְּפִלָּתִי
;prayer-my hear ,God-O .me-judge might-thy-by-and

הַאֲזִינָה לְאִמְרֵי־פִי׃ 5 כִּי זָרִים קָמוּ־עָלַי
;me-against rose strangers For .mouth-my of-words-the-to ear-give

וְעָרִיצִים בִּקְשׁוּ נַפְשִׁי לֹא שָׂמוּ אֱלֹהִים
God set-they not ;soul-my for-inquired oppressors-and

לְנֶגְדָּם סֶלָה׃ 6 הִנֵּה אֱלֹהִים עֹזֵר לִי אֲדֹנָי
(*is*)-Lord-The ,me-for helping-(*is*) God Behold .Selah .them-before

בְּסֹמְכֵי נַפְשִׁי׃ 7 יָשׁוּב הָרַע לְשֹׁרְרָי
;me-observe-who-those-to evil-THE turn-will-He .soul-my hold-who-those-with

בַּאֲמִתְּךָ הַצְמִיתֵם׃ 8 בִּנְדָבָה אֶזְבְּחָה־לָּךְ
,thee-to sacrifice-will-I freeness-With .off-them-cut truth-thy-in

אוֹדֶה שִׁמְךָ יְהוָה כִּי־טוֹב׃ 9 כִּי מִכָּל־
all-from For .good-(*is-it*) for Jehovah-O ,name-thy to-thanks-give-will-I

צָרָה הִצִּילָנִי וּבְאֹיְבַי רָאֲתָה עֵינִי׃
.eye-my seen-has enemies-my-on-and ;me-delivered-he distress

נה

לַמְנַצֵּחַ בִּנְגִינוֹת מַשְׂכִּיל לְדָוִד׃
,David-Of ; understand-to-Causing ; Neginoth-on over-is-that-him-To

2 הַאֲזִינָה אֱלֹהִים תְּפִלָּתִי וְאַל־תִּתְעַלַּם
thyself-hide not-and ,prayer-my ,God-O ,to-ear-Give

מִתְּחִנָּתִי׃ 3 הַקְשִׁיבָה לִּי וַעֲנֵנִי אָרִיד
mourn-shall-I ; me-answer-and me-to Attend .supplication-my-from

בְּשִׂיחִי וְאָהִימָה׃ 4 מִקּוֹל אוֹיֵב מִפְּנֵי
of-because ,enemy-the of-voice-the-of-Because .noise-a-make-and meditation-my-in

עָקַת רָשָׁע כִּי־יָמִיטוּ עָלַי אָוֶן וּבְאַף
anger-in-& ,iniquity me-upon cast-will-they for ;(as)-wicked-the of-oppression-the

יִשְׂטְמוּנִי׃ 5 לִבִּי יָחִיל בְּקִרְבִּי וְאֵימוֹת
of-terrors-the-and ; midst-my-in painful-be-will heart-My .me-hate-will-they

מָוֶת נָפְלוּ עָלָי׃ 6 יִרְאָה וָרַעַד יָבֹא בִי
; me-upon come-will trembling-and Fear .me-upon fallen-have death

וַתְּכַסֵּנִי פַּלָּצוּת׃ 7 וָאֹמַר מִי־יִתֶּן־לִּי אֵבֶר
wing-a me-to give-will who ; said-I-And .horror me-covered-and

כַּיּוֹנָה אָעוּפָה וְאֶשְׁכֹּנָה׃ 8 הִנֵּה אַרְחִיק
far-(*myself*)-put-will-I Behold .dwell-will-and away-fly-will-I ? dove-THE-as

נְדֹד אָלִין בַּמִּדְבָּר סֶלָה׃ 9 אָחִישָׁה מִפְלָט
delivering-a hasten-will-I .Selah .wilderness-THE-in lodge-will-I ; fleeing-(*by*)

לִי מֵרוּחַ סֹעָה מִסָּעַר׃ 10 בַּלַּע אֲדֹנָי
,Lord-O ,up-Swallow .tempest-the-from ,storming wind-the-from ,me-for

פַּלַּג לְשׁוֹנָם כִּי־רָאִיתִי חָמָס וְרִיב בָּעִיר׃
.city-THE-in strife-and violence seen-have-I for ; tongue-their divide

11 יוֹמָם וָלַיְלָה יְסוֹבְבֻהָ עַל־חוֹמֹתֶיהָ וְאָוֶן
iniquity-and ; walls-its upon it-surround-will-they night-and day-By

וְעָמָל בְּקִרְבָּהּ׃ 12 הַוּוֹת בְּקִרְבָּהּ וְלֹא־
not-and ; midst-its-in (*are*)-Wickednesses .midst-its-in (*are*)-grievousness-&

יָמִישׁ מֵרְחֹבָהּ תֹּךְ וּמִרְמָה׃ 13 כִּי ׀ לֹא־אוֹיֵב

,enemy-an not For .deceit-and fraud street-its-from depart-will

יְחָרְפֵנִי וְאֶשָּׂא לֹא־מְשַׂנְאִי עָלַי

me-against me-hating-(*one*) not ,(*it*)-bear-will-I-or ,me-reproach-will

הִגְדִּיל וְאֶסָּתֵר מִמֶּנּוּ׃ 14 וְאַתָּה אֱנוֹשׁ

man-a thou-And .him-from myself-hide-will-I-or ,(*himself*)-magnified-has

כְּעֶרְכִּי אַלּוּפִי וּמְיֻדָּעִי׃ 15 אֲשֶׁר יַחְדָּו

together who ; acquaintance-my-and ,guide-my ,rank-my-to-according

נַמְתִּיק סוֹד בְּבֵית אֱלֹהִים נְהַלֵּךְ בְּרָגֶשׁ׃

.company-in walk-will-we God of-house-the-in ,counsel sweeten-will-we

16 יַשִּׁימָוֶת ׀ עָלֵימוֹ יֵרְדוּ שְׁאוֹל חַיִּים כִּי־

for ; living Hades-(*to*) descend-shall-they ; them-upon death-seize-Shall

רָעוֹת בִּמְגוּרָם בְּקִרְבָּם׃ 17 אֲנִי אֶל־

unto I .midst-their-in sojourning-(*of-place*)-their-in (*are*)-evils

אֱלֹהִים אֶקְרָא וַיהוָה יוֹשִׁיעֵנִי׃ 18 עֶרֶב וָבֹקֶר

morning-and Evening .me-save-will Jehovah-and ,call-will God

וְצָהֳרַיִם אָשִׂיחָה וְאֶהֱמֶה וַיִּשְׁמַע קוֹלִי׃

.voice-my heard-he-and ; disquieted-be-will-I-and meditate-will-I noon-and

19 פָּדָה בְשָׁלוֹם נַפְשִׁי מִקֲּרָב־־לִי כִּי־בְרַבִּים

many-[in] for ; me-against war-the-from soul-my peace-in redeemed-He

הָיוּ עִמָּדִי׃ 20 יִשְׁמַע ׀ אֵל ׀ וְיַעֲנֵם וְיֹשֵׁב

dwells-who-he-even me-answer-& ,God hear-Will .me-with were-they

קֶדֶם סֶלָה ׀ אֲשֶׁר אֵין חֲלִיפוֹת לָמוֹ וְלֹא

not-and them-to changes not-are-there Because .Selah .old-of

יָרְאוּ אֱלֹהִים׃ 21 שָׁלַח יָדָיו בִּשְׁלֹמָיו

; him-with-peace-at-those-against hands-his sent-He .God feared-they

חִלֵּל בְּרִיתוֹ׃ 22 חָלְקוּ ׀ מַחְמָאֹת פִּיו וּקֲרָב־

(*was*)-war-& ,mouth-his of-butterinesses-the were-Smooth .covenant-his profaned-he

לִבּוֹ רַכּוּ דְבָרָיו מִשֶּׁמֶן וְהֵמָּה פְתִחוֹת׃

.swords-drawn (*were*)-they-and ,oil-than-more words-his soft-were ; heart-his

23 הַשְׁלֵךְ עַל־יְהוָה ׀ יְהָבְךָ וְהוּא יְכַלְכְּלֶךָ
.thee-nourish-will he-& ,thee-gave-he-(*which-that*) Jehovah upon Cast

לֹא־יִתֵּן לְעוֹלָם מוֹט לַצַּדִּיק׃ 24 וְאַתָּה ׀
,thou-And .(sg)-righteous-THE-to moving ever-for give-he-will not

אֱלֹהִים ׀ תּוֹרִדֵם לִבְאֵר שַׁחַת אַנְשֵׁי
of-men ;corruption of-pit-the-to down-come-them-make-wilt ,God-O

דָמִים וּמִרְמָה לֹא־יֶחֱצוּ יְמֵיהֶם וַאֲנִי
I-and ;days-their halve-shall not deceit-and blood

אֶבְטַח־בָּךְ׃
.thee-in confide-will

נו

לַמְנַצֵּחַ ׀ עַל־יוֹנַת אֵלֶם רְחֹקִים לְדָוִד
;David-Of ;off-far-(*places-in*) silence of-dove-the upon ,over-is-that-him-To

מִכְתָּם בֶּאֱחֹז אֹתוֹ פְלִשְׁתִּים בְּגַת׃ 2 חָנֵּנִי
,me-to-gracious-Be .Gath-in Philistines-the him taking-In ;Michtam

אֱלֹהִים כִּי־שְׁאָפַנִי אֱנוֹשׁ כָּל־הַיּוֹם לֹחֵם
fighting day-THE all ;man me-for-panted-has for ,God-O

יִלְחָצֵנִי׃ 3 שָׁאֲפוּ שׁוֹרְרַי כָּל־הַיּוֹם כִּי־
for ;day-THE all me-observe-who-those me-for-panted-Have .me-oppress-will-he

רַבִּים לֹחֲמִים לִי מָרוֹם׃ 4 יוֹם אִירָא
,fear-shall-I-*when* day-the-(*In*) .loftily me-with fighting-(*are*) many

אֲנִי אֵלֶיךָ אֶבְטָח׃ 5 בֵּאלֹהִים אֲהַלֵּל דְּבָרוֹ
,word-his praise-will-I God-In .confide-will thee-unto I

בֵּאלֹהִים בָּטַחְתִּי לֹא אִירָא מַה־יַּעֲשֶׂה
do-shall what ;fear-will-I not confided-have-I God-In

בָשָׂר לִי׃ 6 כָּל־הַיּוֹם דְּבָרַי יְעַצֵּבוּ עָלַי
me-against ;wrest-will-they words-my day-THE All ?me-to flesh

כָּל־מַחְשְׁבֹתָם לָרָע׃ 7 יָגוּרוּ ׀
,together-themselves-gather-will-They .evil-THE-for devices-their all-(*are*)

יִצְפּוֹנוּ הֵמָּה עֲקֵבַי יִשְׁמֹרוּ כַּאֲשֶׁר קִוּוּ

expected-they while ; keep-will heels-my they ,themselves-hide-will-they

נַפְשִׁי׃ 8 עַל־אָוֶן פַּלֶּט־לָמוֹ בְּאַף עַמִּים ׀

nations-the anger-in ; them-[to] away-cast iniquity of-Because .soul-my

הוֹרֵד אֱלֹהִים׃ 9 נֹדִי סָפַרְתָּה אָתָּה

; thou counted-hast wandering-My .God-O ,down-come-to-make

שִׂימָה דִמְעָתִי בְנֹאדֶךָ הֲלֹא בְּסִפְרָתֶךָ׃

? book-thy-in not-(*it-is*) ? bottle-thy-in tear-my put

10 אָז ׀ יָשׁוּבוּ אוֹיְבַי אָחוֹר בְּיוֹם אֶקְרָא

; call-shall-I (*when*)-day-the-in ,backward enemies-my turn-shall Then

זֶה־יָדַעְתִּי כִּי־אֱלֹהִים לִי׃ 11 בֵּאלֹהִים אֲהַלֵּל

praise-will-I God-In .me-for (*is*)-God because ,known-have-I this

דָּבָר בַּיהוָה אֲהַלֵּל דָּבָר׃ 12 בֵּאלֹהִים

God-In .word-the praise-will-I Jehovah-in ; word-the

בָּטַחְתִּי לֹא אִירָא מַה־יַּעֲשֶׂה אָדָם לִי׃

? me-to man do-shall what ; fear-will-I not ; confided-have-I

13 עָלַי אֱלֹהִים נְדָרֶיךָ אֲשַׁלֵּם תּוֹדֹת לָךְ׃

.thee-to thanksgivings pay-will-I ; vows-thy-(*are*) ,God-O ,me-Upon

14 כִּי הִצַּלְתָּ נַפְשִׁי מִמָּוֶת הֲלֹא רַגְלַי

feet-my (*deliver-thou-wilt*)-not? ; death-from soul-my delivered-hast-thou For

מִדֶּחִי לְהִתְהַלֵּךְ לִפְנֵי אֱלֹהִים בְּאוֹר הַחַיִּים׃

.living-THE of-light-the-in God before walk-to ? falling-from

נז

לַמְנַצֵּחַ אַל־תַּשְׁחֵת לְדָוִד מִכְתָּם בְּבָרְחוֹ

flying-his-in : Michtam ; David-Of ; destroy not ; over-is-that-him-To

מִפְּנֵי־שָׁאוּל בַּמְּעָרָה׃ 2 חָנֵּנִי אֱלֹהִים ׀

,God-O ,me-unto-gracious-Be .cave-THE-in Saul of-face-the-from

חָנֵּנִי כִּי בְךָ חָסָיָה נַפְשִׁי וּבְצֵל־
of-shadow-the-in-and ; soul-my trusting-(*is*) thee-in for ; me-unto-gracious-be

כְּנָפֶיךָ אֶחְסֶה עַד־יַעֲבֹר הַוּוֹת׃ 3 אֶקְרָא
call-will-I .wickednesses pass-shall until trust-will-I wings-thy

לֵאלֹהִים עֶלְיוֹן לָאֵל גֹּמֵר עָלָי׃
.me-upon (*what-is*)-end-an-to-brings-who ,God-to ; high-most God-to

4 יִשְׁלַח מִשָּׁמַיִם ׀ וְיוֹשִׁיעֵנִי חֵרֵף שֹׁאֲפִי
.me-for-pants-who-he reproached-has ; me-save-will-& ,heavens-the-from send-will-He

סֶלָה יִשְׁלַח אֱלֹהִים חַסְדּוֹ וַאֲמִתּוֹ׃ 5 נַפְשִׁי ׀
soul-My .truth-his-and mercy-his God send-Will .Selah

בְּתוֹךְ לְבָאִם אֶשְׁכְּבָה לֹהֲטִים בְּנֵי־
of-sons-the ; fire-on-set-are-who-those with-down-lie-will-I ; lions of-midst-the-in-(*is*)

אָדָם שִׁנֵּיהֶם חֲנִית וְחִצִּים וּלְשׁוֹנָם חֶרֶב
sword-a-(*is*) tongue-their-and : arrows-& spear-a-(*are*) teeth-their ,man

חַדָּה׃ 6 רוּמָה עַל־הַשָּׁמַיִם אֱלֹהִים עַל כָּל־
all above ; God-O ,heavens-THE above exalted-Be .sharp

הָאָרֶץ כְּבוֹדֶךָ׃ 7 רֶשֶׁת ׀ הֵכִינוּ לִפְעָמַי
; steps-my-for established-they-have net-A .glory-thy-(*be-shall*) earth-THE

כָּפַף נַפְשִׁי כָּרוּ לְפָנַי שִׁיחָה נָפְלוּ
fallen-have-they ; pit-a me-before digged-have-they ; soul-my down-bowed-has

בְתוֹכָהּ סֶלָה׃ 8 נָכוֹן לִבִּי אֱלֹהִים נָכוֹן
established-(*is*) ;God-O ,heart-my established-(*Is*) .Selah .it-of-midst-the-into

לִבִּי אָשִׁירָה וַאֲזַמֵּרָה׃ 9 עוּרָה כְבוֹדִי
,glory-my Awake .psalms-sing-will-I-and ,sing-will-I ,heart-my

עוּרָה הַנֵּבֶל וְכִנּוֹר אָעִירָה שָּׁחַר׃
.dawn-(*at*) myself-arouse-will-I ,harp-and psaltery-[THE] Awake

10 אוֹדְךָ בָעַמִּים ׀ אֲדֹנָי אֲזַמֶּרְךָ
psalms-sing-will-I ; Lord-O ,nations-THE-among thanks-thee-give-will-I

בַּלְאֻמִּים׃ 11 כִּי־גָדֹל עַד־שָׁמַיִם חַסְדֶּךָ וְעַד־
unto-and ; mercy-thy-(*is*) heavens-the unto great For .peoples-THE-among

שְׁחָקִים אֲמִתֶּךָ׃ 12 רוּמָה עַל־שָׁמַיִם אֱלֹהִים

skies-the .truth-thy exalted-Be heavens-the above ; God-O

עַל כָּל־הָאָרֶץ כְּבוֹדֶךָ׃

above all earth-THE (*be-shall*)-glory-thy.

נח

לַמְנַצֵּחַ אַל־תַּשְׁחֵת לְדָוִד מִכְתָּם׃

; over-is-that-him-To not .destroy ; David-Of .Michtam

2 הַאֻמְנָם אֵלֶם צֶדֶק תְּדַבֵּרוּן מֵישָׁרִים תִּשְׁפְּטוּ

Indeed ? of-silence-the righteousness speak-ye-will ? uprightnesses judge-ye-will,

בְּנֵי אָדָם׃ 3 אַף־בְּלֵב עוֹלֹת תִּפְעָלוּן בָּאָרֶץ

of-sons-ye ? man ,Yea heart-the-with iniquities do-will-ye ; earth-THE-in

חֲמַס יְדֵיכֶם תְּפַלֵּסוּן׃ 4 זֹרוּ רְשָׁעִים

of-violence-the hands-your .weigh-will-ye estranged-been-Have wicked-the

מֵרָחֶם תָּעוּ מִבֶּטֶן דֹּבְרֵי כָזָב׃ 5 חֲמַת־

womb-the-from, wandered-have-they belly-the-from, speaking .lies (*is*)-Wrath

לָמוֹ כִּדְמוּת חֲמַת־נָחָשׁ כְּמוֹ־פֶתֶן חֵרֵשׁ

them-to according-to-the-likeness-of the-wrath-of a-serpent ; like an-adder deaf,

יַאְטֵם אָזְנוֹ׃ 6 אֲשֶׁר לֹא־יִשְׁמַע לְקוֹל

(*which*)-will-stop its-ear. Which not will-hear [to]-the-voice-of

מְלַחֲשִׁים חוֹבֵר חֲבָרִים מְחֻכָּם׃ 7 אֱלֹהִים

whisperers, (*or*)-one-charming charms very-wise. O-God,

הֲרָס־שִׁנֵּימוֹ בְּפִימוֹ מַלְתְּעוֹת כְּפִירִים נְתֹץ ׀

destroy their-teeth in-their-mouth ; the-great-teeth-of the-young-lions break-down,

יְהוָה׃ 8 יִמָּאֲסוּ כְמוֹ־מַיִם יִתְהַלְּכוּ־לָמוֹ

O-Jehovah. They-shall-melt-away like waters ; they-shall-go-away for-them ;

יִדְרֹךְ חִצָּו כְּמוֹ יִתְמֹלָלוּ׃ 9 כְּמוֹ שַׁבְּלוּל

he-will-bend his-arrows as-if they-shall-be-cut-in-pieces, As a-snail-(*which*)

תֶּמֶס יַהֲלֹךְ נֵפֶל אֵשֶׁת בַּל־חָזוּ

will-melt, they-shall-go-away ; (*as*)-an-abortion-of a-woman, that-not they-behold

שָׁמֶשׁ׃ 10 בְּטֶרֶם יָבִינוּ סִּירֹתֵיכֶם אָטָד כְּמוֹ־

as ; thorn-a pots-your perceive-shall Before .sun-the

חַי כְּמוֹ־חָרוֹן יִשְׂעָרֶנּוּ׃ 11 יִשְׂמַח

glad-be-Shall .tempest-a-with-away-them-take-shall-he ,wrath-(in) as ,living

צַדִּיק כִּי־חָזָה נָקָם פְּעָמָיו יִרְחַץ

wash-will-he steps-his ; vengeance-the beheld-hath-he when (sg.)-righteous-the

בְּדַם הָרָשָׁע׃ 12 וְיֹאמַר אָדָם אַךְ־פְּרִי

(is)-fruit Surely ,man-a say-shall-And .(sg.)-wicked-the of-blood-the-in

לַצַּדִּיק אַךְ יֵשׁ־אֱלֹהִים שֹׁפְטִים בָּאָרֶץ׃

.earth-THE-in judging God-a is-there Surely ; (sg.)-righteous-THE-to

נט

לַמְנַצֵּחַ אַל־תַּשְׁחֵת לְדָוִד מִכְתָּם בִּשְׁלֹחַ

of-sending-the-In ; Michtam : David-Of ,destroy Not .over-is-that-him-To

שָׁאוּל וַיִּשְׁמְרוּ אֶת־הַבַּיִת לַהֲמִיתוֹ׃ 2 הַצִּילֵנִי

me-Deliver .death-to-him-put-to house-THE)(kept-they-and ,Saul

מֵאֹיְבַי ׀ אֱלֹהָי מִמִּתְקוֹמְמַי תְּשַׂגְּבֵנִי׃

.high-on-me-set-wilt-thou me-against-up-rise-who-those-from ; God-my-O,enemies-my-from

3 הַצִּילֵנִי מִפֹּעֲלֵי אָוֶן וּמֵאַנְשֵׁי דָמִים הוֹשִׁיעֵנִי׃

.me-save blood of-men-from-& ; iniquity of-doers-from me-Deliver

4 כִּי הִנֵּה אָרְבוּ לְנַפְשִׁי יָגוּרוּ עָלַי

me-against themselves-gather-will ,soul-my-for wait-laid-They ,behold For

עַזִּים לֹא־פִשְׁעִי וְלֹא־חַטָּאתִי יְהוָה׃ 5 בְּלִי־

Without .Jehovah-O ,sin-my-(for) not-& transgression-my-(for) not ; strong-the

עָוֺן יְרֻצוּן וְיִכּוֹנָנוּ עוּרָה לִקְרָאתִי וּרְאֵה׃

.see-and ,me-meet-to arouse : themselves-prepare-& run-will-they iniquity

6 וְאַתָּה יְהוָה־אֱלֹהִים צְבָאוֹת אֱלֹהֵי יִשְׂרָאֵל

; Israel of-God-the ,hosts-(of) God ,Jehovah-O thou-And

הָקִיצָה לִפְקֹד כָּל־הַגּוֹיִם אַל־תָּחֹן כָּל־בֹּגְדֵי

of-offenders all to-gracious-be not ; Gentiles-THE all visit-to Awake

אָוֶן סֶלָה׃ 7 יָשׁוּבוּ לָעֶרֶב יֶהֱמוּ כַכָּלֶב
,dog-THE-like disquieted-be-will-they ,evening-THE-at return-will-They .Selah .iniquity

וִיסוֹבְבוּ עִיר׃ 8 הִנֵּה ׀ יַבִּיעוּן בְּפִיהֶם
;mouths-their-with utter-will-they Behold .city-the surround-will-and

חֲרָבוֹת בְּשִׂפְתוֹתֵיהֶם כִּי־מִי שֹׁמֵעַ׃ 9 וְאַתָּה
,thou-And ?hearing-(is) who for ;lips-their-in (are)-swords

יְהוָה תִּשְׂחַק־לָמוֹ תִּלְעַג לְכָל־גּוֹיִם׃ 10 עֻזּוֹ
strength-his-(In) .Gentiles-the all-at mock-wilt-thou ;them-at laugh-wilt ,Jehovah-O

אֵלֶיךָ אֶשְׁמֹרָה כִּי־אֱלֹהִים מִשְׂגַּבִּי׃ 11 אֱלֹהֵי
of-God-The .place-high-my-(is) God for ;keep-will-I thee-unto

חַסְדִּי יְקַדְּמֵנִי אֱלֹהִים יַרְאֵנִי בְשֹׁרְרָי׃
.me-observe-who-those-[on] see-me-make-will God ;me-prevent-will ,mercy-my

12 אַל־תַּהַרְגֵם ׀ פֶּן־יִשְׁכְּחוּ עַמִּי הֲנִיעֵמוֹ
wander-them-make ;nation-my forget-shall lest ,them-slay Not

בְחֵילְךָ וְהוֹרִידֵמוֹ מָגִנֵּנוּ אֲדֹנָי׃ 13 חַטַּאת־
of-sin-The .Lord-O ,shield-our ,down-come-them-make-& might-thy-in

פִּימוֹ דְּבַר־שְׂפָתֵימוֹ וְיִלָּכְדוּ בִגְאוֹנָם
;pride-their-in caught-be-shall-they-and ;lips-their of-word-the-(is) mouth-their

וּמֵאָלָה וּמִכַּחַשׁ יְסַפֵּרוּ׃ 14 כַּלֵּה בְחֵמָה
,wrath-in (them)-Consume .declare-will-they lying-with-& cursing-with-&

כַּלֵּה וְאֵינֵמוֹ וְיֵדְעוּ כִּי־אֱלֹהִים מֹשֵׁל
ruler-(is) God that know-shall-they-& ;be-not-them-(let)-& (them)-consume

בְּיַעֲקֹב לְאַפְסֵי הָאָרֶץ סֶלָה׃ 15 וְיָשֻׁבוּ לָעֶרֶב
,evening-THE-at return-shall-they-And .Selah .earth-THE of-ends-the-to Jacob-in

יֶהֱמוּ כַכָּלֶב וִיסוֹבְבוּ עִיר׃ 16 הֵמָּה
They .city-the surround-will-and ,dog-THE-like disquieted-be-shall-they

יְנִועוּן לֶאֱכֹל אִם־לֹא יִשְׂבְּעוּ וַיָּלִינוּ׃
.murmured-they-and ,satisfied-be-shall-they not if food-for wander-shall

17 וַאֲנִי ׀ אָשִׁיר עֻזֶּךָ וַאֲרַנֵּן לַבֹּקֶר
morning-THE-in of-joy-for-shout-will-& ,strength-thy of-sing-will I-And

חַסְדֶּךָ כִּי־הָיִיתָ מִשְׂגָּב לִי וּמָנוֹס בְּיוֹם
of-day-the-in refuge-a-and ,me-for place-high-a been-hast-thou for ; mercy-thy

צַר־לִי׃ 18 עֻזִּי אֵלֶיךָ אֲזַמֵּרָה כִּי־אֱלֹהִים
God for ,psalms-sing-will-I thee-unto strength-my-O .me-to distress

מִשְׂגַּבִּי אֱלֹהֵי חַסְדִּי׃
.mercy-my of-God-the ,place-high-my-(*is*)

ס

לַמְנַצֵּחַ עַל־שׁוּשַׁן עֵדוּת מִכְתָּם לְדָוִד
; David-of Mitchtam ; testimony of-lily-the upon ; over-is-that-him-To

לְלַמֵּד׃ 2 בְּהַצּוֹתוֹ ׀ אֶת אֲרַם נַהֲרַיִם וְאֶת־
with-and rivers-two-the of-Syria with striving-his-In .teach-to

אֲרַם צוֹבָה וַיָּשָׁב יוֹאָב וַיַּךְ אֶת־אֱדוֹם
Edom)(smote-and Joab turned-and ; Zobah of-Syria

בְּגֵיא־מֶלַח שְׁנֵים עָשָׂר אָלֶף׃ 3 אֱלֹהִים
,God-O .thousand eighteen salt of-valley-the-in

זְנַחְתָּנוּ פְרַצְתָּנוּ אָנַפְתָּ
; angry-been-hast-thou ; down-us-broken-hast-thou ,off-us-cast-hast-thou

תְּשׁוֹבֵב לָנוּ׃ 4 הִרְעַשְׁתָּה אֶרֶץ פְּצַמְתָּהּ
,it-broken-hast-thou earth-the tremble-to-made-hast-Thou .us-to return-wilt-thou

רְפָה שְׁבָרֶיהָ כִי־מָטָה׃ 5 הִרְאִיתָ עַמְּךָ
nation-thy see-to-caused-hast-Thou .moved-been-has-it for ; breaches-its heal

קָשָׁה הִשְׁקִיתָנוּ יַיִן תַּרְעֵלָה׃ 6 נָתַתָּה
given-hast-Thou .trembling of-wine-the drink-us-made-hast-thou ,thing-hard-a

לִּירֵאֶיךָ נֵּס לְהִתְנוֹסֵס מִפְּנֵי קֹשֶׁט סֶלָה׃
.Selah .truth-the of-because displayed-be-to banner-a thee-fear-who-those-to

7 לְמַעַן יֵחָלְצוּן יְדִידֶיךָ הוֹשִׁיעָה יְמִינְךָ
hand-right-thy (*with*)-Save ; beloved-thy delivered-be-shall Therefore

וַעֲנֵנוּ׃ 8 אֱלֹהִים ׀ דִּבֶּר בְּקָדְשׁוֹ אֶעְלֹזָה
; exult-will-I holiness-his-in spoken-has God .me-answer-and

אֲחַלְּקָה שְׁכֶם וְעֵמֶק סֻכּוֹת אֲמַדֵּד׃ 9 לִי
me-To .measure-will-I Succoth of-valley-the-and ;Shechem divide-will-I

גִלְעָד ׀ וְלִי מְנַשֶּׁה וְאֶפְרַיִם מָעוֹז רֹאשִׁי
;head-my of-strength-the-(*is*) Ephraim-& ,Manasseh-(*is*) me-to-and ,Gilead-(*is*)

יְהוּדָה מְחֹקְקִי׃ 10 מוֹאָב ׀ סִיר רַחְצִי עַל־
over ;washing-my of-pot-the (*is*)-Moab .lawgiver-my (*is*)-Judah

אֱדוֹם אַשְׁלִיךְ נַעֲלִי עָלַי פְּלֶשֶׁת הִתְרוֹעָעִי׃
.triumphing-my (*is*)-Philistia-O me-upon ;shoe-my cast-will-I Edom

11 מִי יֹבִלֵנִי עִיר מָצוֹר מִי נָחַנִי עַד־אֱדוֹם׃
? Edom unto me-lead-has who ? strength of-city-the (*to*)-me-bring-will Who

12 הֲלֹא־אַתָּה אֱלֹהִים זְנַחְתָּנוּ וְלֹא־תֵצֵא
,out-go-thou-wilt not-And ? off-us-cast-hast ,God-O ,thou Not?

אֱלֹהִים בְּצִבְאוֹתֵינוּ׃ 13 הָבָה־לָּנוּ עֶזְרָת מִצָּר
,distress-from help us-to Give ? hosts-our-with ,God-O

וְשָׁוְא תְּשׁוּעַת אָדָם׃ 14 בֵּאלֹהִים נַעֲשֶׂה־חָיִל
,might-(*with*) do-will-we God-By .man of-salvation-the (*is*)-vanity-&

וְהוּא יָבוּס צָרֵינוּ׃
.distressors-our down-tread-will he-and

סא

לַמְנַצֵּחַ ׀ עַל־נְגִינַת לְדָוִד׃ 2 שִׁמְעָה
,Hear .David-Of .Neginath upon ;over-is-that-him-To

אֱלֹהִים רִנָּתִי הַקְשִׁיבָה תְּפִלָּתִי׃ 3 מִקְצֵה
of-end-the-From .prayer-my to-attend ;outcry-my God-O

הָאָרֶץ ׀ אֵלֶיךָ אֶקְרָא בַּעֲטֹף לִבִּי בְּצוּר־
rock-a-on ;heart-my overwhelming-in call-will-I thee-unto earth-THE

יָרוּם מִמֶּנִּי תַנְחֵנִי׃ 4 כִּי־הָיִיתָ
been-hast-thou For .me-lead-wilt-thou I-than-more exalted-be-shall-(*which*)

מַחְסֶה לִי מִגְדַּל־עֹז מִפְּנֵי אוֹיֵב׃ 5 אָגוּרָה
sojourn-will-I .enemy-the before-from strength of-tower-a ;me-to refuge-a

בְּאָהָלְךָ עוֹלָמִים אֶחֱסֶה בְסֵתֶר כְּנָפֶיךָ

.wings-thy of-place-hiding-the-in trust-will-I ;ever-for tent-thy-in

סֶלָה׃ 6 כִּי־אַתָּה אֱלֹהִים שָׁמַעְתָּ לִנְדָרָי

; vows-my-[to] heard-hast ,God-O ,thou For .Selah

נָתַתָּ יְרֻשַּׁת יִרְאֵי שְׁמֶךָ׃ 7 יָמִים עַל־

upon Days .name-thy fear-who-those of-inheritance-the given-hast-thou

יְמֵי־מֶלֶךְ תּוֹסִיף שְׁנוֹתָיו כְּמוֹ־דֹר וָדֹר׃

.generation-& generation as-(*be-shall*) years-his ;add-wilt-thou king-the of-days-the

8 יֵשֵׁב עוֹלָם לִפְנֵי אֱלֹהִים חֶסֶד וֶאֱמֶת

truth-and mercy ;God before ever-(*for*) sit-shall-He

מַן יִנְצְרֻהוּ׃ 9 כֵּן ׀ אֲזַמְּרָה שִׁמְךָ לָעַד

ever-for name-thy to-psalms-sing-I-will So .him-preserve-them-let ,thou-appoint

לְשַׁלְּמִי נְדָרַי יוֹם ׀ יוֹם׃

.day-(*by*) day vows-my paying-my-for

סב

לַמְנַצֵּחַ עַל־יְדוּתוּן מִזְמוֹר לְדָוִד׃ 2 אַךְ

Surely .David-of psalm-a ; Jeduthun upon ,over-is-that-him-To

אֶל־אֱלֹהִים דּוּמִיָּה נַפְשִׁי מִמֶּנּוּ יְשׁוּעָתִי׃

.salvation-my-(*is*) him-from ;soul-my-(*is*) silence-(*is*) God unto

3 אַךְ־הוּא צוּרִי וִישׁוּעָתִי מִשְׂגַּבִּי לֹא־

not ,place-high-my ,salvation-my-and rock-my-(*is*) he Surely

אֶמּוֹט רַבָּה׃ 4 עַד־אָנָה ׀ תְּהוֹתְתוּ עַל־

against mischief-imagine-ye-will when Until .much moved-be-shall-I

אִישׁ תְּרָצְּחוּ כֻלְּכֶם כְּקִיר נָטוּי גָּדֵר

fence-a ,inclined wall-a-like ,you-of-all slain-be-shall-Ye ?man-a

הַדְּחוּיָה׃ 5 אַךְ מִשְּׂאֵתוֹ ׀ יָעֲצוּ לְהַדִּיחַ

;away-(*him*)-drive-to consult-will-they dignity-his-from Surely .down-thrust-is-which

יִרְצוּ כָזָב בְּפִיו יְבָרֵכוּ וּבְקִרְבָּם

part-inward-their-in-& ; bless-will-they mouth-their-in ; lies with-pleased-be-will-they

יְקַלְלוּ־סֶלָה׃ 6 אַךְ לֵאלֹהִים דּוֹמִּי נַפְשִׁי

; soul-my-O silent-thou-be God-to Surely .Selah .curse-will-they

כִּי־מִמֶּנּוּ תִּקְוָתִי׃ 7 אַךְ־הוּא צוּרִי וִישׁוּעָתִי

salvation-my-& rock-my-(*is*) he Surely .expectation-my-(*is*) him-from for

מִשְׂגַּבִּי לֹא אֶמּוֹט׃ 8 עַל־אֱלֹהִים יִשְׁעִי

salvation-my-(*is*) God Upon .moved-be-shall-I not ,place-high-my

וּכְבוֹדִי צוּר־עֻזִּי מַחְסִי בֵּאלֹהִים׃ 9 בִּטְחוּ

confident-Be .God-in-(*is*) refuge-my strength-my of-rock-the ; glory-my-and

בוֹ בְכָל־עֵת ׀ עָם שִׁפְכוּ־לְפָנָיו לְבַבְכֶם

.heart-your him-before out-pour ,nation-O ; season every-in him-in

אֱלֹהִים מַחֲסֶה־לָּנוּ סֶלָה׃ 10 אַךְ ׀ הֶבֶל בְּנֵי־

of-sons-the-(*are*) vanity Surely .Selah .us-for refuge-a (*is*)-God

אָדָם כָּזָב בְּנֵי־אִישׁ בְּמֹאזְנַיִם לַעֲלוֹת הֵמָּה

they ,up-go-to scales-the-in ; man of-sons-the-(*are*) lie-a ; man

מֵהֶבֶל יָחַד׃ 11 אַל־תִּבְטְחוּ בְעֹשֶׁק וּבְגָזֵל

robbery-in-& ,oppression-in confide Not .together vanity-than-(*less-are*)

אַל־תֶּהְבָּלוּ חַיִל ׀ כִּי־יָנוּב אַל־תָּשִׁיתוּ לֵב׃

.heart-the ye-set not ,increase-shall when wealth ; vain-be not

12 אַחַת ׀ דִּבֶּר אֱלֹהִים שְׁתַּיִם־זוּ שָׁמָעְתִּי

heard-have-I which things-two-(*are-there*) ; God spoken-has Once

כִּי עֹז לֵאלֹהִים׃ 13 וּלְךָ־אֲדֹנָי חָסֶד כִּי־

for ,mercy-(*is*) ,Lord-O thee-to-And .God-unto (*is*)-strength that

אַתָּה ׀ תְשַׁלֵּם לְאִישׁ כְּמַעֲשֵׂהוּ׃

.work-his-to-according man-a-to pay-wilt thou

סג

מִזְמוֹר לְדָוִד בִּהְיוֹתוֹ בְּמִדְבַּר יְהוּדָה׃

.Judah of-wilderness-the-in being-his-in ,David-of psalm-A

2 אֱלֹהִים ׀ אֵלִי אַתָּה אֲשַׁחֲרֶךָּ צָמְאָה לְךָ ׀
three-for thirsted-has ; early-thee-seek-will-I : thou-(*art*) God-my ,God-O

נַפְשִׁי כָּמַהּ לְךָ בְשָׂרִי בְּאֶרֶץ־צִיָּה וְעָיֵף בְּלִי־
without weary-and dry land-a-in flesh-my thee-for longed-has ;soul-my

מָיִם׃ 3 כֵּן בַּקֹּדֶשׁ חֲזִיתִךָ לִרְאוֹת עֻזְּךָ
strength-thy see-to ;thee-beheld-have-I place-holy-THE-in as-So .water

וּכְבוֹדֶךָ׃ 4 כִּי־טוֹב חַסְדְּךָ מֵחַיִּים שְׂפָתַי
lips-my ,life-than-more mercy-thy (*is*)-good Because .glory-thy-and

יְשַׁבְּחוּנְךָ׃ 5 כֵּן אֲבָרֶכְךָ בְחַיָּי בְּשִׁמְךָ אֶשָּׂא
up-lift-will-I name-thy-in ,life-my-in thee-bless-will-I So .thee-praise-shall

כַפָּי׃ 6 כְּמוֹ חֵלֶב וָדֶשֶׁן תִּשְׂבַּע נַפְשִׁי וְשִׂפְתֵי
of-lips-(*with*)-& ; soul-my satisfy-wilt-thou fatness-& fat-(*with*) As .hands-my

רְנָנוֹת יְהַלֶּל־פִּי׃ 7 אִם־זְכַרְתִּיךָ עַל־
upon thee-remembered-have-I When .mouth-my (*thee*)-praise-will joy-for-shoutings

יְצוּעָי בְּאַשְׁמֻרוֹת אֶהְגֶּה־בָּךְ׃ 8 כִּי־הָיִיתָ
been-hast-thou For .thee-on meditate-will-I watches-the-in ; bed-my

עֶזְרָתָה לִּי וּבְצֵל כְּנָפֶיךָ אֲרַנֵּן׃ 9 דָּבְקָה
cleaved-Has .joy-for-shout-will-I wings-thy of-shadow-the-in-& ; me-to strength-a

נַפְשִׁי אַחֲרֶיךָ בִּי תָּמְכָה יְמִינֶךָ׃ 10 וְהֵמָּה
they-And .hand-right-thy maintained-has me-[upon] ; thee-after soul-my

לְשׁוֹאָה יְבַקְשׁוּ נַפְשִׁי יָבֹאוּ בְּתַחְתִּיּוֹת
of-parts-lowest-the-into go-shall-they ; soul-my for-enquire-will destruction-for

הָאָרֶץ׃ 11 יַגִּירֻהוּ עַל־יְדֵי־חָרֶב מְנָת
for-portion-a ,sword-the of-hands-the into out-run-him-make-shall-They .earth-THE

שֻׁעָלִים יִהְיוּ׃ 12 וְהַמֶּלֶךְ יִשְׂמַח בֵּאלֹהִים
; God-in glad-be-shall king-THE-And .be-shall-they foxes

יִתְהַלֵּל כָּל־הַנִּשְׁבָּע בּוֹ כִּי יִסָּכֵר פִּי
of-mouth-the stopped-be-shall for ; him-by sweareth-who one-every boast-shall

דוֹבְרֵי־שָׁקֶר׃
.falsehood speak-who-those

סד

לַמְנַצֵּחַ מִזְמוֹר לְדָוִד׃ 2 שְׁמַע־אֱלֹהִים
,God-O ,Hear .David-of Psalm-A ; over-is-that-him-To

קוֹלִי בְשִׂיחִי מִפַּחַד אוֹיֵב תִּצֹּר חַיָּי׃
.life-my preserve-wilt-thou enemy-the of-fear-the-from ; meditation-my-in voice-my

3 תַּסְתִּירֵנִי מִסּוֹד מְרֵעִים מֵרִגְשַׁת
of-assembling-the-from ; doers-wicked of-secret-the-from me-hide-wilt-Thou

פֹּעֲלֵי אָוֶן׃ 4 אֲשֶׁר שָׁנְנוּ כַחֶרֶב לְשׁוֹנָם
; tongue-their sword-THE-as sharpened Who .iniquity of-workers-the

דָּרְכוּ חִצָּם דָּבָר מָר׃ 5 לִירוֹת בַּמִּסְתָּרִים
places-secret-THE-in shoot-To .bitter word-a-(*even*) ,arrows-their bent-have-they

תָּם פִּתְאֹם יֹרֻהוּ וְלֹא יִירָאוּ׃ 6 יְחַזְּקוּ־
strengthen-will-They .fear-will not-and shoot-they-will suddenly ; perfect-the

לָמוֹ ׀ דָּבָר רָע יְסַפְּרוּ לִטְמוֹן מוֹקְשִׁים
; snares hide-to declare-will-they ; evil matter-a themselves-for

אָמְרוּ מִי יִרְאֶה־לָּמוֹ׃ 7 יַחְפְּשׂוּ־עוֹלֹת תַּמְנוּ
ended-have-they ,iniquities out-search-will-They ? it-[upon] see-will Who ,said-have-they

חֵפֶשׂ מְחֻפָּשׂ וְקֶרֶב אִישׁ וְלֵב עָמֹק׃
.deep-(*is*) heart-the-and ,each of-part-inward-the-and ; searched search-a

8 וַיֹּרֵם אֱלֹהִים חֵץ פִּתְאוֹם הָיוּ מַכּוֹתָם׃
.wounds-their been-have suddenly ; arrow-an God them-at-shoot-will-And

9 וַיַּכְשִׁילוּהוּ עָלֵימוֹ לְשׁוֹנָם יִתְנֹדְדוּ
away-flee-shall-they ; tongue-their-(*even*) them-upon stumble-to-it-make-shall-they-And

כָּל־רֹאֵה בָם׃ 10 וַיִּירְאוּ כָּל־אָדָם וַיַּגִּידוּ
shew-shall-they-& ; man every fear-shall-And .them-[upon] seeing one-every-(*even*)

פֹּעַל אֱלֹהִים וּמַעֲשֵׂהוּ הִשְׂכִּילוּ׃ 11 יִשְׂמַח
glad-be-Shall .understand-to-made-have-they work-his-and ; God of-deed-the

צַדִּיק בַּיהוָה וְחָסָה בוֹ וְיִתְהַלְלוּ כָּל־

all boast-shall-and ;him-in trusted-he-and ;Jehovah-in (sg.)-righteous-the

יִשְׁרֵי־־לֵב׃

.heart of-upright-the

סה

לַמְנַצֵּחַ מִזְמוֹר לְדָוִד שִׁיר׃ 2 לְךָ

thee-For .song-A .David-Of psalm-A ;over-is-that-him-To

דֻמִיָּה תְהִלָּה ׀ אֱלֹהִים בְּצִיּוֹן וּלְךָ יְשֻׁלַּם־

paid-be-shall thee-to-and ;Zion-in ,God-O .praise (*for-is*)-Silence

נֶדֶר׃ 3 שֹׁמֵעַ תְּפִלָּה עָדֶיךָ כָּל־בָּשָׂר יָבֹאוּ׃

.go-shall flesh all thee-unto ,prayer hearest-(*who-Thou*) .vow-the

4 דִּבְרֵי עֲוֺנֹת גָּבְרוּ מֶנִּי פְּשָׁעֵינוּ

transgressions-our ;me-for-much-too strong-been-have iniquities of-Matters

אַתָּה תְכַפְּרֵם׃ 5 אַשְׁרֵי ׀ תִּבְחַר

choose-wilt-thou (*whom-him*)-of-blessings-the-O .them-purge-wilt thou

וּתְקָרֵב יִשְׁכֹּן חֲצֵרֶיךָ נִשְׂבְּעָה

satisfied-be-shall-we ;courts-thy in-dwell-shall-he ,near-bring-wilt-and

בְּטוּב בֵּיתֶךָ קְדֹשׁ הֵיכָלֶךָ׃ 6 נוֹרָאוֹת ׀

things-terrible-(*With*) .temple-thy of-(*place*)-holy-the ;house-thy of-goodness-the-with

בְּצֶדֶק תַּעֲנֵנוּ אֱלֹהֵי יִשְׁעֵנוּ מִבְטָח

of-confidence-the ;salvation-our of-God-O ,us-answer-wilt-thou righteousness-in

כָּל־־קַצְוֵי־־אֶרֶץ וְיָם רְחֹקִים׃ 7 מֵכִין

establishing-*is-He*) .off-afar-those sea-the-(*on*)-and ,earth-the of-ends-the all

הָרִים בְּכֹחוֹ נֶאְזָר בִּגְבוּרָה׃ 8 מַשְׁבִּיחַ ׀

stilling-(*is-He*) .might-with girded-(*is-he*) ;strength-his-by mountains-the

שְׁאוֹן יַמִּים שְׁאוֹן גַּלֵּיהֶם וַהֲמוֹן לְאֻמִּים׃

.peoples-the of-tumult-the-& ,billows-their of-noise-the ,seas-the of-noise-the

9 וַיִּירְאוּ יֹשְׁבֵי קְצָוֺת מֵאוֹתֹתֶיךָ

,signs-thy-of-because parts-uttermost-the of-inhabitants-the fear-shall-And

מוֹצָאֵי בֹקֶר וָעֶרֶב תַּרְנִין׃

.joy-for-shout-to-make-wilt-thou evening-and morning-the of-forth-goings-the

10 פָּקַדְתָּ הָאָרֶץ וַתְּשֹׁקְקֶהָ רַבַּת תַּעְשְׁרֶנָּה

; it-enrich-wilt-thou greatly ; it-watered-and ,earth-THE visited-hast-Thou

פֶּלֶג אֱלֹהִים מָלֵא מָיִם תָּכִין

establish-wilt-thou ; water of-full-is God of-channel-the

דְּגָנָם כִּי־כֵן תְּכִינֶהָ׃ 11 תְּלָמֶיהָ רַוֵּה

,thou-water furrows-Its .it-establish-wilt-thou so for ,corn-their

נַחֵת גְּדוּדֶהָ בִּרְבִיבִים תְּמוֹגְגֶנָּה צִמְחָהּ ׀

budding-its ; it-dissolve-wilt-thou showers-with ; ridges-its down-break-to

תְּבָרֵךְ׃ 12 עִטַּרְתָּ שְׁנַת טוֹבָתֶךָ וּמַעְגָּלֶיךָ

tracks-thy-and goodness-thy year-the with-crowned-hast-Thou .bless-wilt-thou

יִרְעֲפוּן דָּשֶׁן׃ 13 יִרְעֲפוּ נְאוֹת מִדְבָּר וְגִיל

joy-& ; wilderness-the of-pastures-the-(*on*) drop-will-They .fatness drop-will

גְּבָעוֹת תַּחְגֹּרְנָה׃ 14 לָבְשׁוּ כָרִים ׀ הַצֹּאן

sheep-THE walks-sheep-the with-clothed-been-Have .with-girded-be-will hills-the

וַעֲמָקִים יַעַטְפוּ---בָר יִתְרוֹעֲעוּ אַף־יָשִׁירוּ׃

.sing-will-they yea ,shout-will-they ; corn with-over-covered-be-will valleys-the-&

סו

לַמְנַצֵּחַ שִׁיר מִזְמוֹר הָרִיעוּ לֵאלֹהִים

,God-to ye-Shout .psalm-a ,song-A ; over-is-that-him-To

כָּל־הָאָרֶץ׃ 2 זַמְּרוּ כְבוֹד--שְׁמוֹ שִׂימוּ כָבוֹד

glory ye-set ; name-his of-glory-the of-psalms-Sing .earth-THE all

תְּהִלָּתוֹ׃ 3 אִמְרוּ לֵאלֹהִים מַה־נּוֹרָא מַעֲשֶׂיךָ

,works-thy (*are*)-terrible How ,God-to ye-Say .praise-his-(*to*)

בְּרֹב עֻזְּךָ יְכַחֲשׁוּ לְךָ אֹיְבֶיךָ׃ 4 כָּל־

All .enemies-thy thee-to submit-shall strength-thy of-multitude-the-in

הָאָרֶץ ׀ יִשְׁתַּחֲווּ לְךָ וִיזַמְּרוּ---לָךְ

; thee-to psalms-sing-shall-and ,thee-to down-bow-shall earth-THE

יְזַמְּרוּ שִׁמְךָ סֶלָה׃ 5 לְכוּ וּרְאוּ מִפְעֲלוֹת
of-doings-the see-and ye-Come .Selah .name-thy to-psalms-sing-shall-they

אֱלֹהִים נוֹרָא עֲלִילָה עַל־בְּנֵי אָדָם׃ 6 הָפַךְ
turned-He .man of-sons-the towards deed of-terrible ; God

יָם ׀ לְיַבָּשָׁה בַּנָּהָר יַעַבְרוּ בְרָגֶל שָׁם
there ; foot-on pass-will-they river-THE-in ,land-dry-to sea-the

נִשְׂמְחָה בּוֹ׃ 7 מֹשֵׁל בִּגְבוּרָתוֹ ׀ עוֹלָם
; ever-(*for*) might-his-by ruling-(*is-He*) .him-in glad-be-will-we

עֵינָיו בַּגּוֹיִם תִּצְפֶּינָה הַסּוֹרְרִים ׀ אַל־יָרוּמוּ
exalted-be-let not revolters-THE ; watch-will Gentiles-THE-upon eyes-his

לָמוֹ סֶלָה׃ 8 בָּרְכוּ עַמִּים ׀ אֱלֹהֵינוּ
; God-our ,nations-O ,Bless .Selah ; themselves-for

וְהַשְׁמִיעוּ קוֹל תְּהִלָּתוֹ׃ 9 הַשָּׂם נַפְשֵׁנוּ
soul-our sets-Who .praise-his of-voice-the heard-be-to-cause-and

בַּחַיִּים וְלֹא־נָתַן לַמּוֹט רַגְלֵנוּ׃ 10 כִּי־
For .foot-our moving-THE-for given-has not-and ,life-THE-in

בְחַנְתָּנוּ אֱלֹהִים צְרַפְתָּנוּ כִּצְרָף־כָּסֶף׃
.silver of-refining-the-as ,us-refined-hast-thou ; God-O us-proved-hast-thou

11 הֲבֵאתָנוּ בַמְּצוּדָה שַׂמְתָּ מוּעָקָה בְמָתְנֵינוּ׃
.loins-our-on affliction set-hast-thou ; fortress-THE-into us-brought-hast-Thou

12 הִרְכַּבְתָּ אֱנוֹשׁ לְרֹאשֵׁנוּ בָּאנוּ בָאֵשׁ
fire-THE-through went-we ; heads-our-on man ride-to-made-hast-Thou

וּבַמַּיִם וַתּוֹצִיאֵנוּ לָרְוָיָה׃ 13 אָבוֹא
go-will-I .overflowing-(*place-a*)-to us-brought-hast-thou-& ; waters-THE-through-&

בֵיתְךָ בְעוֹלוֹת אֲשַׁלֵּם לְךָ נְדָרָי׃ 14 אֲשֶׁר־
which-(*to-As*) .vows-my thee-to pay-will-I ; offerings-burnt-with house-thy-(*to*)

פָּצוּ שְׂפָתָי וְדִבֶּר־פִּי בַּצַּר־לִי׃ 15 עֹלוֹת
of-offerings-Burnt .me-to distress-THE-in mouth-my spoke-and ,lips-my opened-have

מֵחִים אַעֲלֶה־לָּךְ עִם־קְטֹרֶת אֵילִים אֶעֱשֶׂה
offer-will-I ; rams of-incense-the with ,thee-to up-go-make-will-I fatlings

בָקָר עִם־עַתּוּדִים סֶלָה׃ 16 לְכוּ־שִׁמְעוּ

,ye-Hear ,ye-Come .Selah .goats-he with bullocks

וַאֲסַפְּרָה כָּל־יִרְאֵי אֱלֹהִים אֲשֶׁר עָשָׂה

did-he which-(*that*) ,God fear-who-ye all ,declare-will-I-and

לְנַפְשִׁי׃ 17 אֵלָיו פִּי־קָרָאתִי וְרוֹמַם תַּחַת

under exalted-was-he-and ,called-I mouth-my-(*with*) him-Unto .soul-my-for

לְשׁוֹנִי׃ 18 אָוֶן אִם־רָאִיתִי בְלִבִּי לֹא יִשְׁמַע

(*me*)-hear-will not ,heart-my-with seen-have-I if Iniquity .tongue-my

אֲדֹנָי׃ 19 אָכֵן שָׁמַע אֱלֹהִים הִקְשִׁיב בְּקוֹל

of-voice-the-to attended-has-he ,God heard-has Surely .Lord-the

תְּפִלָּתִי׃ 20 בָּרוּךְ אֱלֹהִים אֲשֶׁר לֹא־הֵסִיר

aside-turned-has not who ,God (*be*)-Blessed .prayer-my

תְּפִלָּתִי וְחַסְדּוֹ מֵאִתִּי׃

.me-from mercy-his-and prayer-my

סז

לַמְנַצֵּחַ בִּנְגִינֹת מִזְמוֹר שִׁיר׃ 2 אֱלֹהִים

God .song-a ,psalm-A ; Neginoth-on ,over-is-that-him-To

יְחָנֵּנוּ וִיבָרְכֵנוּ יָאֵר פָּנָיו אִתָּנוּ

; us-upon face-his shine-to-cause-will-he ; us-bless-and us-to-gracious-be-shall

סֶלָה׃ 3 לָדַעַת בָּאָרֶץ דַּרְכֶּךָ בְּכָל־גּוֹיִם

Gentiles all-among ; way-thy earth-THE-in knowing-For .Selah

יְשׁוּעָתֶךָ׃ 4 יוֹדוּךָ עַמִּים ׀ אֱלֹהִים יוֹדוּךָ

thanks-thee-give-shall ; God-O ,nations-the thanks-thee-give-Shall .salvation-thy

עַמִּים כֻּלָּם׃ 5 יִשְׂמְחוּ וִירַנְּנוּ לְאֻמִּים כִּי־

for ,peoples-the joy-for-shout-and glad-be-Shall .them-of-all nations-the

תִשְׁפֹּט עַמִּים מִישֹׁר וּלְאֻמִּים ׀ בָּאָרֶץ

earth-THE-on peoples-the-and ,rightness-(*in*) ,nations-the judge-shalt-thou

תַּנְחֵם סֶלָה׃ 6 יוֹדוּךָ עַמִּים ׀ אֱלֹהִים

,God-O ,nations-the thanks-thee-give-Shall .Selah. [them]-lead-wilt-thou

יוֹדוּךָ עַמִּים כֻּלָּם׃ 7 אֶרֶץ נָתְנָה יְבוּלָהּ

; increase-its given-has earth-The .them-of-all nations-the thanks-thee-give-shall

יְבָרְכֵנוּ אֱלֹהִים אֱלֹהֵינוּ׃ 8 יְבָרְכֵנוּ אֱלֹהִים

,God us-bless-Shall .God-our (*even*)-God us-bless-shall

וְיִירְאוּ אוֹתוֹ כָּל־אַפְסֵי־אָרֶץ׃

.earth-the of-ends-the all him fear-shall-and

סח

לַמְנַצֵּחַ לְדָוִד מִזְמוֹר שִׁיר׃ 2 יָקוּם אֱלֹהִים

,God arise-Shall .song-a ,psalm-a David-Of ; over-is-that-him-To

יָפוּצוּ אוֹיְבָיו וְיָנוּסוּ מְשַׂנְאָיו מִפָּנָיו׃

him-before-from him-hate-who-those flee-shall-and ; enemies-his scattered-be-shall

3 כְּהִנְדֹּף עָשָׁן תִּנְדֹּף כְּהִמֵּס דּוֹנַג

wax of-melting-the-as ; away-(*them*)-drive-wilt-thou smoke of-away-driving-the-As

מִפְּנֵי־אֵשׁ יֹאבְדוּ רְשָׁעִים מִפְּנֵי אֱלֹהִים׃

.God before wicked-the perish-shall ; fire-the before

4 וְצַדִּיקִים יִשְׂמְחוּ יַעַלְצוּ לִפְנֵי אֱלֹהִים

; God before exult-shall-they ,glad-be-shall righteous-the-And

וְיָשִׂישׂוּ בְשִׂמְחָה׃ 5 שִׁירוּ לֵאלֹהִים זַמְּרוּ

to-psalms-sing ,God-to Sing .gladness-with joyful-be-shall-they-and

שְׁמוֹ סֹלּוּ לָרֹכֵב בָּעֲרָבוֹת בְּיָהּ שְׁמוֹ

,name-his Jah-by plains-the-in rides-who-him-[to] extol ; name-his

וְעִלְזוּ לְפָנָיו׃ 6 אֲבִי יְתוֹמִים וְדַיַּן אַלְמָנוֹת

widows of-judge-a-and ,orphans of-father-A .him-before exult-and

אֱלֹהִים בִּמְעוֹן קָדְשׁוֹ׃ 7 אֱלֹהִים ׀ מוֹשִׁיב

dwell-to-making-(*is*) God .holiness-his of-habitation-the-in God-(*is*)

יְחִידִים ׀ בַּיְתָה מוֹצִיא אֲסִירִים בַּכּוֹשָׁרוֹת

; prosperities-THE-into prisoners out-bringing-(*is-he*) ; home-at solitary-the

אַךְ־סוֹרְרִים שָׁכְנוּ צְחִיחָה׃ 8 אֱלֹהִים בְּצֵאתְךָ

out-going-thy-in ,God-O .land-dry-a in-dwelt-have revolters-the surely

לִפְנֵי עַמֶּךָ בְּצַעְדְּךָ בִישִׁימוֹן סֶלָה׃ ⁹ אֶרֶץ

earth-The .Selah ; desert-the-in marching-thy-in ; people-thy before

רָעָשָׁה ׀ אַף־שָׁמַיִם נָטְפוּ מִפְּנֵי אֱלֹהִים

; God of-presence-the-at ,dropped heavens-the yea ,trembled

זֶה סִינַי מִפְּנֵי אֱלֹהִים אֱלֹהֵי יִשְׂרָאֵל׃

.Israel of-God-the ,God of-presence-the-at Sinai this

10 גֶּשֶׁם נְדָבוֹת תָּנִיף אֱלֹהִים נַחֲלָתְךָ

inheritance-thy ; God-O ,out-shake-wilt-thou freenesses of-shower-A

וְנִלְאָה אַתָּה כוֹנַנְתָּהּ׃ 11 חַיָּתְךָ יָשְׁבוּ־בָהּ

; it-in dwelt-have company-Thy .[it]-established-hast thou ,wearied-was-it-and

תָּכִין בְּטוֹבָתְךָ לֶעָנִי אֱלֹהִים׃ 12 אֲדֹנָי

Lord-The .God-O ,poor-the-for goodness-thy-with (*it*)-establish-wilt-thou

יִתֶּן־אֹמֶר הַמְבַשְּׂרוֹת צָבָא רָב׃ 13 מַלְכֵי

of-Kings .great host-a-(*are*) tidings-bearing-those ; word-the give-will

צְבָאוֹת יִדֹּדוּן יִדֹּדוּן וּנְוַת בַּיִת תְּחַלֵּק

divide-will house-the in-dwelt-who-she-& ; flee-shall-they ,flee-shall hosts

שָׁלָל׃ 14 אִם־תִּשְׁכְּבוּן בֵּין שְׁפַתָּיִם

,pens-cattle-the among down-lie-will-ye Though .spoil-the

כַּנְפֵי יוֹנָה נֶחְפָּה בַכֶּסֶף וְאֶבְרוֹתֶיהָ

feathers-her-and ,silver-THE-with covered dove-a of-wings-the-(*as-be-shall-ye*)

בִּירַקְרַק חָרוּץ׃ 15 בְּפָרֵשׂ שַׁדַּי ׀ מְלָכִים

kings Almighty-the of-spreading-the-In .gold-fine of-brightness-with

בָּהּ תַּשְׁלֵג בְּצַלְמוֹן׃ 16 הַר־אֱלֹהִים

God of-mountain-The .Zalmon-in snow-as-be-will-it ,it-in

הַר־בָּשָׁן הַר גַּבְנֻנִּים הַר־

of-mountain-the-(*as*) heights of-mountain-a ,Bashan of-mountain-the-(*as-is*)

בָּשָׁן׃ 17 לָמָּה ׀ תְּרַצְּדוּן הָרִים גַּבְנֻנִּים

? heights-(*of*) mountains-ye ,leap-ye-will Why .Bashan

הָהָר חָמַד אֱלֹהִים לְשִׁבְתּוֹ אַף־יְהוָה

Jehovah yea ; it-inhabit-to God desired mountain-THE

יִשְׁכֹּן לָנֶצַח׃ 18 רֶכֶב אֱלֹהִים רִבֹּתַיִם

,thousands-ten-two (*are*)-God of-chariots-The .ever-for (*there*)-dwell-will

אַלְפֵי שִׁנְאָן אֲדֹנָי בָם סִינַי בַּקֹּדֶשׁ׃

.place-holy-THE-in Sinai (*in-as*)-,them-among-(*is*) Lord-The ; repetition of-thousands

19 עָלִיתָ לַמָּרוֹם ׀ שָׁבִיתָ שֶּׁבִי לָקַחְתָּ

received-hast-thou ; captivity captive-led-hast-thou ; height-THE-to up-gone-hast-Thou

מַתָּנוֹת בָּאָדָם וְאַף סוֹרְרִים לִשְׁכֹּן ׀ יָהּ

Jah dwell-to revolters-the-(*for*) and ; man-THE-for gifts

אֱלֹהִים׃ 20 בָּרוּךְ אֲדֹנָי יוֹם ׀ יוֹם יַעֲמָס־לָנוּ

us-to load-will day-(*by*) day ,Lord-the (*be*)-Blessed .God

הָאֵל יְשׁוּעָתֵנוּ סֶלָה׃ 21 הָאֵל ׀ לָנוּ אֵל

God-the-(*is*) us-to God-THE .Selah salvation-our-(*of*) God-THE

לְמוֹשָׁעוֹת וְלֵיהוִה אֲדֹנָי לַמָּוֶת תּוֹצָאוֹת׃

.outgoings-the death-THE-for-(*are*) Lord-the Jehovah-to-and ,salvations-of

22 אַךְ־אֱלֹהִים יִמְחַץ רֹאשׁ אֹיְבָיו קָדְקֹד

of-head-the-of-crown-the ; enemies-his of-head-the wound-will God Surely

שֵׂעָר מִתְהַלֵּךְ בַּאֲשָׁמָיו׃ 23 אָמַר אֲדֹנָי מִבָּשָׁן

Bashan-from Lord-the Said .guilt-his-in walking-(*one-of*) hair

אָשִׁיב אָשִׁיב מִמְּצֻלוֹת יָם׃ 24 לְמַעַן ׀ תִּמְחַץ

dash-shalt-thou That .sea-the of-depths-the-from bring-will-I ,bring-will-I

רַגְלְךָ בְּדָם לְשׁוֹן כְּלָבֶיךָ מֵאֹיְבִים מִנֵּהוּ׃

.it-from ,enemies-thy-from dogs-thy of-tongue-the ,blood-in foot-thy

25 רָאוּ הֲלִיכוֹתֶיךָ אֱלֹהִים הֲלִיכוֹת אֵלִי מַלְכִּי

king-my God-my of-goings-the ,God-O goings-thy saw-They

בַקֹּדֶשׁ׃ 26 קִדְּמוּ שָׁרִים אַחַר נֹגְנִים

; instruments-on-players-the afterwards ,singers-the before-Went .place-holy-THE-in

בְּתוֹךְ עֲלָמוֹת תּוֹפֵפוֹת׃ 27 בְּמַקְהֵלוֹת בָּרְכוּ

ye-bless congregations-the-In .timbrels-on-playing virgins-the-(*were*) midst-the-in

אֱלֹהִים אֲדֹנָי מִמְּקוֹר יִשְׂרָאֵל׃ 28 שָׁם בִּנְיָמִן ׀

Benjamin (*is*)-There .Israel of-fountain-the-of-(*ye*) Lord-the (*even*)-; God

צָעִיר רֹדֵם שָׂרֵי יְהוּדָה רִגְמָתָם שָׂרֵי
of-princes-the ; council-their-(*with*) ,Judah of-princes-the ; ruler-their-(*with*) ,little

זְבֻלוּן שָׂרֵי נַפְתָּלִי׃ 29 צִוָּה אֱלֹהֶיךָ עֻזֶּךָ
; strength-thy God-thy Commanded .Naphtali of-princes-the ,Zebulon

עוּזָּה אֱלֹהִים זוּ פָּעַלְתָּ לָּנוּ׃ 30 מֵהֵיכָלֶךָ
temple-thy-of-Because .us-for made-hast-thou which-that God-O strengthen

עַל־יְרוּשָׁלָםִ לְךָ יוֹבִילוּ מְלָכִים שָׁי׃ 31 גְּעַר
Rebuke .present-a kings bring-shall thee-to Jerusalem at

חַיַּת קָנֶה עֲדַת אַבִּירִים ׀ בְּעֶגְלֵי
of-calves-the-with ,strong-the of-congregation-the ,(*men*)-spear of-company-the

עַמִּים מִתְרַפֵּס בְּרַצֵּי־כָסֶף בִּזַּר
scattered-has-He ;silver of-pieces-with itself-submitting-(*each-be-shall*) :nations-the

עַמִּים קְרָבוֹת יֶחְפָּצוּ׃ 32 יֶאֱתָיוּ חַשְׁמַנִּים מִנִּי
from Chashmannim come-Shall .in-delight-will-they wars ;nations-the

מִצְרָיִם כּוּשׁ תָּרִיץ יָדָיו לֵאלֹהִים׃ 33 מַמְלְכוֹת
of-kingdoms-Ye .God-to hands-his run-to-make-shall Cush ,Egypt

הָאָרֶץ שִׁירוּ לֵאלֹהִים זַמְּרוּ אֲדֹנָי סֶלָה׃
.Selah .Lord-the to-psalms-sing ;God-to ye-sing earth-THE

34 לָרֹכֵב בִּשְׁמֵי שְׁמֵי־קֶדֶם הֵן יִתֵּן
forth-give-will-he behold ;old of-heavens of-heavens-the-on rides-who-him-To

בְּקוֹלוֹ קוֹל עֹז׃ 35 תְּנוּ עֹז לֵאלֹהִים עַל־
over ;God-to strength ye-Give .strength of-voice-a ,voice-his-with

יִשְׂרָאֵל גַּאֲוָתוֹ וְעֻזּוֹ בַּשְּׁחָקִים׃ 36 נוֹרָא
(*thou-art*)-Terrible .skies-THE-in strength-his-and ;excellency-his-(*is*) Israel

אֱלֹהִים ׀ מִמִּקְדָּשֶׁיךָ אֵל יִשְׂרָאֵל הוּא
(*is*)-he ;Israel of-God-the ,sanctuaries-thy-of-out God-O

נֹתֵן ׀ עֹז וְתַעֲצֻמוֹת לָעָם בָּרוּךְ
(*be*)-Blessed ;nation-THE-to powers-and strength giving

אֱלֹהִים׃
.God

סט

לַמְנַצֵּחַ ׀ עַל־שׁוֹשַׁנִּים לְדָוִד׃ 2 הוֹשִׁיעֵנִי
me-Save .David-Of ; lilies-the upon over-is-that-him-To

אֱלֹהִים כִּי בָאוּ מַיִם עַד־נָפֶשׁ׃ 3 טָבַעְתִּי ׀
sunk-have-I .soul-(*my*) unto waters come-have for God-O

בִּיוֵן מְצוּלָה וְאֵין מָעֳמָד בָּאתִי בְמַעֲמַקֵּי־
of-places-deep-into come-have-I ; standing no-is-there-and ; depth of-mire-in

מַיִם וְשִׁבֹּלֶת שְׁטָפָתְנִי׃ 4 יָגַעְתִּי בְקָרְאִי
,calling-my-in wearied-am-I .me-overflowed-has flood-the-and ,waters

נִחַר גְּרוֹנִי כָּלוּ עֵינַי מְיַחֵל לֵאלֹהָי׃
.God-my-for hoping eyes-my end-an-to-come-have ; throat-my burned-been-has

5 רַבּוּ ׀ מִשַּׂעֲרוֹת רֹאשִׁי שֹׂנְאַי חִנָּם
; causelessly ; me-hate-who-those head-my of-hairs-the-than-more multiplied-been-Have

עָצְמוּ מַצְמִיתַי אֹיְבַי שֶׁקֶר אֲשֶׁר
which-(*that*) ; falsehood-(*with*) enemies-my ,off-me-cut-who-those strong-been-have

לֹא־גָזַלְתִּי אָז אָשִׁיב׃ 6 אֱלֹהִים אַתָּה יָדַעְתָּ
known-hast thou ,God-O .restored-I then spoil-by-took-I not

לְאִוַּלְתִּי וְאַשְׁמוֹתַי מִמְּךָ לֹא־נִכְחָדוּ׃ 7 אַל־
Not .concealed-been-have not thee-from trespasses-my-& ,foolishness-my-[to]

יֵבֹשׁוּ בִי ׀ קֹוֶיךָ אֲדֹנָי יֱהוִֹה צְבָאוֹת
; hosts-(*of*) Jehovah Lord-O ,thee-on-wait-who-those me-in ashamed-be-let

אַל־יִכָּלְמוּ בִי מְבַקְשֶׁיךָ אֱלֹהֵי יִשְׂרָאֵל׃
.Israel of-God-O ; thee-for-enquire-who-those me-in shame-to-put-be-let not

8 כִּי־עָלֶיךָ נָשָׂאתִי חֶרְפָּה כִּסְּתָה כְלִמָּה
dishonour covered-has ; reproach borne-have-I thee-of-account-on For

פָנָי׃ 9 מוּזָר הָיִיתִי לְאֶחָי וְנָכְרִי לִבְנֵי
of-sons-the-to alien-an-and ,brethren-my-to been-have-I stranger-A .face-my

אִמִּי׃ 10 כִּי־קִנְאַת בֵּיתְךָ אֲכָלָתְנִי וְחֶרְפּוֹת
of-reproaches-the-& ; me-eaten-has house-thy of-jealousy-the For .mother-my

חוֹרְפֶיךָ נָפְלוּ עָלָי׃ 11 וָאֶבְכֶּה בַצּוֹם נַפְשִׁי
; soul-my fasting-THE-with wept-I-And .me-upon fell thee-reproaching-those

וַתְּהִי לַחֲרָפוֹת לִי׃ 12 וָאֶתְּנָה לְבוּשִׁי שָׂק
; sackcloth clothing-my made-I-And .me-to reproaches-for was-it-and

וָאֱהִי לָהֶם לְמָשָׁל׃ 13 יָשִׂיחוּ בִי יֹשְׁבֵי
inhabit-who-those me-at meditate-Will .proverb-a-for them-to was-I-and

שָׁעַר וּנְגִינוֹת שׁוֹתֵי שֵׁכָר׃ 14 וַאֲנִי
I-And .drink-strong of-drinkers of-songs-the-(*was-I*)-and ; gate-the

תְפִלָּתִי־לְךָ ׀ יְהוָה עֵת רָצוֹן אֱלֹהִים
,God-O ; pleasing of-season-a-(*at*) ,Jehovah-O ,thee-to-(*is*) prayer-my

בְּרָב־חַסְדֶּךָ עֲנֵנִי בֶּאֱמֶת יִשְׁעֶךָ׃
.salvation-thy of-truth-the-in me-answer mercy-thy of-multitude-the-in

15 הַצִּילֵנִי מִטִּיט וְאַל־אֶטְבָּעָה אִנָּצְלָה
delivered-be-shall-I ,sink-me-let not-and mire-the-from me-Deliver

מִשֹּׂנְאַי וּמִמַּעֲמַקֵּי־מָיִם׃ 16 אַל־
Not .waters-the of-places-deep-the-from-& ,me-hate-who-those-from

תִּשְׁטְפֵנִי ׀ שִׁבֹּלֶת מַיִם וְאַל־תִּבְלָעֵנִי מְצוּלָה
; depth-the me-swallow-let not-and ; waters of-flood-the me-overflow-let

וְאַל־תֶּאְטַר־עָלַי בְּאֵר פִּיהָ׃ 17 עֲנֵנִי יְהוָה
,Jehovah-O ,me-Answer .mouth-its pit-the me-upon shut-let not-and

כִּי־טוֹב חַסְדֶּךָ כְּרֹב רַחֲמֶיךָ
mercies-tender-thy of-multitude-the-to-according ; mercy-thy (*is*)-good because

פְּנֵה אֵלָי׃ 18 וְאַל־תַּסְתֵּר פָּנֶיךָ מֵעַבְדֶּךָ כִּי־
for ; servant-thy-from face-thy hide not-And .me-unto thou-turn

צַר־לִי מַהֵר עֲנֵנִי׃ 19 קָרְבָה אֶל־נַפְשִׁי
soul-my unto near-Bring .me-answer speedily ; me-to distress-is-there

גְאָלָהּ לְמַעַן אֹיְבַי פְּדֵנִי׃ 20 אַתָּה יָדַעְתָּ
known-hast Thou .me-redeem enemies-my of-because ; redemption-its

חֶרְפָּתִי וּבָשְׁתִּי וּכְלִמָּתִי נֶגְדְּךָ כָּל־צוֹרְרָי׃
.oppressors-my all-(*are*) thee-before ; dishonour-my-& shame-my-& reproach-my

21 חֶרְפָּה ׀ שָׁבְרָה לִבִּי וָאָנוּשָׁה וָאֲקַוֶּה
expected-I-and ,saddened-been-have-I-and ,heart-my broken-has Reproach

לָנוּד וָאַיִן וְלַמְנַחֲמִים וְלֹא מָצָאתִי :
.(*them*)-found-I not-and comforters-for-and ;none-is-there-and lament-to

22 וַיִּתְּנוּ בְּבָרוּתִי רֹאשׁ וְלִצְמָאִי יַשְׁקוּנִי
drink-me-make-will-they thirst-my-in-and ,gall meat-my-for gave-they-And

חֹמֶץ : 23 יְהִי־שֻׁלְחָנָם לִפְנֵיהֶם לְפָח
,trap-a-for them-before table-their be-Shall .vinegar

וְלִשְׁלוֹמִים לְמוֹקֵשׁ : 24 תֶּחְשַׁכְנָה עֵינֵיהֶם
eyes-their dark-be-Shall .snare-a-for (*be-shall*)-peace-for-(*things*)-and

מֵרְאוֹת וּמָתְנֵיהֶם תָּמִיד הַמְעַד : 25 שְׁפָךְ־
out-Pour .slide-to-make continually loins-their-and ,seeing-from

עֲלֵיהֶם זַעְמֶךָ וַחֲרוֹן אַפְּךָ יַשִּׂיגֵם : 26 תְּהִי־
be-Shall .them-overtake-let anger-thy of-wrath-the-& ;indignation-thy them-upon

טִירָתָם נְשַׁמָּה בְּאָהֳלֵיהֶם אַל־יְהִי יֹשֵׁב :
.inhabitant-an be not tents-their-in ;desolate dwelling-their

27 כִּי־אַתָּה אֲשֶׁר־הִכִּיתָ רָדָפוּ וְאֶל־
unto-and ;pursued-have-they smitten-hast-thou whom-(*those*) ,thou-O For

מַכְאוֹב חֲלָלֶיךָ יְסַפֵּרוּ : 28 תְּנָה־עָוֺן עַל־עֲוֺנָם
,iniquity-their upon iniquity Put .declare-will-they wounded-thy of-sorrow-the

וְאַל־יָבֹאוּ בְּצִדְקָתֶךָ : 29 יִמָּחוּ מִסֵּפֶר
of-book-the-from blotted-be-shall-They .righteousness-thy-into come-them-let not-&

חַיִּים וְעִם צַדִּיקִים אַל־יִכָּתֵבוּ : 30 וַאֲנִי עָנִי
poor (*am*)-I-And .written-be-them-let not righteous-the with-and ,life

וְכוֹאֵב יְשׁוּעָתְךָ אֱלֹהִים תְּשַׂגְּבֵנִי : 31 אֲהַלְלָה
praise-will-I .high-on-me-set-shall ,God-O salvation-thy ,sorrowful-and

שֵׁם־אֱלֹהִים בְּשִׁיר וַאֲגַדְּלֶנּוּ בְתוֹדָה :
.thanksgiving-with him-magnify-will-I-and ;song-a-with God of-name-the

32 וְתִיטַב לַיהוָה מִשּׁוֹר פָּר מַקְרִן מַפְרִיס :
.hoofed-(*and*) horned bull-(*or*) ,ox-an-than-more ,Jehovah-to good-be-shall-it-And

33 רָאוּ עֲנָוִים יִשְׂמָחוּ דֹּרְשֵׁי אֱלֹהִים וִיחִי
live-shall-& ; God seek-who-those glad-be-shall-(*and*) ,humble-the seen-Have

לְבַבְכֶם׃ 34 כִּי־שֹׁמֵעַ אֶל־אֶבְיוֹנִים יְהֹוָה וְאֶת־
)(-and ; Jehovah needy-the [unto] hearing-(*is*) For .heart-your

אֲסִירָיו לֹא בָזָה׃ 35 יְהַלְלוּהוּ שָׁמַיִם וָאָרֶץ
,earth-the-& heavens-the him-praise-Shall .despised-he not prisoners-his

יַמִּים וְכָל־רֹמֵשׂ בָּם׃ 36 כִּי אֱלֹהִים ׀ יוֹשִׁיעַ
save-will God For .them-in moves-that all-and ,seas-the

צִיּוֹן וְיִבְנֶה עָרֵי יְהוּדָה וְיָשְׁבוּ שָׁם
,there inhabit-shall-they-and ; Judah of-cities-the build-will-and ,Zion

וִירֵשׁוּהָ׃ 37 וְזֶרַע עֲבָדָיו יִנְחָלוּהָ וְאֹהֲבֵי
love-who-those-and ,it-inherit-shall servants-his of-seed-the-And .it-inherit-and

שְׁמוֹ יִשְׁכְּנוּ־בָהּ׃
.it-in dwell-shall name-his

ע

לַמְנַצֵּחַ לְדָוִד לְהַזְכִּיר׃ 2 אֱלֹהִים
,God-O remembrance-to-bring-to David-Of ; over-is-that-him-To

לְהַצִּילֵנִי יְהֹוָה לְעֶזְרָתִי חוּשָׁה׃ 3 יֵבֹשׁוּ וְיַחְפְּרוּ
confounded-& ashamed-be-Shall .hasten help-my-for Jehovah-O ,me-deliver-to

מְבַקְשֵׁי נַפְשִׁי יִסֹּגוּ אָחוֹר וְיִכָּלְמוּ
shame-to-put-be-and ,backward driven-be-shall ; soul-my for-enquire-who-those

חֲפֵצֵי רָעָתִי׃ 4 יָשׁוּבוּ עַל־עֵקֶב בָּשְׁתָּם
shame-their of-recompense-a for turned-be-Shall .me-to-evil in-delight-who-those

הָאֹמְרִים הֶאָח ׀ הֶאָח׃ 5 יָשִׂישׂוּ וְיִשְׂמְחוּ ׀ בְּךָ
thee-in glad-be-and joyful-be-Shall ! Aha ,Aha ,say-who-those

כָּל־מְבַקְשֶׁיךָ וְיֹאמְרוּ תָמִיד יִגְדַּל אֱלֹהִים
,God magnified-be-Let ,continually say-shall-& ; thee-for-enquire-who-those all

אֹהֲבֵי יְשׁוּעָתֶךָ׃ 6 וַאֲנִי ׀ עָנִי וְאֶבְיוֹן אֱלֹהִים
God-O ; needy-and ,poor-(*am*) I-And .salvation-thy love-who-those

חוּשָׁה־לִּי עֶזְרִי וּמְפַלְטִי אַתָּה יְהוָה
,Jehovah-O ; thou-(*art*) deliverer-my-and help-my ; me-for hasten

אַל־תְּאַחַר׃
.tarry not

עא

בְּךָ־יְהוָה חָסִיתִי אַל־אֵבוֹשָׁה לְעוֹלָם׃
.ever-for ashamed-be-me-let not ,trusted-have-I ,Jehovah-O ,thee-In

2 בְּצִדְקָתְךָ תַּצִּילֵנִי וּתְפַלְּטֵנִי הַטֵּה־אֵלַי אָזְנְךָ
,ear-thy me-unto incline ; free-me-set-and ,me-deliver righteousness-thy-In

וְהוֹשִׁיעֵנִי׃ 3 הֱיֵה לִי ׀ לְצוּר מָעוֹן לָבוֹא
(*to*)-go-to dwelling of-rock-a-for me-to thou-Be .me-save-and

תָּמִיד צִוִּיתָ לְהוֹשִׁיעֵנִי כִּי־סַלְעִי וּמְצוּדָתִי
fortress-my-and crag-my for ,me-save-to commanded-hast-thou ; continually

אָתָּה׃ 4 אֱלֹהַי פַּלְּטֵנִי מִיַּד רָשָׁע מִכַּף
of-hand-the-from ; wicked-the of-hand-the-from me-deliver God-my-O .(*art*)-thou

מְעַוֵּל וְחוֹמֵץ׃ 5 כִּי־אַתָּה תִקְוָתִי אֲדֹנָי יֱהוִה
,Jehovah Lord-O ,expectation-my (*art*)-thou For .man-cruel-and unjust-the

מִבְטַחִי מִנְּעוּרָי׃ 6 עָלֶיךָ ׀ נִסְמַכְתִּי מִבֶּטֶן
,womb-the-from held-been-have-I thee-Upon .youth-my-from confidence-my

מִמְּעֵי אִמִּי אַתָּה גוֹזִי בְּךָ תְהִלָּתִי
praise-my (*is*)-thee-in ; me-upon-bestowing (*wast*)-thou mother-my of-bowels-the-from

תָמִיד׃ 7 כְּמוֹפֵת הָיִיתִי לְרַבִּים וְאַתָּה מַחֲסִי־
refuge-my-(*art*) thou-and ,many-to been-have-I wonder-a-As .continually

עֹז׃ 8 יִמָּלֵא פִי תְּהִלָּתֶךָ כָּל־הַיּוֹם
day-THE all ,praise-thy mouth-my with-filled-be-Shall .strength-(*and*)

תִּפְאַרְתֶּךָ׃ 9 אַל־תַּשְׁלִיכֵנִי לְעֵת זִקְנָה
,age-old of-season-the-at away-me-cast Not .honour-thy-(*even*)

כִּכְלוֹת כֹּחִי אַל־תַּעַזְבֵנִי׃ 10 כִּי־אָמְרוּ
said-have For .me-forsake not ; strength-my of-ending-the-to-according

אוֹיְבַי לִי וְשֹׁמְרֵי נַפְשִׁי נוֹעֲצוּ יַחְדָּו׃

; together consulted-have soul-my keep-who-those-& ; me-against enemies-my

11 לֵאמֹר אֱלֹהִים עֲזָבוֹ רִדְפוּ וְתִפְשׂוּהוּ כִּי־

for ,him-take-and pursue ; him-forsaken-has God ,Saying

אֵין מַצִּיל׃ 12 אֱלֹהִים אַל־תִּרְחַק מִמֶּנִּי אֱלֹהַי

God-my-O ; me-from off-far-be not ,God-O .deliverer no-is-there

לְעֶזְרָתִי חִישָׁה׃ 13 יֵבֹשׁוּ יִכְלוּ שֹׂטְנֵי

of-adversaries-the consumed-be-shall ,ashamed-be-Shall .hasten help-my-for

נַפְשִׁי יַעֲטוּ חֶרְפָּה וּכְלִמָּה מְבַקְשֵׁי

for-enquire-who-those dishonour-and reproach with-covered-be-shall ; soul-my

רָעָתִי׃ 14 וַאֲנִי תָּמִיד אֲיַחֵל וְהוֹסַפְתִּי עַל־כָּל־

all unto add-will-I-And ; hope-will continually I-And .me-for-evil

תְּהִלָּתֶךָ׃ 15 פִּי ׀ יְסַפֵּר צִדְקָתֶךָ כָּל־הַיּוֹם

day-THE all-(*even*) ,righteousness-thy declare-shall mouth-My .praise-thy

תְּשׁוּעָתֶךָ כִּי לֹא יָדַעְתִּי סְפֹרוֹת׃ 16 אָבוֹא

go-will-I .numbers-the known-have-I not for ; salvation-thy

בִּגְבֻרוֹת אֲדֹנָי יֱהוִה אַזְכִּיר צִדְקָתְךָ

righteousness-thy remember-to-cause-will-I ; Jehovah Lord-the of-might-the-in

לְבַדֶּךָ׃ 17 אֱלֹהִים לִמַּדְתַּנִי מִנְּעוּרָי וְעַד־הֵנָּה

; this unto-and ,youth-my-from me-taught-hast-Thou ,God-O .only-thine

אַגִּיד נִפְלְאוֹתֶיךָ׃ 18 וְגַם ׀ עַד־זִקְנָה וְשֵׂיבָה

,hairs-gray-and age-old unto moreover-And .works-wondrous-thy shew-will-I

אֱלֹהִים אַל־תַּעַזְבֵנִי עַד־אַגִּיד זְרוֹעֲךָ לְדוֹר

,generation-a-to arm-thy shew-shall-I until ; me-forsake not ,God-O

לְכָל־יָבוֹא גְּבוּרָתֶךָ׃ 19 וְצִדְקָתְךָ אֱלֹהִים עַד־

unto-(*is*) God-O righteousness-thy-And .might-thy come-will-(*that*) all-to

מָרוֹם אֲשֶׁר־עָשִׂיתָ גְדֹלוֹת אֱלֹהִים מִי כָמוֹךָ׃

? thee-like (*is*)-who God-O ; things-great done-hast who ; high-very

20 אֲשֶׁר הִרְאִיתַנִי ׀ צָרוֹת רַבּוֹת וְרָעוֹת תָּשׁוּב

turn-wilt-thou ; evil-and many distresses see-me-made-hast Who

תְּחַיֵּנוּ וּמִתְּהוֹמוֹת הָאָרֶץ תָּשׁוּב
turn-wilt-thou earth-THE of-depths-the-from-and ; alive-me-keep-wilt-thou

תַּעֲלֵנוּ׃ 21 תֶּרֶב ׀ גְּדֻלָּתִי וְתִסֹּב
surround-wilt-thou-and ; greatness-my increase-wilt-Thou .up-me-bring-wilt-thou

תְּנַחֲמֵנִי׃ 22 גַּם־אֲנִי ׀ אוֹדְךָ בִכְלִי־
of-instrument-the-with thanks-thee-give-will I Moreover .me-comfort-wilt-thou

נֶבֶל אֲמִתְּךָ אֱלֹהָי אֲזַמְּרָה לְךָ בְכִנּוֹר
,harp-the-with thee-to psalms-sing-will-I ; God-my-O truth-thy-(*in*) ,psaltery

קְדוֹשׁ יִשְׂרָאֵל׃ 23 תְּרַנֵּנָּה שְׂפָתַי כִּי אֲזַמְּרָה־
psalms-sing-will-I for ,lips-my joy-for-shout-Shall .Israel of-one-Holy-O

לָּךְ וְנַפְשִׁי אֲשֶׁר פָּדִיתָ׃ 24 גַּם־לְשׁוֹנִי כָּל־
all tongue-my Moreover .redeemed-hast-thou which soul-my-even ,thee-to

הַיּוֹם תֶּהְגֶּה צִדְקָתֶךָ כִּי־בֹשׁוּ כִּי־
for ,ashamed-been-have for ; righteousness-thy of-meditate-shall day-the

חָפְרוּ מְבַקְשֵׁי רָעָתִי׃
.me-to-evil for-enquire-who-those confounded-been-have

עב

לִשְׁלֹמֹה ׀ אֱלֹהִים מִשְׁפָּטֶיךָ לְמֶלֶךְ תֵּן
; give king-the-to judgments-thy God-O .Solomon-To

וְצִדְקָתְךָ לְבֶן־מֶלֶךְ׃ 2 יָדִין עַמְּךָ
nation-thy judge-will-He .king-the of-son-the-to righteousness-thy-and

בְצֶדֶק וַעֲנִיֶּיךָ בְמִשְׁפָּט׃ 3 יִשְׂאוּ הָרִים ׀
mountains-the bring-Shall .judgment-with poor-thy-and ,righteousness-with

שָׁלוֹם לָעָם וּגְבָעוֹת בִּצְדָקָה׃ 4 יִשְׁפֹּט ׀ עֲנִיֵּי־
of-poor-the judge-shall-He .righteousness-with ,hills-the-and ,nation-THE-to peace

עָם יוֹשִׁיעַ לִבְנֵי אֶבְיוֹן וִידַכֵּא עוֹשֵׁק׃
.oppressor-the crush-shall-& ,(sg.)-needy-the of-sons-the-[to] save-shall-he ,nation-the

5 יִירָאוּךָ עִם־שָׁמֶשׁ וְלִפְנֵי יָרֵחַ דּוֹר דּוֹרִים׃
.generations of-generation ,moon-the before-and ,sun-the with thee-fear-shall-They

6 יֵרֵד כְּמָטָר עַל־גֵּז כִּרְבִיבִים זַרְזִיף
of-rain-pouring-a ,showers-as ;grass-mown-the upon rain-like deacend-shall-He

אָרֶץ׃ 7 יִפְרַח־בְּיָמָיו צַדִּיק וְרֹב שָׁלוֹם עַד־
until ,peace much-&,(sg.)-righteous-the days-his-in flourish-Shall .earth-the

בְּלִי יָרֵחַ׃ 8 וְיֵרְדְּ מִיָּם עַד־יָם
;sea unto sea-from dominion-have-shall-he-And .moon-the not-(*be-shall*)

וּמִנָּהָר עַד־אַפְסֵי־אָרֶץ׃ 9 לְפָנָיו יִכְרְעוּ
down-bow-shall him-Before .earth-the of-ends-the unto river-the-from-and

צִיִּים וְאֹיְבָיו עָפָר יְלַחֵכוּ׃
.lick-shall dust-the enemies-his-and ;wilderness-the-in-dwell-who-those

10 מַלְכֵי תַרְשִׁישׁ וְאִיִּים מִנְחָה יָשִׁיבוּ
;bring-shall offering-an coasts-sea-the-of-and Tarshish of-kings-The

מַלְכֵי שְׁבָא וּסְבָא אֶשְׁכָּר יַקְרִיבוּ׃
.near-bring-shall gift-a Seba-and Sheba of-kings-the

11 וְיִשְׁתַּחֲווּ־לוֹ כָל־מְלָכִים כָּל־גּוֹיִם יַעַבְדוּהוּ׃
.him-serve-shall Gentiles-the all ;kings all him-to down-bow-shall-And

12 כִּי־יַצִּיל אֶבְיוֹן מְשַׁוֵּעַ וְעָנִי וְאֵין־
not-is-there-(*him*)-& (sg.)-poor-the-& ,cries-who (sg.)-needy-the deliver-shall-he For

עֹזֵר לוֹ׃ 13 יָחֹס עַל־דַּל וְאֶבְיוֹן
;(sg.)-needy-and (sg.)-poor-the upon pity-have-shall-He .him-to helper-a

וְנַפְשׁוֹת אֶבְיוֹנִים יוֹשִׁיעַ׃ 14 מִתּוֹךְ וּמֵחָמָס
violence-from-and fraud-From .save-will-he needy-the of-souls-the-and

יִגְאַל נַפְשָׁם וְיֵיקַר דָּמָם בְּעֵינָיו׃
.eyes-his-in blood-their precious-be-shall-and ;soul-their redeem-will-he

15 וִיחִי וְיִתֶּן־לוֹ מִזְּהַב שְׁבָא וְיִתְפַּלֵּל
pray-shall-(*one*)-& ;Sheba of-gold-the-of him-to give-shall-(*one*)-& ,live-shall-he-And

בַּעֲדוֹ תָמִיד כָּל־הַיּוֹם יְבָרֲכֶנְהוּ׃ 16 יְהִי
be-Shall .him-bless-(*one*)-shall day-THE all ;continually account-his-on

פִסַּת־בַּר ׀ בָּאָרֶץ בְּרֹאשׁ הָרִים יִרְעַשׁ
tremble-shall ;mountains-the of-top-the-in earth-THE-in corn of-handful-a

כַּלְּבָנוֹן פִּרְיוֹ וְיָצִיצוּ מֵעִיר כְּעֵשֶׂב

of-grass-the-as city-the-from flourish-shall-they-and ,fruit-its Lebanon-THE-as

הָאָרֶץ׃ 17 יְהִי שְׁמוֹ ׀ לְעוֹלָם לִפְנֵי־שֶׁמֶשׁ

sun-the before ; ever-for name-his be-Shall .earth-THE

יִנּוֹן שְׁמוֹ וְיִתְבָּרְכוּ־בוֹ כָּל־גּוֹיִם

Gentiles-the all ;him-in themselves-bless-shall-they-& ,name-his (*was*)-Descendant

יְאַשְּׁרוּהוּ׃ 18 בָּרוּךְ ׀ יְהוָה אֱלֹהִים אֱלֹהֵי

of-God-the ,God Jehovah (*be*)-Blessed .blessed-him-call-shall

יִשְׂרָאֵל עֹשֵׂה נִפְלָאוֹת לְבַדּוֹ׃ 19 וּבָרוּךְ ׀ שֵׁם

of-name-the (*be*)-blessed-And .alone things-wondrous doing-is-who ,Israel

כְּבוֹדוֹ לְעוֹלָם וְיִמָּלֵא כְבוֹדוֹ אֶת־כֹּל

all)(glory-his with-filled-be-shall-and ; ever-for glory-his

הָאָרֶץ אָמֵן ׀ וְאָמֵן׃ 20 כָּלּוּ תְפִלּוֹת דָּוִד

David of-prayers-the ended-Have .Amen-and Amen .earth-THE

בֶּן־יִשָׁי׃

.Jesse of-son-the

עג

מִזְמוֹר לְאָסָף אַךְ טוֹב לְיִשְׂרָאֵל אֱלֹהִים

; God-(*is*) Israel-to good Surely .Asaph-of psalm-A

לְבָרֵי לֵבָב׃ 2 וַאֲנִי כִּמְעַט נָטָיוּ רַגְלָי

; feet-my aside-turned almost ,I-And .heart of-pure-are-who-those-to

כְּאַיִן שֻׁפְּכָה אֲשֻׁרָי׃ 3 כִּי קִנֵּאתִי בַּהוֹלְלִים

; foolish-THE-at jealous-was-I When .goings-my out-poured-were nothing-like

שְׁלוֹם רְשָׁעִים אֶרְאֶה׃ 4 כִּי אֵין חַרְצֻבּוֹת

bands not-are-there For .see-will-I wicked-the of-peace-the

לְמוֹתָם וּבָרִיא אוּלָם׃ 5 בַּעֲמַל אֱנוֹשׁ

man of-grievousness-the-In .strength-their (*is*)-fat-and ,death-their-in

אֵינֵמוֹ וְעִם־אָדָם לֹא יְנֻגָּעוּ׃ 6 לָכֵן

Therefore .smitten-be-they-will not man with-and ; not-are-they

עֲנָקַתְמוֹ גַאֲוָה יַעֲטָף־שִׁית חָמָס לָמוֹ׃

.them-to violence robe-a-(*as*) cover-Will ;pride them-enchained-has

7 יָצָא מֵחֵלֶב עֵינֵמוֹ עָבְרוּ מַשְׂכִּיּוֹת לֵבָב׃

.heart of-images-the passed-have-they ;eye-their fat-of-because out-gone-Has

8 יָמִיקוּ ׀ וִידַבְּרוּ בְרָע עֹשֶׁק מִמָּרוֹם

high-on-from ;oppression evil-with of-speak-will-they-and ,corrupt-be-will-They

יְדַבֵּרוּ׃ 9 שַׁתּוּ בַשָּׁמַיִם פִּיהֶם וּלְשׁוֹנָם

tongue-their-and ;mouth-their heavens-THE-in set-have-They .speak-will-they

תִּהֲלַךְ בָּאָרֶץ׃ 10 לָכֵן ׀ יָשִׁיב עַמּוֹ הֲלֹם

;hither nation-his return-shall Therefore .earth-THE-in walk-will

וּמֵי מָלֵא יִמָּצוּ לָמוֹ׃ 11 וְאָמְרוּ אֵיכָה

How ,said-they-And .them-to out-wrung-be-shall (*cup*)-full-a of-waters-&

יָדַע־אֵל וְיֵשׁ דֵּעָה בְעֶלְיוֹן׃ 12 הִנֵּה־אֵלֶּה

(*are*)-these Behold ?high-most-the-in knowledge there-is-And ?God known-has

רְשָׁעִים וְשַׁלְוֵי עוֹלָם הִשְׂגּוּ־חָיִל׃ 13 אַךְ־

Surely .wealth in-grown-have age-the of-prosperous-the-& ;wicked-the

רִיק זִכִּיתִי לְבָבִי וָאֶרְחַץ בְּנִקָּיוֹן כַּפָּי׃

.hands-my innocency-in washed-have-and ,heart-my cleansed-have-I vanity-(*for*)

14 וָאֱהִי נָגוּעַ כָּל־הַיּוֹם וְתוֹכַחְתִּי לַבְּקָרִים׃

.mornings-THE-at (*was*)-rebuking-my-and ;day-THE all smitten was-I-And

15 אִם־אָמַרְתִּי אֲסַפְּרָה כְמוֹ הִנֵּה דוֹר בָּנֶיךָ

sons-thy of-generation-the behold ;thus declare-will-I ,said-have-I If

בָגָדְתִּי׃ 16 וָאֲחַשְּׁבָה לָדַעַת זֹאת עָמָל הִיא

(*was*)-it grievousness ,this know-to thought-I-And .offended-have-I

בְעֵינָי׃ 17 עַד־אָבוֹא אֶל־מִקְדְּשֵׁי־אֵל אָבִינָה

consider-will-I ;God of-sanctuaries-the unto went-I Until .eyes-my-in

לְאַחֲרִיתָם׃ 18 אַךְ בַּחֲלָקוֹת תָּשִׁית לָמוֹ

;them-[for] set-wilt-thou slipperinesses-in Surely .end-latter-their-of

הִפַּלְתָּם לְמַשּׁוּאוֹת׃ 19 אֵיךְ הָיוּ

been-they-have How .destructions-into fall-to-them-caused-hast-thou

לְשַׁמָּה כְרָגַע סָפוּ תַמּוּ

ended-been-have-They ,completed-been-have-They ; moment-a-(*at*)-as desolation-a-for

מִן־־בַּלָּהוֹת׃ 20 כַּחֲלוֹם מֵהָקִיץ אֲדֹנָי

,Lord-O ,awaking-at dream-a-As .terrors of-because

בָּעִיר ׀ צַלְמָם תִּבְזֶה׃ 21 כִּי יִתְחַמֵּץ לְבָבִי

heart-my grieved-be-will For .despise-wilt-thou image-their arousing-in

וְכִלְיוֹתַי אֶשְׁתּוֹנָן׃ 22 וַאֲנִי־־בַעַר וְלֹא אֵדָע

; know-will not-and brutish-(*was*) I-And .sharpened-be-shall-I reins-my-(*in*)-&

בְּהֵמוֹת הָיִיתִי עִמָּךְ׃ 23 וַאֲנִי תָמִיד עִמָּךְ

thee-with-(*am*) continually I-And .thee-with was-I cattle-the-(*as*)

אָחַזְתָּ בְּיַד יְמִינִי׃ 24 בַּעֲצָתְךָ תַנְחֵנִי

,me-lead-wilt-thou counsel-thy-By .right-my hand-the-on hold-taken-hast-thou

וְאַחַר כָּבוֹד תִּקָּחֵנִי׃ 25 מִי־־לִי בַשָּׁמָיִם

? heavens-THE-in me-to (*is*)-Who .me-take-wilt-thou glory-(*to*) after-and

וְעִמְּךָ לֹא־־חָפַצְתִּי בָאָרֶץ׃ 26 כָּלָה

consumed-been-Has .earth-THE-in with-delighted-have-I not thee-beside-and

שְׁאֵרִי וּלְבָבִי צוּר־־לְבָבִי וְחֶלְקִי אֱלֹהִים

God-(*is*) portion-my-and ,heart-my of-rock-the ; heart-my-and flesh-my

לְעוֹלָם׃ 27 כִּי־הִנֵּה רְחֵקֶיךָ יֹאבֵדוּ הִצְמַתָּה

off-cut-hast-thou ; perish-shall thee-from-far-those behold For .ever-for

כָּל־־זוֹנֶה מִמֶּךָּ׃ 28 וַאֲנִי ׀ קִרֲבַת אֱלֹהִים

God of-near-drawing-the me-(*to-as*)-And .thee-from whoring one-every

לִי טוֹב שַׁתִּי ׀ בַּאדֹנָי יֱהוִה מַחְסִי לְסַפֵּר

declare-to ,refuge-my Jehovah Lord-the-in set-have-I ; good-(*is*) me-to

כָּל־מַלְאֲכוֹתֶיךָ׃

.works-thy all

עד

מַשְׂכִּיל לְאָסָף לָמָה אֱלֹהִים זָנַחְתָּ

off-cast-thou-hast ,God-O ,Why .Asaph-Of .understand-to-Causing

לָנֶצַח יֶעְשַׁן אַפְּךָ בְּצֹאן מַרְעִיתֶךָ׃ ²זְכֹר

Remember ?pasture-thy of-sheep-the-against anger-thy smoke-will ?ever-for

עֲדָתְךָ ׀ קָּנִיתָ קֶּדֶם גָּאַלְתָּ שֵׁבֶט

of-rod-the redeemed-hast-thou ; old-of possessed-hast-thou-(*which*) congregation-thy

נַחֲלָתֶךָ הַר־צִיּוֹן זֶה ׀ שָׁכַנְתָּ בּוֹ׃

.it-in dwelt-hast-thou ,this Zion of-mountain-the ; inheritance-thy

³הָרִימָה פְעָמֶיךָ לְמַשֻּׁאוֹת נֶצַח כָּל־הֵרַע

evil-done-has all ; eternity of-destructions-the-to steps-thy up-Lift

אוֹיֵב בַּקֹּדֶשׁ׃ ⁴שָׁאֲגוּ צֹרְרֶיךָ בְּקֶרֶב

of-midst-the-in oppressors-thy roared-Have .place-holy-THE-in enemy-the

מוֹעֲדֶךָ שָׂמוּ אוֹתֹתָם אֹתוֹת׃ ⁵יִוָּדַע

(*one*)-known-be-Will .signs-(*as*) signs-their set-have-they ; congregation-thy

כְּמֵבִיא לְמָעְלָה בִּסֲבָךְ־עֵץ קַרְדֻּמּוֹת׃ ⁶וְעַתָּ

now-And .axes wood of-thicket-the-on upward bringing-as

פִּתּוּחֶיהָ יָּחַד בְּכַשִּׁיל וְכֵילַפּוֹת יַהֲלֹמוּן׃

.down-strike-will-they hammers-and hatchet-the-with together carvings-its

⁷שִׁלְחוּ בָאֵשׁ מִקְדָּשֶׁךָ לָאָרֶץ חִלְּלוּ

profaned-have-they earth-THE-to ; sanctuary-thy fire-into sent-have-They

מִשְׁכַּן שְׁמֶךָ׃ ⁸אָמְרוּ בְלִבָּם נִינָם

them-oppress-will-we ,hearts-their-in said-have-They .name-thy of-tabernacle-the

יָחַד שָׂרְפוּ כָל־מוֹעֲדֵי־אֵל בָּאָרֶץ׃

.earth-THE-in God of-congregations-the all burned-have-they ; together

⁹אוֹתֹתֵינוּ לֹא־רָאִינוּ אֵין־עוֹד נָבִיא וְלֹא־

not-and ; prophet-a yet not-is-there ; seen-we-have not signs-Our

אִתָּנוּ יוֹדֵעַ עַד־מָה׃ ¹⁰עַד־מָתַי אֱלֹהִים

,God-O ,when Until .when until knowing-(*one*) us-with

יְחָרֶף צָר יְנָאֵץ אוֹיֵב שִׁמְךָ לָנֶצַח׃

?ever-for name-thy enemy-the despise-shall ?distressor-the reproach-shall

¹¹לָמָּה תָשִׁיב יָדְךָ וִימִינֶךָ מִקֶּרֶב חוֹקְךָ

bosom-thy of-midst-the-from ?hand-right-thy-even ,hand-thy turn-thou-wilt Why

כַלֵּה׃ 12 וֵֽאלֹהִים מַלְכִּי מִקֶּדֶם פֹּעֵל יְשׁוּעוֹת
salvations working ,old-of-from king-my (*is*)-God-And .(*them*)-consume

בְּקֶרֶב הָאָרֶץ׃ 13 אַתָּה פוֹרַרְתָּ בְעָזְּךָ יָם
; sea-the strength-thy-in divided-hast Thou .earth-THE of-midst-the-in

שִׁבַּרְתָּ רָאשֵׁי תַנִּינִים עַל־הַמָּיִם׃ 14 אַתָּה
Thou .waters-THE on dragons-the of-heads-the broken-hast-thou

רִצַּצְתָּ רָאשֵׁי לִוְיָתָן תִּתְּנֶנּוּ מַאֲכָל לְעָם
,nation-a-to food it-give-wilt-thou ; Leviathan of-heads-the broken-hast

לְצִיִּים׃ 15 אַתָּה בָקַעְתָּ מַעְיָן וָנָחַל
; stream-the-& spring-the cleft-hast Thou .wilderness-the-of-those-to

אַתָּה הוֹבַשְׁתָּ נַהֲרוֹת אֵיתָן׃ 16 לְךָ יוֹם
,day-the (*is*)-thee-To .might of-rivers-the up-dried-hast thou

אַף־לְךָ לָיְלָה אַתָּה הֲכִינוֹתָ מָאוֹר וָשָׁמֶשׁ׃
.sun-THE-and luminary-the established-hast thou ,night-the (*is*)-thee-to yea

17 אַתָּה הִצַּבְתָּ כָּל־גְּבוּלוֹת אָרֶץ קַיִץ וָחֹרֶף
winter-and summer ; earth-the of-borders-the all stand-to-made-hast Thou

אַתָּה יְצַרְתָּם׃ 18 זְכָר־זֹאת אוֹיֵב חֵרֵף ׀
reproached-has enemy-the ,this Remember .them-formed-hast thou

יְהוָה וְעַם־נָבָל נִאֲצוּ שְׁמֶךָ׃ 19 אַל־תִּתֵּן
give Not .name-thy despised-have foolish nation-the-& ; Jehovah-O

לְחַיַּת נֶפֶשׁ תּוֹרֶךָ חַיַּת עֲנִיֶּיךָ אַל־
not poor-thy of-company-the ; dove-turtle-thy of-soul-the company-(*their*)-to

תִּשְׁכַּח לָנֶצַח׃ 20 הַבֵּט לַבְּרִית כִּי־מָלְאוּ
of-full-been-have for ,covenant-THE-to Look .ever-for forget-thou-wilt

מַחֲשַׁכֵּי־אֶרֶץ נְאוֹת חָמָס׃ 21 אַל־יָשֹׁב
return-let Not .violence of-habitations-the earth-the of-places-dark-the

דַּךְ נִכְלָם עָנִי וְאֶבְיוֹן יְהַלְלוּ שְׁמֶךָ׃
.name-thy praise-shall (sg,)-needy-and (sg.)-poor-the ; shame-to-put oppressed-the

22 קוּמָה אֱלֹהִים רִיבָה רִיבֶךָ זְכֹר חֶרְפָּתְךָ
reproach-thy remember ; cause-thy plead God-O ,Arise

מִנִּי־נָבָל כָּל־הַיּוֹם׃ 23 אַל־תִּשְׁכַּח קוֹל
of-voice-the forget Not .day-the all fool-the from

צֹרְרֶיךָ שְׁאוֹן קָמֶיךָ עֹלֶה תָמִיד׃
.continually up-going-(*is*) thee-against-up-rise-who-those of-noise-the ; oppressors-thy

עה

לַמְנַצֵּחַ ׀ אַל־תַּשְׁחֵת מִזְמוֹר לְאָסָף שִׁיר׃
.song-A ,Asaph-of psalm-A ; destroy not ; over-is-that-him-To

2 הוֹדִינוּ לְּךָ ׀ אֱלֹהִים הוֹדִינוּ וְקָרוֹב
(*is*)-near-& ,thanks-given-have-we ,God-O thee-to thanks-given-have-We

שְׁמֶךָ סִפְּרוּ נִפְלְאוֹתֶיךָ׃ 3 כִּי אֶקַּח מוֹעֵד
,congregation-the take-shall-I When .works-wondrous-thy (*it*)-declared-have ; name-thy

אֲנִי מֵישָׁרִים אֶשְׁפֹּט׃ 4 נְמֹגִים־אֶרֶץ וְכָל־
all-and earth-the dissolved-(*Are*) .judge-will uprightness-(*in*) I

יֹשְׁבֶיהָ אָנֹכִי תִכַּנְתִּי עַמּוּדֶיהָ סֶּלָה׃
.Selah .pillars-its measured-have I ; inhabitants-its

5 אָמַרְתִּי לַהוֹלְלִים אַל־תָּהֹלּוּ וְלָרְשָׁעִים אַל־
not ,wicked-THE-to-and ; foolish-be Not —,foolish-the-to said-I

תָּרִימוּ קָרֶן׃ 6 אַל־תָּרִימוּ לַמָּרוֹם קַרְנְכֶם
; horn-your height-THE-to up-lift Not .horn-the up-lift

תְּדַבְּרוּ בְצַוָּאר עָתָק׃ 7 כִּי לֹא מִמּוֹצָא
east-the-from not For .hard neck-a-with (*not*)-speak

וּמִמַּעֲרָב וְלֹא מִמִּדְבַּר הָרִים׃ 8 כִּי־אֱלֹהִים
God For .up-lifting (*is*)-wilderness-the-from not-and west-the-from-&

שֹׁפֵט זֶה יַשְׁפִּיל וְזֶה יָרִים׃ 9 כִּי כוֹס
cup-a For .up-lift-will-he this-and low-make-will-he this ; judge-(*is*)

בְּיַד־יְהוָה וְיַיִן חָמַר ׀ מָלֵא מֶסֶךְ
,mixture of-full-is-it ; turbid-been-has wine-the-and ; Jehovah of-hand-the-in-(*is*)

וַיַּגֵּר מִזֶּה אַךְ־שְׁמָרֶיהָ יִמְצוּ יִשְׁתּוּ
drink-shall-(&) out-wring-shall it-of-dregs-the surely ; it-from out-run-to-made-he-&

כָּל רִשְׁעֵי־אָרֶץ׃ 10 וַאֲנִי אַגִּיד לְעֹלָם אֲזַמְּרָה
psalms-sing-will-I ;ever-for shew-will I-And .earth-the of-wicked-the all

לֵאלֹהֵי יַעֲקֹב׃ 11 וְכָל־קַרְנֵי רְשָׁעִים אֲגַדֵּעַ
;off-cut-will-I wicked-the of-horns-the all-And .Jacob of-God-the-to

תְּרוֹמַמְנָה קַרְנוֹת צַדִּיק׃
(.sg)-righteous-the of-horns-the exalted-be-shall

ע

לַמְנַצֵּחַ בִּנְגִינֹת מִזְמוֹר לְאָסָף שִׁיר׃
.song-A ,Asaph-of Psalm-A :Neginoth-on ;over-is-that-him-To

2 נוֹדָע בִּיהוּדָה אֱלֹהִים בְּיִשְׂרָאֵל גָּדוֹל שְׁמוֹ׃
.name-his (*is*)-Great Israel-in ;God Judah-in known-(*Is*)

3 וַיְהִי בְשָׁלֵם סֻכּוֹ וּמְעוֹנָתוֹ בְצִיּוֹן׃ 4 שָׁמָּה
There .Zion-in place-dwelling-his-& ,pavilion-his Salem-in was-And

שִׁבַּר רִשְׁפֵי־קָשֶׁת מָגֵן וְחֶרֶב וּמִלְחָמָה
.war-the-and sword-the-and shield-the ;bow-the of-darts-fiery-the broke-he

סֶלָה׃ 5 נָאוֹר אַתָּה אַדִּיר מֵהַרְרֵי־
of-mountains-the-than-more ,excellent (*art*)-thou (*one*)-Glorious-O .Selah

טָרֶף׃ 6 אֶשְׁתּוֹלְלוּ ׀ אַבִּירֵי לֵב נָמוּ שְׁנָתָם
;sleep-their slumbered-have-they ;heart of-strong-the spoiled-been-Have .prey

וְלֹא־מָצְאוּ כָל־אַנְשֵׁי־חַיִל יְדֵיהֶם׃ 7 מִגַּעֲרָתְךָ
,rebuke-thy-of-Because .hands-their might of-men-the all found-have not-&

אֱלֹהֵי יַעֲקֹב נִרְדָּם וְרֶכֶב וָסוּס׃ 8 אַתָּה ׀
Thou .horse-& chariot-the-both asleep-fast-made-(*are*) ,Jacob of-God-O

נוֹרָא אַתָּה וּמִי־יַעֲמֹד לְפָנֶיךָ מֵאָז
(*is*)-when-(*time-the*)-from presence-thy-in stand-shall who-& ;thou-(*even*) ,terrible-(*art*)

אַפֶּךָ׃ 9 מִשָּׁמַיִם הִשְׁמַעְתָּ דִּין אֶרֶץ יָרְאָה
feared earth-the ;judgment hear-to-made-hast-thou heavens-the-From .anger-thy

וְשָׁקָטָה׃ 10 בְּקוּם־לַמִּשְׁפָּט אֱלֹהִים לְהוֹשִׁיעַ כָּל־
all save-to ,God judgment-THE-for rising-In .still-was-and

עַנְוֵי־אֶרֶץ סֶלָה׃ 11 כִּי־חֲמַת אָדָם
man of-wrath-the Surely .Selah .earth-the of-humble-the

תּוֹדֶךָּ שְׁאֵרִית חֵמֹת תַּחְגֹּר׃ 12 נִדְרוּ
Vow .in-gird-wilt-thou wraths of-remainder-the thanks-thee-give-shall

וְשַׁלְּמוּ לַיהוָה אֱלֹהֵיכֶם כָּל־סְבִיבָיו יוֹבִילוּ
bring-shall him-around all ;God-your Jehovah-to pay-and

שַׁי לַמּוֹרָא׃ 13 יִבְצֹר רוּחַ נְגִידִים נוֹרָא
terrible-(*is-he*) ;princes of-spirit-the off-cut-will-He .fear-THE-to present-a

לְמַלְכֵי־אָרֶץ׃
.earth-the of-kings-the-to

עז

לַמְנַצֵּחַ עַל־יְדִיתוּן לְאָסָף מִזְמוֹר׃ 2 קוֹלִי
voice-my-(*With*) .psalm-a ,Asaph-Of ,Jeduthun upon ;over-is-that-him-To

אֶל־אֱלֹהִים וְאֶצְעָקָה קוֹלִי אֶל־אֱלֹהִים וְהַאֲזִין
ear-gave-he-And ,God unto voice-my-(*with*) ,cry-even-will-I God unto

אֵלָי׃ 3 בְּיוֹם צָרָתִי אֲדֹנָי דָּרָשְׁתִּי יָדִי ׀
hand-my ;sought-I Lord-the distress-my of-day-the-In .me-to

לַיְלָה נִגְּרָה וְלֹא תָפוּג מֵאֲנָה הִנָּחֵם
comforted-be-to refused ;cease-will not-and ,out-stretched-was night-(*the-in*)

נַפְשִׁי׃ 4 אֶזְכְּרָה אֱלֹהִים וְאֶהֱמָיָה אָשִׂיחָה ׀
,meditate-will-I ,disquieted-be-will-I-& ,God remember-will-I .soul-my

וְתִתְעַטֵּף רוּחִי סֶלָה׃ 5 אָחַזְתָּ שְׁמֻרוֹת
of-watches-the on-hold-taken-hast-Thou .Selah .spirit-my overwhelmed-be-will-&

עֵינָי נִפְעַמְתִּי וְלֹא אֲדַבֵּר׃ 6 חִשַּׁבְתִּי יָמִים
days-the of-thought-I .speak-will-I not-and troubled-been-have-I ;eyes-my

מִקֶּדֶם שְׁנוֹת עוֹלָמִים׃ 7 אֶזְכְּרָה נְגִינָתִי
song-my remember-will-I .ages of-years-the ,old-of-from

בַּלָּיְלָה עִם־לְבָבִי אָשִׂיחָה וַיְחַפֵּשׂ רוּחִי׃
.spirit-my searched-and ;meditate-will-I heart-my with ;night-THE-in

8 הַלְעוֹלָמִים יִזְנַח ׀ אֲדֹנָי וְלֹא־יֹסִיף לִרְצוֹת
pleased-be-to add-he-will not-and ? Lord-the off-cast-will ever-For ?

עוֹד׃ 9 הֶאָפֵס לָנֶצַח חַסְדּוֹ גָּמַר אֹמֶר
word-(*his*) end-an-to-come-has ? mercy-his ever-for failed-Has ? ? yet

לְדֹר וָדֹר׃ 10 הֲשָׁכַח חַנּוֹת אֵל אִם־
if ? God gracious-be-to forgotten-Has ? ? generation-and generation-to

קָפַץ בְּאַף רַחֲמָיו סֶלָה׃ 11 וָאֹמַר חַלּוֹתִי
intreaty-my said-I-And .Selah ? mercies-tender-his anger-in stopped-he-has

הִיא שְׁנוֹת יְמִין עֶלְיוֹן׃ 12 אֶזְכּוֹר מַעַלְלֵי־
of-actions-the remember-will-I .high-most-the of-hand-right-the of-years-the —;this-(*is*)

יָהּ כִּי־אֶזְכְּרָה מִקֶּדֶם פִּלְאֶךָ׃ 13 וְהָגִיתִי בְכָל־
all-in meditated-have-I-And .wonder-thy old-of-from remember-will-I for ; Jah

פָּעֳלֶךָ וּבַעֲלִילוֹתֶיךָ אָשִׂיחָה׃ 14 אֱלֹהִים בַּקֹּדֶשׁ
place-holy-THE-in God-O .meditate-will-I deeds-thy-in-and doing-thy

דַּרְכֶּךָ מִי־אֵל גָּדוֹל כֵּאלֹהִים׃ 15 אַתָּה הָאֵל
God-THE (*art*)-Thou ? God-like great God-a (*is*)-Who ; way-thy-(*is*)

עֹשֵׂה פֶלֶא הוֹדַעְתָּ בָעַמִּים עֻזֶּךָ׃
.strength-thy nations-THE-among known-made-hast-thou ; wonder-a working

16 גָּאַלְתָּ בִּזְרוֹעַ עַמֶּךָ בְּנֵי־יַעֲקֹב וְיוֹסֵף
.Joseph-and Jacob of-sons-the ,nation-thy arm-thy-with redeemed-hast-Thou

סֶלָה׃ 17 רָאוּךָ מַּיִם ׀ אֱלֹהִים רָאוּךָ מַּיִם
; waters-the thee-saw ,God-O ,waters-the thee-Saw .Selah

יָחִילוּ אַף יִרְגְּזוּ תְהֹמוֹת׃ 18 זֹרְמוּ
with-out-poured-Were .depths-the troubled-be-will yea ; pained-be-will-they

מַיִם ׀ עָבוֹת קוֹל נָתְנוּ שְׁחָקִים אַף־חֲצָצֶיךָ
arrows-thy yea ; skies-the gave voice-a ; clouds-thick-the waters-the

יִתְהַלָּכוּ׃ 19 קוֹל רַעַמְךָ ׀ בַּגַּלְגַּל הֵאִירוּ
lightened ; circuit-THE-in (*was*)-thunder-thy of-voice-The .forth-go-will

בְרָקִים תֵּבֵל רָגְזָה וַתִּרְעַשׁ הָאָרֶץ׃
.earth-THE trembled-and troubled-was ; world-the lightnings-the

20 בַּיָּם דַּרְכֶּךָ וּשְׁבִילְךָ בְּמַיִם רַבִּים וְעִקְּבוֹתֶיךָ
prints-foot-thy-and ; many waters-the-in path-thy-and ,way-thy (*is*)-sea-THE-In

לֹא נוֹדָעוּ׃ 21 נָחִיתָ כַצֹּאן עַמֶּךָ בְּיַד־
of-hand-the-by nation-thy sheep-THE-as led-hast-Thou .known-been-have not

מֹשֶׁה וְאַהֲרֹן׃
.Aaron-and Moses

עח

מַשְׂכִּיל לְאָסָף הַאֲזִינָה עַמִּי תּוֹרָתִי
; law-my ,nation-my ,to-ear-Give .Asaph-of ; understand-to-Causing

הַטּוּ אָזְנְכֶם לְאִמְרֵי־פִי׃ 2 אֶפְתְּחָה בְמָשָׁל
parable-a-in open-will-I .mouth-my of-words-the-to ear-your incline

פִּי אַבִּיעָה חִידוֹת מִנִּי־קֶדֶם׃ 3 אֲשֶׁר
Which .old-of from sayings-dark utter-will-I ; mouth-my

שָׁמַעְנוּ וַנֵּדָעֵם וַאֲבוֹתֵינוּ סִפְּרוּ־לָנוּ׃ 4 לֹא
Not .us-to declared-have fathers-our-& [them]-known-& ,heard-have-we

נְכַחֵד ׀ מִבְּנֵיהֶם לְדוֹר אַחֲרוֹן מְסַפְּרִים
declaring following generation-a-to ,sons-their-from conceal-will-we

תְּהִלּוֹת יְהוָה וֶעֱזוּזוֹ וְנִפְלְאוֹתָיו אֲשֶׁר עָשָׂה׃
.wrought-he which ,works-wondrous-his-& strength-his-& ; Jehovah of-praises-the

5 וַיָּקֶם עֵדוּת ׀ בְּיַעֲקֹב וְתוֹרָה שָׂם בְּיִשְׂרָאֵל
; Israel-in set-he law-a-and ,Jacob-in testimony-a raised-he-And

אֲשֶׁר צִוָּה אֶת־אֲבוֹתֵינוּ לְהוֹדִיעָם לִבְנֵיהֶם׃
.sons-their-to known-them-make-to fathers-our)(commanded-he which

6 לְמַעַן יֵדְעוּ ׀ דּוֹר אַחֲרוֹן בָּנִים יִוָּלֵדוּ
,born-be-shall sons ; following generation-the know-shall That

יָקֻמוּ וִיסַפְּרוּ לִבְנֵיהֶם׃ 7 וְיָשִׂימוּ בֵאלֹהִים
God-on set-shall-they-And .sons-their-to declare-and arise-shall-they

כִּסְלָם וְלֹא יִשְׁכְּחוּ מַעַלְלֵי־אֵל וּמִצְוֹתָיו
commandments-his-and God of-actions-the forget-they-shall not-and ; confidence-their

יִנְצֹרוּ׃ 8 וְלֹא יִהְיוּ ׀ כַּאֲבוֹתָם דּוֹר סוֹרֵר
revolting generation-a fathers-their-as be-shall-they not-And .preserve-shall-they

וּמֹרֶה דּוֹר לֹא־הֵכִין לִבּוֹ וְלֹא־נֶאֶמְנָה
stedfast-was not-and heart-their established not-(*which*) generation-a ; rebellious-and

אֶת־אֵל רוּחוֹ׃ 9 בְּנֵי־אֶפְרַיִם נוֹשְׁקֵי רוֹמֵי־
with-casting ,armed Ephraim of-sons-The .spirit-their God with

קֶשֶׁת הָפְכוּ בְּיוֹם קְרָב׃ 10 לֹא שָׁמְרוּ בְּרִית
of-covenant-the kept-they Not .battle of-day-the-in turned bow-the

אֱלֹהִים וּבְתוֹרָתוֹ מֵאֲנוּ לָלֶכֶת׃ 11 וַיִּשְׁכְּחוּ
forgot-they-And .walk-to refused-they law-his-in-and ,God

עֲלִילוֹתָיו וְנִפְלְאוֹתָיו אֲשֶׁר הֶרְאָם׃ 12 נֶגֶד
Before .see-to-them-caused-he which works-wondrous-his-and deeds-his

אֲבוֹתָם עָשָׂה פֶלֶא בְּאֶרֶץ מִצְרַיִם שְׂדֵה־
of-field-the ,Egypt of-land-the-in wonder-a wrought-he fathers-their

צֹעַן׃ 13 בָּקַע יָם וַיַּעֲבִירֵם וַיַּצֶּב־
stand-to-made-he-& ; through-pass-them-made-he-& ,sea-the cleft-He .Zoan

מַיִם כְּמוֹ־נֵד׃ 14 וַיַּנְחֵם בֶּעָנָן יוֹמָם וְכָל־
all-and ,day-by cloud-a-with them-led-he-And .wall-a as waters-the

הַלַּיְלָה בְּאוֹר אֵשׁ׃ 15 יְבַקַּע צֻרִים בַּמִּדְבָּר
,wilderness-THE-in rocks-the cleave-will-He .fire of-light-a-with night-THE

וַיַּשְׁקְ כִּתְהֹמוֹת רַבָּה׃ 16 וַיּוֹצִא נוֹזְלִים
waters-flowing out-brought-he-And .much depths-the-as drink-them-made-&

מִסָּלַע וַיּוֹרֶד כַּנְּהָרוֹת מָיִם׃ 17 וַיּוֹסִיפוּ
added-they-And .waters rivers-THE-like down-come-made-he-& ; crag-the-from

עוֹד לַחֲטֹא־לוֹ לַמְרוֹת עֶלְיוֹן בַּצִּיָּה׃
.(*land*)-dry-THE-in High-Most-the against-rebel-to ;him-against sin-to yet

18 וַיְנַסּוּ־אֵל בִּלְבָבָם לִשְׁאָל־אֹכֶל לְנַפְשָׁם׃
.souls-their-for food asking-by ,hearts-their-in God tempted-they-&

19 וַיְדַבְּרוּ בֵּאלֹהִים אָמְרוּ הֲיוּכַל אֵל לַעֲרֹךְ
order-in-set-to God able-be-Shall ? —,said-they ; God-against spoke-they-And

שֻׁלְחָן בַּמִּדְבָּר׃ 20 הֵן הִכָּה־צוּר ׀ וַיָּזוּבוּ
out-gushed-and rock-the smote-he Behold ?wilderness-THE-in table-a

מַיִם וּנְחָלִים יִשְׁטֹפוּ הֲגַם־לֶחֶם יוּכַל תֵּת
?give-to able-be-he-shall bread moreover? ;overflow-will streams-the-and ,waters

אִם־־יָכִין שְׁאֵר לְעַמּוֹ׃ 21 לָכֵן ׀ שָׁמַע יְהוָה
,Jehovah heard Therefore ?nation-his-for flesh establish-he-shall if

וַיִּתְעַבָּר וְאֵשׁ נִשְּׂקָה בְיַעֲקֹב וְגַם־־אַף עָלָה
up-went anger moreover-& ,Jacob-against kindled-was fire-a-& ;wroth-was-he-&

בְיִשְׂרָאֵל׃ 22 כִּי לֹא הֶאֱמִינוּ בֵּאלֹהִים וְלֹא
not-and ,God-in believed-they not For .Israel-against

בָטְחוּ בִּישׁוּעָתוֹ׃ 23 וַיְצַו שְׁחָקִים מִמָּעַל
,above-from skies-the commanded-he-And .salvation-his-in confided

וְדַלְתֵי שָׁמַיִם פָּתָח׃ 24 וַיַּמְטֵר עֲלֵיהֶם מָן
manna them-upon rained-he-And .opened-he heavens-the of-doors-the-and

לֶאֱכֹל וּדְגַן־־שָׁמַיִם נָתַן לָמוֹ׃ 25 לֶחֶם אַבִּירִים
mighty-the of-bread-The .them-to gave-he heavens-the of-corn-the-& ;eat-to

אָכַל אִישׁ צֵידָה שָׁלַח לָהֶם לָשֹׂבַע׃
.satisfaction-to them-to sent-he provision ;man eat

26 יַסַּע קָדִים בַּשָּׁמָיִם וַיְנַהֵג בְּעֻזּוֹ
strength-his-by directed-he-and ,heavens-THE-in (*wind*)-east-the go-to-cause-will-He

תֵּימָן׃ 27 וַיַּמְטֵר עֲלֵיהֶם כֶּעָפָר שְׁאֵר
;flesh dust-as them-upon rained-he-And .(*wind*)-south-the

וּכְחוֹל יַמִּים עוֹף כָּנָף׃ 28 וַיַּפֵּל בְּקֶרֶב
of-midst-the-in fall-made-he-And .wing of-fowl ,seas-the of-sand-the-as-&

מַחֲנֵהוּ סָבִיב לְמִשְׁכְּנֹתָיו׃ 29 וַיֹּאכְלוּ וַיִּשְׂבְּעוּ
satisfied-were-and eat-they-And .tabernacles-his-[to] around ,camp-his

מְאֹד וְתַאֲוָתָם יָבִא לָהֶם׃ 30 לֹא־־זָרוּ
estranged-were-they Not .them-to bring-will-he desire-their-and ,greatly

מִתַּאֲוָתָם עוֹד אָכְלָם בְּפִיהֶם׃ 31 וְאַף
of-anger-the-And .mouth-their-in food-their yet-(*was*) ;desire-their-from

אֱלֹהִים ׀ עָלָה בָהֶם וַיַּהֲרֹג בְּמִשְׁמַנֵּיהֶם

; ones-fat-their-among slew-he-and ,them-against up-went God

וּבַחוּרֵי יִשְׂרָאֵל הִכְרִיעַ׃ 32 בְּכָל־זֹאת חָטְאוּ־

sinned-they this all-In .subdued-he Israel of-chosen-the-and

עוֹד וְלֹא הֶאֱמִינוּ בְּנִפְלְאוֹתָיו׃ 33 וַיְכַל־

consumed-they-And .works-wondrous-his-in believed not-and ; yet

בַּהֶבֶל יְמֵיהֶם וּשְׁנוֹתָם בַּבֶּהָלָה׃ 34 אִם־הֲרָגָם

,them-slew-he When .trouble-THE-in years-their-and ,days-their vanity-THE-in

וּדְרָשׁוּהוּ וְשָׁבוּ וְשִׁחֲרוּ־אֵל׃ 35 וַיִּזְכְּרוּ כִּי־

that remembered-they-And .God early-sought-& ,turned-& ,him-sought-even-they

אֱלֹהִים צוּרָם וְאֵל עֶלְיוֹן גֹּאֲלָם׃ 36 וַיְפַתּוּהוּ

him-enticed-they-And .redeemer-their high-most-the God-& ; rock-their (*is*)-God

בְּפִיהֶם וּבִלְשׁוֹנָם יְכַזְּבוּ־לוֹ׃ 37 וְלִבָּם לֹא־

not heart-their-And .him-to lie-they-will tongue-their-with-& ; mouth-their-with

נָכוֹן עִמּוֹ וְלֹא נֶאֶמְנוּ בִּבְרִיתוֹ׃ 38 וְהוּא

he-And .covenant-his-in stedfast-were-they not-and ,him-with established-(*was*)

רַחוּם ׀ יְכַפֵּר עָוֺן וְלֹא־יַשְׁחִית וְהִרְבָּה

multiplied-he-and ; destroy-will not-and ,iniquity purge-will merciful-(*being*)

לְהָשִׁיב אַפּוֹ וְלֹא־יָעִיר כָּל־חֲמָתוֹ׃ 39 וַיִּזְכֹּר

remembered-he-And .wrath-his all arouse-will not-and anger-his return-to

כִּי־בָשָׂר הֵמָּה רוּחַ הוֹלֵךְ וְלֹא יָשׁוּב׃

.turn-will not-and going wind-a ,(*were*)-they flesh that

40 כַּמָּה יַמְרוּהוּ בַמִּדְבָּר יַעֲצִיבוּהוּ

him-grieve-(*and*) ,wilderness-THE-in him-against-rebel-they-will oft-How

בִּישִׁימוֹן׃ 41 וַיָּשׁוּבוּ וַיְנַסּוּ אֵל וּקְדוֹשׁ יִשְׂרָאֵל

Israel of-one-holy-the-& ; God tempted-and turned-they-And .desert-the-in

הִתְווּ׃ 42 לֹא־זָכְרוּ אֶת־יָדוֹ יוֹם אֲשֶׁר־

which-(*in*) day-the ; hand-his)(remembered-they Not .limited-they

פָּדָם מִנִּי־צָר׃ 43 אֲשֶׁר־שָׂם בְּמִצְרַיִם

Egypt-in set Who .distress from them-redeemed-he

אֹתוֹתָיו וּמוֹפְתָיו בִּשְׂדֵה־צֹעַן׃ 44 וַיַּהֲפֹךְ לְדָם

blood-to turned-he-And .Zoan of-field-the-in wonders-his-and ,signs-his

יְאֹרֵיהֶם וְנֹזְלֵיהֶם בַּל־יִשְׁתָּיוּן׃ 45 יְשַׁלַּח

send-will-He .drink-will-they not-that ,waters-running-their-and ;rivers-their

בָּהֶם עָרֹב וַיֹּאכְלֵם וּצְפַרְדֵּעַ וַתַּשְׁחִיתֵם׃

.them-destroyed-they-& ,frogs-the-& ;them-eat-they-& ,flies-of-swarms them-among

46 וַיִּתֵּן לֶחָסִיל יְבוּלָם וִיגִיעָם לָאַרְבֶּה׃

.locust-THE-to labour-their-and ;increase-their caterpillar-the-to gave-he-And

47 יַהֲרֹג בַּבָּרָד גַּפְנָם וְשִׁקְמוֹתָם בַּחֲנָמַל׃

.frost-with sycamores-their-and ;vine-their hail-THE-with kill-will-He

48 וַיַּסְגֵּר לַבָּרָד בְּעִירָם וּמִקְנֵיהֶם לָרְשָׁפִים׃

.darts-burning-THE-to cattle-their-and ;beasts-their hail-THE-to over-gave-he-And

49 יְשַׁלַּח־בָּם ׀ חֲרוֹן אַפּוֹ עֶבְרָה וָזַעַם

indignation-and ,rage ,anger-his of-wrath-the them-among send-will-He

וְצָרָה מִשְׁלַחַת מַלְאֲכֵי רָעִים׃ 50 יְפַלֵּס

weigh-will-He .evils of-angels sending-by ;distress-and

נָתִיב לְאַפּוֹ לֹא־חָשַׂךְ מִמָּוֶת נַפְשָׁם וְחַיָּתָם

life-their-and ;soul-their death-from back-kept-he not ;anger-his-for path-a

לַדֶּבֶר הִסְגִּיר׃ 51 וַיַּךְ כָּל־בְּכוֹר בְּמִצְרָיִם

,Egypt-in firstborn every smote-he-And .over-gave-he pestilence-THE-to

רֵאשִׁית אוֹנִים בְּאָהֳלֵי־חָם׃ 52 וַיַּסַּע כַּצֹּאן

sheep-THE-as go-to-caused-he-And .Ham of-tents-the-in strengths of-beginning-the

עַמּוֹ וַיְנַהֲגֵם כַּעֵדֶר בַּמִּדְבָּר׃ 53 וַיַּנְחֵם

them-led-he-And .wilderness-THE-in flock-THE-as them-directed-he-& ;nation-his

לָבֶטַח וְלֹא פָחָדוּ וְאֶת־אוֹיְבֵיהֶם כִּסָּה הַיָּם׃

.sea-THE covered enemies-their)(-and ;feared-they not-and ,confidence-in

54 וַיְבִיאֵם אֶל־גְּבוּל קָדְשׁוֹ הַר־זֶה

this mountain-the ;place-holy-his of-border-the unto them-brought-he-And

קָנְתָה יְמִינוֹ׃ 55 וַיְגָרֶשׁ מִפְּנֵיהֶם ׀ גּוֹיִם

;Gentiles-the them-before out-drove-he-And .hand-right-his possessed-(*which*)

וַיַּפִּילֵם בְּחֶבֶל נַחֲלָה וַיַּשְׁכֵּן בְּאָהֳלֵיהֶם
tents-their-in dwell-to-made-he-& ; inheritance-the cord-a-by them-to-fall-made-he-&

שִׁבְטֵי יִשְׂרָאֵל׃ 56 וַיְנַסּוּ וַיַּמְרוּ אֶת־אֱלֹהִים
God)(against-rebelled-and ,tempted-they-And .Israel of-tribes-the

עֶלְיוֹן וְעֵדוֹתָיו לֹא שָׁמָרוּ׃ 57 וַיִּסֹּגוּ
themselves-turned-they-And .kept-they not testimonies-his-and ; high-most

וַיִּבְגְּדוּ כַּאֲבוֹתָם נֶהְפְּכוּ כְּקֶשֶׁת רְמִיָּה׃
.guile of-bow-a-like turned-were-They ; fathers-their-like offended-and

58 וַיַּכְעִיסוּהוּ בְּבָמוֹתָם וּבִפְסִילֵיהֶם
images-graven-their-with-and ,places-high-their-with anger-to-him-provoked-they-And

יַקְנִיאוּהוּ׃ 59 שָׁמַע אֱלֹהִים וַיִּתְעַבָּר וַיִּמְאַס
rejected-he-& ; wroth-was-he-& ,God Heard .jealous-him-make-will-they

מְאֹד בְּיִשְׂרָאֵל׃ 60 וַיִּטֹּשׁ מִשְׁכַּן שִׁלוֹ אֹהֶל
tent-the ; Shiloh of-tabernacle-the left-he-And .Israel-[in] greatly

שִׁכֵּן בָּאָדָם׃ 61 וַיִּתֵּן לַשְּׁבִי עֻזּוֹ
,strength-his captivity-THE-into gave-he-And .man-THE-amongst pitched-he-(*which*)

וְתִפְאַרְתּוֹ בְיַד־צָר׃ 62 וַיַּסְגֵּר לַחֶרֶב
sword-THE-to over-gave-he-And .distressor-the of-hand-the-into honour-his-and

עַמּוֹ וּבְנַחֲלָתוֹ הִתְעַבָּר׃ 63 בַּחוּרָיו אָכְלָה־
eat men-chosen-Their .wroth-was-he inheritance-his-with-& ; nation-his

אֵשׁ וּבְתוּלֹתָיו לֹא הוּלָּלוּ׃ 64 כֹּהֲנָיו בַּחֶרֶב
sword-THE-by priests-Their .praised-were not virgins-their-and ; fire-the

נָפָלוּ וְאַלְמְנֹתָיו לֹא תִבְכֶּינָה׃ 65 וַיִּקַץ כְּיָשֵׁן ׀
sleeping-(*one*)-as awoke-And .weep-will not widows-their-and ; fell

אֲדֹנָי כְּגִבּוֹר מִתְרוֹנֵן מִיָּיִן׃ 66 וַיַּךְ
smote-he-And .wine-of-because joy-for-shouting man-mighty-a-as ; Lord-the

צָרָיו אָחוֹר חֶרְפַּת עוֹלָם נָתַן לָמוֹ׃
.them-to gave-he ever for-reproach-a ; backward distressors-his

67 וַיִּמְאַס בְּאֹהֶל יוֹסֵף וּבְשֵׁבֶט אֶפְרַיִם לֹא
not Ephraim of-tribe-the-[in],and ; Joseph of-tent-the-[in] rejected-he-And

בָּחָר׃ 68 וַיִּבְחַר אֶת־שֵׁבֶט יְהוּדָה אֶת־הַר צִיּוֹן
Zion of-mountain-the)(;Judah of-tribe-the)(chose-he-And .chose-he

אֲשֶׁר אָהֵב׃ 69 וַיִּבֶן כְּמוֹ־רָמִים מִקְדָּשׁוֹ כְּאֶרֶץ
earth-the-as ;sanctuary-his (*places*)-exalted like built-he-And .loved-he which

יְסָדָהּ לְעוֹלָם׃ 70 וַיִּבְחַר בְּדָוִד עַבְדּוֹ וַיִּקָּחֵהוּ
him-took-he-& ;servant-his David-[in] chose-he-And .ever-for it-founded-he

מִמִּכְלְאֹת צֹאן׃ 71 מֵאַחַר עָלוֹת הֱבִיאוֹ
him-brought-he (*ewes*)-suckling-the after-From .sheep of-folds-the-from

לִרְעוֹת בְּיַעֲקֹב עַמּוֹ וּבְיִשְׂרָאֵל נַחֲלָתוֹ׃
.inheritance-his Israel-[in]-and nation-his Jacob-[in] to-feed

72 וַיִּרְעֵם כְּתֹם לְבָבוֹ וּבִתְבוּנוֹת
of-understanding-the-in-& heart-his of-integrity-the-to-according them-fed-he-And

כַּפָּיו יַנְחֵם׃
.them-lead-will hands-his

עט

מִזְמוֹר לְאָסָף אֱלֹהִים בָּאוּ גוֹיִם ׀
Gentiles-the come-have ,God-O .Asaph-of Psalm-A

בְּנַחֲלָתֶךָ טִמְּאוּ אֶת־הֵיכַל קָדְשֶׁךָ שָׂמוּ
set-have-they ;holiness-thy of-temple)(defiled-have-they ,inheritance-thy-into

אֶת־יְרוּשָׁלַםִ לְעִיִּים׃ 2 נָתְנוּ אֶת־נִבְלַת
of-body-dead-the)(given-have-They .heaps-in Jerusalem)(

עֲבָדֶיךָ מַאֲכָל לְעוֹף הַשָּׁמָיִם בְּשַׂר חֲסִידֶיךָ
saints-thy of-flesh-the ,heavens-THE of-fowl-the-for food-(*as*) servants-thy

לְחַיְתוֹ־אָרֶץ׃ 3 שָׁפְכוּ דָמָם ׀ כַּמַּיִם
water-THE-as blood-their poured-have-They .earth-the of-beast-the-to

סְבִיבוֹת יְרוּשָׁלָםִ וְאֵין קוֹבֵר׃ 4 הָיִינוּ חֶרְפָּה
reproach-a been-have-We .burying none-is-there-& ;Jerusalem around

לִשְׁכֵנֵינוּ לַעַג וָקֶלֶס לִסְבִיבוֹתֵינוּ׃ 5 עַד־מָה

when Until .us-around-those-to derision-and mocking-a neighbours-our-to

יְהוָה תֶּאֱנַף לָנֶצַח תִּבְעַר כְּמוֹ־אֵשׁ קִנְאָתֶךָ׃

?jealousy-thy fire as burn-Will ?ever-for angry-be-thou-wilt Jehovah-O

6 שְׁפֹךְ חֲמָתְךָ ׀ אֶל־הַגּוֹיִם אֲשֶׁר לֹא־יְדָעוּךָ

; thee-known-have not who ,Gentiles-the upon wrath-thy out-Pour

וְעַל־מַמְלָכוֹת אֲשֶׁר בְּשִׁמְךָ לֹא קָרָאוּ׃ 7 כִּי

For .called-have not name-thy-on which ,kingdoms-the upon-&

אָכַל אֶת־יַעֲקֹב וְאֶת־נָוֵהוּ הֵשַׁמּוּ׃ 8 אַל

Not .desolate-made-have-they habitation-his)(-and ,Jacob)(eaten-has-he

תִּזְכָּר־לָנוּ עֲוֺנֹת רִאשֹׁנִים מַהֵר יְקַדְּמוּנוּ

us-prevent-shall speedily ; things-former of-iniquities-the us-for remember

רַחֲמֶיךָ כִּי דַלּוֹנוּ מְאֹד׃ 9 עָזְרֵנוּ ׀

us-Help .greatly low-brought-been-have-we for mercies-tender-thy

אֱלֹהֵי יִשְׁעֵנוּ עַל־דְּבַר כְּבוֹד־שְׁמֶךָ וְהַצִּילֵנוּ

; us-deliver-and ,name-thy of-glory-the of-matter-the upon ,salvation-our of-God-O

וְכַפֵּר עַל־חַטֹּאתֵינוּ לְמַעַן שְׁמֶךָ׃ 10 לָמָּה ׀

Why .name-thy of-because sins-our upon purge-and

יֹאמְרוּ הַגּוֹיִם אַיֵּה אֱלֹהֵיהֶם יִוָּדַע

known-be-shall-he ? God-their (*is*)-Where ,Gentiles-THE say-shall

בַּגּוֹיִם לְעֵינֵינוּ נִקְמַת דַּם־עֲבָדֶיךָ

servants-thy of-blood-the of-revenging-the-(*by*) ; eyes-our-in Gentiles-the-among

הַשָּׁפוּךְ׃ 11 תָּבוֹא לְפָנֶיךָ אֶנְקַת אָסִיר

; prisoner-the of-sighing-the thee-before come-Shall .out-poured-is-which

כְּגֹדֶל זְרוֹעֲךָ הוֹתֵר בְּנֵי תְמוּתָה׃

.death of-sons-the thou-reserve arm-thy of-greatness-the-to-according

12 וְהָשֵׁב לִשְׁכֵנֵינוּ שִׁבְעָתַיִם אֶל־חֵיקָם חֶרְפָּתָם

,reproach-their bosom-their unto sevenfold neighbours-our-to return-And

אֲשֶׁר חֵרְפוּךָ אֲדֹנָי׃ 13 וַאֲנַחְנוּ עַמְּךָ ׀

,nation-thy we-And .Lord-O ,thee-reproached-have-they which-(*with*)

וְצֹאן מַרְעִיתֶךָ נוֹדֶה לְּךָ לְעוֹלָם לְדֹר

generation-to ;ever-for thee-to thanks-give-will pasture-thy of-sheep-the-and

וָדֹר נְסַפֵּר תְּהִלָּתֶךָ׃

.praise-thy declare-will-we generation-&

פ

לַמְנַצֵּחַ אֶל־שֹׁשַׁנִּים עֵדוּת לְאָסָף מִזְמוֹר׃

.psalm-a Asaph-of ,testimony-A .lilies-the upon ;over-is-that-him-To

2 רֹעֵה יִשְׂרָאֵל ׀ הַאֲזִינָה נֹהֵג כַּצֹּאן יוֹסֵף

; Joseph sheep-THE-as directest-that-thou ;ear-give Israel of-shepherd-O

יֹשֵׁב הַכְּרוּבִים הוֹפִיעָה׃ 3 לִפְנֵי

Before .forth-shine ,Cherubim-THE (*between*)-dwellest-that-thou

אֶפְרַיִם ׀ וּבִנְיָמִן וּמְנַשֶּׁה עוֹרְרָה אֶת־גְּבוּרָתֶךָ

might-thy)(arouse Manasseh-and Benjamin-and Ephraim

וּלְכָה לִישֻׁעָתָה לָּנוּ׃ 4 אֱלֹהִים הֲשִׁיבֵנוּ

,us-turn ,God-O .us-to salvation-for come-and

וְהָאֵר פָּנֶיךָ וְנִוָּשֵׁעָה׃ 5 יְהוָה אֱלֹהִים

God Jehovah .saved-be-shall-we-and ; face-thy shine-to-cause-and

צְבָאוֹת עַד־מָתַי עָשַׁנְתָּ בִּתְפִלַּת עַמֶּךָ׃

? nation-thy of-prayer-the-against smoked-thou-hast ? when until ; hosts-(*of*)

6 הֶאֱכַלְתָּם לֶחֶם דִּמְעָה וַתַּשְׁקֵמוֹ בִּדְמָעוֹת

tears-with ,drink-them-madest-thou-& ,tears of-bread-the eat-them-made-hast-Thou

שָׁלִישׁ׃ 7 תְּשִׂימֵנוּ מָדוֹן לִשְׁכֵנֵינוּ וְאֹיְבֵינוּ

enemies-our-and ;neighbours-our-to strife-a us-made-hast-Thou .measure-large-a

יִלְעֲגוּ־לָמוֹ׃ 8 אֱלֹהִים צְבָאוֹת הֲשִׁיבֵנוּ וְהָאֵר

shine-to-cause-& ,us-turn ,hosts-(*of*) God-O .themselves-for mock-will

פָּנֶיךָ וְנִוָּשֵׁעָה׃ 9 גֶּפֶן מִמִּצְרַיִם תַּסִּיעַ

; go-to-cause-wilt-thou Egypt-of-out vine-A .saved-be-shall-we-& face-thy

תְּגָרֵשׁ גּוֹיִם וַתִּטָּעֶהָ׃ 10 פִּנִּיתָ לְפָנֶיהָ
,it-before prepared-hast-Thou .it-planted-hast-and ,Gentiles-the out-drive-wilt-thou

וַתַּשְׁרֵשׁ שָׁרָשֶׁיהָ וַתְּמַלֵּא־אָרֶץ׃ 11 כָּסּוּ
with-covered-Were .land-the (*it*)-with-filled-hast-thou-& ,roots-its rooted-hast-&

הָרִים צִלָּהּ וַעֲנָפֶיהָ אַרְזֵי־אֵל׃ 12 תְּשַׁלַּח
send-will-It .God of-cedars-the (*as-were*)-boughs-its-& shadow-its mountains-the

קְצִירֶיהָ עַד־יָם וְאֶל־נָהָר יוֹנְקוֹתֶיהָ׃ 13 לָמָּה
Why .boughs-its river-the unto-and ,sea-the unto branches-its

פָּרַצְתָּ גְדֵרֶיהָ וְאָרוּהָ כָּל־עֹבְרֵי דָרֶךְ׃
? way-the by-pass-who all it-plucked-have-& ? fences-its down-broken-thou-hast

14 יְכַרְסְמֶנָּה חֲזִיר מִיָּעַר וְזִיז שָׂדַי
field-the of-beast-wild-the-& ; forest-the-of-out boar-the waste-it-lay-Will

יִרְעֶנָּה׃ 15 אֱלֹהִים צְבָאוֹת שׁוּב נָא הַבֵּט
look ; pray-I ,turn hosts-(*of*) God-O .it-on-feed-will

מִשָּׁמַיִם וּרְאֵה וּפְקֹד גֶּפֶן זֹאת׃ 16 וְכַנָּה אֲשֶׁר־
which-(*that*) protect-And ; this vine-the visit-and ; see-and heavens-the-from

נָטְעָה יְמִינֶךָ וְעַל־בֵּן אִמַּצְתָּה
strengthened-hast-thou-(*whom*) son-the upon-and ,hand-right-thy planted-has

לָּךְ׃ 17 שְׂרֻפָה בָאֵשׁ כְּסוּחָה מִגַּעֲרַת פָּנֶיךָ
face-thy of-rebuke-the-of-because ; down-cut ,fire-with burned-(*is-It*) .thee-for

יֹאבֵדוּ׃ 18 תְּהִי־יָדְךָ עַל־אִישׁ יְמִינֶךָ
; hand-right-thy of-man-the upon hand-thy be-Shall .perish-will-they

עַל־בֶּן־אָדָם אִמַּצְתָּ לָּךְ׃ 19 וְלֹא־
not-And .thee-for strengthened-hast-thou-(*whom*) man of-son-the upon

נָסוֹג מִמֶּךָּ תְּחַיֵּנוּ וּבְשִׁמְךָ נִקְרָא׃
.call-shall-we name-thy-upon-& ,alive-us-keep-wilt-thou ; thee-from back-go-will-we

20 יְהוָה אֱלֹהִים צְבָאוֹת הֲשִׁיבֵנוּ הָאֵר פָּנֶיךָ
face-thy shine-to-cause us-turn ,hosts-(*of*) God Jehovah

וְנִוָּשֵׁעָה׃
.saved-be-shall-we-&

פא

לַמְנַצֵּחַ עַל־הַגִּתִּית לְאָסָף׃ 2 הַרְנִינוּ
joy-for-ye-Shout .Asaph-of ; Gittith-THE upon ; over-is-that-him-To

לֵאלֹהִים עוּזֵּנוּ הָרִיעוּ לֵאלֹהֵי יַעֲקֹב׃ 3 שְׂאוּ־
ye-Bring .Jacob of-God-the-to ,ye-shout ; strength-our God-to

זִמְרָה וּתְנוּ־תֹף כִּנּוֹר נָעִים עִם־נָבֶל׃
.psaltery-the with ,pleasant harp-the ,timbrel-the take-and ,psalm-a

4 תִּקְעוּ בַחֹדֶשׁ שׁוֹפָר בַּכֵּסֶה לְיוֹם חַגֵּנוּ׃
.festival-our of-day-the-at ,time-set-THE-in ; cornet-the moon-new-THE-in ye-Blow

5 כִּי חֹק לְיִשְׂרָאֵל הוּא מִשְׁפָּט לֵאלֹהֵי
of-God-the-to judgment-a ,this-(*was*) Israel-to statute-a For

יַעֲקֹב׃ 6 עֵדוּת ׀ בִּיהוֹסֵף שָׂמוֹ בְּצֵאתוֹ עַל־
over out-going-his-in ,it-set-he Joseph-in testimony-A .Jacob

אֶרֶץ מִצְרָיִם שְׂפַת לֹא־יָדַעְתִּי אֶשְׁמָע׃
.hear-shall-I knew-I not-(*which*) lip-a ; Egypt of-land-the

7 הֲסִירוֹתִי מִסֵּבֶל שִׁכְמוֹ כַּפָּיו מִדּוּד תַּעֲבֹרְנָה׃
.away-pass-will pot-the-from hands-his ; shoulder-his burden-the-from away-took-I

8 בַּצָּרָה קָרָאתָ וָאֲחַלְּצֶךָּ אֶעֶנְךָ
thee-answer-will-I ; thee-delivered-I-and ,called-hast-thou distress-THE-In

בְּסֵתֶר רַעַם אֶבְחָנְךָ עַל־מֵי מְרִיבָה
.Meribah of-waters-the at thee-prove-will-I ; thunder of-place-hiding-the-In

סֶלָה׃ 9 שְׁמַע עַמִּי וְאָעִידָה בָּךְ יִשְׂרָאֵל
,Israel-O ; thee-against testify-will-I-& ,nation-my-O ,Hear .Selah

אִם־תִּשְׁמַע־לִי׃ 10 לֹא־יִהְיֶה בְךָ אֵל זָר וְלֹא
and-not ; strange god-a thee-in be-shall Not .me-[to] hear-wilt-thou if

תִשְׁתַּחֲוֶה לְאֵל נֵכָר׃ 11 אָנֹכִי ׀ יְהוָה אֱלֹהֶיךָ
,God-thy Jehovah (*am*)-I .strange God-a-to down-bow-shalt-thou

הַמַּעַלְךָ מֵאֶרֶץ מִצְרָיִם הַרְחֶב־פִּיךָ
mouth-thy wide-make ; Egypt of-land-the-from up-thee-brought-who

וְאֲמַלְאֵהוּ׃ 12 וְלֹא־שָׁמַע עַמִּי לְקוֹלִי וְיִשְׂרָאֵל

Israel-and ;voice-my-to nation-my heard not-And .it-fill-will-I-and

לֹא־אָבָה לִי׃ 13 וָאֲשַׁלְּחֵהוּ בִּשְׁרִירוּת לִבָּם

;heart-their of-revolting-the-into them-sent-I-And .me-for willing-was not

יֵלְכוּ בְּמוֹעֲצוֹתֵיהֶם׃ 14 לוּ עַמִּי שֹׁמֵעַ לִי

,me-[to] hearing-(*were*) nation-my that-O .counsels-own-their-into walk-shall-they

יִשְׂרָאֵל בִּדְרָכַי יְהַלֵּכוּ׃ 15 כִּמְעַט אוֹיְבֵיהֶם

enemies-their little-a-As .walk-shall ways-my-in Israel

אַכְנִיעַ וְעַל־צָרֵיהֶם אָשִׁיב יָדִי׃ 16 מְשַׂנְאֵי

hate-who-Those .hand-my turn-will-I distressors-their upon-and ;subdue-will-I

יְהוָה יְכַחֲשׁוּ־לוֹ וִיהִי עִתָּם לְעוֹלָם׃

.ever-for season-their be-shall-and ,him-to submit-shall Jehovah

17 וַיַּאֲכִילֵהוּ מֵחֵלֶב חִטָּה וּמִצּוּר דְּבַשׁ

honey rock-the-from-and ,wheat of-fat-the-of eat-them-made-I-And

אַשְׂבִּיעֶךָ׃

.with-thee-satisfy-will-I

פב

מִזְמוֹר לְאָסָף אֱלֹהִים נִצָּב בַּעֲדַת־אֵל

;God of-congregation-the-in standing-(*is*) God .Asaph-of psalm-A

בְּקֶרֶב אֱלֹהִים יִשְׁפֹּט׃ 2 עַד־מָתַי תִּשְׁפְּטוּ־

judge-ye-will when Until .judge-will-he . gods-the of-midst-the-in

עָוֶל וּפְנֵי רְשָׁעִים תִּשְׂאוּ־סֶלָה׃ 3 שִׁפְטוּ־

Judge .Selah ?up-lift-ye-will wicked-the of-faces-the-and ?iniquity-(*in*)

דַל וְיָתוֹם עָנִי וָרָשׁ הַצְדִּיקוּ׃ 4 פַּלְּטוּ־

Deliver .to-justice-do destitute-and ,poor-the ;orphan-the-& (sg)-poor-the

דַל וְאֶבְיוֹן מִיַּד רְשָׁעִים הַצִּילוּ׃ 5 לֹא

Not .deliver wicked-the of-hand-the-from ;(sg)-needy-& (sg)-poor-the

יָדְעוּ ׀ וְלֹא יָבִינוּ בַּחֲשֵׁכָה יִתְהַלָּכוּ

;walk-will-they darkness-in ;understand-will not-and ,known-have-they

יִמּוֹטוּ כָּל־מוֹסְדֵי אָרֶץ׃ 6 אֲנִי אָמַרְתִּי

—,said I .earth-the of-foundations-the all moved-be-shall

אֱלֹהִים אַתֶּם וּבְנֵי עֶלְיוֹן כֻּלְּכֶם׃ 7 אָכֵן

Surely .you-of-all high-most-the of-sons-and ,(*are*)-ye gods

כְּאָדָם תְּמוּתוּן וּכְאַחַד הַשָּׂרִים תִּפֹּלוּ׃

.fall-shall-ye princes-THE of-one-as-and ,die-shall-ye man-as

8 קוּמָה אֱלֹהִים שָׁפְטָה הָאָרֶץ כִּי־אַתָּה

thou for ; earth-THE judge ,God-O ,Arise

תִנְחַל בְּכָל־הַגּוֹיִם׃

.Gentiles-THE all-in inherit-shalt

פג

שִׁיר מִזְמוֹר לְאָסָף׃ 2 אֱלֹהִים אַל־דֳּמִי־

silence-(*be-there-let*) not ,God-O .Asaph-of psalm-a ,song-A

לָךְ אַל־תֶּחֱרַשׁ וְאַל־תִּשְׁקֹט אֵל׃ 3 כִּי־הִנֵּה

behold For .God-O ,still-be not-and ,silent-be not ; thee-to

אוֹיְבֶיךָ יֶהֱמָיוּן וּמְשַׂנְאֶיךָ נָשְׂאוּ רֹאשׁ׃

.head-the lifted-have thee-hate-who-those-and ,disquieted-be-will enemies-thy

4 עַל־עַמְּךָ יַעֲרִימוּ סוֹד וְיִתְיָעֲצוּ עַל־

against consult-will-and ; secret-a devise-craftily-will-they nation-thy Against

צְפוּנֶיךָ׃ 5 אָמְרוּ לְכוּ וְנַכְחִידֵם מִגּוֹי

; nation-a-(*being*)-from off-them-cut-will-we-& ,Come ,said-have-They .ones-hidden-thy

וְלֹא־יִזָּכֵר שֵׁם־יִשְׂרָאֵל עוֹד׃ 6 כִּי

For .still Israel of-name-the remembered-be-shall not-and

נוֹעֲצוּ לֵב יַחְדָּו עָלֶיךָ בְּרִית יִכְרֹתוּ׃

.make-will-they covenant-a thee-against ; together heart-the-(*with*) consulted-have-they

7 אָהֳלֵי אֱדוֹם וְיִשְׁמְעֵאלִים מוֹאָב וְהַגְרִים׃

.Hagarenes-the-and ,Moab ,Ishmaelites-the-and Edom of-tents-The

8 גְּבָל וְעַמּוֹן וַעֲמָלֵק פְּלֶשֶׁת עִם־יֹשְׁבֵי

of-inhabitants-the with ,Philistia ,Amalek-and ,Ammon-and ,Gebal

צוֹר׃ 9 גַּם־אַשּׁוּר נִלְוָה עִמָּם הָיוּ זְרוֹעַ

arm-an been-have-they : them-with joined-is Asshur Also .Tyre

לִבְנֵי־לוֹט סֶלָה׃ 10 עֲשֵׂה־לָהֶם כְּמִדְיָן

,Midian-(*to*)-as them-to Do .Selah .Lot of-sons-the-to

כְּסִיסְרָא כְיָבִין בְּנַחַל קִישׁוֹן׃ 11 נִשְׁמְדוּ

destroyed-were-They .Kishon stream-the-at Jabin-as Sisera-as

בְעֵין־דֹּאר הָיוּ דֹּמֶן לָאֲדָמָה׃ 12 שִׁיתֵמוֹ נְדִיבֵמוֹ

princes-their [them]-Set .ground-the-for dung-(*as*) were-they ; dor- -En-at

כְּעֹרֵב וְכִזְאֵב וּכְזֶבַח וּכְצַלְמֻנָּע כָּל־נְסִיכֵמוֹ׃

.rulers-their all Zalmunnah-as-and ,Zebah-as-and ; Zeeb-as-and Oreb-as

13 אֲשֶׁר אָמְרוּ נִירְשָׁה־לָּנוּ אֵת נְאוֹת

of-habitations-the)(ourselves-for inherit-will-we said-have Who

אֱלֹהִים׃ 14 אֱלֹהַי שִׁיתֵמוֹ כַגַּלְגַּל כְּקַשׁ לִפְנֵי־

before stubble-as ,wheel-THE-as them-set ,God-my-O .God

רוּחַ׃ 15 כְּאֵשׁ תִּבְעַר־יָעַר וּכְלֶהָבָה תְּלַהֵט

fire-on-set-will flame-a-as-and ,forest-a burn-will fire-As .wind-the

הָרִים׃ 16 כֵּן תִּרְדְּפֵם בְּסַעֲרֶךָ וּבְסוּפָתְךָ

whirlwind-thy-with-& tempest-thy-with them-pursue-wilt-thou So .mountains-the

תְבַהֲלֵם׃ 17 מַלֵּא פְנֵיהֶם קָלוֹן וִיבַקְשׁוּ

for-enquire-shall-they-& ; shame faces-their with-Fill .them-trouble-wilt-thou

שִׁמְךָ יְהוָה׃ 18 יֵבֹשׁוּ וְיִבָּהֲלוּ עֲדֵי־עַד

; ever for troubled-and ashamed-be-shall-They .Jehovah-O ,name-thy

וְיַחְפְּרוּ וְיֹאבֵדוּ׃ 19 וְיֵדְעוּ כִּי־אַתָּה שִׁמְךָ

name-thy ,thou that know-shall-they-And .perish-& ,confounded-be-shall-they-&

יְהוָה לְבַדֶּךָ עֶלְיוֹן עַל־כָּל־הָאָרֶץ׃

.earth-THE all above high-most-(*art*) ,only-thine Jehovah

פד

לַמְנַצֵּחַ עַל־הַגִּתִּית לִבְנֵי־קֹרַח מִזְמוֹר׃

psalm-a ; Korah of-sons-the-to ; Gittith-THE upon ,over-is-that-him-To

2 מַה־יְּדִידוֹת מִשְׁכְּנוֹתֶיךָ יְהוָה צְבָאוֹת׃
.hosts-(*of*) Jehovah-O ,tabernacles-thy-(*are*) beloved How

3 נִכְסְפָה וְגַם־כָּלְתָה נַפְשִׁי לְחַצְרוֹת יְהוָה
; Jehovah of-courts-the-for soul-my consumed-been-has also-and desired-Has

לִבִּי וּבְשָׂרִי יְרַנְּנוּ אֶל אֵל־חָי׃ 4 גַּם־צִפּוֹר
sparrow-the Moreover .living God-the unto out-cry-will flesh-my-and heart-my

מָצְאָה בַיִת וּדְרוֹר קֵן לָהּ אֲשֶׁר־שָׁתָה
set-has-she which-(*in*) ,her-for nest-a swallow-the-and ,house-a found-has

אֶפְרֹחֶיהָ אֶת־מִזְבְּחוֹתֶיךָ יְהוָה צְבָאוֹת מַלְכִּי
king-my ; hosts-(*of*) Jehovah-O ,altars-thy)(,ones-young-her

וֵאלֹהָי׃ 5 אַשְׁרֵי יוֹשְׁבֵי בֵיתֶךָ עוֹד
still ; house-thy inhabit-who-those of-blessings-the-O .God-my-&

יְהַלְלוּךָ סֶּלָה׃ 6 אַשְׁרֵי אָדָם עוֹז־לוֹ בָךְ
; thee-in him-to strength ,man-the of-blessings-the-O .Selah .thee-praise-will-they

מְסִלּוֹת בִּלְבָבָם׃ 7 עֹבְרֵי בְּעֵמֶק הַבָּכָא
,Baca-THE of-valley-the-through passing those-of-hearts-the-in (*are*)-highways-the

מַעְיָן יְשִׁיתוּהוּ גַּם־בְּרָכוֹת יַעְטֶה מוֹרֶה׃
.rain-former-the over-cover-will pools-the moreover ; it-set-will-they spring-a-(*as*)

8 יֵלְכוּ מֵחַיִל אֶל־חָיִל יֵרָאֶה אֶל־אֱלֹהִים
God before seen-be-shall-he ; might to might-from go-will-They

בְּצִיּוֹן׃ 9 יְהוָה אֱלֹהִים צְבָאוֹת שִׁמְעָה
hear ,hosts-(*of*) God ,Jehovah-O .Zion-in

תְּפִלָּתִי הַאֲזִינָה אֱלֹהֵי יַעֲקֹב סֶלָה׃ 10 מָגִנֵּנוּ
,shield-Our .Selah .Jacob of-God-O ,ear-give ; prayer-my

רְאֵה אֱלֹהִים וְהַבֵּט פְּנֵי מְשִׁיחֶךָ׃ 11 כִּי
For .(sg)-anointed-thy of-face-the at-look-and ; God-O ,thou-see

טוֹב־יוֹם בַּחֲצֵרֶיךָ מֵאָלֶף בָּחַרְתִּי
chosen-have-I ; thousand-a-than-more courts-thy-in day-a-(*is*) good

הִסְתּוֹפֵף בְּבֵית אֱלֹהַי מִדּוּר בְּאָהֳלֵי־
of-tents-the-in dwell-to-than-more God-my of-house-the-in threshold-the-at-be-to

רֶשַׁע׃ 12 כִּי שֶׁמֶשׁ ׀ וּמָגֵן יְהוָה אֱלֹהִים חֵן
grace ; God Jehovah-(*is*) shield-a-and sun-a For .wickedness

וְכָבוֹד יִתֵּן יְהוָה לֹא יִמְנַע־טוֹב לַהֹלְכִים
walk-who-those-for good withhold-he-will not ; Jehovah give-will glory-and

בְּתָמִים׃ 13 יְהוָה צְבָאוֹת אַשְׁרֵי אָדָם
man-the of-blessings-the ,hosts-(*of*) Jehovah-O .uprightness-in

בֹּטֵחַ בָּךְ׃
! thee-in confiding

פה

לַמְנַצֵּחַ לִבְנֵי־קֹרַח מִזְמוֹר׃ 2 רָצִיתָ
,favoured-hast-Thou .Psalm-A ; Korah of-sons-the-to ; over-is-that-him-To

יְהוָה אַרְצֶךָ שַׁבְתָּ שְׁבוּת יַעֲקֹב׃
.Jacob of-captivity-the turned-hast-thou ; land-thy ,Jehovah-O

3 נָשָׂאתָ עֲוֹן עַמֶּךָ כִּסִּיתָ כָל־חַטָּאתָם
.sin-their all covered-hast-thou ; nation-thy of-iniquity-the away-taken-hast-Thou

סֶלָה׃ 4 אָסַפְתָּ כָל־עֶבְרָתֶךָ הֱשִׁיבוֹתָ
away-turned-hast-thou ; rage-thy all in-gathered-hast-Thou .Selah

מֵחֲרוֹן אַפֶּךָ׃ 5 שׁוּבֵנוּ אֱלֹהֵי יִשְׁעֵנוּ וְהָפֵר
void-make-& ; salvation-our of-God-O ,us-Turn .anger-thy of-wrath-the-from

כַּעַסְךָ עִמָּנוּ׃ 6 הַלְעוֹלָם תֶּאֱנַף־בָּנוּ
? us-with angry-be-thou-wilt ever-For? .us-with grief-thy

תִּמְשֹׁךְ אַפְּךָ לְדֹר וָדֹר׃ 7 הֲלֹא אַתָּה
thou Not? ? generation-and generation-to anger-thy out-draw-thou-wilt

תָּשׁוּב תְּחַיֵּנוּ וְעַמְּךָ יִשְׂמְחוּ־בָךְ׃
.thee-in glad-be-shall nation-thy-and ? alive-us-keep-thou-wilt ? turn-wilt

8 הַרְאֵנוּ יְהוָה חַסְדֶּךָ וְיֶשְׁעֲךָ תִּתֶּן־לָנוּ׃
.us-to give-wilt-thou salvation-thy-and ; mercy-thy ,Jehovah-O ,see-us-Make

9 אֶשְׁמְעָה מַה־יְדַבֵּר הָאֵל יְהוָה כִּי ׀ יְדַבֵּר
speak-will-he for ; Jehovah God-THE speak-will what hear-will-I

שָׁלוֹם אֶל־עַמּוֹ וְאֶל־חֲסִידָיו וְאַל־יָשׁוּבוּ לְכִסְלָה׃
.folly-to turn-them-let not-and ;saints-his to-and ,nation-his to peace

10 אַךְ קָרוֹב לִירֵאָיו יִשְׁעוֹ לִשְׁכֹּן כָּבוֹד
glory dwell-to ,salvation-his-(*is*) him-fear-who-those-to near Surely

בְּאַרְצֵנוּ׃ 11 חֶסֶד־וֶאֱמֶת נִפְגָּשׁוּ צֶדֶק וְשָׁלוֹם
peace-and righteousness ;met-have truth-and Mercy .land-our-in

נָשָׁקוּ׃ 12 אֱמֶת מֵאֶרֶץ תִּצְמָח וְצֶדֶק
righteousness-& ;up-spring-shall earth-the-from Truth .kissed-have

מִשָּׁמַיִם נִשְׁקָף׃ 13 גַּם־יְהוָה יִתֵּן הַטּוֹב
;good-is-which-that give-will Jehovah Moreover .down-looked-has heavens-the-from

וְאַרְצֵנוּ תִּתֵּן יְבוּלָהּ׃ 14 צֶדֶק לְפָנָיו יְהַלֵּךְ
;go-will him-before Righteousness .increase-its give-will land-our-and

וְיָשֵׂם לְדֶרֶךְ פְּעָמָיו׃
.footsteps-his of-way-the-in set-will-and

פו

תְּפִלָּה לְדָוִד הַטֵּה־יְהוָה אָזְנְךָ עֲנֵנִי כִּי־
for ;me-answer ,ear-thy ,Jehovah-O ,Incline .David-Of prayer-A

עָנִי וְאֶבְיוֹן אָנִי׃ 2 שָׁמְרָה נַפְשִׁי כִּי־חָסִיד אָנִי
;I (*am*)-saint-a for soul-my Keep .(*am*)-I needy-and poor

הוֹשַׁע עַבְדְּךָ אַתָּה אֱלֹהַי הַבּוֹטֵחַ אֵלֶיךָ׃
.thee-unto confides-who ,God-my thou-O ,servant-thy save

3 חָנֵּנִי אֲדֹנָי כִּי־אֵלֶיךָ אֶקְרָא כָּל־הַיּוֹם׃
.day-THE all call-will-I thee-unto for ,Lord-O ,me-to-gracious-Be

4 שַׂמֵּחַ נֶפֶשׁ עַבְדֶּךָ כִּי אֵלֶיךָ אֲדֹנָי נַפְשִׁי
soul-my ,Lord-O ,thee-unto for ,servant-thy of-soul-the Gladden

אֶשָּׂא׃ 5 כִּי־אַתָּה אֲדֹנָי טוֹב וְסַלָּח וְרַב־
in-plentiful-& ,pardoning-& ,good-(*art*) Lord-O ,thou For .up-lift-will-I

חֶסֶד לְכָל־קֹרְאֶיךָ׃ 6 הַאֲזִינָה יְהוָה תְּפִלָּתִי
prayer-my ,Jehovah-O ,to-ear-Give .thee-on-call-who-those all-to mercy

וְהַקְשִׁיבָה בְּקוֹל תַּחֲנוּנוֹתָי׃ 7 בְּיוֹם צָרָתִי
distress-my of-day-the-In .supplications-my of-voice-the-to attend-and

אֶקְרָאֶךָּ כִּי תַעֲנֵנִי׃ 8 אֵין־כָּמוֹךָ בָאֱלֹהִים ׀
,gods-the-among thee-like none-is-There .me-answer-wilt-thou for ,thee-call-will-I

אֲדֹנָי וְאֵין כְּמַעֲשֶׂיךָ׃ 9 כָּל־גּוֹיִם ׀ אֲשֶׁר
whom Gentiles-the All .works-thy-like none-are-there-& ;Lord-O

עָשִׂיתָ יָבוֹאוּ ׀ וְיִשְׁתַּחֲווּ לְפָנֶיךָ אֲדֹנָי וִיכַבְּדוּ
glorify-shall-& ;Lord-O ,thee-before down-bow-and ,come-shall made-hast-thou

לִשְׁמֶךָ׃ 10 כִּי־גָדוֹל אַתָּה וְעֹשֵׂה נִפְלָאוֹת אַתָּה
(*art*)-thou ;works-wondrous doing-and thou-(*art*) great For .name-thy-[to]

אֱלֹהִים לְבַדֶּךָ׃ 11 הוֹרֵנִי יְהוָה ׀ דַּרְכֶּךָ אֲהַלֵּךְ
walk-will-I ,way-thy ,Jehovah-O ,me-Teach .alone-thou ,God

בַּאֲמִתֶּךָ יַחֵד לְבָבִי לְיִרְאָה שְׁמֶךָ׃ 12 אוֹדְךָ ׀
,thanks-thee-give-will-I .name-thy fear-to heart-my unite ;truth-thy-in

אֲדֹנָי אֱלֹהַי בְּכָל־לְבָבִי וַאֲכַבְּדָה שִׁמְךָ לְעוֹלָם׃
.ever-for name-thy glorify-will-I-and ;heart-my all-with ,God-my Lord-O

13 כִּי־חַסְדְּךָ גָּדוֹל עָלָי וְהִצַּלְתָּ נַפְשִׁי
soul-my delivered-hast-thou-and ,me-unto great-(*is*) mercy-thy For

מִשְּׁאוֹל תַּחְתִּיָּה׃ 14 אֱלֹהִים ׀ זֵדִים קָמוּ עָלַי
;me-against rose proud-the ,God-O .lowest-the Hades-from

וַעֲדַת עָרִיצִים בִּקְשׁוּ נַפְשִׁי וְלֹא שָׂמוּךָ
thee-set-they not-and ;soul-my sought oppressors of-congregation-the-&

לְנֶגְדָּם׃ 15 וְאַתָּה אֲדֹנָי אֵל־רַחוּם וְחַנּוּן אֶרֶךְ
of-slow ;gracious-and merciful God-a-(*art*) ,Lord-O ,thou-And .them-before

אַפַּיִם וְרַב־חֶסֶד וֶאֱמֶת׃ 16 פְּנֵה אֵלַי
,me-unto Turn .truth-and mercy in-plentiful-& anger

וְחָנֵּנִי תְּנָה־עֻזְּךָ לְעַבְדֶּךָ וְהוֹשִׁיעָה לְבֶן־
of-son-the-[to] save-and ,servant-thy-to strength-thy Give ;me-to-gracious-be-&

אֲמָתֶךָ׃ 17 עֲשֵׂה־עִמִּי אוֹת לְטוֹבָה וְיִרְאוּ
see-shall-and ;good-for sign-a me-with Make .handmaid-thy

שֹׂנְאַי וְיֵבֹשׁוּ כִּי־אַתָּה יְהוָה עֲזַרְתַּנִי
me-helped-hast Jehovah-O thou because ,ashamed-be-shall-and me-hate-who-those

וְנִחַמְתָּנִי׃
.me-comforted-and

פז

לִבְנֵי־קֹרַח מִזְמוֹר שִׁיר יְסוּדָתוֹ
(*is*)-foundation-His .song-a ,psalm-a ; Korah of-sons-the-To

בְּהַרְרֵי־קֹדֶשׁ׃ 2 אֹהֵב יְהוָה שַׁעֲרֵי צִיּוֹן
Zion of-gates-the Jehovah loving-(*Is*) .holiness of-mountains-the-in

מִכֹּל מִשְׁכְּנוֹת יַעֲקֹב׃ 3 נִכְבָּדוֹת מְדֻבָּר בָּךְ
,thee-of spoken-(*are*) things-Glorious .Jacob of-tabernacles-the all-than-more

עִיר הָאֱלֹהִים סֶלָה׃ 4 אַזְכִּיר ׀ רַהַב וּבָבֶל
,Babylon-& Rahab remember-to-make-will-I .Selah .God-[THE] of-city-O

לְיֹדְעָי הִנֵּה פְלֶשֶׁת וְצוֹר עִם־כּוּשׁ זֶה
man-This ; Cush with Tyre-and Philistia behold ; me-know-who-those-to

יֻלַּד־שָׁם׃ 5 וּלְצִיּוֹן ׀ יֵאָמַר אִישׁ וְאִישׁ יֻלַּד־
born-were man-a-and man-A ,said-be-shall-it Zion-to-And .there born-was

בָּהּ וְהוּא יְכוֹנְנֶהָ עֶלְיוֹן׃ 6 יְהוָה יִסְפֹּר
; count-will Jehovah .high-most-the-(*even*) her-establish-shall he-and ; her-in

בִּכְתוֹב עַמִּים זֶה יֻלַּד־שָׁם סֶלָה׃
.Selah .there born-was man-This —; nations-the down-writing-in

7 וְשָׁרִים כְּחֹלְלִים כָּל־מַעְיָנַי בָּךְ׃
.thee-in (*are*)-springs-my all ,pipers-the-as-well-as singers-the-And

פח

שִׁיר מִזְמוֹר לִבְנֵי־קֹרַח לַמְנַצֵּחַ עַל־
upon ,over-is-that-him-to ; Korah of-sons-the-for psalm-a ,song-A

מָחֲלַת לְעַנּוֹת מַשְׂכִּיל לְהֵימָן הָאֶזְרָחִי׃
.Zarhite-THE Heman-Of understand-to-Causing .Leannoth Mahalath

2 יְהוָה אֱלֹהֵי יְשׁוּעָתִי יוֹם־צָעַקְתִּי בַלַּיְלָה
night-THE-in-(*and*) cried-have-I day-the-(*in*) ,salvation-my of-God Jehovah-O

נֶגְדֶּךָ׃ 3 תָּבוֹא לְפָנֶיךָ תְּפִלָּתִי הַטֵּה אָזְנְךָ
ear-thy incline ;prayer-my thee-before come-Shall .thee-before

לְרִנָּתִי׃ 4 כִּי־שָׂבְעָה בְרָעוֹת נַפְשִׁי וְחַיַּי
life-my-and ;soul-my evils-with filled-been-has For .outcry-my-to

לִשְׁאוֹל הִגִּיעוּ׃ 5 נֶחְשַׁבְתִּי עִם־יוֹרְדֵי
to-descend-who-those with counted-been-have-I .near-drawn-hath Hades-to

בוֹר הָיִיתִי כְּגֶבֶר אֵין־אֱיָל׃ 6 בַּמֵּתִים חָפְשִׁי
,free dead-THE-Amongst .strength without man-a-as been-have-I ;pit-the

כְּמוֹ חֲלָלִים ׀ שֹׁכְבֵי קֶבֶר אֲשֶׁר לֹא־
not whom ;grave-the in-down-lie-who wounded-the as

זְכַרְתָּם עוֹד וְהֵמָּה מִיָּדְךָ נִגְזָרוּ׃
.off-cut-been-have hand-thy-from they-and ;still [them]-remembered-hast-thou

7 שַׁתַּנִי בְּבוֹר תַּחְתִּיּוֹת בְּמַחֲשַׁכִּים
,places-dark-the-in parts-lowest-the of-pit-the-in me-set-hast-Thou

בִּמְצֹלוֹת׃ 8 עָלַי סָמְכָה חֲמָתֶךָ וְכָל־מִשְׁבָּרֶיךָ
waves-thy all-(*with*)-& ;wrath-thy held-has me-Upon .deeps-the-in

עִנִּיתָ סֶּלָה׃ 9 הִרְחַקְתָּ מְיֻדָּעַי מִמֶּנִּי שַׁתַּנִי
me-set-hast-thou ;me-from acquaintance-my far-put-hast-Thou .Selah .humbled-hast-thou

תוֹעֵבוֹת לָמוֹ כָּלֻא וְלֹא אֵצֵא׃ 10 עֵינִי
eye-My .out-come-shall-I not-and withheld-(*am-I*) ;them-to abominations

דָאֲבָה מִנִּי־עֹנִי קְרָאתִיךָ יְהוָה בְּכָל־יוֹם
;day every-in ,Jehovah-O ,thee-on-called-have-I ;affliction-my of-because mourned-has

שִׁטַּחְתִּי אֵלֶיךָ כַפָּי׃ 11 הֲלַמֵּתִים תַּעֲשֶׂה־
do-thou-wilt dead-THE-To ? .hands-my thee-unto out-stretched-have-I

פֶּלֶא אִם־רְפָאִים יָקוּמוּ יוֹדוּךָ סֶּלָה׃
.Selah ? thee-praise-they-shall ,arise-shall dead-the If ? wonder-a

12 הַיְסֻפַּר בַּקֶּבֶר חַסְדֶּךָ אֱמוּנָתְךָ בָּאֲבַדּוֹן׃
? destruction-in faithfulness-thy ? mercy-thy grave-THE-in declared-be-Shall

13 הֲיִוָּדַע בַּחֹשֶׁךְ פִּלְאֶךָ וְצִדְקָתְךָ בְּאֶרֶץ

of-land-the-in righteousness-thy-and ? wonder-thy darkness-THE-in known-be-shall ?

נְשִׁיָּה׃ 14 וַאֲנִי ׀ אֵלֶיךָ יְהוָה שִׁוַּעְתִּי וּבַבֹּקֶר

morning-THE-in-& ,cried-have ,Jehovah-O ,thee-unto I-And ? forgetfulness

תְּפִלָּתִי תְקַדְּמֶךָּ׃ 15 לָמָה יְהוָה תִּזְנַח נַפְשִׁי

? soul-my off-cast-thou-wilt ,Jehovah-O ,Why .thee-before-come-shall prayer-my

תַּסְתִּיר פָּנֶיךָ מִמֶּנִּי׃ 16 עָנִי אֲנִי וְגֹוֵעַ

expiring-and I-(*am*) Poor ? me-from face-thy hide-thou-wilt

מִנֹּעַר נָשָׂאתִי אֵמֶיךָ אָפוּנָה׃ 17 עָלַי

me-Over .distracted-be-shall-I ,terrors-thy borne-have-I ; youth-(*my*)-from

עָבְרוּ חֲרוֹנֶיךָ בִּעוּתֶיךָ צִמְּתוּתֻנִי׃ 18 סַבּוּנִי

surrounded-me-have-They .off-me-cut-have terrors-thy ; wraths-thy passed-have

כַמַּיִם כָּל־הַיּוֹם הִקִּיפוּ עָלַי יָחַד׃

.together me-[upon] inclosed-have-they ; day-THE all water-THE-like

18 הִרְחַקְתָּ מִמֶּנִּי אֹהֵב וָרֵעַ מְיֻדָּעַי מַחְשָׁךְ׃

.darkness-(*into*) acquaintance-my ,neighbour-& lover me-from far-put-hast-thou

פט

מַשְׂכִּיל לְאֵיתָן הָאֶזְרָחִי׃ 2 חַסְדֵי יְהוָה

Jehovah of-mercies-The .Zarhite-THE Ethan-of ; understand-to-Causing

עוֹלָם אָשִׁירָה לְדֹר וָדֹר ׀ אוֹדִיעַ אֱמוּנָתְךָ

faithfulness-thy known-make-will-I generation-& generation-to ; sing-will-I ever-(*for*)

בְּפִי׃ 3 כִּי־אָמַרְתִּי עוֹלָם חֶסֶד יִבָּנֶה

; builded-be-shall mercy ever-(*For*) —; said-have-I For .mouth-my-with

שָׁמַיִם ׀ תָּכִן אֱמוּנָתְךָ בָהֶם׃ 4 כָּרַתִּי

made-have-I .them-in faithfulness-thy establish-wilt-thou heavens-the-(*to-as*)

בְרִית לִבְחִירִי נִשְׁבַּעְתִּי לְדָוִד עַבְדִּי׃ 5 עַד־

For .servant-my David-to sworn-have-I ; (sg)-chosen-my-with covenant-a

עוֹלָם אָכִין זַרְעֶךָ וּבָנִיתִי לְדֹר־וָדוֹר כִּסְאֲךָ

.throne-thy generation-& generation-to build-will-I-& ; seed-thy establish-will-I ever

סֶלָה׃ 6 וְיוֹדוּ שָׁמַיִם פִּלְאֲךָ יְהוָה אַף־

yea ;Jehovah-O ,wonder-thy heavens-the thanks-give-shall-And .Selah

אֱמוּנָתְךָ בִּקְהַל קְדֹשִׁים׃ 7 כִּי מִי בַשַּׁחַק

sky-THE-in whom For .saints-the of-congregation-the-in faithfulness-thy

יַעֲרֹךְ לַיהוָה יִדְמֶה לַיהוָה בִּבְנֵי

of-sons-the-among Jehovah-to like-be-shall-(*who*)? Jehovah-with order-in-set-(*one*)-shall

אֵלִים׃ 8 אֵל נַעֲרָץ בְּסוֹד־קְדֹשִׁים רַבָּה

;much saints-the of-secret-the-in feared-be-to-(*is*) God ?gods

וְנוֹרָא עַל־כָּל־סְבִיבָיו׃ 9 יְהוָה ׀ אֱלֹהֵי צְבָאוֹת

,hosts of-God ,Jehovah-O .him-around-those all above terrible-and

מִי־כָמוֹךָ חֲסִין ׀ יָהּ וֶאֱמוּנָתְךָ סְבִיבוֹתֶיךָ׃

.thee-about-round faithfulness-thy-and ;Jah strong ?thee-like-(*is*) who

10 אַתָּה מוֹשֵׁל בְּגֵאוּת הַיָּם בְּשׂוֹא גַלָּיו

billows-its of-up-lifting-the-in ;sea-THE of-pride-the-in ruling-(*art*) Thou

אַתָּה תְשַׁבְּחֵם׃ 11 אַתָּה דִכִּאתָ כֶחָלָל רָהַב

;Rahab wounded-(*one*)-as crushed-hast Thou .cease-them-make-wilt thou

בִּזְרוֹעַ עֻזְּךָ פִּזַּרְתָּ אוֹיְבֶיךָ׃ 12 לְךָ

(*are*)-thee-To .enemies-thy scattered-hast-thou strength-thy of-arm-the-with

שָׁמַיִם אַף־לְךָ אָרֶץ תֵּבֵל וּמְלֹאָהּ אַתָּה

thou ,fulness-its-and world-the ;earth-the (*is*)-thee-to yea ;heavens-the

יְסַדְתָּם׃ 13 צָפוֹן וְיָמִין אַתָּה בְרָאתָם

;[them]-created-hast thou south-the-and north-The .[them]-founded-hast

תָּבוֹר וְחֶרְמוֹן בְּשִׁמְךָ יְרַנֵּנוּ׃ 14 לְךָ זְרוֹעַ

arm-the-(*is*) thee-To .joy-for-shout-shall name-thy-in Hermon-and Tabor

עִם־גְּבוּרָה תָּעֹז יָדְךָ תָּרוּם יְמִינֶךָ׃

.hand-right-thy exalted-be-will ;hand-thy strong-be-will ;might with

15 צֶדֶק וּמִשְׁפָּט מְכוֹן כִּסְאֶךָ חֶסֶד וֶאֱמֶת

truth-and mercy ;throne-thy of-settlement-the-(*are*) judgment-& Righteousness

יְקַדְּמוּ פָנֶיךָ׃ 16 אַשְׁרֵי הָעָם יוֹדְעֵי תְרוּעָה

;shouting-the know-who nation-THE of-blessings-the-O .face-thy before-be-shall

יְהוָה בְּאוֹר־פָּנֶיךָ יְהַלֵּכוּן׃ 17 בְּשִׁמְךָ יְגִילוּן
rejoice-shall-they name-thy-In .walk-shall-they face-thy of-light-the-in ,Jehovah-O

כָּל־הַיּוֹם וּבְצִדְקָתְךָ יָרוּמוּ׃ 18 כִּי־תִפְאֶרֶת
of-honour-the For .exalted-be-they-shall righteousness-thy-in-and ;day-THE all

עֻזָּמוֹ אָתָּה וּבִרְצוֹנְךָ תָּרוּם קַרְנֵנוּ׃ 19 כִּי
For .horn-our exalted-be-shall pleasure-thy-in-and ;thou-(*art*) strength-their

לַיהוָה מָגִנֵּנוּ וְלִקְדוֹשׁ יִשְׂרָאֵל מַלְכֵּנוּ׃
.king-our-(*is*) Israel of-(*one*)-holy-the-to-and ;shield-our-(*is*) Jehovah-to

20 אָז דִּבַּרְתָּ־בְחָזוֹן לַחֲסִידְךָ וַתֹּאמֶר שִׁוִּיתִי
set-have-I —;saidst-thou-and ;saint-thy-to vision-a-in spakest-thou Then

עֵזֶר עַל־גִּבּוֹר הֲרִימוֹתִי בָחוּר מֵעָם׃
.nation-the-from chosen-(*one*) up-lifted-have-I ;one-mighty-a upon help

21 מָצָאתִי דָּוִד עַבְדִּי בְּשֶׁמֶן קָדְשִׁי מְשַׁחְתִּיו׃
.him-anointed-have-I holiness-my of-oil-the-with servant-my David found-have-I

22 אֲשֶׁר יָדִי תִּכּוֹן עִמּוֹ אַף־זְרוֹעִי תְאַמְּצֶנּוּ׃
.him-strengthen-shall arm-my yea ;him-with established-be-shall hand-my Who

23 לֹא־יַשִּׁא אוֹיֵב בּוֹ וּבֶן־עַוְלָה לֹא
not iniquity of-son-the-and ;him-upon enemy-the exact-shall Not

יְעַנֶּנּוּ׃ 24 וְכַתּוֹתִי מִפָּנָיו צָרָיו וּמְשַׂנְאָיו
him-hate-who-those-& ;distressors-his him-before down-beat-will-I-And .him-humble-shall

אֶגּוֹף׃ 25 וֶאֱמוּנָתִי וְחַסְדִּי עִמּוֹ וּבִשְׁמִי
name-my-in-& ;him-with-(*be-shall*) mercy-my-& faithfulness-my-And .strike-will-I

תָּרוּם קַרְנוֹ׃ 26 וְשַׂמְתִּי בַיָּם יָדוֹ וּבַנְּהָרוֹת
rivers-THE-in-& ,hand-his sea-THE-in set-will-I-And .horn-his exalted-be-shall

יְמִינוֹ׃ 27 הוּא יִקְרָאֵנִי אָבִי אָתָּה אֵלִי
,God-my ;(*art*)-thou ,father-my —;me-upon-call-shall He .hand-right-his

וְצוּר יְשׁוּעָתִי׃ 28 אַף־אָנִי בְּכוֹר אֶתְּנֵהוּ
;him-set-will born-first I Yea .salvation-my of-rock-the-and

עֶלְיוֹן לְמַלְכֵי־אָרֶץ׃ 29 לְעוֹלָם אֶשְׁמָר־לוֹ חַסְדִּי
;mercy-my him-for keep-will-I ever-For .earth-the of-kings-the-to high-most

וּבְרִיתִי נֶאֱמֶנֶת לוֹ׃ 30 וְשַׂמְתִּי לָעַד זַרְעוֹ

; seed-his ever-for set-have-I-And .him-for stedfast-(*be-shall*) covenant-my-and

וְכִסְאוֹ כִּימֵי שָׁמָיִם׃ 31 אִם־יַעַזְבוּ בָנָיו תּוֹרָתִי

,law-my sons-his forsake-shall If .heaven of-days-the-as throne-his-&

וּבְמִשְׁפָּטַי לֹא יֵלֵכוּן׃ 32 אִם־חֻקֹּתַי יְחַלֵּלוּ

; profane-will-they statutes-my If .walk-will not judgments-my-in-and

וּמִצְוֹתַי לֹא יִשְׁמֹרוּ׃ 33 וּפָקַדְתִּי בְשֵׁבֶט

rod-a-with visit-will-I-And : keep-will not commandments-my-and

פִּשְׁעָם וּבִנְגָעִים עֲוֺנָם׃ 34 וְחַסְדִּי לֹא־

not mercy-my-And .iniquity-their stripes-with-and ,transgression-their

אָפִיר מֵעִמּוֹ וְלֹא אֲשַׁקֵּר בֶּאֱמוּנָתִי׃

.faithfulness-my-in false-be-will-I not-and ; him-with-from void-make-will-I

35 לֹא־אֲחַלֵּל בְּרִיתִי וּמוֹצָא שְׂפָתַי לֹא

not lips-my of-out-gone-is-what-and ; covenant-my profane-will-I Not

אֲשַׁנֶּה׃ 36 אַחַת נִשְׁבַּעְתִּי בְקָדְשִׁי אִם־לְדָוִד

David-to If ; holiness-my-in sworn-have-I Once .change-will-I

אֲכַזֵּב׃ 37 זַרְעוֹ לְעוֹלָם יִהְיֶה וְכִסְאוֹ כַשֶּׁמֶשׁ

sun-THE-as throne-his-and ; be-shall ever-for seed-His .lie-will-I

נֶגְדִּי׃ 38 כְּיָרֵחַ יִכּוֹן עוֹלָם וְעֵד בַּשַּׁחַק

sky-THE-in witness-a-& ; ever-(*for*) established-be-shall-it moon-the-As .me-before

נֶאֱמָן סֶלָה׃ 39 וְאַתָּה זָנַחְתָּ וַתִּמְאָס

; rejected-and off-cast-hast thou-And .Selah .steadfast

הִתְעַבַּרְתָּ עִם־מְשִׁיחֶךָ׃ 40 נֵאַרְתָּה בְּרִית

of-covenant-the void-made-hast-Thou .(sg)-anointed-thy with wroth-been-hast-thou

עַבְדֶּךָ חִלַּלְתָּ לָאָרֶץ נִזְרוֹ׃ 41 פָּרַצְתָּ

down-broken-hast-Thou .crown-his earth-THE-to profaned-hast-thou ; servant-thy

כָל־גְּדֵרֹתָיו שַׂמְתָּ מִבְצָרָיו מְחִתָּה׃ 42 שַׁסֻּהוּ

him-spoiled-Have .destruction-a holds-strong-his set-hast-thou ; fences-his all

כָּל־עֹבְרֵי דָרֶךְ הָיָה חֶרְפָּה לִשְׁכֵנָיו׃

.neighbours-his-to reproach-a been-has-he ; way-the by-pass-who-those all

43 הֲרִימוֹתָ יְמִין צָרָיו הִשְׂמַחְתָּ כָּל־
all gladdened-hast-thou ; distressors-his of-hand-right-the up-lifted-hast-Thou

אוֹיְבָיו׃ 44 אַף־תָּשִׁיב צוּר חַרְבּוֹ וְלֹא
not-and ; sword-his of-edge-the turn-wilt-thou Yea .enemies-his

הֲקֵמֹתוֹ בַּמִּלְחָמָה׃ 45 הִשְׁבַּתָּ מִטְּהָרוֹ
; brightness-his-from cease-to-made-hast-Thou ; war-THE-in stand-him-made-hast

וְכִסְאוֹ לָאָרֶץ מִגַּרְתָּה׃ 46 הִקְצַרְתָּ יְמֵי
of-days-the shortened-hast-Thou .down-cast-hast-thou earth-THE-to throne-his-and

עֲלוּמָיו הֶעֱטִיתָ עָלָיו בּוּשָׁה סֶלָה׃ 47 עַד־
Until .Selah .shame him-upon cover-to-caused-hast-thou ; youth-his

מָה יְהוָה תִּסָּתֵר לָנֶצַח תִּבְעַר כְּמוֹ־אֵשׁ
fire as burn-shall ? ever-for thyself-hide-thou-wilt ,Jehovah-O ,when

חֲמָתֶךָ׃ 48 זְכָר־אֲנִי מֶה־חָלֶד עַל־מַה־שָּׁוְא
vanity-(*for*) what for ? age-the what-(*is*) me-(*to-as*) Remember ? wrath-thy

בָּרָאתָ כָל־בְּנֵי־אָדָם׃ 49 מִי גֶבֶר יִחְיֶה וְלֹא
not-and live-shall man What ? man of-sons-the all created-thou-hast

יִרְאֶה־מָּוֶת יְמַלֵּט נַפְשׁוֹ מִיַּד־שְׁאוֹל סֶלָה׃
.Selah ? Hades of-hand-the-from soul-his deliver-he-shall ? death see-shall

50 אַיֵּה ׀ חֲסָדֶיךָ הָרִאשֹׁנִים ׀ אֲדֹנָי נִשְׁבַּעְתָּ
sworn-hast-thou ? Lord-O ,former-THE mercies-thy (*are*)-Where

לְדָוִד בֶּאֱמוּנָתֶךָ׃ 51 זְכֹר אֲדֹנָי חֶרְפַּת
of-reproach-the Lord-O ,Remember .faithfulness-thy-in David-to

עֲבָדֶיךָ שְׂאֵתִי בְחֵיקִי כָּל־רַבִּים עַמִּים׃
.nations many all bosom-my-in borne-have-I ; servants-thy

52 אֲשֶׁר חֵרְפוּ אוֹיְבֶיךָ ׀ יְהוָה אֲשֶׁר
which-(*with*) ; Jehovah-O ,enemies-thy reproached-have which-(*With*)

חֵרְפוּ עִקְּבוֹת מְשִׁיחֶךָ׃ 53 בָּרוּךְ יְהוָה
Jehovah (*be*)-Blessed (sg.)-anointed-thy of-heels-the reproached-have-they

לְעוֹלָם אָמֵן ׀ וְאָמֵן׃
.Amen-and Amen .ever-for

צ

תְּפִלָּה לְמֹשֶׁה אִישׁ־הָאֱלֹהִים אֲדֹנָי מָעוֹן
habitation-a ,Lord-O .God-[THE] of-man-the ,Moses-of prayer-A

אַתָּה הָיִיתָ לָּנוּ בְּדֹר וָדֹר׃ 2 בְּטֶרֶם ׀
Before .generation-and generation-in us-to been-hast thou

הָרִים יֻלָּדוּ וַתְּחוֹלֵל אֶרֶץ וְתֵבֵל
;world-the-and earth-the formed-hadst-thou-and ,born-were mountains-the

וּמֵעוֹלָם עַד־עוֹלָם אַתָּה אֵל׃ 3 תָּשֵׁב אֱנוֹשׁ
man turn-wilt-Thou .God (*art*)-thou everlasting until everlasting-from-even

עַד־דַּכָּא וַתֹּאמֶר שׁוּבוּ בְנֵי־אָדָם׃ 4 כִּי אֶלֶף
thousand-a For .man of-sons-ye ,Return ,said-hast-and ;crushing to

שָׁנִים בְּעֵינֶיךָ כְּיוֹם אֶתְמוֹל כִּי יַעֲבֹר
,by-pass-shall-it when ,yesterday day-the-as-(*are*) eyes-thy-in years

וְאַשְׁמוּרָה בַלָּיְלָה׃ 5 זְרַמְתָּם שֵׁנָה יִהְיוּ
;be-will-they sleep-A ;out-them-poured-hast-Thou .night-THE-in watch-a-and

בַּבֹּקֶר כֶּחָצִיר יַחֲלֹף׃ 6 בַּבֹּקֶר יָצִיץ וְחָלָף
;change-& flourish-will-it morning-THE-In .change-will grass-as morning-THE-in

לָעֶרֶב יְמוֹלֵל וְיָבֵשׁ׃ 7 כִּי־כָלִינוּ
consumed-been-have-we For .up-dry-will-and ,down-cut-be-will-it evening-THE-at

בְאַפֶּךָ וּבַחֲמָתְךָ נִבְהָלְנוּ׃ 8 שַׁתָּ עֲוֺנֹתֵינוּ
iniquities-our set-hast-Thou .troubled-been-have-we wrath-thy-in-and ;anger-thy-in

לְנֶגְדֶּךָ עֲלֻמֵנוּ לִמְאוֹר פָּנֶיךָ׃ 9 כִּי כָל־יָמֵינוּ
days-our all For .face-thy of-light-the-in (*sins*)-secret-our ,thee-before

פָּנוּ בְעֶבְרָתֶךָ כִּלִּינוּ שָׁנֵינוּ כְמוֹ־הֶגֶה׃
.meditation-a as years-our consumed-have-we ;rage-thy-in turned-been-have

10 יְמֵי־שְׁנוֹתֵינוּ ׀ בָהֶם שִׁבְעִים שָׁנָה וְאִם
if-and ;years seventy-(*are*) them-in ,years-our of-days-The

בִּגְבוּרֹת ׀ שְׁמוֹנִים שָׁנָה וְרָהְבָּם עָמָל
grievousness (*is*)-strength-their-even ,years eighty-(*be-they*) might-by

וָאָוֶן כִּי־גָז חִישׁ וַנָּעֻפָה׃ 11 מִי־יוֹדֵעַ

knowing-(*is*) Who .flown-have-we-and soon off-cut-been-has-it for ;iniquity-&

עֹז אַפֶּךָ וּכְיִרְאָתְךָ עֶבְרָתֶךָ׃ 12 לִמְנוֹת

number-To .rage-thy-(*is-so*) fear-thy-as-And ?anger-thy of-strength-the

יָמֵינוּ כֵּן הוֹדַע וְנָבִא לְבַב חָכְמָה׃

.wisdom-(*to*) heart-the bring-shall-we-& ;know-to-(*us*)-make thus days-our

13 שׁוּבָה יְהוָה עַד־מָתָי וְהִנָּחֵם עַל־עֲבָדֶיךָ׃

.servants-thy concerning repent-and ?when until ,Jehovah-O ,Return

14 שַׂבְּעֵנוּ בַבֹּקֶר חַסְדֶּךָ וּנְרַנְּנָה וְנִשְׂמְחָה בְּכָל־

all-in glad-be-and ,joy-for-shout-will-we-& ;mercy-thy morning-THE-in with-us-Satisfy

יָמֵינוּ׃ 15 שַׂמְּחֵנוּ כִּימוֹת עִנִּיתָנוּ

;us-humbled-hast-thou-(*which-in*) days-the-to-according glad-us-Make .days-our

שְׁנוֹת רָאִינוּ רָעָה׃ 16 יֵרָאֶה אֶל־עֲבָדֶיךָ

servants-thy unto seen-be-Shall .evil seen-have-we (*which-in*)-years-the

פָעֳלֶךָ וַהֲדָרְךָ עַל־בְּנֵיהֶם׃ 17 וִיהִי ׀ נֹעַם

of-beauty-the be-let-And .sons-their upon majesty-thy-and ;deed-thy

יְהוָה אֱלֹהֵינוּ עָלֵינוּ וּמַעֲשֵׂה יָדֵינוּ כּוֹנְנָה

establish hands-our of-work-the-and ;us-upon God-our Jehovah

עָלֵינוּ וּמַעֲשֵׂה יָדֵינוּ כּוֹנְנֵהוּ׃

.it-thou-establish hands-our of-work-the-even ,us-upon

צא

יֹשֵׁב בְּסֵתֶר עֶלְיוֹן בְּצֵל שַׁדַּי

Almighty-the of-shadow-the-in ,High-Most-the of-place-hiding-the-in dwells-that-He

יִתְלוֹנָן׃ 2 אֹמַר לַיהוָה מַחְסִי וּמְצוּדָתִי אֱלֹהַי

,God-my ,fortress-my-and refuge-my ,Jehovah-to say-will-I .lodge-shall

אֶבְטַח־בּוֹ׃ 3 כִּי הוּא יַצִּילְךָ מִפַּח

of-trap-the-from thee-deliver-shall He For .him-in confident-be-will-I

יָקוּשׁ מִדֶּבֶר הַוּוֹת׃ 4 בְּאֶבְרָתוֹ ׀ יָסֶךְ

cover-will-he feathers-his-With .wickednesses of-pestilence-the-from ,fowler-the

לָךְ וְתַחַת־כְּנָפָיו תֶּחְסֶה צִנָּה וְסֹחֵרָה

(*is*)-shield-and buckler-a trust-shalt-thou wings-his under-and ,thee-to

אֲמִתּוֹ׃ 5 לֹא תִירָא מִפַּחַד לָיְלָה

,night-the of-fear-the-of-because fear-thou-shalt Not .truth-his

מֵחֵץ יָעוּף יוֹמָם׃ 6 מִדֶּבֶר בָּאֹפֶל

darkness-THE-in pestilence-the-From .day-by fly-will-(*which*) arrow-the-of-because

יַהֲלֹךְ מִקֶּטֶב יָשׁוּד צָהֳרָיִם׃ 7 יִפֹּל

fall-Shall .noon-(*at*) destroy-will-(*which*) destruction-the-from ; walk-will-(*which*)

מִצִּדְּךָ ׀ אֶלֶף וּרְבָבָה מִימִינֶךָ אֵלֶיךָ לֹא

not thee-unto ; hand-right-thy-at thousand-ten-and ,thousand-a side-thy-at

יִגָּשׁ׃ 8 רַק בְּעֵינֶיךָ תַבִּיט וְשִׁלֻּמַת

of-payment-the-and ; behold-shalt-thou eyes-thy-with Only .approach-it-shall

רְשָׁעִים תִּרְאֶה׃ 9 כִּי־אַתָּה יְהוָה מַחְסִי

refuge-my-(*even*) ,Jehovah thou Because .see-shalt-thou wicked-the

עֶלְיוֹן שַׂמְתָּ מְעוֹנֶךָ׃ 10 לֹא־תְאֻנֶּה אֵלֶיךָ רָעָה

; evil thee-unto befall-shall Not ; habitation-thy set-hast ,High-Most-the

וְנֶגַע לֹא־יִקְרַב בְּאָהֳלֶךָ׃ 11 כִּי מַלְאָכָיו

angels-his For .tent-thy-in near-draw-shall not plague-and

יְצַוֶּה־לָּךְ לִשְׁמָרְךָ בְּכָל־דְּרָכֶיךָ׃ 12 עַל־

Upon .ways-thy all-in thee-keep-to ,thee-for command-will-he

כַּפַּיִם יִשָּׂאוּנְךָ פֶּן־תִּגֹּף בָּאֶבֶן

stone-THE-against strike-shalt-thou lest ; up-thee-lift-shall-they hands-(*their*)

רַגְלֶךָ׃ 13 עַל־שַׁחַל וָפֶתֶן תִּדְרֹךְ תִּרְמֹס

on-trample-shalt-thou ; tread-shalt-thou asp-and lion-the Upon .foot-thy

כְּפִיר וְתַנִּין׃ 14 כִּי בִי חָשַׁק וַאֲפַלְּטֵהוּ

; him-delivered-even-I love-set-he me-on For .dragon-and lion-young-the

אֲשַׂגְּבֵהוּ כִּי־יָדַע שְׁמִי׃ 15 יִקְרָאֵנִי ׀

me-call-will-He .name-my knew-he because ,high-on-him-set-will-I

וְאֶעֱנֵהוּ עִמּוֹ־אָנֹכִי בְצָרָה אֲחַלְּצֵהוּ

him-deliver-will-I ; distress-in (*be-will*)-I him-with ,him-answer-will-I-and

וַאֲכַבְּדֵהוּ׃ 16 אֹרֶךְ יָמִים אַשְׂבִּיעֵהוּ וְאַרְאֵהוּ
.him-glorify-and of-Length days with-him-satisfy-will-I ; see-him-make-will-&

בִּישׁוּעָתִי׃
.salvation-my-[in]

צב

מִזְמוֹר שִׁיר לְיוֹם הַשַּׁבָּת׃ 2 טוֹב
,psalm-A song-a of-day-the-for .Sabbath-THE good-(*is-It*)

לְהֹדוֹת לַיהֹוָה וּלְזַמֵּר לְשִׁמְךָ עֶלְיוֹן׃ 3 לְהַגִּיד
to-thanks-give-to Jehovah-to ; to-sing-psalms-to-& name-thy-to ,high-most-O .To-shew

בַּבֹּקֶר חַסְדֶּךָ וֶאֱמוּנָתְךָ בַּלֵּילוֹת׃ 4 עֲלֵי־
in-THE-morning thy-mercy, and-thy-faithfulness in-THE-nights. Upon

עָשׂוֹר וַעֲלֵי־נָבֶל עֲלֵי הִגָּיוֹן בְּכִנּוֹר׃
the-ten-(*stringed-instrument*) &-upon the-psaltery, upon a-meditation with-the-harp.

5 כִּי שִׂמַּחְתַּנִי יְהֹוָה בְּפָעֳלֶךָ בְּמַעֲשֵׂי יָדֶיךָ
For thou-hast-gladdened-me ,O-Jehovah by-thy-deed; in-the-works-of thy-hands

אֲרַנֵּן׃ 6 מַה־גָּדְלוּ מַעֲשֶׂיךָ יְהֹוָה מְאֹד
I-will-shout-for-joy. How great-have-been thy-works, O-Jehovah, very

עָמְקוּ מַחְשְׁבֹתֶיךָ׃ 7 אִישׁ־בַּעַר לֹא יֵדָע
deep-have-been thy-devices. A-man brutish not will-know;

וּכְסִיל לֹא־יָבִין אֶת־זֹאת׃ 8 בִּפְרֹחַ רְשָׁעִים ׀
and-a-fool not will-understand X this. In-flourishing the-wicked

כְּמוֹ עֵשֶׂב וַיָּצִיצוּ כָּל־פֹּעֲלֵי אָוֶן
as grass, and-flourished all the-doers-of iniquity;-(*it-is*)

לְהִשָּׁמְדָם עֲדֵי־עַד׃ 9 וְאַתָּה מָרוֹם לְעֹלָם
for-them-to-be-destroyed unto ever. And-thou (*art*)-on-high for-ever,

יְהֹוָה׃ 10 כִּי הִנֵּה אֹיְבֶיךָ ׀ יְהֹוָה כִּי־הִנֵּה
O-Jehovah. For behold thy-enemies ; O-Jehovah for behold

אֹיְבֶיךָ יֹאבֵדוּ יִתְפָּרְדוּ כָּל־פֹּעֲלֵי אָוֶן׃
thy-enemies shall-perish; shall-be-separated all the-doers-of iniquity.

11 וַתָּרֶם כִּרְאֵים קַרְנִי בַּלֹּתִי בְּשֶׁמֶן

oil-with anointed-been-have-I ; horn-my unicorn-the-as up-lifted-hast-thou-And

רַעֲנָן׃ 12 וַתַּבֵּט עֵינִי בְּשׁוּרָי בַּקָּמִים עָלַי

me-against rise-who-those-upon ; observers-my-on eye-my look-shall-And .fresh

מְרֵעִים תִּשְׁמַעְנָה אָזְנָי׃ 13 צַדִּיק כַּתָּמָר

tree-palm-THE-as (sg.)-righteous-The .ears-my hear-shall doers-wicked

יִפְרָח כְּאֶרֶז בַּלְּבָנוֹן יִשְׂגֶּה׃ 14 שְׁתוּלִים

planted-are-who-Those .grow-shall-he Lebanon-[THE]-in cedar-a-as ; flourish-shall

בְּבֵית יְהוָה בְּחַצְרוֹת אֱלֹהֵינוּ יַפְרִיחוּ׃

.flourish-shall God-our of-courts-the-in ,Jehovah of-house-the-in

15 עוֹד יְנוּבוּן בְּשֵׂיבָה דְּשֵׁנִים וְרַעֲנַנִּים יִהְיוּ׃

.be-shall-they fresh-and fat ,age-old-in increase-they-shall Yet

16 לְהַגִּיד כִּי--יָשָׁר יְהוָה צוּרִי וְלֹא--

not-(*is-there*)-& ,rock-my ,Jehovah (*is*)-upright that shew-To

עֹלָתָה בּוֹ׃

.him-in iniquity

צג

יְהוָה מָלָךְ גֵּאוּת לָבֵשׁ לָבֵשׁ

with-clothed-been-has ; with-clothed-been-has-he exaltation ; reigned-has Jehovah

יְהוָה עֹז הִתְאַזָּר אַף--תִּכּוֹן תֵּבֵל

,world-the established-be-will yea ; with-himself-girded-has-he ,strength Jehovah

בַּל--תִּמּוֹט׃ 2 נָכוֹן כִּסְאֲךָ מֵאָז מֵעוֹלָם

old-of-from ; then-from throne-thy established-(*Is*) .moved-be-shall-it not-that

אָתָּה׃ 3 נָשְׂאוּ נְהָרוֹת ׀ יְהוָה נָשְׂאוּ נְהָרוֹת

rivers-the up-lifted-have ; Jehovah-O ,rivers-the up-lifted-Have .thou-(*art*)

קוֹלָם יִשְׂאוּ נְהָרוֹת דָּכְיָם׃ 4 מִקֹּלוֹת ׀ מַיִם

waters of-voices-the-than-More .waves-their rivers-the up-lift-will ; voice-their

רַבִּים אַדִּירִים מִשְׁבְּרֵי--יָם אַדִּיר בַּמָּרוֹם

height-THE-in excellent ,sea-the of-waves-the-(*even*) ,excellent many

יְהוָה׃ 5 עֵדֹתֶיךָ ׀ נֶאֶמְנוּ מְאֹד לְבֵיתְךָ

house-thy-to ; very stedfast-been-have testimonies-Thy .Jehovah-(*is*)

נַאֲוָה־קֹדֶשׁ יְהוָה לְאֹרֶךְ יָמִים׃

.days of-length-to Jehovah-O ,holiness becoming-been-has

צד

אֵל־נְקָמוֹת יְהוָה אֵל נְקָמוֹת הוֹפִיעַ׃

.forth-shine ,revenges of-God ,Jehovah ,revenges of-God-O

2 הִנָּשֵׂא שֹׁפֵט הָאָרֶץ הָשֵׁב גְּמוּל עַל־גֵּאִים׃

.proud-the upon desert-a return ,earth-THE of-judge-O thyself-up-Lift

3 עַד־מָתַי רְשָׁעִים יְהוָה עַד־מָתַי רְשָׁעִים

wicked-the when until ,Jehovah-O ,wicked-the when Until

יַעֲלֹזוּ׃ 4 יַבִּיעוּ יְדַבְּרוּ עָתָק יִתְאַמְּרוּ

themselves-for-speak-shall ? thing-hard-a speak-they-shall ,utter-they-Shall ? exult-shall

כָּל־פֹּעֲלֵי אָוֶן׃ 5 עַמְּךָ יְהוָה יְדַכְּאוּ

; crush-will-they ,Jehovah-O ,nation-Thy ? iniquity of-doers-the all

וְנַחֲלָתְךָ יְעַנּוּ׃ 6 אַלְמָנָה וְגֵר יַהֲרֹגוּ

,slay-will-they sojourner-and widow-The .humble-will-they inheritance-thy-and

וִיתוֹמִים יְרַצֵּחוּ׃ 7 וַיֹּאמְרוּ לֹא יִרְאֶה־יָּהּ

; Jah see-will not ,said-have-they-And .murder-will-they orphans-the-and

וְלֹא יָבִין אֱלֹהֵי יַעֲקֹב׃ 8 בִּינוּ בֹּעֲרִים

brutish-ye ,Understand .Jacob of-God-the consider-will not-&

בָּעָם וּכְסִילִים מָתַי תַּשְׂכִּילוּ׃ 9 הֲנֹטַע

planted-who-He ? ? understand-ye-will when fools-ye-and ,people-THE-among

אֹזֶן הֲלֹא יִשְׁמָע אִם־יֹצֵר עַיִן הֲלֹא יַבִּיט׃

? behold-shall not ? eye-the formed-that-he If ? hear-shall not ? ear-the

10 הֲיֹסֵר גּוֹיִם הֲלֹא יוֹכִיחַ הַמְלַמֵּד אָדָם

man teaches-who-he ? rebuke-shall not ? Gentiles-the instructs-who-He ?

דָּעַת׃ 11 יְהוָה יֹדֵעַ מַחְשְׁבוֹת אָדָם כִּי־הֵמָּה
(*are*)-they that ,man of-devices-the knowing-(*is*) ,Jehovah ,knowledge

הָבֶל׃ 12 אַשְׁרֵי הַגֶּבֶר אֲשֶׁר־תְּיַסְּרֶנּוּ יָּהּ
,Jah-O ,[him]-instruct-wilt-thou whom man-THE of-blessings-the-O .vanity

וּמִתּוֹרָתְךָ תְלַמְּדֶנּוּ׃ 13 לְהַשְׁקִיט לוֹ מִימֵי
of-days-the-of-because him-for still-make-To .him-teach-wilt law-thy-of-out-and

רָע עַד יִכָּרֶה לָרָשָׁע שָׁחַת׃ 14 כִּי ׀ לֹא־
not For .ditch-the (sg.)-wicked-THE-for digged-be-shall until ; evil

יִטֹּשׁ יְהוָה עַמּוֹ וְנַחֲלָתוֹ לֹא יַעֲזֹב׃ 15 כִּי־
When .forsake-will not inheritance-his-& ; people-his Jehovah leave-will

עַד־צֶדֶק יָשׁוּב מִשְׁפָּט וְאַחֲרָיו כָּל־יִשְׁרֵי־
of-upright-the all-(*be-shall*) it-after-& ,judgment turn-shall righteousness unto

לֵב׃ 16 מִי־יָקוּם לִי עִם־מְרֵעִים מִי־יִתְיַצֵּב
himself-set-will who ? doers-wicked-the against me-for rise-will Who .heart

לִי עִם־פֹּעֲלֵי אָוֶן׃ 17 לוּלֵי יְהוָה עֶזְרָתָה
help-a-(*been-had*) Jehovah Unless ? iniquity of-doers-the against me-for

לִּי כִּמְעַט ׀ שָׁכְנָה דוּמָה נַפְשִׁי׃ 18 אִם־
When .soul-my silence in-dwelt-had little-a-as me-for

אָמַרְתִּי מָטָה רַגְלִי חַסְדְּךָ יְהוָה יִסְעָדֵנִי׃
.up-me-hold-will ,Jehovah-O ,mercy-thy : foot-my moved-been-has ,said-I

19 בְּרֹב שַׂרְעַפַּי בְּקִרְבִּי תַּנְחוּמֶיךָ יְשַׁעַשְׁעוּ
delight-will comforts-thy midst-my-in thoughts-my of-multitude-the-In

נַפְשִׁי׃ 20 הַיְחָבְרְךָ כִּסֵּא הַוּוֹת יֹצֵר עָמָל
grievousness forming ,wickednesses of-throne-the thee-to-joined-be-Shall ? .soul-my

עֲלֵי־חֹק׃ 21 יָגוֹדּוּ עַל־נֶפֶשׁ צַדִּיק
; righteous-the of-soul-the against togetner-themselves-gather-will-They .statute-a upon

וְדָם נָקִי יַרְשִׁיעוּ׃ 22 וַיְהִי יְהוָה לִי לְמִשְׂגָּב
; place-high-a-for me-to Jehovah be-shall-And .condemn-will-they innocent blood-&

וֵאלֹהַי לְצוּר מַחְסִי׃ 23 וַיָּשֶׁב עֲלֵיהֶם ׀ אֶת־
X them-upon turn-shall-he-And .refuge-my of-rock-the-for God-my-&

אוֹנָם וּבְרָעָתָם יַצְמִיתֵם יַצְמִיתֵם יְהוָה

Jehovah off-them-cut-will ;off-them-cut-will-he evil-their-in-& ;iniquity-their

אֱלֹהֵינוּ׃

.God-our

צה

לְכוּ נְרַנְּנָה לַיהוָה נָרִיעָה לְצוּר

of-rock-the-to shout-will-we ;Jehovah-to joy-for-shout-will-We ,Come

יִשְׁעֵנוּ׃ 2 נְקַדְּמָה פָנָיו בְּתוֹדָה בִּזְמִרוֹת

psalms-with ;praise-with face-his before-come-will-We .salvation-our

נָרִיעַ לוֹ׃ 3 כִּי אֵל גָּדוֹל יְהוָה וּמֶלֶךְ גָּדוֹל

great king-a-and ;Jehovah (*is*)-great God-a For .him-to shout-will-we

עַל־כָּל־אֱלֹהִים׃ 4 אֲשֶׁר בְּיָדוֹ מֶחְקְרֵי־אָרֶץ

;earth-the of-places-deep-the-(*are*) hand-his-in Who .gods all above

וְתוֹעֲפוֹת הָרִים לוֹ׃ 5 אֲשֶׁר־לוֹ הַיָּם וְהוּא

he-and ,sea-THE-(*is*) him-to Who .him-to-(*is*) mountains-the of-strength-the-&

עָשָׂהוּ וְיַבֶּשֶׁת יָדָיו יָצָרוּ׃ 6 בֹּאוּ נִשְׁתַּחֲוֶה

,down-bow-will-we ye-Come .formed-have hands-his land-dry-the-and ;made-it

וְנִכְרָעָה נִבְרְכָה לִפְנֵי־יְהוָה עֹשֵׂנוּ׃ 7 כִּי

For .us-made-who ,Jehovah before ,kneel-will-we ;bend-and

הוּא אֱלֹהֵינוּ וַאֲנַחְנוּ עַם מַרְעִיתוֹ וְצֹאן

of-sheep-the-& ,pasture-his of-nation-the-(*are*) we-and ,God-our-(*is*) he

יָדוֹ הַיּוֹם אִם־בְּקֹלוֹ תִשְׁמָעוּ׃ 8 אַל־תַּקְשׁוּ

harden Not ;hear-will-ye voice-his-[in] if day-to ;hand-his

לְבַבְכֶם כִּמְרִיבָה כְּיוֹם מַסָּה בַּמִּדְבָּר׃

,wilderness-THE-in Massah of-day-the-as ,Meribah-(*at*)-as heart-your

9 אֲשֶׁר נִסּוּנִי אֲבוֹתֵיכֶם בְּחָנוּנִי גַּם־רָאוּ

saw-they also ,me-proved-they ;fathers-your me-tempted When

פָעֳלִי׃ 10 אַרְבָּעִים שָׁנָה ׀ אָקוּט בְּדוֹר

;generation-the-with grieved-be-will-I years Forty .deed-my

וָאֹמַר עַם תֹּעֵי לֵבָב הֵם וְהֵם לֹא־יָדְעוּ
known-have not they-and ; they-(*are*) heart of-wandering nation-a ,said-I-&

דְרָכָי׃ 11 אֲשֶׁר־נִשְׁבַּעְתִּי בְאַפִּי אִם־יְבֹאוּן
come-shall-they if ,anger-my-in swore-I whom-(*Of*) .ways-my

אֶל־מְנוּחָתִי׃
.rest-my unto

צו

שִׁירוּ לַיהוָה שִׁיר חָדָשׁ שִׁירוּ לַיהוָה
Jehovah-to ye-sing ; new song-a Jehovah-to ye-Sing

כָּל־הָאָרֶץ׃ 2 שִׁירוּ לַיהוָה בָּרְכוּ שְׁמוֹ בַּשְּׂרוּ
of-tidings-Bear ; name-his bless ; Jehovah-to ye-Sing .earth-THE all

מִיּוֹם־לְיוֹם יְשׁוּעָתוֹ׃ 3 סַפְּרוּ בַגּוֹיִם כְּבוֹדוֹ
; glory-his Gentiles-THE-among ye-Declare .salvation-his day-to day-from

בְּכָל־הָעַמִּים נִפְלְאוֹתָיו׃ 4 כִּי גָדוֹל יְהוָה
,Jehovah (*is*)-great For .works-wondrous-his nations-the all-amongst

וּמְהֻלָּל מְאֹד נוֹרָא הוּא עַל־כָּל־אֱלֹהִים׃
.gods all above (*is*)-he feared-be-to ; greatly praised-be-to-and

5 כִּי ׀ כָּל־אֱלֹהֵי הָעַמִּים אֱלִילִים וַיהוָה שָׁמַיִם
heavens-the Jehovah-and ; idols-(*are*) nations-THE of-gods-the all For

עָשָׂה׃ 6 הוֹד־וְהָדָר לְפָנָיו עֹז וְתִפְאֶרֶת
honour-and strength ; him-before-(*are*) majesty-and Honour .made

בְּמִקְדָּשׁוֹ׃ 7 הָבוּ לַיהוָה מִשְׁפְּחוֹת עַמִּים
,nations-the of-families-ye Jehovah-to ye-Give .sanctuary-his-in-(*are*)

הָבוּ לַיהוָה כָּבוֹד וָעֹז׃ 8 הָבוּ לַיהוָה כְּבוֹד
of-glory-the Jehovah-to ye-Give .strength-and glory to-Jehovah ye-Give

שְׁמוֹ שְׂאוּ־מִנְחָה וּבֹאוּ לְחַצְרוֹתָיו׃ 9 הִשְׁתַּחֲווּ
down-Bow .courts-his-to come-and offering-an bring ; name-his

לַיהוָה בְּהַדְרַת־קֹדֶשׁ חִילוּ מִפָּנָיו כָּל־הָאָרֶץ׃
.earth-THE all him-before pained-be ; holiness of-majesty-the-in Jehovah-to

10 אִמְרוּ בַגּוֹיִם ׀ יְהוָה מָלָךְ אַף־תִּכּוֹן
established-be-shall yea ;reigned-has Jehovah ,Gentiles-THE-amongst ye-Say

תֵּבֵל בַּל־תִּמּוֹט יָדִין עַמִּים בְּמֵישָׁרִים׃
.uprightness-in nations-the judge-will-he ;moved-be-shall-it not-that ,world-the

11 יִשְׂמְחוּ הַשָּׁמַיִם וְתָגֵל הָאָרֶץ יִרְעַם הַיָּם
sea-THE roar-shall ,earth-THE rejoice-shall-and ,heavens-THE glad-be-Shall

וּמְלֹאוֹ׃ 12 יַעֲלֹז שָׂדַי וְכָל־אֲשֶׁר־בּוֹ אָז
then ;it-in (*is*)-which all-and field-the exult-Shall ;fulness-its-and

יְרַנְּנוּ כָּל־עֲצֵי־יָעַר׃ 13 לִפְנֵי יְהוָה ׀ כִּי
for ,Jehovah Before forest-the of-trees-the all joy-for-shout-shall

בָא כִּי בָא לִשְׁפֹּט הָאָרֶץ יִשְׁפֹּט־תֵּבֵל
world-the judge-shall-he ;earth-THE judge-to came-he for ,came-he

בְּצֶדֶק וְעַמִּים בֶּאֱמוּנָתוֹ׃
.truth-his-with nations-and ,righteousness-with

צז

יְהוָה מָלָךְ תָּגֵל הָאָרֶץ יִשְׂמְחוּ אִיִּים
coasts-sea-the glad-be-shall ;earth-THE rejoice-shall ;reigned-has Jehovah

רַבִּים׃ 2 עָנָן וַעֲרָפֶל סְבִיבָיו צֶדֶק וּמִשְׁפָּט
judgment-and righteousness ;him-around-(*are*) darkness-and Cloud ,many

מְכוֹן כִּסְאוֹ׃ 3 אֵשׁ לְפָנָיו תֵּלֵךְ וּתְלַהֵט
fire-on-set-shall-& ;go-shall him-before fire-A .throne-his of-settlement-the-(*are*)

סָבִיב צָרָיו׃ 4 הֵאִירוּ בְרָקָיו תֵּבֵל רָאֲתָה
saw ;world-the lightnings-his Lightened .distressors-his around

וַתָּחֵל הָאָרֶץ׃ 5 הָרִים כַּדּוֹנַג נָמַסּוּ מִלִּפְנֵי
before melted wax-THE-as mountains-The .earth-THE pained-was-and

יְהוָה מִלִּפְנֵי אֲדוֹן כָּל־הָאָרֶץ׃ 6 הִגִּידוּ
shown-Have .earth-THE all of-Lord-the before ,Jehovah

הַשָּׁמַיִם צִדְקוֹ וְרָאוּ כָל־הָעַמִּים כְּבוֹדוֹ׃
.glory-his nations-the all seen-have-and ,righteousness-his heavens-THE

7 יֵבֹשׁוּ ׀ כָּל־עֹבְדֵי פֶסֶל הַמִּתְהַלְלִים בָּאֱלִילִים

; idols-in themselves-boast-who ,image-graven-a serve-who all ashamed-be-Shall

הִשְׁתַּחֲווּ־לוֹ כָּל־אֱלֹהִים׃ 8 שָׁמְעָה וַתִּשְׂמַח ׀

glad-was-and Heard .gods-ye all him-to down-bow

צִיּוֹן וַתָּגֵלְנָה בְּנוֹת יְהוּדָה לְמַעַן מִשְׁפָּטֶיךָ

,judgments-thy of-because Judah of-daughters-the rejoiced-and ; Zion

יְהוָה׃ 9 כִּי־אַתָּה ׀ יְהוָה עֶלְיוֹן עַל־כָּל־הָאָרֶץ

; earth-THE all above high-most (*art*)-Jehovah-O ,thou For .Jehovah-O

מְאֹד נַעֲלֵיתָ עַל־כָּל־אֱלֹהִים׃ 10 אֹהֲבֵי יְהוָה

Jehovah love-who-Ye .gods all above exalted-been-hast-thou greatly

שִׂנְאוּ רָע שֹׁמֵר נַפְשׁוֹת חֲסִידָיו מִיַּד

of-hand-the-from ; saints-his of-souls-the keeping-(*is-He*) ; evil hate

רְשָׁעִים יַצִּילֵם׃ 11 אוֹר זָרֻעַ לַצַּדִּיק

,(sg)-righteous-THE-for sown-(*is*) Light .them-deliver-will-he wicked-the

וּלְיִשְׁרֵי־לֵב שִׂמְחָה׃ 12 שִׂמְחוּ צַדִּיקִים

righteous-ye glad-Be .gladness heart of-upright-the-for-and

בַּיהוָה וְהוֹדוּ לְזֵכֶר קָדְשׁוֹ׃

.holiness-his of-remembrance-the-at thanks-ye-give-and ; Jehovah-in

צח

מִזְמוֹר שִׁירוּ לַיהוָה ׀ שִׁיר חָדָשׁ כִּי־

for ; new song-a Jehovah-to ye-Sing .psalm-A

נִפְלָאוֹת עָשָׂה הוֹשִׁיעָה־לּוֹ יְמִינוֹ וּזְרוֹעַ

of-arm-the-and hand-right-his him-for saved-has ; done-has-he works-wondrous

קָדְשׁוֹ׃ 2 הוֹדִיעַ יְהוָה יְשׁוּעָתוֹ לְעֵינֵי הַגּוֹיִם

Gentiles-THE of-eyes-the-in ; salvation-his Jehovah known-made-Has .holiness-his

גִּלָּה צִדְקָתוֹ׃ 3 זָכַר חַסְדּוֹ ׀ וֶאֱמוּנָתוֹ

faithfulness-his-and mercy-his remembered-has-He .righteousness-his revealed-he

לְבֵית יִשְׂרָאֵל רָאוּ כָל־אַפְסֵי־אָרֶץ אֵת

)(earth-the of-ends-the all seen-have ; Israel of-house-the-to

יְשׁוּעַת אֱלֹהֵינוּ׃ 4 הָרִיעוּ לַיהוָה כָּל־הָאָרֶץ
;earth-the all Jehovah-to ye-Shout .God-our of-salvation-the

פִּצְחוּ וְרַנְּנוּ וְזַמֵּרוּ׃ 5 זַמְּרוּ לַיהוָה בְּכִנּוֹר
,harp-the-with ,Jehovah-to psalms-Sing .psalms-sing-& joy-for-shout-& forth-ye-break

בְּכִנּוֹר וְקוֹל זִמְרָה׃ 6 בַּחֲצֹצְרוֹת וְקוֹל שׁוֹפָר
;cornet-the of-voice-the-& trumpets-With psalm-a of-voice-the-& harp-the-with

הָרִיעוּ לִפְנֵי ׀ הַמֶּלֶךְ יְהוָה׃ 7 יִרְעַם הַיָּם
sea-THE roar-Shall .Jehovah ,king-THE before ye-Shout

וּמְלֹאוֹ תֵּבֵל וְיֹשְׁבֵי בָהּ׃ 8 נְהָרוֹת יִמְחֲאוּ־
clap-shall rivers-The .it-in dwell-who-those-& world-the ,fulness-its-and

כָף יַחַד הָרִים יְרַנֵּנוּ׃ 9 לִפְנֵי־יְהוָה כִּי בָא
came-he for ,Jehovah Before joy-for-shout-will mountains-the together ;hand-the

לִשְׁפֹּט הָאָרֶץ יִשְׁפֹּט־תֵּבֵל בְּצֶדֶק וְעַמִּים
nations-the-& righteousness-in world-the judge-will-he ;earth-THE judge-to

בְּמֵישָׁרִים׃
.uprightness-in

צט

יְהוָה מָלָךְ יִרְגְּזוּ עַמִּים יֹשֵׁב
sitting-(*is-he*) ;nations troubled-be-shall ,reigned-hath Jehovah

כְּרוּבִים תָּנוּט הָאָרֶץ׃ 2 יְהוָה בְּצִיּוֹן גָּדוֹל
;great-(*is*) Zion-in Jehovah .earth-the moved-be-shall ,cherubim-the-(*upon*)

וְרָם הוּא עַל־כָּל־הָעַמִּים׃ 3 יוֹדוּ שִׁמְךָ
name-thy praise-shall-They .nations-THE all above he exalted-is-and

גָּדוֹל וְנוֹרָא קָדוֹשׁ הוּא׃ 4 וְעֹז מֶלֶךְ
king-the of-strength-the-And .(*is*)-it holy ;terrible-and great

מִשְׁפָּט אָהֵב אַתָּה כּוֹנַנְתָּ מֵישָׁרִים מִשְׁפָּט
judgment ;uprightness established-hast thou ;loved-hath judgment

וּצְדָקָה בְּיַעֲקֹב ׀ אַתָּה עָשִׂיתָ׃ 5 רוֹמְמוּ
ye-Exalt .wrought-hast thou Jacob-in righteousness-and

יְהוָה אֱלֹהֵינוּ וְהִשְׁתַּחֲווּ לַהֲדֹם רַגְלָיו קָדוֹשׁ
holy ; feet-his of-stool-the-at down-bow-and ; God-our Jehovah

הוּא׃ 6 מֹשֶׁה וְאַהֲרֹן ׀ בְּכֹהֲנָיו וּשְׁמוּאֵל
Samuel-and ; priests-his-among (*are*)-Aaron-and Moses .(*is*)-he

בְּקֹרְאֵי שְׁמוֹ קֹרְאִים אֶל־־יְהוָה וְהוּא
he-and ,Jehovah unto calling-(*were-they*) ; name-his on-call-who-those-among

יַעֲנֵם׃ 7 בְּעַמּוּד עָנָן יְדַבֵּר אֲלֵיהֶם שָׁמְרוּ
kept-they ; them-unto speak-will-he cloud of-pillar-the-In .them-answer-will

עֵדֹתָיו וְחֹק נָתַן־־לָמוֹ׃ 8 יְהוָה אֱלֹהֵינוּ
,God-our Jehovah-O .them-to gave-he-(*which*) statute-the-& testimonies-his

אַתָּה עֲנִיתָם אֵל נֹשֵׂא הָיִיתָ לָהֶם וְנֹקֵם
avenging-and ,them-to wast-thou pardoning God-a ; them-answeredst thou

עַל־עֲלִילוֹתָם׃ 9 רוֹמְמוּ יְהוָה אֱלֹהֵינוּ וְהִשְׁתַּחֲווּ
down-bow-and ; God-our Jehovah ye-Exalt .deeds-their upon

לְהַר קָדְשׁוֹ כִּי־קָדוֹשׁ יְהוָה אֱלֹהֵינוּ׃
.God-our Jehovah (*is*)-holy for ,holiness-his of-mountain-the-at

ק

מִזְמוֹר לְתוֹדָה הָרִיעוּ לַיהוָה כָּל־הָאָרֶץ׃
.earth-THE all ,Jehovah-to ye-Shout .thanksgiving-of psalm-A

2 עִבְדוּ אֶת־־יְהוָה בְּשִׂמְחָה בֹּאוּ לְפָנָיו
him-before Come, gladness-with Jehovah)(ye-Serve

בִּרְנָנָה׃ 3 דְּעוּ כִּי־יְהוָה הוּא אֱלֹהִים
; God (*is*)-he ,Jehovah that ,ye-Know .joy-for-shoutings-with

הוּא עָשָׂנוּ וְלֹא ׀ אֲנַחְנוּ עַמּוֹ וְצֹאן
of-sheep-the-and nation-his ,(*are*)-we him-to-and us-made he

מַרְעִיתוֹ׃ 4 בֹּאוּ שְׁעָרָיו ׀ בְּתוֹדָה חֲצֵרֹתָיו
courts-his ,thanksgiving-with gates-his-(*into*) ye-Come .pasture-his

בִּתְהִלָּה הוֹדוּ לוֹ בָּרְכוּ שְׁמוֹ׃ 5 כִּי־־
For .name-his ye-Bless ; him-to thanks-ye-Give ; praise-with

טוֹב יְהוָה לְעוֹלָם חַסְדּוֹ וְעַד־דֹּר וָדֹר
generation-& generation unto-and ; mercy-his-(*is*) ever-for ; Jehovah (*is*)-good

אֱמוּנָתוֹ׃
.faithfulness-his

קא

לְדָוִד מִזְמוֹר חֶסֶד־וּמִשְׁפָּט אָשִׁירָה לְךָ
,thee-to ;sing-will-I judgment-and Mercy .psalm-a David-Of

יְהוָה אֲזַמֵּרָה׃ 2 אַשְׂכִּילָה ׀ בְּדֶרֶךְ תָּמִים
;upright way-a-in wisely-act-will-I .psalms-sing-will-I Jehovah-O

מָתַי תָּבוֹא אֵלָי אֶתְהַלֵּךְ בְּתָם־לְבָבִי
heart-my of-integrity-the-in walk-will-I ?me-to come-thou-wilt when

בְּקֶרֶב בֵּיתִי׃ 3 לֹא־אָשִׁית ׀ לְנֶגֶד עֵינַי דְּבַר־
of-matter-a eyes-my before set-will-I Not .house-my of-midst-the-in

בְּלִיָּעַל עֲשֹׂה־סֵטִים שָׂנֵאתִי לֹא יִדְבַּק בִּי׃
.me-with cleave-shall-it not ;hated-have-I aside-turn-who-those of-doing-the ; Belial

4 לֵבָב עִקֵּשׁ יָסוּר מִמֶּנִּי רָע לֹא אֵדָע׃
.know-will-I not (*man*)-evil-an ;me-from depart-shall froward heart-A

5 מְלָוֹשְׁנִי בַסֵּתֶר ׀ רֵעֵהוּ אוֹתוֹ אַצְמִית
;off-cut-will-I him neighbour-his place-hiding-THE-in slandereth-that-He

גְּבַהּ־עֵינַיִם וּרְחַב לֵבָב אֹתוֹ לֹא אוּכָל׃
.suffer-will-I not him heart of-(sg.)-wide-the-& ,eyes of-(sg.)-proud-the

6 עֵינַי ׀ בְּנֶאֶמְנֵי־אֶרֶץ לָשֶׁבֶת עִמָּדִי הֹלֵךְ
walks-who-he ;me-with dwell-to earth-the of-stedfast-the-with-(*are*) eyes-My

בְּדֶרֶךְ תָּמִים הוּא יְשָׁרְתֵנִי׃ 7 לֹא־יֵשֵׁב ׀ בְּקֶרֶב
of-midst-the-in sit-shall Not .me-to-minister-shall he ,upright way-a-in

בֵּיתִי עֹשֵׂה רְמִיָּה דֹּבֵר שְׁקָרִים לֹא־
not ;falsehoods speaks-that-he ;guile works-that-he house-my

יִכּוֹן לְנֶגֶד עֵינָי׃ 8 לַבְּקָרִים אַצְמִית כָּל־
all off-cut-will-I mornings-THE-At .eyes-my before established-be-shall

רִשְׁעֵי־אָרֶץ לְהַכְרִית מֵעִיר־יְהוָה כָּל־
all Jehovah of-city-the-from off-cut-to ,earth-the of-wicked-the

פֹּעֲלֵי אָוֶן׃
.iniquity of-doers

קב

תְּפִלָּה לְעָנִי כִי־יַעֲטֹף וְלִפְנֵי יְהוָה
Jehovah before-and ,overwhelmed-be-will-he when one-poor-the-of prayer-A

יִשְׁפֹּךְ שִׂיחוֹ׃ 2 יְהוָה שִׁמְעָה תְפִלָּתִי וְשַׁוְעָתִי
cry-my-and ,prayer-my hear ,Jehovah-O .meditation-his out-pour-will-he

אֵלֶיךָ תָבוֹא׃ 3 אַל־תַּסְתֵּר פָּנֶיךָ ׀ מִמֶּנִּי בְּיוֹם
of-day-the-in me-from face-thy hide Not .go-shall thee-unto

צַר־לִי הַטֵּה־אֵלַי אָזְנֶךָ בְּיוֹם אֶקְרָא מַהֵר
speedily call-will-I-(*when*) day-the-in ;ear-thy me-unto incline ;me-to distress

עֲנֵנִי׃ 4 כִּי־כָלוּ בְעָשָׁן יָמָי וְעַצְמוֹתַי כְּמוֹקֵד
hearth-a-as bones-my-and ,days-my smoke-in ended-have For .me-answer

נִחָרוּ׃ 5 הוּכָּה כָעֵשֶׂב וַיִּבַשׁ לִבִּי
;heart-my up-dried-has-and ,grass-THE-as smitten-been-Has .burned-been-have

כִּי שָׁכַחְתִּי מֵאֲכֹל לַחְמִי׃ 6 מִקּוֹל אַנְחָתִי
groaning-my of-voice-the-of-Because .bread-my eat-to forgotten-have-I for

דָּבְקָה עַצְמִי לִבְשָׂרִי׃ 7 דָּמִיתִי לִקְאַת
of-pelican-a-to like-been-have-I .flesh-my-to bone-my cleaved-has

מִדְבָּר הָיִיתִי כְּכוֹס חֳרָבוֹת׃ 8 שָׁקַדְתִּי
,watched-have-I .desolations of-owl-an-as been-have-I ;wilderness-the

וָאֶהְיֶה כְּצִפּוֹר בּוֹדֵד עַל־גָּג׃ 9 כָּל־הַיּוֹם
day-THE All .roof-the upon alone sparrow-a-as been-have-I-and

חֵרְפוּנִי אוֹיְבָי מְהוֹלָלַי בִּי נִשְׁבָּעוּ׃
.sworn-have me-against me-with-mad-are-who-those ;enemies-my me-reproached-have

10 כִּי־אֵפֶר כַּלֶּחֶם אָכָלְתִּי וְשִׁקֻּוַי בִּבְכִי
weeping-with drink-my-and ;eaten-have-I bread-THE-as ashes For

מִסַּכְתִּי׃ 11 מִפְּנֵי־זַעַמְךָ וְקִצְפֶּךָ כִּי נְשָׂאתַנִי

up-me-lifted-hast-thou for ; anger-thy-& indignation-thy of-Because .mingled-have-I

וַתַּשְׁלִיכֵנִי׃ 12 יָמַי כְּצֵל נָטוּי וַאֲנִי

I-and ,inclined-(*is-which*) shadow-a-as (*are*)-days-My .down-me-cast-hast-and

כָּעֵשֶׂב אִיבָשׁ׃ 13 וְאַתָּה יְהוָה לְעוֹלָם תֵּשֵׁב

; dwell-wilt ever-for ,Jehovah-O ,thou-And .dried-be-shall grass-THE-as

וְזִכְרְךָ לְדֹר וָדֹר׃ 14 אַתָּה תָקוּם

,arise-wilt Thou .generation-and generation-to-(*is*) remembrance-thy-and

תְּרַחֵם צִיּוֹן כִּי־עֵת לְחֶנְנָהּ כִּי־בָא

come-has for ,her-to-gracious-be-to season-the for ; Zion compassionate-wilt-thou

מוֹעֵד׃ 15 כִּי־רָצוּ עֲבָדֶיךָ אֶת־אֲבָנֶיהָ

; stones-her)(servants-thy with-pleased-been-have For .time-set-the

וְאֶת־עֲפָרָהּ יְחֹנֵנוּ׃ 16 וְיִירְאוּ גוֹיִם אֶת־

)(Gentiles fear-shall-And .to-gracious-be-will-they dust-her)(-and

שֵׁם יְהוָה וְכָל־מַלְכֵי הָאָרֶץ אֶת־כְּבוֹדֶךָ׃

.glory-thy)(earth-THE of-kings-the all-and ; Jehovah of-name-the

17 כִּי־בָנָה יְהוָה צִיּוֹן נִרְאָה בִּכְבוֹדוֹ׃ 18 פָּנָה

turned-He .glory-his-in seen-was-he ,Zion Jehovah built When

אֶל־תְּפִלַּת הָעַרְעָר וְלֹא בָזָה אֶת־תְּפִלָּתָם׃

.prayer-their)(despised not-and ,(sg.)-destitute-THE of-prayer-the unto

19 תִּכָּתֶב זֹאת לְדוֹר אַחֲרוֹן וְעַם נִבְרָא

created-be-to nation-a-and ; afterwards generation-a-for this written-be-Shall

יְהַלֶּל־יָהּ׃ 20 כִּי־הִשְׁקִיף מִמְּרוֹם קָדְשׁוֹ

; place-holy-his of-height-the-from down-looked-has-he For .Jah praise-shall

יְהוָה מִשָּׁמַיִם ׀ אֶל־אֶרֶץ הִבִּיט׃ 21 לִשְׁמֹעַ

hear-To ,looked-has earth-the unto heavens-the-from Jehovah

אֶנְקַת אָסִיר לְפַתֵּחַ בְּנֵי תְמוּתָה׃ 22 לְסַפֵּר

declare-To .death of-sons-the unto-open-to ; prisoner-the of-sighing-the

בְּצִיּוֹן שֵׁם יְהוָה וּתְהִלָּתוֹ בִּירוּשָׁלָםִ׃

.Jerusalem-in praise-his-and ,Jehovah of-name-the Zion-in

23 בְּהִקָּבֵץ עַמִּים יַחְדָּו וּמַמְלָכוֹת לַעֲבֹד אֶת־

)(serve-to kingdoms-the-and together nations-the gathered-being-In

יְהוָה׃ 24 עִנָּה בַדֶּרֶךְ כֹּחוֹ קִצַּר יָמָי׃

.days-my shortened-he ,strength-my way-THE-in humbled-He .Jehovah

25 אֹמַר אֵלִי אַל־תַּעֲלֵנִי בַּחֲצִי יָמָי בְּדוֹר

of-generation-In .days-my half-in away-me-take not ,God-My ,say-will-I

דּוֹרִים שְׁנוֹתֶיךָ׃ 26 לְפָנִים הָאָרֶץ יָסַדְתָּ

;founded-hast-thou earth-THE old-Of .years-thy-(*are*) generations

וּמַעֲשֵׂה יָדֶיךָ שָׁמָיִם׃ 27 הֵמָּה ׀ יֹאבֵדוּ וְאַתָּה

thou-and ,perish-shall They .heavens-the-(*are*) hands-thy of-work-the-&

תַעֲמֹד וְכֻלָּם כַּבֶּגֶד יִבְלוּ כַּלְּבוּשׁ

clothing-THE-as ,old-wax-shall garment-THE-as them-of-all-and ;stand-shalt

תַּחֲלִיפֵם וְיַחֲלֹפוּ׃ 28 וְאַתָּה הוּא וּשְׁנוֹתֶיךָ

years-thy-and ;he-(*art*) thou-And .changed-be-will-they-& them-change-wilt-thou

לֹא יִתָּמּוּ׃ 29 בְּנֵי־עֲבָדֶיךָ יִשְׁכּוֹנוּ וְזַרְעָם

seed-their-and ;dwell-shall servants-thy of-sons-The .end-an-to-come-shall not

לְפָנֶיךָ יִכּוֹן׃

.established-be-shall thee-before

קג

לְדָוִד ׀ בָּרְכִי נַפְשִׁי אֶת־יְהוָה וְכָל־קְרָבַי

me-within all-and ,Jehovah)(soul-my-O ,Bless .David-Of

אֶת־שֵׁם קָדְשׁוֹ׃ 2 בָּרְכִי נַפְשִׁי אֶת־יְהוָה וְאַל־

not-and ;Jehovah)(soul-my-O ,Bless .holiness-his of-name-the)(

תִּשְׁכְּחִי כָּל־גְּמוּלָיו׃ 3 הַסֹּלֵחַ לְכָל־עֲוֺנֵכִי

;iniquities-thy all-[to] pardons-Who ;deserts-his all forget

הָרֹפֵא לְכָל־תַּחֲלוּאָיְכִי׃ 4 הַגּוֹאֵל מִשַּׁחַת חַיָּיְכִי

;life-thy corruption-from redeems-Who .diseases-thy all-[to] healeth-who

הַמְעַטְּרֵכִי חֶסֶד וְרַחֲמִים׃ 5 הַמַּשְׂבִּיעַ בַּטּוֹב

good-THE-with satisfies-Who .mercies-tender-and mercy with-thee-crowns-who

עֶדְיֵךְ תִּתְחַדֵּשׁ כַּנֶּשֶׁר נְעוּרָיְכִי׃ 6 עֹשֵׂה צְדָקוֹת
righteousness working-(*Is*) .youth-thy eagle-THE-like renew-wilt-thou ; mouth-thy

יְהוָה וּמִשְׁפָּטִים לְכָל־עֲשׁוּקִים׃ 7 יוֹדִיעַ
known-make-will-He .oppressed-are-who-those all-for judgments-and Jehovah

דְּרָכָיו לְמֹשֶׁה לִבְנֵי יִשְׂרָאֵל עֲלִילוֹתָיו׃ 8 רַחוּם
Merciful .deeds-his Israel of-sons-the-to ,Moses-to ways-his

וְחַנּוּן יְהוָה אֶרֶךְ אַפַּיִם וְרַב־חָסֶד׃ 9 לֹא־
Not .mercy of-plentiful-& anger of-slow ; Jehovah-(*is*) gracious-and

לָנֶצַח יָרִיב וְלֹא לְעוֹלָם יִטּוֹר׃ 10 לֹא
Not ?(*anger*)-keep-he-will ever-for not-and ; plead-he-will ever-for

כַחֲטָאֵינוּ עָשָׂה לָנוּ וְלֹא כַעֲוֹנֹתֵינוּ
iniquities-our-to-according not-and ; us-to . done-he-has sins-our-to-according

גָּמַל עָלֵינוּ׃ 11 כִּי כִגְבֹהַּ שָׁמַיִם עַל־הָאָרֶץ
,earth-THE above heavens-the of-height-the-as For .us-upon rewarded-he-has

גָּבַר חַסְדּוֹ עַל־יְרֵאָיו׃ 12 כִּרְחֹק מִזְרָח
east-the far-is-As .him-fear-who-those upon mercy-his strong-been-has

מִמַּעֲרָב הִרְחִיק מִמֶּנּוּ אֶת־פְּשָׁעֵינוּ׃
.transgressions-our)(us-from far-made-has-he ,west-the-from

13 כְּרַחֵם אָב עַל־בָּנִים רִחַם יְהוָה
Jehovah compassionated-has ,sons-his upon father-a of-compassionating-the-As

עַל־יְרֵאָיו׃ 14 כִּי־הוּא יָדַע יִצְרֵנוּ זָכוּר
remembering ; workmanship-our known-has He For .him-fear-who-those upon

כִּי־עָפָר אֲנָחְנוּ׃ 15 אֱנוֹשׁ כֶּחָצִיר יָמָיו כְּצִיץ
of-flower-a-as ; days-his-(*are*) grass-like man-(*to-As*) .(*are*)-we dust that

הַשָּׂדֶה כֵּן יָצִיץ׃ 16 כִּי רוּחַ עָבְרָה־בּוֹ
,it-upon by-passed-has wind-the For .flourish-he-will so field-THE

וְאֵינֶנּוּ וְלֹא־יַכִּירֶנּוּ עוֹד מְקוֹמוֹ׃ 17 וְחֶסֶד
of-mercy-the-And .place-his yet him-know-shall not-and ; not-is-it-and

יְהוָה ׀ מֵעוֹלָם וְעַד־עוֹלָם עַל־יְרֵאָיו
; him-fear-who-those upon ,everlasting unto-and everlasting-from-(*is*) Jehovah

וְצִדְקָתוֹ לִבְנֵי בָנִים׃ 18 לְשֹׁמְרֵי בְרִיתוֹ
covenant-his keep-who-those-To .sons of-sons-to-(*is*) righteousness-his-and

וּלְזֹכְרֵי פִקֻּדָיו לַעֲשׂוֹתָם׃ 19 יְהוָה
Jehovah .them-do-to precepts-his remember-who-those-to-and

בַּשָּׁמַיִם הֵכִין כִּסְאוֹ וּמַלְכוּתוֹ בַּכֹּל מָשָׁלָה׃
.ruling-(*is*) all-[THE]-over kingdom-his-& ,throne-his established-has heavens-THE-in

20 בָּרְכוּ יְהוָה מַלְאָכָיו גִּבֹּרֵי כֹחַ עֹשֵׂי דְבָרוֹ
,word-his doing ;strength of-mighty angels-his-ye Jehovah, ye-Bless

לִשְׁמֹעַ בְּקוֹל דְּבָרוֹ׃ 21 בָּרְכוּ יְהוָה כָּל־
all ,Jehovah ye-Bless .word-his of-voice-the-[in] hear-to

צְבָאָיו מְשָׁרְתָיו עֹשֵׂי רְצוֹנוֹ׃ 22 בָּרְכוּ יְהוָה ׀
,Jehovah ye-Bless .pleasure-his doing ministers-his ,hosts-his

כָּל־מַעֲשָׂיו בְּכָל־מְקֹמוֹת מֶמְשַׁלְתּוֹ בָּרְכִי
,Bless ;ruling-his of-places all-in ,works-his all

נַפְשִׁי אֶת־יְהוָה׃
.Jehovah)(.soul-my-O

קד

בָּרְכִי נַפְשִׁי אֶת־יְהוָה יְהוָה אֱלֹהַי
God-my Jehovah-O :Jehovah)(soul-my-O ,Bless

גָּדַלְתָּ מְּאֹד הוֹד וְהָדָר לָבָשְׁתָּ׃
.with-clothed-been-hast-thou majesty-and honour ;very great-been-hast-thou

2 עֹטֶה אוֹר כַּשַּׂלְמָה נוֹטֶה שָׁמַיִם
heavens-the spreading ;garment-THE-as light with-(*thyself*)-coverest-Who

כַּיְרִיעָה׃ 3 הַמְקָרֶה בַמַּיִם עֲלִיּוֹתָיו הַשָּׂם
sets-who ;chambers-his waters-the-in of-beams-lays-Who .curtain-THE-as

עָבִים רְכוּבוֹ הַמְהַלֵּךְ עַל־כַּנְפֵי־רוּחַ׃
.wind-the of-wings-the upon walks-who ;chariot-his-(*as*) clouds-thick-the

4 עֹשֶׂה מַלְאָכָיו רוּחוֹת מְשָׁרְתָיו אֵשׁ לֹהֵט׃
.fire-on-set fire-a ministers-his ,spirits angels-his makes-Who

5 יָסַד־אֶרֶץ עַל־מְכוֹנֶיהָ בַּל־תִּמּוֹט
moved-be-shall-it not-that ; settlements-its upon earth-the founded-hath-He

עוֹלָם וָעֶד׃ 6 תְּהוֹם כַּלְּבוּשׁ כִּסִּיתוֹ
;[it]-with-(*thyself*).covered-hast-thou clothing-THE-as deep-The .ever-and ever-(*for*)

עַל־הָרִים יַעַמְדוּ־מָיִם׃ 7 מִן־גַּעֲרָתְךָ יְנוּסוּן
; flee-will-they rebuke-thy of-Because .waters-the stand-will mountains-the above

מִן־קוֹל רַעַמְךָ יֵחָפֵזוּן׃ 8 יַעֲלוּ הָרִים
; mountains up-go-Will .away-hasten-will-they thunder-thy of-voice-the from

יֵרְדוּ בְקָעוֹת אֶל־מְקוֹם זֶה ׀ יָסַדְתָּ לָהֶם׃
.them-for founded-hast-thou which place-the unto ,valleys descend-will

9 גְּבוּל־שַׂמְתָּ בַּל־יַעֲבֹרוּן בַּל־יְשׁוּבוּן לְכַסּוֹת
cover-to turn-shall-they not-that ,pass-shall-they not-that ,set-hast-thou bound-A

הָאָרֶץ׃ 10 הַמְשַׁלֵּחַ מַעְיָנִים בַּנְּחָלִים בֵּין
between ; streams-THE-into springs sends-Who .earth-THE

הָרִים יְהַלֵּכוּן׃ 11 יַשְׁקוּ כָּל־חַיְתוֹ שָׂדָי
; field-the of-beast every drink-make-will-They .go-will-they mountains-the

יִשְׁבְּרוּ פְרָאִים צְמָאָם׃ 12 עֲלֵיהֶם עוֹף־הַשָּׁמַיִם
heavens-THE of-fowl-the them-Upon .thirst-their asses-wild-the quench-will

יִשְׁכּוֹן מִבֵּין עֳפָאיִם יִתְּנוּ־קוֹל׃ 13 מַשְׁקֶה
drink-making-(*is-He*) .voice-a give-will-they branches amongst-from ; dwell-will

הָרִים מֵעֲלִיּוֹתָיו מִפְּרִי מַעֲשֶׂיךָ תִּשְׂבַּע
satisfy-wilt-thou works-thy of-fruit-the-by ; chambers-his-from mountains-the

הָאָרֶץ׃ 14 מַצְמִיחַ ׀ חָצִיר ׀ לַבְּהֵמָה וְעֵשֶׂב
herb-and cattle-THE-for grass spring-to-making-(*is-He*) .earth-THE

לַעֲבֹדַת הָאָדָם לְהוֹצִיא לֶחֶם מִן־הָאָרֶץ׃
.earth-THE from bread forth-bring-to ,man-THE of-service-the-for

15 וְיַיִן ׀ יְשַׂמַּח לְבַב־אֱנוֹשׁ לְהַצְהִיל פָּנִים
face-(*his*) shine-to-make-to ,man of-heart-the gladden-shall wine-And

מִשָּׁמֶן וְלֶחֶם לְבַב־אֱנוֹשׁ יִסְעָד׃ 16 יִשְׂבְּעוּ
satisfied-be-Will .up-hold-will man of-heart-the bread-and ; oil-than-more

עֲצֵי יְהוָה אַרְזֵי לְבָנוֹן אֲשֶׁר נָטָע׃ 17 אֲשֶׁר־

Which ,planted-he which Lebanon of-cedars-the ,Jehovah of-trees-the

שָׁם צִפֳּרִים יְקַנֵּנוּ חֲסִידָה בְּרוֹשִׁים בֵּיתָהּ׃

.house-her-(*are*) trees-fir-the stork-the-(*to-as*) ;nests-make-will birds-the there

18 הָרִים הַגְּבֹהִים לַיְּעֵלִים סְלָעִים מַחְסֶה

refuge-a (*are*)-crags-the ;goats-wild-THE-for high-THE mountains-The

לַשְׁפַנִּים׃ 19 עָשָׂה יָרֵחַ לְמוֹעֲדִים שֶׁמֶשׁ יָדַע

known-has sun-the ;times-set-for moon-the made-He .conies-THE-for

מְבוֹאוֹ׃ 20 תָּשֶׁת־חֹשֶׁךְ וִיהִי לָיְלָה בּוֹ־תִרְמֹשׂ

forth-move-will it-in ;night be-will-it-& ,darkness set-wilt-Thou .down-going-his

כָּל־חַיְתוֹ־יָעַר׃ 21 הַכְּפִירִים שֹׁאֲגִים לַטָּרֶף

,prey-THE-for roaring-(*are*) lions-young-THE .forest-the of-beast every

וּלְבַקֵּשׁ מֵאֵל אָכְלָם׃ 22 תִּזְרַח הַשֶּׁמֶשׁ

;sun-THE arise-Will .food-their God-from seeking-for-and

יֵאָסֵפוּן וְאֶל־מְעוֹנֹתָם יִרְבָּצוּן׃ 23 יֵצֵא

out-go-Will .down-lie-will-they places-dwelling-their unto-& themselves-gather-will-they

אָדָם לְפָעֳלוֹ וְלַעֲבֹדָתוֹ עֲדֵי־עָרֶב׃ 24 מָה־רַבּוּ ׀

many-been-have How .evening until service-his-to-and ,work-his-to man

מַעֲשֶׂיךָ ׀ יְהוָה כֻּלָּם בְּחָכְמָה עָשִׂיתָ מָלְאָה

of-full-been-has ;made-hast-thou wisdom-in them-of-all ;Jehovah-O ,works-thy

הָאָרֶץ קִנְיָנֶךָ׃ 25 זֶה ׀ הַיָּם גָּדוֹל וּרְחַב יָדָיִם

,spaces of-wide-and great sea-THE this-(*to-As*) .possession-thy earth-the

שָׁם־רֶמֶשׂ וְאֵין מִסְפָּר חַיּוֹת קְטַנּוֹת

small beasts ,number-a not-is-there-and things-moving (*are*)-there

עִם־גְּדֹלוֹת׃ 26 שָׁם אֳנִיּוֹת יְהַלֵּכוּן לִוְיָתָן זֶה ׀

this Leviathan ;go-will ships There .great with

יָצַרְתָּ לְשַׂחֶק־בּוֹ׃ 27 כֻּלָּם אֵלֶיךָ יְשַׂבֵּרוּן לָתֵת

give-to ,wait-will thee-upon them-of-All .it-in play-to formed-hast-thou

אָכְלָם בְּעִתּוֹ׃ 28 תִּתֵּן לָהֶם יִלְקֹטוּן תִּפְתַּח

open-wilt-Thou ;gather-will-they ,them-to give-wilt-Thou .season-its-in food-their

יָדְךָ יִשְׂבְּעוּן טוֹב׃ 29 תַּסְתִּיר פָּנֶיךָ
,face-thy hide-wilt-Thou .good with-satisfied-be-will-they ,hand-thy

יִבָּהֵלוּן תֹּסֵף רוּחָם יִגְוָעוּן וְאֶל־עֲפָרָם
dust-their unto-and ;die-will-they ,spirit-their gather-wilt-thou ;troubled-be-will-they

יְשׁוּבוּן׃ 30 תְּשַׁלַּח רוּחֲךָ יִבָּרֵאוּן וּתְחַדֵּשׁ
renew-wilt-thou-& ;created-be-will-they ,spirit-thy send-wilt-Thou .turn-will-they

פְּנֵי אֲדָמָה׃ 31 יְהִי כְבוֹד יְהוָה לְעוֹלָם
;ever-for Jehovah of-glory-the be-Shall .earth-the of-face-the

יִשְׂמַח יְהוָה בְּמַעֲשָׂיו׃ 32 הַמַּבִּיט לָאָרֶץ
earth-THE-[upon] beholds-Who .works-his-in Jehovah glad-be-shall

וַתִּרְעָד יִגַּע בֶּהָרִים וְיֶעֱשָׁנוּ׃ 33 אָשִׁירָה
sing-will-I .smoke-will-they-& mountains-the-[upon] touch-will-he ;trembled-it-&

לַיהוָה בְּחַיָּי אֲזַמְּרָה לֵאלֹהַי בְּעוֹדִי׃
.yet-(*being*)-my-in God-my-to psalms-sing-will-I ;life-my-in Jehovah-to

34 יֶעֱרַב עָלָיו שִׂיחִי אָנֹכִי אֶשְׂמַח בַּיהוָה׃
.Jehovah-in glad-be-will I ;meditation-my him-upon sweet-be-Shall

35 יִתַּמּוּ חַטָּאִים ׀ מִן־הָאָרֶץ וּרְשָׁעִים ׀ עוֹד
yet wicked-the-and ,earth-THE from sinners end-an-to-come-Shall

אֵינָם בָּרְכִי נַפְשִׁי אֶת־יְהוָה הַלְלוּ־יָהּ׃
.Jah ye-Praise :Jehovah)(,soul-my-O ,Bless .be-not-shall

קה

הוֹדוּ לַיהוָה קִרְאוּ בִּשְׁמוֹ הוֹדִיעוּ
known-make ;name-his-upon call ;Jehovah-to thanks-ye-Give

בָעַמִּים עֲלִילוֹתָיו׃ 2 שִׁירוּ־לוֹ זַמְּרוּ־לוֹ
;him-to psalms-sing ;him-to Sing .deeds-his nations-THE-among

שִׂיחוּ בְּכָל־נִפְלְאוֹתָיו׃ 3 הִתְהַלְלוּ בְּשֵׁם
of-name-the-in yourselves-Boast .works-wondrous-his all-in meditate

קָדְשׁוֹ יִשְׂמַח לֵב ׀ מְבַקְשֵׁי יְהוָה׃
.Jehovah for-enquire-who-those of-heart-the glad-be-shall ;holiness-his

4 דִּרְשׁוּ יְהוָה וְעֻזּוֹ בַּקְּשׁוּ פָנָיו תָּמִיד׃
.continually face-his for-enquire ;strength-his-and Jehovah ye-Seek

5 זִכְרוּ נִפְלְאוֹתָיו אֲשֶׁר־עָשָׂה מֹפְתָיו וּמִשְׁפְּטֵי־
of-judgments-the-& wonders-his ;wrought-he which ,works-wondrous-his ye-Remember

פִיו׃ 6 זֶרַע אַבְרָהָם עַבְדּוֹ בְּנֵי יַעֲקֹב
,Jacob of-sons-the ,servant-his Abraham of-seed-Ye .mouth-his

בְּחִירָיו׃ 7 הוּא יְהוָה אֱלֹהֵינוּ בְּכָל־הָאָרֶץ
earth-THE all-in ;God-our Jehovah (*is*) He .ones-chosen-his

מִשְׁפָּטָיו׃ 8 זָכַר לְעוֹלָם בְּרִיתוֹ דָּבָר
word-a ;covenant-his ever-for remembered-He .judgments-his-(*are*)

צִוָּה לְאֶלֶף דּוֹר׃ 9 אֲשֶׁר כָּרַת אֶת־
with made-he Which .generations thousand-a-to commanded-he

אַבְרָהָם וּשְׁבוּעָתוֹ לְיִשְׂחָק׃ 10 וַיַּעֲמִידֶהָ לְיַעֲקֹב
Jacob-to stand-it-made-he-And .Isaac-to oath-his-and ,Abraham

לְחֹק לְיִשְׂרָאֵל בְּרִית עוֹלָם׃ 11 לֵאמֹר לְךָ
thee-to ,Saying .ever-(*for*) covenant-a Israel-to ;statute-a-for

אֶתֵּן אֶת־אֶרֶץ כְּנָעַן חֶבֶל נַחֲלַתְכֶם׃
.inheritance-your of-cord-the ,Canaan of-land-the)(give-will-I

12 בִּהְיוֹתָם מְתֵי מִסְפָּר כִּמְעַט וְגָרִים בָּהּ׃
.it-in sojourners-and few-a-as ;number-(*small*)-a of-men being-their-In

13 וַיִּתְהַלְּכוּ מִגּוֹי אֶל־גּוֹי מִמַּמְלָכָה אֶל־עַם
nation-a to kingdom-a-from nation to nation-from walked-they-And

אַחֵר׃ 14 לֹא־הִנִּיחַ אָדָם לְעָשְׁקָם וַיּוֹכַח
rebuked-he-and ;them-oppress-to man-a left-he Not .other

עֲלֵיהֶם מְלָכִים׃ 15 אַל־תִּגְּעוּ בִמְשִׁיחָי
;ones-anointed-my-[on] ye-touch Not .kings them-of-because

וְלִנְבִיאַי אַל־תָּרֵעוּ׃ 16 וַיִּקְרָא רָעָב עַל־
upon famine-a called-he-And .evil-do not prophets-my-to-and

הָאָרֶץ כָּל־מַטֵּה־לֶחֶם שָׁבָר׃ 17 שָׁלַח לִפְנֵיהֶם
them-before sent-He .broke-he bread of-staff-the all ;earth-THE

אִישׁ לְעֶבֶד נִמְכַּר יוֹסֵף׃ 18 עִנּוּ בַכֶּבֶל
fetter-THE-with humbled-They .Joseph ,sold-was-he servant-a-for ,man-a

רַגְלוֹ בַּרְזֶל בָּאָה נַפְשׁוֹ׃ 19 עַד־עֵת בֹּא־
of-coming-the of-season-the Until .soul-his went iron-(*into*) ;foot-his

דְבָרוֹ אִמְרַת יְהוָה צְרָפָתְהוּ׃ 20 שָׁלַח מֶלֶךְ
king-the Sent .him-refined Jehovah of-word-the ;word-his

וַיַּתִּירֵהוּ מֹשֵׁל עַמִּים וַיְפַתְּחֵהוּ׃ 21 שָׂמוֹ
him-set-He .him-unto-opened-he-and ,nations-the of-ruler-the ;him-loosed-and

אָדוֹן לְבֵיתוֹ וּמֹשֵׁל בְּכָל־קִנְיָנוֹ׃ 22 לֶאְסֹר שָׂרָיו
princes-his bind-To .possession-his all-in ruler-and ,house-his-to lord

בְּנַפְשׁוֹ וּזְקֵנָיו יְחַכֵּם׃ 23 וַיָּבֹא יִשְׂרָאֵל
Israel went-And .wise-make-shall-he men-old-his-and ,soul-his-with

מִצְרָיִם וְיַעֲקֹב גָּר בְּאֶרֶץ־חָם׃ 24 וַיֶּפֶר אֶת־
)(fruitful-made-he-And .Ham of-land-the-in sojourned Jacob-& ;Egypt-(*into*)

עַמּוֹ מְאֹד וַיַּעֲצִמֵהוּ מִצָּרָיו׃ 25 הָפַךְ
turned-He .distressors-their-than-more them-strengthened-he-& ;greatly nation-his

לִבָּם לִשְׂנֹא עַמּוֹ לְהִתְנַכֵּל בַּעֲבָדָיו׃ 26 שָׁלַח
sent-He .servants-his-with deceitfully-act-to ,nation-his hate-to heart-their

מֹשֶׁה עַבְדּוֹ אַהֲרֹן אֲשֶׁר־בָּחַר בּוֹ׃ 27 שָׂמוּ־
set-They [.him-in] chose-he whom Aaron ,servant-his Moses

בָם דִּבְרֵי אֹתוֹתָיו וּמֹפְתִים בְּאֶרֶץ חָם׃
.Ham of-land-the-in wonders-his-and ,signs-his of-matters-the them-among

28 שָׁלַח חֹשֶׁךְ וַיַּחְשִׁךְ וְלֹא מָרוּ אֶת־
)(against-rebelled-they not-and ;dark-became-it-and darkness sent-He

דְּבָרוֹ׃ 29 הָפַךְ אֶת־מֵימֵיהֶם לְדָם וַיָּמֶת אֶת־
)(killed-he-and ;blood-to waters-their)(turned-He .word-his

דְּגָתָם׃ 30 שָׁרַץ אַרְצָם צְפַרְדְּעִים בְּחַדְרֵי
of-chambers-the-in ,frogs land-their abundance-in-forth-Brought .fish-their

מַלְכֵיהֶם׃ 31 אָמַר וַיָּבֹא עָרֹב כִּנִּים בְּכָל־
all-in lice-(*and*) ,flies-of-swarms came-there-& ,said-He .kings-their

גְּבוּלָם׃ 32 נָתַן גִּשְׁמֵיהֶם בָּרָד אֵשׁ לֶהָבוֹת
flames of-fire ,hail showers-their made-He .border-their

בְּאַרְצָם׃ 33 וַיַּךְ גַּפְנָם וּתְאֵנָתָם וַיְשַׁבֵּר עֵץ
of-trees-the broke-he-and ;figtrees-and vines-their smote-he-And .land-their-in

גְּבוּלָם׃ 34 אָמַר וַיָּבֹא אַרְבֶּה וְיֶלֶק
,cankerworms-the-and ,locusts-the came-and ,said-He .border-their

וְאֵין מִסְפָּר׃ 35 וַיֹּאכַל כָּל־עֵשֶׂב בְּאַרְצָם
;land-their-in grass-the all eat-they-And .number not-was-there-and

וַיֹּאכַל פְּרִי אַדְמָתָם׃ 36 וַיַּךְ כָּל־בְּכוֹר
firstborn-the all smote-he-And .ground-their of-fruit-the eat-they-and

בְּאַרְצָם רֵאשִׁית לְכָל־אוֹנָם׃ 37 וַיּוֹצִיאֵם
out-them-brought-he-And .strength-their all-of beginning-the ;land-their-in

בְּכֶסֶף וְזָהָב וְאֵין בִּשְׁבָטָיו כּוֹשֵׁל׃
.stumbling-(*one-any*) tribes-their-among not-was-there-and ,gold-and ,silver-with

38 שָׂמַח מִצְרַיִם בְּצֵאתָם כִּי־נָפַל פַּחְדָּם
fear-their fell for ,out-going-their-in Egypt glad-Was

עֲלֵיהֶם׃ 39 פָּרַשׂ עָנָן לְמָסָךְ וְאֵשׁ לְהָאִיר
light-give-to fire-and ,covering-a-for cloud-a spread-He .them-upon

לָיְלָה׃ 40 שָׁאַל וַיָּבֵא שְׂלָו וְלֶחֶם שָׁמַיִם
heaven of-bread-the-and ;quails brought-he-and ,asked-(*One*) .night-(*at*)

יַשְׂבִּיעֵם׃ 41 פָּתַח צוּר וַיָּזוּבוּ מָיִם הָלְכוּ
went-they ,waters out-gushed-& ,rock-the opened-He .with-them-satisfy-will-he

בַּצִּיּוֹת נָהָר׃ 42 כִּי זָכַר אֶת־דְּבַר קָדְשׁוֹ
,holiness-his of-word-the)(remembered-he For .river-a-(*as*) (*places*)-dry-THE-in

אֶת־אַבְרָהָם עַבְדּוֹ׃ 43 וַיּוֹצִא עַמּוֹ בְשָׂשׂוֹן
,rejoicing-with nation-his out-brought-he-And .servant-his Abraham)(

בְּרִנָּה אֶת־בְּחִירָיו׃ 44 וַיִּתֵּן לָהֶם אַרְצוֹת
of-lands-the them-to gave-he-And .ones-chosen-his)(shouting-with

גּוֹיִם וַעֲמַל לְאֻמִּים יִירָשׁוּ׃ 45 בַּעֲבוּר ׀
That .inherit-shall-they peoples-the of-toil-the-and ,Gentiles-the

יִשְׁמְרוּ חֻקָּיו וְתוֹרֹתָיו יִנְצֹרוּ הַלְלוּ־יָהּ׃
.Jah ye-Praise .preserve-shall-they laws-his-and ,statutes-his keep-shall-they

קו

הַלְלוּ יָהּ ׀ הוֹדוּ לַיהוָה כִּי־טוֹב כִּי
for good-(*is-he*) for ,Jehovah-to thanks-ye-Give ,Jah ye-Praise

לְעוֹלָם חַסְדּוֹ׃ 2 מִי יְמַלֵּל גְּבוּרוֹת יְהוָה
? Jehovah of-mights-the say-shall Who .mercy-his-(*is*) ever-for

יַשְׁמִיעַ כָּל־תְּהִלָּתוֹ׃ 3 אַשְׁרֵי שֹׁמְרֵי
keep-who-those of-blessings-the-O ? praise-his all hear-to-cause-shall-(*Who*)

מִשְׁפָּט עֹשֵׂה צְדָקָה בְכָל־עֵת׃ 4 זָכְרֵנִי
,me-Remember .season every-in righteousness does-who-him —judgment

יְהוָה בִּרְצוֹן עַמֶּךָ פָּקְדֵנִי בִּישׁוּעָתֶךָ׃
.righteousness-thy-in me-visit ;nation-thy of-pleasure-the-in Jehovah-O

5 לִרְאוֹת ׀ בְּטוֹבַת בְּחִירֶיךָ לִשְׂמֹחַ בְּשִׂמְחַת
of-gladness-the-in glad-be-to ;ones-chosen-thy of-good-the-[in] see-To

גּוֹיֶךָ לְהִתְהַלֵּל עִם־נַחֲלָתֶךָ׃ 6 חָטָאנוּ עִם־
with sinned-have-We .inheritance-thy with myself-boast-to ;nation-thy

אֲבוֹתֵינוּ הֶעֱוִינוּ הִרְשָׁעְנוּ׃ 7 אֲבוֹתֵינוּ
fathers-Our .wicked-been-have-we ;perverse-been-have-we ;fathers-our

בְמִצְרַיִם ׀ לֹא־הִשְׂכִּילוּ נִפְלְאוֹתֶיךָ לֹא זָכְרוּ
remembered-they not ;works-wondrous-thy understood not Egypt-in

אֶת־רֹב חֲסָדֶיךָ וַיַּמְרוּ עַל־יָם בְּיַם־סוּף׃
.Suph of-sea-the-at ,sea-the at rebelled-they-& ;mercies-thy of-multitude-the)(

8 וַיּוֹשִׁיעֵם לְמַעַן שְׁמוֹ לְהוֹדִיעַ אֶת־גְּבוּרָתוֹ׃
.might-his)(known-make-to ;name-his of-because them-saved-he-And

9 וַיִּגְעַר בְּיַם־סוּף וַיֶּחֱרָב וַיּוֹלִיכֵם
walk-them-made-he-and ;up-dried-was-it-and ,Suph of-sea-the-[in] rebuked-he-And

בַּתְּהֹמוֹת כַּמִּדְבָּר : 10 וַיּוֹשִׁיעֵם מִיַּד
of-hand-the-from them-saved-he-And .wilderness-THE-(*in*)-as depths-THE-in

שׂוֹנֵא וַיִּגְאָלֵם מִיַּד אוֹיֵב : 11 וַיְכַסּוּ־
covered-And .enemy-the of-hand-the-from them-redeemed-he-& ;(*them*)-hated-who-him

מַיִם צָרֵיהֶם אֶחָד מֵהֶם לֹא נוֹתָר :
.left-was not them-of one ;distressors-their waters-the

12 וַיַּאֲמִינוּ בִדְבָרָיו יָשִׁירוּ תְּהִלָּתוֹ : 13 מִהֲרוּ
,hasted-They .praise-his sing-will-they ,words-his-in believed-they-And

שָׁכְחוּ מַעֲשָׂיו לֹא־חִכּוּ לַעֲצָתוֹ : 14 וַיִּתְאַוּוּ
desired-they-And .counsel-his-for waited-they not ;works-his forgot-they

תַאֲוָה בַּמִּדְבָּר וַיְנַסּוּ־אֵל בִּישִׁימוֹן : 15 וַיִּתֵּן
gave-he-And .desert-the-in God tempted-and ,wilderness-THE-in desire-a

לָהֶם שֶׁאֱלָתָם וַיְשַׁלַּח רָזוֹן בְּנַפְשָׁם :
.soul-their-into leanness sent-he-and ;asked-they-which-that them-to

16 וַיְקַנְאוּ לְמֹשֶׁה בַּמַּחֲנֶה לְאַהֲרֹן קְדוֹשׁ
of-one-holy-the Aaron-of ,camp-THE-in Moses-of jealous-were-they-And

יְהוָה : 17 תִּפְתַּח־אֶרֶץ וַתִּבְלַע דָּתָן וַתְּכַס עַל־
upon covered-and ,Dathan swallowed-and ,earth-the open-Will .Jehovah

עֲדַת אֲבִירָם : 18 וַתִּבְעַר־אֵשׁ בַּעֲדָתָם
;congregation-their-in fire-a burned-And .Abiram of-congregation-the

לֶהָבָה תְּלַהֵט רְשָׁעִים : 19 יַעֲשׂוּ־עֵגֶל בְּחֹרֵב
;Horeb-in calf-a make-will-They .wicked-the fire-on-set-will flame-the

וַיִּשְׁתַּחֲווּ לְמַסֵּכָה : 20 וַיָּמִירוּ אֶת־כְּבוֹדָם
glory-their)(changed-they-And .image-molten-the-to down-bowed-and

בְּתַבְנִית שׁוֹר אֹכֵל עֵשֶׂב : 21 שָׁכְחוּ אֵל
God forgot-They .grass eating ox-an of-similitude-the-into

מוֹשִׁיעָם עֹשֶׂה גְדֹלוֹת בְּמִצְרָיִם : 22 נִפְלָאוֹת
works-Wondrous ;Egypt-in things-great did-who ;them-saved-who

בְּאֶרֶץ חָם נוֹרָאוֹת עַל־יַם־סוּף : 23 וַיֹּאמֶר
said-he-And .Suph of-sea-the at things-terrible ,Ham of-land-the-in

לְהַשְׁמִידָם לוּלֵי מֹשֶׁה בְחִירוֹ עָמַד בַּפֶּרֶץ
breach-THE-in stood chosen-his Moses unless ,them-destroy-to

לְפָנָיו לְהָשִׁיב חֲמָתוֹ מֵהַשְׁחִית׃ 24 וַיִּמְאֲסוּ
rejected-they-And .destroying-from wrath-his away-turn-to ,him-before

בְּאֶרֶץ חֶמְדָּה לֹא־הֶאֱמִינוּ לִדְבָרוֹ׃ 25 וַיֵּרָגְנוּ
murmured-they-And .word-his-[to] believed-they not ;desireable land-the-[in]

בְאָהֳלֵיהֶם לֹא שָׁמְעוּ בְּקוֹל יְהוָה׃ 26 וַיִּשָּׂא
up-lifted-he-And .Jehovah of-voice-the-[in] heard-they not ;tents-their-in

יָדוֹ לָהֶם לְהַפִּיל אוֹתָם בַּמִּדְבָּר׃ 27 וּלְהַפִּיל
fall-make-to-And .wilderness-THE-in them fall-to-make-to ,them-to hand-his

זַרְעָם בַּגּוֹיִם וּלְזָרוֹתָם בָּאֲרָצוֹת׃
.lands-the-among them-scatter-to-and ;Gentiles-THE-among seed-their

28 וַיִּצָּמְדוּ לְבַעַל פְּעוֹר וַיֹּאכְלוּ זִבְחֵי
of-sacrifices-the eat-they-and ;Peor Baal-to themselves-joined-they-And

מֵתִים׃ 29 וַיַּכְעִיסוּ בְּמַעַלְלֵיהֶם וַתִּפְרָץ־
down-broke-and ;actions-their-with anger-to-him-provoked-they-And .dead-the

בָּם מַגֵּפָה׃ 30 וַיַּעֲמֹד פִּינְחָס וַיְפַלֵּל
;vengeance-executed-and ,Phinehas stood-And .plague-the them-upon

וַתֵּעָצַר הַמַּגֵּפָה׃ 31 וַתֵּחָשֶׁב לוֹ לִצְדָקָה
righteousness-for him-to imputed-was-it-And .plague-THE stayed-was-and

לְדֹר וָדֹר עַד־עוֹלָם׃ 32 וַיַּקְצִיפוּ עַל־
at anger-to-him-provoked-they-And .ever until ,generation-& generation-to

מֵי מְרִיבָה וַיֵּרַע לְמֹשֶׁה בַּעֲבוּרָם׃ 33 כִּי־
For .them-of-account-on Moses-to evil-was-it-and ;Meribah of-waters-the

הִמְרוּ אֶת־רוּחוֹ וַיְבַטֵּא בִּשְׂפָתָיו׃ 34 לֹא־
Not .lips-his-with (*it*)-uttered-he-and ,spirit-his)(rebel-to-made-they

הִשְׁמִידוּ אֶת־הָעַמִּים אֲשֶׁר אָמַר יְהוָה לָהֶם׃
.them-to Jehovah said which ,nations-THE)(destroyed-they

35 וַיִּתְעָרְבוּ בַגּוֹיִם וַיִּלְמְדוּ מַעֲשֵׂיהֶם׃
.works-their learned-they-and ,Gentiles-THE-among mingled-were-they-And

36 וַיַּעַבְדוּ אֶת־עֲצַבֵּיהֶם וַיִּהְיוּ לָהֶם לְמוֹקֵשׁ׃

.snare-a-for them-to were-they-and ,idols-their)(served-they-And

37 וַיִּזְבְּחוּ אֶת־בְּנֵיהֶם וְאֶת־בְּנוֹתֵיהֶם לַשֵּׁדִים׃

,demons-THE-to daughters-their)(-and sons-their)(sacrificed-they-And

38 וַיִּשְׁפְּכוּ דָם נָקִי דַּם־בְּנֵיהֶם וּבְנוֹתֵיהֶם

,daughters-their-and sons-their of-blood-the ,innocent blood out-poured-they-And

אֲשֶׁר זִבְּחוּ לַעֲצַבֵּי כְנָעַן וַתֶּחֱנַף הָאָרֶץ

land-THE polluted-was-and ;Canaan of-idols-the-to sacrificed-they whom

בַּדָּמִים׃ 39 וַיִּטְמְאוּ בְמַעֲשֵׂיהֶם וַיִּזְנוּ

whoring-a-went-they-and ;works-their-in defiled-were-they-And .blood-THE-with

בְּמַעַלְלֵיהֶם׃ 40 וַיִּחַר־אַף יְהוָה בְּעַמּוֹ

;nation-his-with Jehovah of-anger-the wroth-was-And .actions-their-with

וַיְתָעֵב אֶת־נַחֲלָתוֹ׃ 41 וַיִּתְּנֵם בְּיַד־גּוֹיִם

Gentiles-the of-hand-the-into them-gave-he-And .inheritance-his)(abhorred-he-&

וַיִּמְשְׁלוּ בָהֶם שֹׂנְאֵיהֶם׃ 42 וַיִּלְחָצוּם אוֹיְבֵיהֶם

,enemies-their them-oppressed-And .them-hated-who-those them-over ruled-and

וַיִּכָּנְעוּ תַּחַת יָדָם׃ 43 פְּעָמִים רַבּוֹת

many Times .hand-their under subdued-were-they-and

יַצִּילֵם וְהֵמָּה יַמְרוּ בַעֲצָתָם וַיָּמֹכּוּ

weakened-were-they-& ,counsel-their-in rebell-will they-and ,them-deliver-will-he

בַּעֲוֺנָם׃ 44 וַיַּרְא בַּצַּר לָהֶם בְּשָׁמְעוֹ אֶת־

)(hearing-his-in ;them-to distress-THE-in saw-he-And .iniquity-their-in

רִנָּתָם׃ 45 וַיִּזְכֹּר לָהֶם בְּרִיתוֹ וַיִּנָּחֵם

repented-he-and covenant-his them-for remembered-he-And .outcry-their

כְּרֹב חֲסָדָו׃ 46 וַיִּתֵּן אוֹתָם לְרַחֲמִים

mercies-tender-to them gave-he-And .mercies-his of-multitude-the-to-according

לִפְנֵי כָּל־שׁוֹבֵיהֶם׃ 47 הוֹשִׁיעֵנוּ ׀ יְהוָה אֱלֹהֵינוּ

; God-our ,Jehovah-O ,us-Save .captive-them-took-who all before

וְקַבְּצֵנוּ מִן־הַגּוֹיִם לְהֹדוֹת לְשֵׁם קָדְשֶׁךָ

,holiness-thy of-name-the-to thanks-give-to ,Gentiles-THE from us-gather-and

לְהִשְׁתַּבֵּחַ בִּתְהִלָּתֶךָ׃ 48 בָּרוּךְ יְהוָה ׀ אֱלֹהֵי
of-God-the Jehovah (*be*)-Blessed .praise-thy-in triumph-to

יִשְׂרָאֵל מִן־הָעוֹלָם ׀ וְעַד הָעוֹלָם וְאָמַר כָּל־
all say-shall-and ;everlasting-THE until-and everlasting-THE from ,Israel

הָעָם אָמֵן הַלְלוּ־יָהּ׃
.Jah ye-Praise ,Amen ;nation-the

קז

הֹדוּ לַיהוָה כִּי־טוֹב כִּי לְעוֹלָם חַסְדּוֹ׃
.mercy-his-(*is*) ever-for for ;good (*is-he*)-for ,Jehovah-to thanks-ye-Give

2 יֹאמְרוּ גְּאוּלֵי יְהוָה אֲשֶׁר גְּאָלָם מִיַּד־
of-hand-the-from [them]-redeemed-he whom ,Jehovah of-redeemed-the say-Shall

צָר׃ 3 וּמֵאֲרָצוֹת קִבְּצָם מִמִּזְרָח וּמִמַּעֲרָב
,west-the-from-& ,east-the-from ;them-gathered-he lands-the-from-And .distressor-the

מִצָּפוֹן וּמִיָּם׃ 4 תָּעוּ בַמִּדְבָּר בִּישִׁימוֹן
of-desert-a-in ,wilderness-THE-in wandered-They .sea-the-from-and north-the-from

דָּרֶךְ עִיר מוֹשָׁב לֹא מָצָאוּ׃ 5 רְעֵבִים גַּם־
also ,Hungry .found-they not habitation of-city-a ;way

צְמֵאִים נַפְשָׁם בָּהֶם תִּתְעַטָּף׃ 6 וַיִּצְעֲקוּ אֶל־
unto cried-they-And .overwhelmed-be-will them-in soul-their ,thirsty

יְהוָה בַּצַּר לָהֶם מִמְּצוּקוֹתֵיהֶם יַצִּילֵם׃
.them-deliver-will-he afflictions-their-from ;them-to distress-THE-in Jehovah

7 וַיַּדְרִיכֵם בְּדֶרֶךְ יְשָׁרָה לָלֶכֶת אֶל־עִיר
of-city-a to go-to ,straight way-a-in them-guided-he-And

מוֹשָׁב׃ 8 יוֹדוּ לַיהוָה חַסְדּוֹ וְנִפְלְאוֹתָיו
works-wondrous-his-& ,mercy-his-(*for*) Jehovah-to thanks-give-shall-They .habitation

לִבְנֵי אָדָם׃ 9 כִּי־הִשְׂבִּיעַ נֶפֶשׁ שֹׁקֵקָה וְנֶפֶשׁ
soul-the-and ;longing soul-the satisfied-has-He For .man of-sons-the-to

רְעֵבָה מִלֵּא־טוֹב׃ 10 יֹשְׁבֵי חֹשֶׁךְ וְצַלְמָוֶת
,death-of-shadow-the-& darkness in-dwell-who-Those .good with-filled-has-he hungry

אֲסִירֵי עֳנִי וּבַרְזֶל׃ 11 כִּי־הִמְרוּ אִמְרֵי־
of-words-the against-rebelled-they Because .iron-and affliction in-bound

אֵל וַעֲצַת עֶלְיוֹן נָאָצוּ׃ 12 וַיַּכְנַע בֶּעָמָל
grievousness-with subdued-he-And .despised-they high-most-the of-counsel-the-& ;God

לִבָּם כָּשְׁלוּ וְאֵין עֹזֵר׃ 13 וַיִּזְעֲקוּ אֶל־
unto cried-they-And .helper-a not-was-there-and stumbled-they ;heart-their

יְהוָה בַּצַּר לָהֶם מִמְּצוּקוֹתֵיהֶם יוֹשִׁיעֵם׃
.them-save-will-he afflictions-their-from ,them-to distress-THE-in Jehovah

14 יוֹצִיאֵם מֵחֹשֶׁךְ וְצַלְמָוֶת וּמוֹסְרוֹתֵיהֶם
bands-their-and ,death-of-shadow-the-and darkness-of-out them-bring-will-He

יְנַתֵּק׃ 15 יוֹדוּ לַיהוָה חַסְדּוֹ
mercy-his-(*for*) Jehovah-to thanks-give-shall-They .asunder-break-will-he

וְנִפְלְאוֹתָיו לִבְנֵי אָדָם׃ 16 כִּי־שִׁבַּר דַּלְתוֹת
of-doors-the broke-He For .man of-sons-the-to works-wondrous-his-and

נְחֹשֶׁת וּבְרִיחֵי בַרְזֶל גִּדֵּעַ׃ 17 אֱוִלִים מִדֶּרֶךְ
of-way-the-of-because Fools .off-cut-he iron of-bars-the-and ,brass

פִּשְׁעָם וּמֵעֲוֺנֹתֵיהֶם יִתְעַנּוּ׃ 18 כָּל־אֹכֶל
food All .afflicted-be-will iniquities-their-of-because-and transgression-their

תְּתַעֵב נַפְשָׁם וַיַּגִּיעוּ עַד־שַׁעֲרֵי מָוֶת׃ 19 וַיִּזְעֲקוּ
cried-they-And .death of-gates-the unto near-drew-they-& ;soul-their abhor-will

אֶל־יְהוָה בַּצַּר לָהֶם מִמְּצוּקוֹתֵיהֶם יוֹשִׁיעֵם׃
.them-save-will-he afflictions-their-from ;them-to distress-THE-in Jehovah unto

20 יִשְׁלַח דְּבָרוֹ וְיִרְפָּאֵם וִימַלֵּט מִשְּׁחִיתוֹתָם׃
.destructions-their-from them-deliver-and ,them-heal-and word-his send-will-He

21 יוֹדוּ לַיהוָה חַסְדּוֹ וְנִפְלְאוֹתָיו לִבְנֵי
of-sons-the-to works-wondrous-his-& ,mercy-his-(*for*) Jehovah-to thanks-give-shall-They

אָדָם׃ 22 וְיִזְבְּחוּ זִבְחֵי תוֹדָה וִיסַפְּרוּ מַעֲשָׂיו
works-his declare-shall-and ;praise of-sacrifices sacrifice-shall-they-And .man

בְּרִנָּה׃ 23 יוֹרְדֵי הַיָּם בָּאֳנִיּוֹת עֹשֵׂי
do-who-those ;ships-THE-in sea-THE to-descend-who-Those .shouting-with

מְלָאכָה בְּמַיִם רַבִּים׃ 24 הֵמָּה רָאוּ מַעֲשֵׂי

of-works-the seen-have They ;great waters-in work

יְהוָה וְנִפְלְאוֹתָיו בִּמְצוּלָה׃ 25 וַיֹּאמֶר וַיַּעֲמֵד

stand-to-made-he-& ,said-he-And .depth-the-in works-wondrous-his-& ;Jehovah

רוּחַ סְעָרָה וַתְּרוֹמֵם גַּלָּיו׃ 26 יַעֲלוּ שָׁמַיִם

,heavens-the-(*to*) up-go-will-They .billows-its exalted-it-and ,tempest of-wind-the

יֵרְדוּ תְהוֹמוֹת נַפְשָׁם בְּרָעָה תִתְמוֹגָג׃

.melted-be-will evil-with soul-their ;deeps-the to-descend-will-they

27 יָחוֹגּוּ וְיָנוּעוּ כַּשִּׁכּוֹר וְכָל־חָכְמָתָם

wisdom-their all-and ; drunkard-THE-as wander-will-and dance-will-They

תִּתְבַּלָּע׃ 28 וַיִּצְעֲקוּ אֶל־יְהוָה בַּצַּר לָהֶם

,them-to distress-THE-in Jehovah unto cried-they-And .up-itself-swallow-will

וּמִמְּצוּקֹתֵיהֶם יוֹצִיאֵם׃ 29 יָקֵם סְעָרָה לִדְמָמָה

,stillness-to tempest-the set-will-He .them-bring-will-he afflictions-their-from-&

וַיֶּחֱשׁוּ גַּלֵּיהֶם׃ 30 וַיִּשְׂמְחוּ כִי־יִשְׁתֹּקוּ

; quiet-be-will-they because glad-were-they-And .billows-their peace-their-held-&

וַיַּנְחֵם אֶל־מְחוֹז חֶפְצָם׃ 31 יוֹדוּ לַיהוָה

Jehovah-to thanks-give-shall-They .delight-their of-haven-the unto them-led-he-&

חַסְדּוֹ וְנִפְלְאוֹתָיו לִבְנֵי אָדָם׃ 32 וִירוֹמְמוּהוּ

him-exalt-shall-they-And .man of-sons-the-to works-wondrous.his-& ,mercy-his-(*for*)

בִּקְהַל עָם וּבְמוֹשַׁב זְקֵנִים יְהַלְלוּהוּ׃

.him-praise-will-they men-old-the of-seat-the-in-& ; nation-the of-congregation-the-in

33 יָשֵׂם נְהָרוֹת לְמִדְבָּר וּמֹצָאֵי מַיִם לְצִמָּאוֹן׃

; ground-dry-to waters of-springs-and ,wilderness-a-to rivers set-will-He

34 אֶרֶץ פְּרִי לִמְלֵחָה מֵרָעַת יוֹשְׁבֵי בָהּ׃

.it-in inhabiting-those of-evil-the-of-because ,saltness-to fruit of-land-A

35 יָשֵׂם מִדְבָּר לַאֲגַם־מַיִם וְאֶרֶץ צִיָּה לְמֹצָאֵי

of-springs-to dryness of-land-a-and ,waters of-pool-a-to wilderness-the set-will-He

מָיִם׃ 36 וַיּוֹשֶׁב שָׁם רְעֵבִים וַיְכוֹנְנוּ

establish-will-they-and ,hungry-the there dwell-to-make-shall-he-And .waters

עִיר מוֹשָׁב׃ 37 וַיִּזְרְעוּ שָׂדוֹת וַיִּטְּעוּ כְרָמִים
; vineyards plant-and ,fields sow-shall-they-And .habitation of-city-a

וַיַּעֲשׂוּ פְּרִי תְבוּאָה׃ 38 וַיְבָרְכֵם וַיִּרְבּוּ
multiplied-and them-blessed-he-And .increase of-fruit yield-shall-they-&

מְאֹד וּבְהֶמְתָּם לֹא יַמְעִיט׃ 39 וַיִּמְעֲטוּ
,less-became-they-And .less-make-he-will not cattle-their-and ,greatly

וַיָּשֹׁחוּ מֵעֹצֶר רָעָה וְיָגוֹן׃ 40 שֹׁפֵךְ בּוּז
contempt Pouring .sorrow-and evil oppression-of-because ,down-bowed-&

עַל־נְדִיבִים וַיַּתְעֵם בְּתֹהוּ לֹא־דָרֶךְ׃
.way-a not-(*is-there*) ,confusion-in wander-them-made-he-and ,princes upon

41 וַיְשַׂגֵּב אֶבְיוֹן מֵעוֹנִי וַיָּשֶׂם כַּצֹּאן
sheep-THE-as place-will-and ; affliction-from (sg.)-needy-the high-on-set-he-And

מִשְׁפָּחוֹת׃ 42 יִרְאוּ יְשָׁרִים וְיִשְׂמָחוּ וְכָל־עַוְלָה
iniquity all-and ; glad-be-and upright-the see-Shall .families

קָפְצָה פִּיהָ׃ 43 מִי־חָכָם וְיִשְׁמָר־אֵלֶּה
,things-these keep-will-and wise (*is*)-Who .mouth-her stopped-has

וְיִתְבּוֹנְנוּ חַסְדֵי יְהוָה׃
? Jehovah of-mercies-the consider-will-they-and

קח

שִׁיר מִזְמוֹר לְדָוִד׃ 2 נָכוֹן לִבִּי אֱלֹהִים
; God-O ,heart-my established-(*Is*) .David-of psalm-a ,song-A

אָשִׁירָה וַאֲזַמְּרָה אַף־כְּבוֹדִי׃ 3 עוּרָה הַנֵּבֶל
psaltery-[THE] ,Awake .glory-my-(*with*) yea ,psalms-sing-will-and sing-will-I

וְכִנּוֹר אָעִירָה שָּׁחַר׃ 4 אוֹדְךָ בָעַמִּים ׀
,nations-THE-among thanks-thee-give-will-I .dawn-(*at*) myself-arouse-will-I ; harp-&

יְהוָה וַאֲזַמֶּרְךָ בַּלְאֻמִּים׃ 5 כִּי־גָדוֹל מֵעַל־
above great For .peoples-THE-among thee-to-psalms-sing-will-I-& ;Jehovah-O

שָׁמַיִם חַסְדֶּךָ וְעַד־שְׁחָקִים אֲמִתֶּךָ׃ 6 רוּמָה
exalted-Be .truth-thy skies-the unto-and ; mercy-thy-(*is*) heavens-the

עַל־שָׁמַיִם אֱלֹהִים וְעַל כָּל־הָאָרֶץ כְּבוֹדֶךָ׃
.glory-thy-(*be-shall*) earth-THE all above-and ; God-O heavens-the above

7 לְמַעַן יֵחָלְצוּן יְדִידֶיךָ הוֹשִׁיעָה יְמִינְךָ וַעֲנֵנִי׃
.me-answer-& hand-right-thy with-save ; beloved-thy delivered-be-shall Therefore

8 אֱלֹהִים ׀ דִּבֶּר בְּקָדְשׁוֹ אֶעְלֹזָה אֲחַלְּקָה שְׁכֶם
; Shechem divide-will-I ,exult-will-I holiness-his-in spoken-has God

וְעֵמֶק סֻכּוֹת אֲמַדֵּד׃ 9 לִי גִלְעָד ׀ לִי מְנַשֶּׁה
; Manasseh-(*is*) me-to ,Gilead-(*is*) me-To .measure-will-I Succoth of-valley-the-&

וְאֶפְרַיִם מָעוֹז רֹאשִׁי יְהוּדָה מְחֹקְקִי׃
.lawgiver-my-(*is*) Judah ; head-my of-strength-the-(*is*) Ephraim-and

10 מוֹאָב ׀ סִיר רַחְצִי עַל־אֱדוֹם אַשְׁלִיךְ נַעֲלִי
; shoe-my send-will-I Edom over ; washing-my of-pot-the (*is*)-Moab

עֲלֵי־פְלֶשֶׁת אֶתְרוֹעָע׃ 11 מִי יֹבִלֵנִי עִיר
of-city-the to-me-bring-will Who .shout-will-I Philistia over

מִבְצָר מִי נָחַנִי עַד־אֱדוֹם׃ 12 הֲלֹא־אֱלֹהִים
,God-O Not? ? Edom unto me-led-has Who ? hold-strong

זְנַחְתָּנוּ וְלֹא־תֵצֵא אֱלֹהִים בְּצִבְאֹתֵינוּ׃
? hosts-our-with ,God-O ,out-go-thou-wilt not-& ? off-us-cast-hast-thou

13 הָבָה־לָּנוּ עֶזְרָת מִצָּר וְשָׁוְא תְּשׁוּעַת אָדָם׃
.man of-salvation-the (*is*)-vanity-& ; distress-from help us-to Give

14 בֵּאלֹהִים נַעֲשֶׂה־חָיִל וְהוּא יָבוּס צָרֵינוּ׃
.distressors-our down-tread-will he-and ; might-(*with*) do-will-we God-By

קט

לַמְנַצֵּחַ לְדָוִד מִזְמוֹר אֱלֹהֵי תְהִלָּתִי
praise-my of-God-O .psalm-A David-Of ,over-is-that-him-To

אַל־תֶּחֱרַשׁ׃ 2 כִּי פִי רָשָׁע וּפִי־
of-mouth-the-and (sg.)-wicked-the of-mouth-the Because .silent-be not

מִרְמָה עָלַי פָּתָחוּ דִּבְּרוּ אִתִּי לְשׁוֹן
of-tongue-a-(*with*) me-with spoken-have-they ; opened-have-they me-against deceit

שָׁקֶר׃ 3 וְדִבְרֵי שִׂנְאָה סְבָבוּנִי

; me-surrounded-have-they hatred of-words-(*with*)-And .falsehood

וַיִּלָּחֲמוּנִי חִנָּם׃ 4 תַּחַת־אַהֲבָתִי

love-my of-Instead .causelessly me-against-fought-have-they-and

יִשְׂטְנוּנִי וַאֲנִי תְפִלָּה׃ 5 וַיָּשִׂימוּ עָלַי

me-upon set-they-And .prayer (*unto-am*)-I-& ,adversaries-my-be-will-they

רָעָה תַּחַת טוֹבָה וְשִׂנְאָה תַּחַת אַהֲבָתִי׃

.love-my of-instead hatred-and ,good of-instead evil

6 הַפְקֵד עָלָיו רָשָׁע וְשָׂטָן יַעֲמֹד עַל־יְמִינוֹ׃

.hand-right-his at stand-let adversary-an-& ;man-wicked-a him-over Appoint

7 בְּהִשָּׁפְטוֹ יֵצֵא רָשָׁע וּתְפִלָּתוֹ תִּהְיֶה

be-shall prayer-his-and ; wicked out-go-shall-he judged-being-his-In

לַחֲטָאָה׃ 8 יִהְיוּ־יָמָיו מְעַטִּים פְּקֻדָּתוֹ יִקַּח

take-shall office-his ; few days-his be-Shall .sin-for

אַחֵר׃ 9 יִהְיוּ־בָנָיו יְתוֹמִים וְאִשְׁתּוֹ אַלְמָנָה׃

.widow-a wife-his-and ,orphans sons-his be-Shall .another

10 וְנוֹעַ יָנוּעוּ בָנָיו וְשִׁאֵלוּ וְדָרְשׁוּ

seek-and ; ask-and ,sons-his wander-shall wandering-And

מֵחָרְבוֹתֵיהֶם׃ 11 יְנַקֵּשׁ נוֹשֶׁה לְכָל־אֲשֶׁר־לוֹ

; him-to-(*is*) which all-for exactor-the snare-a-lay-Shall .desolations-their-of-out

וְיָבֹזּוּ זָרִים יְגִיעוֹ׃ 12 אַל־יְהִי־לוֹ מֹשֵׁךְ

out-draws-who-one him-for be-let Not .labour-his strangers spoil-shall-and

חָסֶד וְאַל־יְהִי חוֹנֵן לִיתוֹמָיו׃ 13 יְהִי־אַחֲרִיתוֹ

end-latter-his be-Shall .orphans-his-to gracious-(*one*) be-let not-and ; mercy

לְהַכְרִית בְּדוֹר אַחֵר יִמַּח שְׁמָם׃

.name-their out-blotted-be-shall another generation-in ; off-cutting-for

14 יִזָּכֵר ׀ עֲוֺן אֲבֹתָיו אֶל־יְהוָה וְחַטַּאת

of-sin-the-and ; Jehovah unto fathers-his of-iniquity-the remembered-be-Shall

אִמּוֹ אַל־תִּמָּח׃ 15 יִהְיוּ נֶגֶד־יְהוָה תָּמִיד

; continually Jehovah before be-shall-They .out-blotted-be-shall not mother-his

וְיַכְרֵת מֵאֶרֶץ זִכְרָם׃ 16 יַעַן אֲשֶׁר ׀ לֹא־
not that Because .memory-their earth-the-from off-cut-shall-he-and

זָכַר עֲשׂוֹת חָסֶד וַיִּרְדֹּף אִישׁ־עָנִי וְאֶבְיוֹן
,needy-and poor man-the pursued-and ;mercy do-to remembered-he

וְנִכְאֵה לֵבָב לְמוֹתֵת׃ 17 וַיֶּאֱהַב קְלָלָה
,cursing loved-he-And .kill-to heart of-broken-the-and

וַתְּבוֹאֵהוּ וְלֹא־חָפֵץ בִּבְרָכָה וַתִּרְחַק מִמֶּנּוּ׃
.him-from off-far-was-it-and ,blessing-in delighted-he not-& ;him-to-came-it-and

18 וַיִּלְבַּשׁ קְלָלָה כְּמַדּוֹ וַתָּבֹא כַמַּיִם
water-THE-as came-it-and ;garment-his-as cursing with-clothed-was-he-And

בְּקִרְבּוֹ וְכַשֶּׁמֶן בְּעַצְמוֹתָיו׃ 19 תְּהִי־לוֹ כְּבֶגֶד
garment-a-as him-to be-shall-It .bones-his-into oil-THE-as-& ,midst-his-into

יַעְטֶה וּלְמֵזַח תָּמִיד יַחְגְּרֶהָ׃
.it-with-himself-gird-will-he continually ,girdle-a-for-& ,with-himself-cover-will-he-(*which*)

20 זֹאת ׀ פְּעֻלַּת שֹׂטְנַי מֵאֵת יְהוָה וְהַדֹּבְרִים
speak-who-those-and ;Jehovah)(-from adversaries-my of-doing-the (*is*)-This

רָע עַל־נַפְשִׁי׃ 21 וְאַתָּה ׀ יֱהוִה אֲדֹנָי עֲשֵׂה־אִתִּי
,me-with do ,Lord Jehovah-O ,thou-And .soul-my against evil

לְמַעַן שְׁמֶךָ כִּי־טוֹב חַסְדְּךָ הַצִּילֵנִי׃ 22 כִּי־
Because .me-deliver ,mercy-thy (*is*)-good because ;name-thy of-because

עָנִי וְאֶבְיוֹן אָנֹכִי וְלִבִּי חָלַל בְּקִרְבִּי׃
.midst-my-in wounded-(*is*) heart-my-and ;I-(*am*) needy-and poor

23 כְּצֵל כִּנְטוֹתוֹ נֶהֱלָכְתִּי נִנְעַרְתִּי כָּאַרְבֶּה׃
.locust-THE-as shaken-been-have-I ;gone-have-I declining-its-at shadow-a-As

24 בִּרְכַּי כָּשְׁלוּ מִצּוֹם וּבְשָׂרִי כָּחַשׁ מִשָּׁמֶן׃
.oil-from failed-has flesh-my-& ,fasting-of-because stumbled-have knees-My

25 וַאֲנִי ׀ הָיִיתִי חֶרְפָּה לָהֶם יִרְאוּנִי יְנִיעוּן
shake-will-they me-see-will-they ;them-to reproach-a been-have I-And

רֹאשָׁם׃ 26 עָזְרֵנִי יְהוָה אֱלֹהָי הוֹשִׁיעֵנִי
me-save ;God-my Jehovah-O ,me-Help .head-their

כְּחַסְדֶּךָ׃ 27 וְיֵדְעוּ כִּי־יָדְךָ זֹּאת אַתָּה
thou ;this-(*is*) hand-thy that know-shall-they-And .mercy-thy-to-according

יְהוָה עֲשִׂיתָהּ׃ 28 יְקַלְלוּ־הֵמָּה וְאַתָּה תְבָרֵךְ
;bless-wilt thou-and ,they curse-Shall .it-done-hast Jehovah-O

קָמוּ ׀ וַיֵּבֹשׁוּ וְעַבְדְּךָ יִשְׂמָח׃ 29 יִלְבְּשׁוּ
with-clothed-be-Shall .glad-be-will servant-thy-and ;ashamed-were-& up-rose-they

שׁוֹטְנַי כְּלִמָּה וְיַעֲטוּ כַמְעִיל
mantle-THE-as with-themselves-cover-shall-they-and ;dishonour adversaries-my

בָּשְׁתָּם׃ 30 אוֹדֶה יְהוָה מְאֹד בְּפִי
;mouth-my-with greatly Jehovah to-thanks-give-will-I .shame-their

וּבְתוֹךְ רַבִּים אֲהַלְלֶנּוּ׃ 31 כִּי־יַעֲמֹד
stand-will-he Because .him-praise-will-I many of-midst-the-in-and

לִימִין אֶבְיוֹן לְהוֹשִׁיעַ מִשֹּׁפְטֵי נַפְשׁוֹ׃
.soul-his judge-who-those-from save-to needy-the of-hand-right-the-at

קי

לְדָוִד מִזְמוֹר נְאֻם יְהוָה ׀ לַאדֹנִי שֵׁב
Sit ;Lord-my-to Jehovah Declared .Psalm-A ,David-Of

לִימִינִי עַד־אָשִׁית אֹיְבֶיךָ הֲדֹם לְרַגְלֶיךָ׃
.feet-thy-for stool-a enemies-thy set-shall-I until ,hand-right-my-at

2 מַטֵּה עֻזְּךָ יִשְׁלַח יְהוָה מִצִּיּוֹן רְדֵה
dominion-Have ;Zion-of-out Jehovah send-shall strength-thy of-staff-The

בְּקֶרֶב אֹיְבֶיךָ׃ 3 עַמְּךָ נְדָבֹת בְּיוֹם
of-day-the-in freenesses-(*in-be-shall*) nation-Thy .enemies-thy of-midst-the-in

חֵילֶךָ בְּהַדְרֵי־קֹדֶשׁ מֵרֶחֶם מִשְׁחָר לְךָ
thee-to ;dawn-the of-womb-the-from ,holiness of-majesties-the-in ,might-thy

טַל יַלְדֻתֶיךָ׃ 4 נִשְׁבַּע יְהוָה ׀ וְלֹא יִנָּחֵם
,repent-will not-and ,Jehovah sworn-Hath .birth-thy of-dew-the-(*is*)

אַתָּה־כֹהֵן לְעוֹלָם עַל־דִּבְרָתִי מַלְכִּי־צֶדֶק׃
.Zedek -Melchi of-order-the to-according ,ever-for priest-a (*art*)-Thou

5 אֲדֹנָי עַל־יְמִֽינְךָ מָחַץ בְּיוֹם־אַפּוֹ מְלָכִים׃

.kings anger-his of-day-the-in wounded-has hand-right-thy at Lord-The

6 יָדִין בַּגּוֹיִם מָלֵא גְוִיּוֹת מָחַץ

wounded-has-He ; bodies with-filled-has-he ,Gentiles-THE-among judge-shall-He

רֹאשׁ עַל־אֶרֶץ רַבָּה׃ 7 מִנַּחַל בַּדֶּרֶךְ יִשְׁתֶּה

; drink-shall-he way-THE-in brook-the-From .much earth over head-the

עַל־כֵּן יָרִים רֹאשׁ׃

.head-the exalt-shall-he therefore

קיא

הַֽלְלוּ יָהּ ׀ אוֹדֶה יְהוָה בְּכָל־לֵבָב

,heart-(*my*) all-with Jehovah to-thanks-give-will-I ; Jah ye-Praise

בְּסוֹד יְשָׁרִים וְעֵדָה׃ 2 גְּדֹלִים מַעֲשֵׂי

of-works-the (*are*)-Great .congregation-the-and upright-the of-secret-the-in

יְהוָה דְּרוּשִׁים לְכָל־חֶפְצֵיהֶם׃ 3 הוֹד־וְהָדָר

Majesty-& Honour .them-in-delighting-(*are-who*) all-by out-sought ,Jehovah

פָּעֳלוֹ וְצִדְקָתוֹ עֹמֶדֶת לָעַד׃ 4 זֵכֶר

Remembrance .ever-for standing-(*is*) righteousness-his-and ; (*is*)-work-his

עָשָׂה לְנִפְלְאֹתָיו חַנּוּן וְרַחוּם יְהוָה׃ 5 טֶרֶף

Prey .Jehovah-(*is*) merciful-and gracious ; works-wondrous-his-for made-he

נָתַן לִירֵאָיו יִזְכֹּר לְעוֹלָם בְּרִיתוֹ׃ 6 כֹּחַ

of-strength-The .covenant-his ever-for remember-will-he ;him-fearing-those-to gave-he

מַעֲשָׂיו הִגִּיד לְעַמּוֹ לָתֵת לָהֶם נַחֲלַת

of-inheritance-the them-to give-to ; nation-his-to shown-has-he works-his

גּוֹיִם׃ 7 מַעֲשֵׂי יָדָיו אֱמֶת וּמִשְׁפָּט נֶאֱמָנִים

steadfast ; judgment-and truth-(*are*) hands-his of-works-The .Gentiles-the

כָּל־פִּקּוּדָיו׃ 8 סְמוּכִים לָעַד לְעוֹלָם עֲשׂוּיִם

made ; ever-for ever-for held-(*are-They*) .precepts-his all-(*are*)

בֶּאֱמֶת וְיָשָׁר׃ 9 פְּדוּת ׀ שָׁלַח לְעַמּוֹ צִוָּה

commanded-He ; nation-his-to sent-he Redemption .uprightness-and truth-in

לְעוֹלָם בְּרִיתוֹ קָדוֹשׁ וְנוֹרָא שְׁמוֹ׃ 10 רֵאשִׁית

of-beginning-The .name-his-(*is*) feared-be-to-& Holy :covenant-his ever-for

חָכְמָה ׀ יִרְאַת יְהוָה שֵׂכֶל טוֹב לְכָל־עֹשֵׂיהֶם

;them-do-who all-to-(*is*) good understanding ;Jehovah of-fear-the-(*is*) wisdom

תְּהִלָּתוֹ עֹמֶדֶת לָעַד׃

.ever-for standing-(*is*) praise-his

קיב

הַלְלוּ יָהּ ׀ אַשְׁרֵי־אִישׁ יָרֵא אֶת־יְהוָה

,Jehovah)(fearing man-the of-blessings-the-O .Jah ye-Praise

בְּמִצְוֺתָיו חָפֵץ מְאֹד׃ 2 גִּבּוֹר בָּאָרֶץ יִהְיֶה

be-will earth-THE-on Mighty .greatly delighting commandments-his-in

זַרְעוֹ דּוֹר יְשָׁרִים יְבֹרָךְ׃ 3 הוֹן־וָעֹשֶׁר

riches-and Wealth .blessed-be-shall upright-the of-generation-the ;seed-his

בְּבֵיתוֹ וְצִדְקָתוֹ עֹמֶדֶת לָעַד׃ 4 זָרַח

arisen-Has .ever-for standing-(*is*) righteousness-his-& ,house-his-in-(*be-shall*)

בַּחֹשֶׁךְ אוֹר לַיְשָׁרִים חַנּוּן וְרַחוּם

merciful-and gracious-(*is-he*) ;upright-THE-for light darkness-THE-in

וְצַדִּיק׃ 5 טוֹב־אִישׁ חוֹנֵן וּמַלְוֶה יְכַלְכֵּל

nourish-will-he ;lending-(*is*)-and gracious-(*is*) man of-good-The .righteous-and

דְּבָרָיו בְּמִשְׁפָּט׃ 6 כִּי־לְעוֹלָם לֹא־יִמּוֹט

;moved-be-shall-he not ever-for For .judgment-with matters-his

לְזֵכֶר עוֹלָם יִהְיֶה צַדִּיק׃ 7 מִשְּׁמוּעָה

report-a-From .(sg.)-righteous-the be-shall ever-(*for*) remembrance-for

רָעָה לֹא יִירָא נָכוֹן לִבּוֹ בָּטֻחַ בַּיהוָה׃

.Jehovah-in confident ;heart-his (*is*)-established ;fear-he-will not evil

8 סָמוּךְ לִבּוֹ לֹא יִירָא עַד אֲשֶׁר־יִרְאֶה

see-shall-he when until ;fear-will-he not heart-his held-(*Is*)

בְּצָרָיו׃ 9 פִּזַּר ׀ נָתַן לָאֶבְיוֹנִים צִדְקָתוֹ

righteousness-his ;needy-the-to gave-he ,scattered-has-He .distressors-his-[on]

עֹמֶדֶת לָעַד קַרְנוֹ תָּרוּם בְּכָבוֹד׃ 10 רָשָׁע

(sg.)-wicked-The .glory-with exalted-be-shall horn-his ;ever-for standing-(*is*)

יִרְאֶה ׀ וְכָעָס שִׁנָּיו יַחֲרֹק וְנָמָס תַּאֲוַת

of-desire-the ;away-melt-& ,gnash-will-he teeth-his ;grieved-be-and see-shall

רְשָׁעִים תֹּאבֵד׃

.perish-shall wicked-the

קיג

הַלְלוּ יָהּ ׀ הַלְלוּ עַבְדֵי יְהוָה הַלְלוּ אֶת־

)(ye-Praise ;Jehovah of-servants-ye ,ye-Praise ;Jah ye-Praise

שֵׁם יְהוָה׃ 2 יְהִי שֵׁם יְהוָה מְבֹרָךְ

,blessed Jehovah of-name-the be-Shall .Jehovah of-name-the

מֵעַתָּה וְעַד־עוֹלָם׃ 3 מִמִּזְרַח־שֶׁמֶשׁ עַד־מְבוֹאוֹ

,down-going-his unto sun-the of-rising-the-From .ever unto-and now-from

מְהֻלָּל שֵׁם יְהוָה׃ 4 רָם עַל־כָּל־גּוֹיִם ׀

Gentiles-the all above Exalted .Jehovah of-name-the be-praised

יְהוָה עַל הַשָּׁמַיִם כְּבוֹדוֹ׃ 5 מִי כַּיהוָה

Jehovah-like (*is*)-Who .glory-his-(*is*) heavens-THE above ;Jehovah-(*is*)

אֱלֹהֵינוּ הַמַּגְבִּיהִי לָשָׁבֶת׃ 6 הַמַּשְׁפִּילִי

low-(*himself*)-makes-Who .dwell-to high-(*himself*)-makes-who God-our

לִרְאוֹת בַּשָּׁמַיִם וּבָאָרֶץ׃ 7 מְקִימִי מֵעָפָר

dust-the-from raises-Who ?earth-THE-in-and heavens-THE-in see-to

דָּל מֵאַשְׁפֹּת יָרִים אֶבְיוֹן׃ 8 לְהוֹשִׁיבִי

sit-make-To .needy-the up-lift-will-he dunghill-the-from (sg.)-poor-the

עִם־נְדִיבִים עִם נְדִיבֵי עַמּוֹ׃ 9 מוֹשִׁיבִי ׀

dwell-to-making-(*is-He*) .nation-his of-princes-the with ,princes with

עֲקֶרֶת הַבַּיִת אֵם־הַבָּנִים שְׂמֵחָה

.glad sons-THE of-mother-a ,house-THE-(*in*) woman-barren-the

הַלְלוּ־יָהּ׃

.Jah ye-Praise

קיד

בְּצֵאת יִשְׂרָאֵל מִמִּצְרָיִם בֵּית יַעֲקֹב
Jacob of-house-the ,Egypt-from Israel of-out-going-the-In

מֵעַם לֹעֵז׃ 2 הָיְתָה יְהוּדָה לְקָדְשׁוֹ
,place-holy-his-for Judah Was .strangely-speaking nation-a-from

יִשְׂרָאֵל מַמְשְׁלוֹתָיו׃ 3 הַיָּם רָאָה וַיָּנֹס הַיַּרְדֵּן
Jordan-THE ,fled-and saw sea-THE .rulings-his Israel

יִסֹּב לְאָחוֹר׃ 4 הֶהָרִים רָקְדוּ כְאֵילִים
;rams-like skipped mountains-THE .backward turned-be-will

גְּבָעוֹת כִּבְנֵי־צֹאן׃ 5 מַה־לְּךָ הַיָּם כִּי
that ,sea-[THE] ,thee-to-(*was*) What .sheep of-sons-like hills-the

תָנוּס הַיַּרְדֵּן תִּסֹּב לְאָחוֹר׃ 6 הֶהָרִים
,mountains-[THE] ?backward turned-be-wilt-thou ,Jordan-[THE] ?flee-wilt-thou

תִּרְקְדוּ כְאֵילִים גְּבָעוֹת כִּבְנֵי־צֹאן׃ 7 מִלִּפְנֵי
of-presence-the-At ?sheep of-sons-like ,hills ;rams-like skipped-ye-(*that*)

אָדוֹן חוּלִי אָרֶץ מִלִּפְנֵי אֱלוֹהַּ יַעֲקֹב׃
.Jacob of-God-the of-presence-the-at ;earth-O pained-be ,Lord-the

8 הַהֹפְכִי הַצּוּר אֲגַם־מָיִם חַלָּמִישׁ
flint-the ,waters of-pool-a-(*into*) rock-the turns-Who

לְמַעְיְנוֹ־מָיִם׃
.waters of-spring-a-to

קטו

לֹא לָנוּ יְהוָה לֹא־לָנוּ כִּי־לְשִׁמְךָ תֵּן
give name-thy-to but ,us-unto not ,Jehovah-O ,us-unto Not

כָּבוֹד עַל־חַסְדְּךָ עַל־אֲמִתֶּךָ׃ 2 לָמָּה יֹאמְרוּ
say-shall Why .truth-thy of-because ,mercy-thy of-because ;glory

הַגּוֹיִם אַיֵּה־נָא אֱלֹהֵיהֶם׃ 3 וֵאלֹהֵינוּ בַשָּׁמָיִם
;heavens-THE-in (*is*)-God-our-And ?God-their-(*is*) ,pray-I ,Where ,Gentiles-THE

כֹּל אֲשֶׁר־חָפֵץ עָשָׂה׃ 4 עֲצַבֵּיהֶם כֶּסֶף
silver-(*are*) idols-Their .did-he ,delighted-he which thing-every

וְזָהָב מַעֲשֵׂה יְדֵי אָדָם׃ 5 פֶּה־לָהֶם וְלֹא
net-and them-to (*is*)-mouth-A .man of-hands-the of-work-the ,gold-and

יְדַבֵּרוּ עֵינַיִם לָהֶם וְלֹא יִרְאוּ׃ 6 אָזְנַיִם
Ears .see-they-will not-and ,them-to (*are*)-eyes ; speak-will-they

לָהֶם וְלֹא יִשְׁמָעוּ אַף לָהֶם וְלֹא יְרִיחוּן׃
.smell-will-they not-& ,them-to-(*is*) nose-a ; hear-will-they not-& ,them-to-(*are*)

7 יְדֵיהֶם ׀ וְלֹא יְמִישׁוּן רַגְלֵיהֶם וְלֹא יְהַלֵּכוּ
; walk-will-they not-and ,feet-their ; feel-will-they not-and ,hands-Their

לֹא־יֶהְגּוּ בִּגְרוֹנָם׃ 8 כְּמוֹהֶם יִהְיוּ עֹשֵׂיהֶם
; them-make-who-those be-shall them-to-Like .throat-their-with speak-they-will not

כֹּל אֲשֶׁר־בֹּטֵחַ בָּהֶם׃ 9 יִשְׂרָאֵל בְּטַח בַּיהוָה
,Jehovah-in confide ,Israel-O .them-in confiding (*is*)-who one-every

עֶזְרָם וּמָגִנָּם הוּא׃ 10 בֵּית אַהֲרֹן בִּטְחוּ
confide ,Aaron of-house-O .(*is*)-he shield-their-and help-their

בַיהוָה עֶזְרָם וּמָגִנָּם הוּא׃ 11 יִרְאֵי יְהוָה
,Jehovah fear-who-Ye .(*is*)-he shield-their-and help-their ; Jehovah-in

בִּטְחוּ בַיהוָה עֶזְרָם וּמָגִנָּם הוּא׃ 12 יְהוָה
Jehovah .(*is*)-he shield-their-and help-their ; Jehovah-in confide

זְכָרָנוּ יְבָרֵךְ יְבָרֵךְ אֶת־בֵּית יִשְׂרָאֵל
; Israel of-house-the)(bless-will-he ,bless-will-he ; us-remembered-has

יְבָרֵךְ אֶת־בֵּית אַהֲרֹן׃ 13 יְבָרֵךְ יִרְאֵי יְהוָה
,Jehovah fear-who-those bless-will-He .Aaron of-house-the)(bless-will-he

הַקְּטַנִּים עִם־הַגְּדֹלִים׃ 14 יֹסֵף יְהוָה עֲלֵיכֶם
,you-upon Jehovah add-Will .great-THE with small-THE

עֲלֵיכֶם וְעַל־בְּנֵיכֶם׃ 15 בְּרוּכִים אַתֶּם לַיהוָה
,Jehovah-of ye (*be*)-Blessed .sons-your upon-and you-upon

עֹשֵׂה שָׁמַיִם וָאָרֶץ׃ 16 הַשָּׁמַיִם שָׁמַיִם
(*are*)-heavens-the-(*even*) ,heavens-THE .earth-and heavens-the made-who

לַיהוָה וְהָאָרֶץ נָתַן לִבְנֵי־אָדָם׃ 17 לֹא הַמֵּתִים
dead-THE Not .man of-sons-the-to gave-he earth-the-& ;Jehovah-to

יְהַלְלוּ־יָהּ וְלֹא כָּל־יֹרְדֵי דוּמָה׃ 18 וַאֲנַחְנוּ ׀
we-And .silence to-descend-who-those all not-and ;Jah praise-shall

נְבָרֵךְ יָהּ מֵעַתָּה וְעַד־עוֹלָם הַלְלוּ־יָהּ׃
.Jah ye-Praise ;ever until-and now-from ;Jah bless-will

קיו

אָהַבְתִּי כִּי־יִשְׁמַע יְהוָה אֶת־קוֹלִי
voice-my)(Jehovah hear-will because ,loved-have-I

תַּחֲנוּנָי׃ 2 כִּי־הִטָּה אָזְנוֹ לִי וּבְיָמַי
days-my-in-and ;me-to ear-his inclined-he Because .supplications-my-(*even*)

אֶקְרָא׃ 3 אֲפָפוּנִי ׀ חֶבְלֵי־מָוֶת וּמְצָרֵי שְׁאוֹל
Hades of-straits-the-and ,death of-cords-the me-Compassed .call-will-I

מְצָאוּנִי צָרָה וְיָגוֹן אֶמְצָא׃ 4 וּבְשֵׁם־יְהוָה
Jehovah of-name-the-on-And .find-shall-I sorrow-and distress ;me-found

אֶקְרָא אָנָּה יְהוָה מַלְּטָה נַפְשִׁי׃ 5 חַנּוּן
Gracious .soul-my deliver ,Jehovah-O ,beseech-I ;call-will-I

יְהוָה וְצַדִּיק וֵאלֹהֵינוּ מְרַחֵם׃ 6 שֹׁמֵר
keeping-(*Is*) .merciful-(*is*) God-our-and ;righteous-and ,Jehovah-(*is*)

פְּתָאיִם יְהוָה דַּלּוֹתִי וְלִי יְהוֹשִׁיעַ׃ 7 שׁוּבִי
,Return .save-will-he me-[to]-& ,low-brought-was-I ;Jehovah ones-simple-the

נַפְשִׁי לִמְנוּחָיְכִי כִּי־יְהוָה גָּמַל עָלָיְכִי׃ 8 כִּי
Because .thee-upon rewarded-has Jehovah for ;rest-thy-to ,soul-my-O

חִלַּצְתָּ נַפְשִׁי מִמָּוֶת אֶת־עֵינִי מִן־דִּמְעָה
,tears from eye-my)(,death-from soul-my delivered-hast-thou

אֶת־רַגְלִי מִדֶּחִי׃ 9 אֶתְהַלֵּךְ לִפְנֵי יְהוָה בְּאַרְצוֹת
of-lands-the-in Jehovah before walk-will-I .falling-from foot-my)(

הַחַיִּים׃ 10 הֶאֱמַנְתִּי כִּי אֲדַבֵּר אֲנִי עָנִיתִי
humbled-been-have I ;speak-will-I therefore ,believed-I .living-THE

מְאֹד׃ 11 אֲנִי אָמַרְתִּי בְחָפְזִי כָּל־הָאָדָם כֹּזֵב׃

.liar-a-(*is*) man-[THE] every ,haste-my-in said I .greatly

12 מָה־אָשִׁיב לַיהוָה כָּל־תַּגְמוּלוֹהִי עָלָי׃

?me-upon benefits-his all-(*to-as*) ,Jehovah-to return-I-shall What

13 כּוֹס־יְשׁוּעוֹת אֶשָּׂא וּבְשֵׁם יְהוָה אֶקְרָא׃

.call-will-I Jehovah of-name-the-in-and ; up-lift-will-I salvation of-cup-The

14 נְדָרַי לַיהוָה אֲשַׁלֵּם נֶגְדָה־נָּא לְכָל־עַמּוֹ׃

.nation-his all-[to] ,pray-I ,before pay-me-let Jehovah-to vows-My

15 יָקָר בְּעֵינֵי יְהוָה הַמָּוְתָה לַחֲסִידָיו׃ 16 אָנָּה

,beseech-I .saints-his-of death-THE-(*is*) Jehovah of-eyes-the-in Precious

יְהוָה כִּי־אֲנִי עַבְדֶּךָ אֲנִי עַבְדְּךָ בֶּן־

of-son-the ,servant-thy (*am*)-I ; servant-thy (*am*)-I surely ,Jehovah-O

אֲמָתֶךָ פִּתַּחְתָּ לְמוֹסֵרָי׃ 17 לְךָ אֶזְבַּח

sacrifice-will-I thee-To .bonds-my-to opened-hast-thou ; handmaid-thy

זֶבַח תּוֹדָה וּבְשֵׁם יְהוָה אֶקְרָא׃ 18 נְדָרַי

vows-My .call-will-I Jehovah of-name-the-on-and ; praise of-sacrifice-the

לַיהוָה אֲשַׁלֵּם נֶגְדָה־נָּא לְכָל־עַמּוֹ׃

.nation-his all-[to] ,pray-I ,before ; pay-me-let Jehovah-to

19 בְּחַצְרוֹת ׀ בֵּית יְהוָה בְּתוֹכֵכִי יְרוּשָׁלִָם

; Jerusalem-O ,thee-of-midst-the-in ,Jehovah of-house-the of-courts-the-In

הַלְלוּ־יָהּ׃

.Jah ye-Praise

קיז

הַלְלוּ אֶת־יְהוָה כָּל־גּוֹיִם שַׁבְּחוּהוּ כָּל־

all him-praise ; Gentiles-ye all ,Jehovah)(ye-Praise

הָאֻמִּים׃ 2 כִּי גָבַר עָלֵינוּ ׀ חַסְדּוֹ וֶאֱמֶת־

of-truth-the-and ; mercy-his us-upon strong-been-has For .people--THE

יְהוָה לְעוֹלָם הַלְלוּ־יָהּ׃

.Jah ye-Praise : ever-for-(*is*) Jehovah

קיח

הוֹדוּ לַיהוָה כִּי־טוֹב כִּי לְעוֹלָם

(*is*)-ever-for because ; good (*is-it*)-for ; Jehovah-to thanks-ye-Give

חַסְדּוֹ׃ 2 יֹאמַר־נָא יִשְׂרָאֵל כִּי לְעוֹלָם חַסְדּוֹ׃

.mercy-his (*is*)-ever-for that —; Israel ,pray-I ,say-Let .mercy-his

3 יֹאמְרוּ־נָא בֵית־אַהֲרֹן כִּי לְעוֹלָם חַסְדּוֹ׃

.mercy-his (*is*)-ever-for that ,Aaron of-house-the ,pray-I ,say-Let

4 יֹאמְרוּ־נָא יִרְאֵי יְהוָה כִּי לְעוֹלָם חַסְדּוֹ׃

.mercy-his (*is*)-ever-for that ; Jehovah fear-who-those ,pray-I ,say-Let

5 מִן־הַמֵּצַר קָרָאתִי יָּהּ עָנָנִי בַמֶּרְחָב יָהּ׃

.Jah place-large-THE-in me-answered ; Jah on-called-have-I strait-THE From

6 יְהוָה לִי לֹא אִירָא מַה־יַּעֲשֶׂה לִי

me-to do-shall what ; fear-will-I not ; me-for (*is*)-Jehovah

אָדָם׃ 7 יְהוָה לִי בְּעֹזְרָי וַאֲנִי אֶרְאֶה

see-shall I-and ; me-help-who-those-amongst me-for (*is*)-Jehovah ? man

בְּשֹׂנְאָי׃ 8 טוֹב לַחֲסוֹת בַּיהוָה מִבְּטֹחַ

confide-to-than-more ,Jehovah-in trust-to good-(*is-It*) .me-hate-who-those-[on]

בָּאָדָם׃ 9 טוֹב לַחֲסוֹת בַּיהוָה מִבְּטֹחַ

confide-to-than-more ,Jehovah-in trust-to good-(*is-It*) .man-[THE]-in

בִּנְדִיבִים׃ 10 כָּל־גּוֹיִם סְבָבוּנִי בְּשֵׁם יְהוָה

Jehovah of-name-the-in ; me-surrounded Gentiles-the All .princes-in

כִּי אֲמִילַם׃ 11 סַבּוּנִי גַם־סְבָבוּנִי

; me-surrounded-they also ,me-surrounded-They .off-them-cut-will-I surely

בְּשֵׁם יְהוָה כִּי אֲמִילַם׃ 12 סַבּוּנִי כִדְבֹרִים

; bees-like me-surrounded-They .off-them-cut-will-I surely Jehovah of-name-the-in

דֹּעֲכוּ כְּאֵשׁ קוֹצִים בְּשֵׁם יְהוָה כִּי

surely Jehovah of-name-the-in ; thorns of-fire-the-as ,quenched-been-have-they

אֲמִילַם׃ 13 דַּחֹה דְחִיתַנִי לִנְפֹּל וַיהוָה

Jehovah-& ; fall-(*might-I*)-that me-thrust-hast-thou Thrusting .off-them-cut-will-I

עָזְרָנִי׃ 14 עָזִּי וְזִמְרָת יָהּ וַיְהִי־לִי לִישׁוּעָה׃
.salvation-for me-to was-he-& ,Jah-(*is*) psalm-and strength-My .me-helped

15 קוֹל ׀ רִנָּה וִישׁוּעָה בְּאָהֳלֵי צַדִּיקִים
;righteous-the of-tents-the-in-(*is*) salvation-and shouting of-voice-The

יְמִין יְהוָה עֹשָׂה חָיִל׃ 16 יְמִין יְהוָה
Jehovah of-hand-right-The .might-(*with*) doing-(*is*) Jehovah of-hand-right-the

רוֹמֵמָה יְמִין יְהוָה עֹשָׂה חָיִל׃ 17 לֹא־
Not .might-(*with*) doing-(*is*) Jehovah of-hand-right-the ;exalted-been-has

אָמוּת כִּי־אֶחְיֶה וַאֲסַפֵּר מַעֲשֵׂי יָהּ׃ 18 יַסֹּר
Chastening .Jah of-works-the declare-will-I-and ;live-shall-I but ,die-shall-I

יִסְּרַנִּי יָּהּ וְלַמָּוֶת לֹא נְתָנָנִי׃ 19 פִּתְחוּ־לִי
me-to ye-Open .me-gave-he not death-THE-to-and ;Jah me-chastened-has

שַׁעֲרֵי־צֶדֶק אָבֹא־בָם אוֹדֶה יָהּ׃ 20 זֶה־
(*is*)-This .Jah praise-will-I ;them-into go-will-I ;righteousness of-gates-the

הַשַּׁעַר לַיהוָה צַדִּיקִים יָבֹאוּ בוֹ׃ 21 אוֹדְךָ
thanks-thee-give-will-I .it-into go-shall righteous-the ;Jehovah-of gate-THE

כִּי עֲנִיתָנִי וַתְּהִי־לִי לִישׁוּעָה׃ 22 אֶבֶן
stone-The .salvation-for me-to wast-thou-& ;me-heard-hast-thou because

מָאֲסוּ הַבּוֹנִים הָיְתָה לְרֹאשׁ פִּנָּה׃ 23 מֵאֵת
From)(.corner-the of-head-the-for been-has ,builders-THE rejected-(*whic*

יְהוָה הָיְתָה זֹּאת הִיא נִפְלָאת בְּעֵינֵינוּ׃
.eyes-our-in wonderful-been-has it ;this been-has Jehovah

24 זֶה־הַיּוֹם עָשָׂה יְהוָה נָגִילָה וְנִשְׂמְחָה בוֹ׃
.him-in glad-be-and rejoice-will-we ;Jehovah made day-THE This

25 אָנָּא יְהוָה הוֹשִׁיעָה נָּא אָנָּא יְהוָה
Jehovah-O ,beseech-I ;pray-I save Jehovah-O ,beseech-I

הַצְלִיחָה נָּא׃ 26 בָּרוּךְ הַבָּא בְּשֵׁם יְהוָה
;Jehovah of-name-the-in comes-who-he (*be*)-Blessed .pray-I prosper-to-make

בֵּרַכְנוּכֶם מִבֵּית יְהוָה׃ 27 אֵל ׀ יְהוָה
,Jehovah (*is*)-God Jehovah of-house-the-of-out you-blessed-have-we

וַיָּאֶר לָנוּ אִסְרוּ־חַג בַּעֲבֹתִים עַד־קַרְנוֹת
of-horns-the unto cords-with sacrifice-the ye-bind ;us-to light-made-he-&

הַמִּזְבֵּחַ׃ 28 אֵלִי אַתָּה וְאוֹדֶךָּ אֱלֹהַי
,God-my-O ;thanks-thee-give-will-I-& ;thou-(*art*) God-My .altar-THE

אֲרוֹמְמֶךָּ׃ 29 הוֹדוּ לַיהוָה כִּי־טוֹב כִּי
because ;good-(*is-he*) because ,Jehovah-to thanks-ye-Give .thee-exalt-will-I

לְעוֹלָם חַסְדּוֹ׃
.mercy-his (*is*)-ever-for

קיט

א

אַשְׁרֵי תְמִימֵי־דָרֶךְ הַהֹלְכִים בְּתוֹרַת
of-law-the-in walk-who ;way of-upright-the of-blessings-the-O

יְהוָה׃ 2 אַשְׁרֵי נֹצְרֵי עֵדֹתָיו בְּכָל־לֵב
heart-the all-with ;testimonies-his preserve-who-those of-blessings-the-O .Jehovah

יִדְרְשׁוּהוּ׃ 3 אַף לֹא־פָעֲלוּ עַוְלָה בִּדְרָכָיו
ways-his-in ;iniquity done-have-they not Yea .him-seek-will-they

הָלָכוּ׃ 4 אַתָּה צִוִּיתָה פִקֻּדֶיךָ לִשְׁמֹר
keep-to precepts-thy commanded-hast Thou .walked-have-they

מְאֹד׃ 5 אַחֲלַי יִכֹּנוּ דְרָכָי לִשְׁמֹר חֻקֶּיךָ׃
.statutes-thy keep-to ways-my established-be-shall that-Oh .greatly

6 אָז לֹא־אֵבוֹשׁ בְּהַבִּיטִי אֶל־כָּל־מִצְוֹתֶיךָ׃
.commandments-thy all unto looking-my-in ,ashamed-be-I-shall not Then

7 אוֹדְךָ בְּיֹשֶׁר לֵבָב בְּלָמְדִי מִשְׁפְּטֵי
of-judgments-the learning-my-in ,heart of-uprightness-in thanks-thee-give-will-I

צִדְקֶךָ׃ 8 אֶת־חֻקֶּיךָ אֶשְׁמֹר אַל־תַּעַזְבֵנִי
me-forsake not ;keep-will-I statutes-thy)(.righteousness-thy

עַד־מְאֹד׃
.much-very unto

ב

9 בַּמֶּה יְזַכֶּה־נַּעַר אֶת־אָרְחוֹ לִשְׁמֹר
(*it*)-keep-to ,path-his)(youth-a cleanse-shall what-With

כִּדְבָרֶךָ׃ 10 בְּכָל־לִבִּי דְרַשְׁתִּיךָ אַל־תַּשְׁגֵּנִי
wander-me-make not ; thee-sought-have-I heart-my all-With ? word-thy-to-according

מִמִּצְוֺתֶיךָ׃ 11 בְּלִבִּי צָפַנְתִּי אִמְרָתֶךָ לְמַעַן
therefore ; word-thy hid-have-I heart-my-In .commandments-thy-from

לֹא אֶחֱטָא־לָךְ׃ 12 בָּרוּךְ אַתָּה יְהוָה לַמְּדֵנִי
me-teach ; Jehovah-O ,thou (*art*)-Blessed .thee-against sin-shall-I not

חֻקֶּיךָ׃ 13 בִּשְׂפָתַי סִפַּרְתִּי כֹּל מִשְׁפְּטֵי־פִיךָ׃
.mouth-thy of-judgments-the all declared-have-I lips-my-With .statutes-thy

14 בְּדֶרֶךְ עֵדְוֺתֶיךָ שַׂשְׂתִּי כְּעַל כָּל־הוֹן׃
.wealth all upon-as joyful-been-have-I testimonies-thy of-way-the-In

15 בְּפִקֻּדֶיךָ אָשִׂיחָה וְאַבִּיטָה אֹרְחֹתֶיךָ׃
.paths-thy at-look-will-I-and ; meditate-will-I precepts-thy-In

16 בְּחֻקֹּתֶיךָ אֶשְׁתַּעֲשָׁע לֹא אֶשְׁכַּח דְּבָרֶךָ׃
.word-thy forget-shall-I not ; myself-delight-will-I statutes-thy-In

ג

17 גְּמֹל עַל־עַבְדְּךָ אֶחְיֶה וְאֶשְׁמְרָה דְבָרֶךָ׃
.word-thy keep-will-I-and live-shall-I ; servant-thy upon Reward

18 גַּל־עֵינַי וְאַבִּיטָה נִפְלָאוֹת מִתּוֹרָתֶךָ׃
.law-thy-of-out things-wondrous at-look-shall-I-and ,eyes-my thou-Open

19 גֵּר אָנֹכִי בָאָרֶץ אַל־תַּסְתֵּר מִמֶּנִּי
me-from hide not ; earth-THE-in I-(*am*) sojourner-A

מִצְוֺתֶיךָ׃ 20 גָּרְסָה נַפְשִׁי לְתַאֲבָה אֶל־
for longing-for soul-my broken-been-Has .commandments-thy

מִשְׁפָּטֶיךָ בְכָל־עֵת׃ 21 גָּעַרְתָּ זֵדִים אֲרוּרִים
,cursed proud-the rebuked-hast-Thou .season every-in judgments-thy

הַשֹּׁגִים מִמִּצְוֺתֶיךָ׃ 22 גַּל מֵעָלַי חֶרְפָּה
reproach me-from away-Roll .commandments-thy-from wander-who

וָבוּז כִּי עֵדֹתֶיךָ נָצָרְתִּי׃ 23 גַּם יָשְׁבוּ

sat-have Also .preserved-have-I .testimonies-thy for ; contempt-and

שָׂרִים בִּי נִדְבָּרוּ עַבְדְּךָ יָשִׂיחַ בְּחֻקֶּיךָ׃

.statutes-thy-in meditate-will servant-thy ; spoken-have-they me-against ; princes

24 גַּם־עֵדֹתֶיךָ שַׁעֲשֻׁעָי אַנְשֵׁי עֲצָתִי׃

.counsel-my of-men-the ; delights-my-(*are*) testimonies-thy Also

ד

25 דָּבְקָה לֶעָפָר נַפְשִׁי חַיֵּנִי כִּדְבָרֶךָ׃

.word-thy-to-according alive-me-keep ; soul-my dust-the-to cleaved-Has

26 דְּרָכַי סִפַּרְתִּי וַתַּעֲנֵנִי לַמְּדֵנִי חֻקֶּיךָ׃

.statutes-thy me-teach ; me-answered-hast-thou-& ,declared-have-I ways-My

27 דֶּרֶךְ־פִּקּוּדֶיךָ הֲבִינֵנִי וְאָשִׂיחָה בְּנִפְלְאוֹתֶיךָ׃

.works-wondrous-thy-in meditate-will-I-& ; consider-me-make precepts-thy of-way-The

28 דָּלְפָה נַפְשִׁי מִתּוּגָה קַיְּמֵנִי כִּדְבָרֶךָ׃

.word-thy-to-according up-me-set ; heaviness-of-because soul-my dropped-Has

29 דֶּרֶךְ־שֶׁקֶר הָסֵר מִמֶּנִּי וְתוֹרָתְךָ חָנֵּנִי׃

.me-grant-graciously law-thy-and ; me-from remove falsehood of-way-The

30 דֶּרֶךְ אֱמוּנָה בָחָרְתִּי מִשְׁפָּטֶיךָ שִׁוִּיתִי׃

.held-have-I judgments-thy ; chosen-have-I faithfulness of-way-The

31 דָּבַקְתִּי בְּעֵדְוֹתֶיךָ יְהוָה אַל־תְּבִישֵׁנִי׃ 32 דֶּרֶךְ־

of-way-The .shame-to-me-put not ,Jehovah-O ; testimonies-thy-to cleaved-have-I

מִצְוֹתֶיךָ אָרוּץ כִּי תַרְחִיב לִבִּי׃

.heart-my enlarge-wilt-thou for ; run-will-I commandments-thy

ה

33 הוֹרֵנִי יְהוָה דֶּרֶךְ חֻקֶּיךָ וְאֶצְּרֶנָּה

it-preserve-shall-I-and ; statutes-thy of-way-the ,Jehovah-O ,me-Teach

עֵקֶב׃ 34 הֲבִינֵנִי וְאֶצְּרָה תוֹרָתֶךָ

,law-thy preserve-shall-I-and ,consider-to-me-Make .end-the-(*unto*)

וְאֶשְׁמְרֶנָּה בְּכָל־לֵב׃ 35 הַדְרִיכֵנִי בִּנְתִיב

of-path-the-in me-Guide .heart-(*my*) all-with (*it*)-keep-shall-and

מִצְוֹתֶיךָ כִּי־בוֹ חָפָצְתִּי׃ 36 הַט־לִבִּי אֶל־
unto heart-my Incline .delighted-have-I it-in for ;commandments-thy

עֵדְוֹתֶיךָ וְאַל אֶל־בָּצַע׃ 37 הַעֲבֵר עֵינַי מֵרְאוֹת
seeing-from eyes-my pass-to-Make .gain unto not-and ,testimonies-thy

שָׁוְא בִּדְרָכֶךָ חַיֵּנִי׃ 38 הָקֵם לְעַבְדְּךָ אִמְרָתֶךָ
,word-thy servant-thy-for up-Set .alive-me-keep way-thy-in ,vanity

אֲשֶׁר לְיִרְאָתֶךָ׃ 39 הַעֲבֵר חֶרְפָּתִי אֲשֶׁר יָגֹרְתִּי
; feared-have-I which reproach-my pass-to-Make .fear-thy-unto (*is*)-who

כִּי מִשְׁפָּטֶיךָ טוֹבִים׃ 40 הִנֵּה תָּאַבְתִּי לְפִקֻּדֶיךָ
; precepts-thy-for longed-have-I Behold .good-(*are*) judgments-thy for

בְּצִדְקָתְךָ חַיֵּנִי׃
.alive-me-keep righteousness-thy-in

ו

41 וִיבֹאֻנִי חֲסָדֶךָ יְהוָה תְּשׁוּעָתְךָ
salvation-thy-(*and*) .,Jehovah-O ,mercy-thy me-to-come-shall-And

כְּאִמְרָתֶךָ׃ 42 וְאֶעֱנֶה חֹרְפִי דָבָר כִּי־
for ; word-a me-reproaching-one answer-will-I-And .word-thy-to-according

בָטַחְתִּי בִּדְבָרֶךָ׃ 43 וְאַל־תַּצֵּל מִפִּי דְבַר־
of-word-the mouth-my-from deliver not-And .word-thy-in confided-have-I

אֱמֶת עַד־מְאֹד כִּי לְמִשְׁפָּטֶךָ יִחָלְתִּי׃
.hoped-have-I judgments-thy for ,much-very unto truth

44 וְאֶשְׁמְרָה תוֹרָתְךָ תָמִיד לְעוֹלָם וָעֶד׃
.ever-and ever-for ,continually law-thy keep-will-I-And

45 וְאֶתְהַלְּכָה בָרְחָבָה כִּי פִקֻּדֶיךָ דָרָשְׁתִּי׃
.sought-have-I precepts-thy for ,wideness-THE-in walk-will-I-And

46 וַאֲדַבְּרָה בְעֵדֹתֶיךָ נֶגֶד מְלָכִים וְלֹא
not-and ,kings before testimonies-thy-with spoken-have-I-And

אֵבוֹשׁ׃ 47 וְאֶשְׁתַּעֲשַׁע בְּמִצְוֹתֶיךָ אֲשֶׁר
which commandments-thy-in myself-delight-will-I-And .ashamed-be-will-I

אָהָבְתִּי׃ 48 וְאֶשָּׂא כַפַּי אֶל־מִצְוֺתֶיךָ אֲשֶׁר

which ,commandments-thy unto hands-my up-lift-will-I-And .loved-have-I

אָהַבְתִּי וְאָשִׂיחָה בְחֻקֶּיךָ׃

.statutes-thy-in meditate-will-I-and ; loved-have-I

ז

49 זְכָר־דָּבָר לְעַבְדֶּךָ עַל אֲשֶׁר יִחַלְתָּנִי׃

.hope-me-made-hast-thou which upon ,servant-thy-to word-the Remember

50 זֹאת נֶחָמָתִי בְעָנְיִי כִּי אִמְרָתְךָ חִיָּתְנִי׃

.alive-me-kept-has word-thy because ,affliction-my-in comfort-my (*is*)-This

51 זֵדִים הֱלִיצֻנִי עַד־מְאֹד מִתּוֹרָתְךָ לֹא

not law-thy-from ; much-very unto me-scorned-have proud-The

נָטִיתִי׃ 52 זָכַרְתִּי מִשְׁפָּטֶיךָ ׀ מֵעוֹלָם ׀ יְהוָה

; Jehovah-O ,old-of-from judgments-thy remembered-have-I .declined-have-I

וָאֶתְנֶחָם׃ 53 זַלְעָפָה אֲחָזַתְנִי מֵרְשָׁעִים

wicked-the-of-because me-on-hold-took Horror .myself-comforted-have-and

עֹזְבֵי תּוֹרָתֶךָ׃ 54 זְמִרוֹת הָיוּ־לִי חֻקֶּיךָ

statutes-thy me-to were Psalms .law-thy forsaking

בְּבֵית מְגוּרָי׃ 55 זָכַרְתִּי בַלַּיְלָה שִׁמְךָ

,name-thy night-THE-in remembered-have-I .sojournings-my of-house-the-in

יְהוָה וָאֶשְׁמְרָה תּוֹרָתֶךָ׃ 56 זֹאת הָיְתָה־לִּי

,me-to was This .law-thy keep-will-I-and ; Jehovah-O

כִּי פִקֻּדֶיךָ נָצָרְתִּי׃

.preserved-have-I precepts-thy because

ח

57 חֶלְקִי יְהוָה אָמַרְתִּי לִשְׁמֹר דְּבָרֶיךָ׃

.words-thy keep-to said-have-I ; Jehovah-(*is*) portion-My

58 חִלִּיתִי פָנֶיךָ בְכָל־לֵב חָנֵּנִי כְּאִמְרָתֶךָ׃

.word-thy-to-according me-to-gracious-be ; heart-(*my*) all-with face-thy intreated-I

59 חִשַּׁבְתִּי דְרָכָי וָאָשִׁיבָה רַגְלַי אֶל־עֵדֹתֶיךָ׃
.testimonies-thy unto feet-my turned-have-I-and ; ways-my on-thought-have-I

60 חַשְׁתִּי וְלֹא הִתְמַהְמָהְתִּי לִשְׁמֹר מִצְוֹתֶיךָ׃
.commandments-thy keep-to delayed not-and hasted-I

61 חֶבְלֵי רְשָׁעִים עִוְּדֻנִי תּוֹרָתְךָ לֹא שָׁכָחְתִּי׃
.forgotten-have-I not law-thy ; me-surrounded wicked-the of-cords-The

62 חֲצוֹת־לַיְלָה אָקוּם לְהוֹדוֹת לָךְ עַל
of-because ,thee-to thanks-give-to rise-will-I night-the of-halves-(*At*)

מִשְׁפְּטֵי צִדְקֶךָ׃ 63 חָבֵר אָנִי לְכָל־אֲשֶׁר
who all-to I-(*am*) companion-A .righteousness-thy of-judgments-the

יְרֵאוּךָ וּלְשֹׁמְרֵי פִּקּוּדֶיךָ׃ 64 חַסְדְּךָ יְהוָה
,Jehovah-O ,mercy-Thy .precepts-thy keep-who-those-to-and ,thee-feared

מָלְאָה הָאָרֶץ חֻקֶּיךָ לַמְּדֵנִי׃
.me-teach statutes-thy ; earth-THE of-full-been-has

ט

65 טוֹב עָשִׂיתָ עִם־עַבְדְּךָ יְהוָה כִּדְבָרֶךָ׃
.word-thy-to-according ,Jehovah-O ,servant-thy with done-hast-thou Good

66 טוּב טַעַם וָדַעַת לַמְּדֵנִי כִּי בְּמִצְוֹתֶיךָ
commandments-thy-in for ; me-teach knowledge-and judgment of-Goodness

הֶאֱמָנְתִּי׃ 67 טֶרֶם אֶעֱנֶה אֲנִי שֹׁגֵג וְעַתָּה
now-and ; ignorant-(*was*) I ,humbled-was-I Before .believed-have-I

אִמְרָתְךָ שָׁמָרְתִּי׃ 68 טוֹב־אַתָּה וּמֵטִיב לַמְּדֵנִי
me-teach ; good-doing-and thou (*art*)-Good .kept-have-I word-thy

חֻקֶּיךָ׃ 69 טָפְלוּ עָלַי שֶׁקֶר זֵדִים אֲנִי בְּכָל־
all-with I ; proud-the falsehood me-against forged-Have .statutes-thy

לֵב ׀ אֱצֹּר פִּקּוּדֶיךָ׃ 70 טָפַשׁ כַּחֵלֶב לִבָּם
; heart-their fat-THE-as fat-been-Has .precepts-thy preserve-will heart-(*my*)

אֲנִי תּוֹרָתְךָ שִׁעֲשָׁעְתִּי׃ 71 טוֹב־לִי כִי־
that me-for (*is-it*)-Good .with-myself-delighted-have law-thy I

עֻנֵּיתִי לְמַעַן אֶלְמַד חֻקֶּיךָ׃ 72 טוֹב־לִי תוֹרַת־
of-law-the me-to-(*is*) Good .statutes-thy learn-will-I because ;humbled-was-I

פִּיךָ מֵאַלְפֵי זָהָב וָכָסֶף׃
.silver-and gold of-thousands-than-more ,mouth-thy

73 יָדֶיךָ עָשׂוּנִי וַיְכוֹנְנוּנִי הֲבִינֵנִי וְאֶלְמְדָה
learn-will-I-& ,consider-to-me-make ;me-established-& me-made-have hands-Thy

מִצְוֺתֶיךָ׃ 74 יְרֵאֶיךָ יִרְאוּנִי וְיִשְׂמָחוּ כִּי
because ;glad-be-and me-see-will thee-fear-who-Those .statutes-thy

לִדְבָרְךָ יִחָלְתִּי׃ 75 יָדַעְתִּי יְהוָה כִּי־צֶדֶק
(*are*)-righteousness that ,Jehovah-O ,known-have-I .hoped-have-I word-thy-for

מִשְׁפָּטֶיךָ וֶאֱמוּנָה עִנִּיתָנִי׃ 76 יְהִי־נָא
,pray-I ,be-Let .me-humbled-hast-thou faithfulness-(*in*)-and ,judgments-thy

חַסְדְּךָ לְנַחֲמֵנִי כְּאִמְרָתְךָ לְעַבְדֶּךָ׃ 77 יְבֹאוּנִי
me-to-come-Shall .servant-thy-to word-thy-to-according ,me-comfort-to mercy-thy

רַחֲמֶיךָ וְאֶחְיֶה כִּי־תוֹרָתְךָ שַׁעֲשֻׁעָי׃
.delights-my-(*is*) law-thy because ;live-shall-I-and mercies-tender-thy

78 יֵבֹשׁוּ זֵדִים כִּי־שֶׁקֶר עִוְּתוּנִי אֲנִי
I ;me-perverted-have-they falsehood-(*with*) because ,proud-the ashamed-be-Shall

אָשִׂיחַ בְּפִקֻּדֶיךָ׃ 79 יָשׁוּבוּ לִי יְרֵאֶיךָ
,thee-fear-who-those me-to turn-Shall .precepts-thy-in meditate-will

וְיֹדְעוּ עֵדֹתֶיךָ׃ 80 יְהִי־לִבִּי תָמִים בְּחֻקֶּיךָ
;statutes-thy-in upright heart-my be-Shall .testimonies-thy know-who-those-&

לְמַעַן לֹא אֵבוֹשׁ׃
.ashamed-be-I-will not therefore

כ

81 כָּלְתָה לִתְשׁוּעָתְךָ נַפְשִׁי לִדְבָרְךָ יִחָלְתִּי׃
.hoped-have-I word-thy-for ;soul-my salvation-thy-for consumed-been-Has

82 כָּלוּ עֵינַי לְאִמְרָתֶךָ לֵאמֹר מָתַי
When ,saying ;word-thy-for eyes-my consumed-been-Have

תְּנַחֲמֵנִי׃ 83 כִּי־הָיִיתִי כְּנֹאד בְּקִיטוֹר חֻקֶּיךָ
statutes-thy ;smoke-the-in bottle-a-as been-have-I Surely ?me-comfort-thou-wilt

לֹא שָׁכָחְתִּי׃ 84 כַּמָּה־יְמֵי־עַבְדֶּךָ מָתַי
When ?servant-thy of-days-the (*are*)-what-As .forgotten-have-I not

תַּעֲשֶׂה בְרֹדְפַי מִשְׁפָּט׃ 85 כָּרוּ־לִי זֵדִים
proud-the me-for digged-Have ?judgment me-pursue-who-those-on do-thou-wilt

שִׁיחוֹת אֲשֶׁר לֹא כְתוֹרָתֶךָ׃ 86 כָּל־מִצְוֺתֶיךָ
commandments-thy All .law-thy-to-according not-(*are*) which ,ditches

אֱמוּנָה שֶׁקֶר רְדָפוּנִי עָזְרֵנִי׃ 87 כִּמְעַט
little-a-As .me-help ,me-pursued-have-they falsehood-(*with*) ;faithfulness-(*are*)

כִּלּוּנִי בָאָרֶץ וַאֲנִי לֹא־עָזַבְתִּי פִקֻּדֶיךָ׃
.precepts-thy forsaken-have not I-and ;earth-THE-in me-consumed-have-they

88 כְּחַסְדְּךָ חַיֵּנִי וְאֶשְׁמְרָה עֵדוּת פִּיךָ׃
.mouth-thy of-testimony-the keep-will-I-and ;alive-me-keep mercy-thy-to-According

ל

89 לְעוֹלָם יְהוָה דְּבָרְךָ נִצָּב בַּשָּׁמָיִם׃
.heavens-THE-in standing word-thy-(*is*) ,Jehovah-O ,ever-For

90 לְדֹר וָדֹר אֱמוּנָתֶךָ כּוֹנַנְתָּ אֶרֶץ
,earth-the established-hast-thou ;faithfulness-thy-(*is*) generation-and generation-To

וַתַּעֲמֹד׃ 91 לְמִשְׁפָּטֶיךָ עָמְדוּ הַיּוֹם כִּי
for ;day-to stood-have-they judgments-thy-At .stood-has-it-and

הַכֹּל עֲבָדֶיךָ׃ 92 לוּלֵי תוֹרָתְךָ שַׁעֲשֻׁעָי אָז
then ,delights-my-(*were*) law-thy Unless .servants-thy (*are*)-all-[THE]

אָבַדְתִּי בְעָנְיִי׃ 93 לְעוֹלָם לֹא־אֶשְׁכַּח פִּקּוּדֶיךָ
,precepts-thy forget-will-I not ever-For .affliction-my-in perished-had-I

כִּי־בָם חִיִּיתָנִי׃ 94 לְךָ־אֲנִי הוֹשִׁיעֵנִי כִּי
because ;me-save ;(*am*)-I thee-To .alive-me-kept-hast-thou them-by because

פִּקּוּדֶיךָ דָרָשְׁתִּי׃ 95 לִי קִוּוּ רְשָׁעִים לְאַבְּדֵנִי
;me-destroy-to wicked-the expected-have me-For .sought-have-I precepts-thy

עֵדֹתֶיךָ אֶתְבּוֹנָן׃ 96 לְכָל־תִּכְלָה רָאִיתִי קֵץ
;end-the seen-have-I perfection all-To .consider-will-I testimonies-thy

רְחָבָה מִצְוָתְךָ מְאֹד׃
.very commandment-thy (*is*)-wide

מ

97 מָה־אָהַבְתִּי תוֹרָתֶךָ כָּל־הַיּוֹם
; day-THE all ; law-thy loved-have-I How

הִיא שִׂיחָתִי׃ 98 מֵאֹיְבַי תְּחַכְּמֵנִי
wise-me-make-wilt-thou enemies-my-than-More .on-meditated-have-I it

מִצְוֹתֶךָ כִּי לְעוֹלָם הִיא־לִי׃ 99 מִכָּל־
all-than-More .me-to (*is*)-it ever-for because ; precepts-thy-(*with*)

מְלַמְּדַי הִשְׂכַּלְתִּי כִּי עֵדְוֹתֶיךָ שִׂיחָה לִי׃
.me-to meditation-a-(*are*) testimonies-thy because ,understood-have-I teachers-my

100 מִזְּקֵנִים אֶתְבּוֹנָן כִּי פִקּוּדֶיךָ נָצָרְתִּי׃
.preserved-have-I precepts-thy for ,consider-will-I men-old-the-than-More

101 מִכָּל־אֹרַח רָע כָּלִאתִי רַגְלָי לְמַעַן אֶשְׁמֹר
keep-will-I because ,feet-my withheld-have-I evil of-path every-From

דְּבָרֶךָ׃ 102 מִמִּשְׁפָּטֶיךָ לֹא־סָרְתִּי כִּי־אַתָּה
thou for ; departed-have-I not judgments-thy-From .word-thy

הוֹרֵתָנִי׃ 103 מַה־נִּמְלְצוּ לְחִכִּי אִמְרָתֶךָ
,words-thy palate-my-to sweet-been-have How .me-taught-hast

מִדְּבַשׁ לְפִי׃ 104 מִפִּקּוּדֶיךָ אֶתְבּוֹנָן עַל־כֵּן
therefore ,consider-shall-I precepts-thy-By .mouth-my-to honey-than-more

שָׂנֵאתִי ׀ כָּל־אֹרַח שָׁקֶר׃
.falsehood of-path every hated-have-I

נ

105 נֵר־לְרַגְלִי דְבָרֶךָ וְאוֹר לִנְתִיבָתִי׃
.path-my-to light-a-and ,word-thy-(*is*) feet-my-to lamp-A

106 נִשְׁבַּעְתִּי וָאֲקַיֵּמָה לִשְׁמֹר מִשְׁפְּטֵי צִדְקֶךָ׃
.righteousness-thy of-judgments-the keep-to ,up-set-have-I-and sworn-have-I

107 נַעֲנֵיתִי עַד־מְאֹד יְהוָה חַיֵּנִי כִדְבָרֶךָ׃
.word-thy-to-according alive-me-keep ,Jehovah-O ,much-very unto humbled-was-I

108 נִדְבוֹת פִּי רְצֵה־נָא יְהוָה וּמִשְׁפָּטֶיךָ
judgments-thy-& ;Jehovah-O ,pray-I ,with-pleased-be mouth-my of-freenesses-The

לַמְּדֵנִי׃ 109 נַפְשִׁי בְכַפִּי תָמִיד וְתוֹרָתְךָ לֹא
not law-thy-and ;continually hand-my-in-(*is*) soul-My .me-teach

שָׁכָחְתִּי׃ 110 נָתְנוּ רְשָׁעִים פַּח לִי וּמִפִּקּוּדֶיךָ
precepts-thy-from-& ;me-for trap-a wicked-the placed-Have .forgotten-have-I

לֹא תָעִיתִי׃ 111 נָחַלְתִּי עֵדְוֹתֶיךָ לְעוֹלָם כִּי־
for ;ever-for testimonies-thy inherited-have-I .wandered-have-I not

שְׂשׂוֹן לִבִּי הֵמָּה׃ 112 נָטִיתִי לִבִּי לַעֲשׂוֹת
do-to heart-my inclined-have-I .(*are*)-they heart-my of-rejoicing-the

חֻקֶּיךָ לְעוֹלָם עֵקֶב׃
.end-the-(*unto*) ,ever-for statutes-thy

ס

113 סֵעֲפִים שָׂנֵאתִי וְתוֹרָתְךָ אָהָבְתִּי׃
.loved-have-I law-thy-and ;hated-have-I thoughts-Doubtful

114 סִתְרִי וּמָגִנִּי אָתָּה לִדְבָרְךָ יִחָלְתִּי׃
.hoped-have-I word-thy-for ;thou-(*art*) shield-my-and place-hiding-My

115 סוּרוּ מִמֶּנִּי מְרֵעִים וְאֶצְּרָה מִצְוֹת
of-commandments-the preserve-will-I-& ;doers-wicked-ye ,me-from Depart

אֱלֹהָי׃ 116 סָמְכֵנִי כְאִמְרָתְךָ וְאֶחְיֶה וְאַל־
not-and ,live-shall-I-and ,word-thy-to-according up-me-Hold .God-my

תְּבִישֵׁנִי מִשִּׂבְרִי׃ 117 סְעָדֵנִי וְאִוָּשֵׁעָה
;saved-be-shall-I-and ,up-me-Hold .waiting-my-of ashamed-me-make

וְאֶשְׁעָה בְחֻקֶּיךָ תָמִיד׃ 118 סָלִיתָ כָּל־
all down-trodden-hast-Thou .continually statutes-thy-in look-will-I-and

שׁוֹגִים מֵחֻקֶּיךָ כִּי־שֶׁקֶר תַּרְמִיתָם׃
.deceit-their-(*is*) falsehood because ;statutes-thy-from wander-who-those

119 סִגִים הִשְׁבַּתָּ כָל־רִשְׁעֵי־אָרֶץ לָכֵן
therefore ;earth-the of-wicked-the all cease-to-made-hast-thou dross-(*As*)

אָהַבְתִּי עֵדֹתֶיךָ׃ 120 סָמַר מִפַּחְדְּךָ בְשָׂרִי
,flesh-my fear-thy-of-because up-stood-Has .testimonies-thy loved-have-I

וּמִמִּשְׁפָּטֶיךָ יָרֵאתִי׃
.feared-have-I judgments-thy-of-because-and

ע

121 עָשִׂיתִי מִשְׁפָּט וָצֶדֶק בַּל־תַּנִּיחֵנִי
me-leave-wilt-thou not ;righteousness-and judgment done-have-I

לְעֹשְׁקָי׃ 122 עֲרֹב עַבְדְּךָ לְטוֹב אַל־יַעַשְׁקֻנִי
me-oppress-let not ;good-for servant-thy for-surety-Be .oppressors-my-to

זֵדִים׃ 123 עֵינַי כָּלוּ לִישׁוּעָתֶךָ וּלְאִמְרַת
of-word-the-for-and ,salvation-thy-for consumed-been-have eyes-My .proud-the

צִדְקֶךָ׃ 124 עֲשֵׂה עִם־עַבְדְּךָ כְחַסְדֶּךָ
;mercy-thy-to-according servant-thy with Do .righteousness-thy

וְחֻקֶּיךָ לַמְּדֵנִי׃ 125 עַבְדְּךָ־אָנִי הֲבִינֵנִי
;consider-to-me-cause ,(*am*)-I servant-Thy .me-teach statutes-thy-and

וְאֵדְעָה עֵדֹתֶיךָ׃ 126 עֵת לַעֲשׂוֹת לַיהוָה
;Jehovah-to working-for season-a-(*is-It*) .testimonies-thy know-shall-I-and

הֵפֵרוּ תּוֹרָתֶךָ׃ 127 עַל־כֵּן אָהַבְתִּי
loved-have-I Therefore .law-thy void-made-have-they

מִצְוֹתֶיךָ מִזָּהָב וּמִפָּז׃ 128 עַל־כֵּן ׀ כָּל־
all Therefore .gold-fine-than-and gold-than-more commandments-thy

פִּקּוּדֵי כֹל יִשָּׁרְתִּי כָּל־אֹרַח שֶׁקֶר
falsehood of-path every ;right-accounted-have I all of-precepts-the

שָׂנֵאתִי׃
.hated-have-I

פ

129 פְּלָאוֹת עֵדְוֹתֶיךָ עַל־כֵּן נְצָרָתַם נַפְשִׁי׃
.soul-my them-preserved-has therefore ,testimonies-thy (*are*)-Wonderful

130 פֵּתַח־דְּבָרֶיךָ יָאִיר מֵבִין פְּתָיִים׃
.simple-the understand-to-causing ;enlighten-will words-thy of-opening-The

131 פִּי־פָעַרְתִּי וָאֶשְׁאָפָה כִּי לְמִצְוֺתֶיךָ
commandments-thy-for because ;panted-and opened-have-I mouth-My

יָאָבְתִּי׃ 132 פְּנֵה־אֵלַי וְחָנֵּנִי כְּמִשְׁפָּט
manner-the-to-according ,me-to-gracious-be-& me-unto thou-Turn .longed-have-I

לְאֹהֲבֵי שְׁמֶךָ׃ 133 פְּעָמַי הָכֵן בְּאִמְרָתֶךָ
; word-thy-in thou-establish steps-My .name-thy love-who-those-to

וְאַל־תַּשְׁלֶט־בִּי כָל־אָוֶן׃ 134 פְּדֵנִי מֵעֹשֶׁק
of-oppression-the-from me-Redeem .iniquity any me-over dominion-have-let not-&

אָדָם וְאֶשְׁמְרָה פִּקּוּדֶיךָ׃ 135 פָּנֶיךָ הָאֵר
shine-to-make face-Thy .precepts-thy keep-shall-I-and ; man

בְּעַבְדֶּךָ וְלַמְּדֵנִי אֶת־חֻקֶּיךָ׃ 136 פַּלְגֵי־מַיִם
waters of-Channels .statutes-thy)(me-teach-and ,servant-thy-on

יָרְדוּ עֵינָי עַל לֹא־שָׁמְרוּ תוֹרָתֶךָ׃
.law-thy kept-have-they not because ,eyes-my descended-have

צ

137 צַדִּיק אַתָּה יְהוָֹה וְיָשָׁר מִשְׁפָּטֶיךָ׃
.judgments-thy *(are)*-upright-and ; Jehovah-O ,thou-*(art)* Righteous

138 צִוִּיתָ צֶדֶק עֵדֹתֶיךָ וֶאֱמוּנָה מְאֹד׃
.very faithfulness-& ; testimonies-thy of-righteousness-the commanded-hast-Thou

139 צִמְּתַתְנִי קִנְאָתִי כִּי־שָׁכְחוּ דְבָרֶיךָ צָרָי׃
.distressors-my words-thy forgotten-have because ; zeal-my off-me-cut-Has

140 צְרוּפָה אִמְרָתְךָ מְאֹד וְעַבְדְּךָ אֲהֵבָהּ׃
.it-loved-has servant-thy-and ; very word-thy *(is)*-Refined

141 צָעִיר אָנֹכִי וְנִבְזֶה פִּקֻּדֶיךָ לֹא שָׁכָחְתִּי׃
.forgotten-have-I not statutes-thy ; despised-and I-*(am)* Little

142 צִדְקָתְךָ צֶדֶק לְעוֹלָם וְתוֹרָתְךָ אֱמֶת׃
.truth *(is)*-law-thy-and ; ever-for righteousness-*(is)* righteousness-Thy

143 צַר־וּמָצוֹק מְצָאוּנִי מִצְוֺתֶיךָ שַׁעֲשֻׁעָי׃
.delights-my-(*are*) commandments-thy ; me-found-have anguish-and Distress

44 צֶדֶק עֵדְוֺתֶיךָ לְעוֹלָם הֲבִינֵנִי
understand-to-me-cause ; ever-for testimonies-thy-(*are*) Righteousness

וְאֶחְיֶה׃
.live-shall-I-and

ק

145 קָרָאתִי בְכָל־לֵב עֲנֵנִי יְהוָה חֻקֶּיךָ
statutes-thy ; Jehovah-O ; me-answer ,heart-(*my*) all-with called-have-I

אֶצֹּרָה׃ 146 קְרָאתִיךָ הוֹשִׁיעֵנִי וְאֶשְׁמְרָה
keep-will-I-and ; me-save ,thee-upon-called-have-I .preserve-will-I

עֵדֹתֶיךָ׃ 147 קִדַּמְתִּי בַנֶּשֶׁף וָאֲשַׁוֵּעָה לִדְבָרְיךָ
word-thy-for ; cried-have-and twilight-THE-[with] prevented-have-I .testimonies-thy

יִחָלְתִּי׃ 148 קִדְּמוּ עֵינַי אַשְׁמֻרוֹת לָשִׂיחַ
meditate-to ,watches-(*night*)-the eyes-my prevented-Have .hoped-have-I

בְּאִמְרָתֶךָ׃ 149 קוֹלִי שִׁמְעָה כְחַסְדֶּךָ יְהוָה
,Jehovah-O ; mercy-thy-to-according thou-hear voice-My .word-thy-in

כְּמִשְׁפָּטֶךָ חַיֵּנִי׃ 150 קָרְבוּ רֹדְפֵי זִמָּה
; mischief of-pursuers-the near-drawn-Have .alive-me-keep judgment-thy-to-according

מִתּוֹרָתְךָ רָחָקוּ׃ 151 קָרוֹב אַתָּה יְהוָה וְכָל־
all-and ,Jehovah-O ,thou-(*art*) Near .off-far-been-have-they law-thy-from

מִצְוֺתֶיךָ אֱמֶת׃ 152 קֶדֶם יָדַעְתִּי מֵעֵדֹתֶיךָ
; testimonies-thy-of-because known-have-I old-Of .truth-(*are*) commandments-thy

כִּי לְעוֹלָם יְסַדְתָּם׃
.them-founded-hast-thou ever-for because

ר

153 רְאֵה־עָנְיִי וְחַלְּצֵנִי כִּי־תוֹרָתְךָ לֹא
not law-thy for ; me-deliver-and ,affliction-my See

שָׁכָחְתִּי׃ 154 רִיבָה רִיבִי וּגְאָלֵנִי לְאִמְרָתְךָ
word-thy-with ; me-redeem-and cause-my Plead .forgotten-have-I

חַיֵּנִי׃ 155 רָחוֹק מֵרְשָׁעִים יְשׁוּעָה כִּי־
because ; salvation-(*is*) wicked-the-(*from*) off-Far .alive-me-keep

חֻקֶּיךָ לֹא דָרָשׁוּ׃ 156 רַחֲמֶיךָ רַבִּים ׀ יְהוָה
; Jehovah-O ,many-(*are*) mercies-tender-Thy .sought-have-they not statutes-thy

כְּמִשְׁפָּטֶיךָ חַיֵּנִי׃ 157 רַבִּים רֹדְפַי וְצָרָי
;distressors-my-& pursuers-my (*are*)-Many .alive-me-keep judgments-thy-to-according

מֵעֵדְוֹתֶיךָ לֹא נָטִיתִי׃ 158 רָאִיתִי בֹגְדִים
offenders-the seen-have-I .declined-have-I not testimonies-thy-from

וָאֶתְקוֹטָטָה אֲשֶׁר אִמְרָתְךָ לֹא שָׁמָרוּ׃
.kept-have not word-thy who ; grieved-was-and

159 רְאֵה כִּי־פִקּוּדֶיךָ אָהָבְתִּי יְהוָה כְּחַסְדְּךָ
mercy-thy-to-according ,Jehovah-O ;loved-have-I precepts-thy that ,See

חַיֵּנִי׃ 160 רֹאשׁ־דְּבָרְךָ אֱמֶת וּלְעוֹלָם כָּל־
all-(*is*) ever-for-and ;truth-(*is*) word-thy of-sum-The .alive-me-keep

מִשְׁפַּט צִדְקֶךָ׃
.righteousness-thy of-judgment-the

ש

161 שָׂרִים רְדָפוּנִי חִנָּם וּמִדְּבָרְיךָ פָּחַד
feared-has word-thy-at-and ; causelessly me-pursued-have Princes

לִבִּי׃ 162 שָׂשׂ אָנֹכִי עַל־אִמְרָתֶךָ כְּמוֹצֵא שָׁלָל
spoil finding-(*one*)-as ,word-thy upon I joyful-(*Am*) .heart-my

רָב׃ 163 שֶׁקֶר שָׂנֵאתִי וַאֲתַעֵבָה תּוֹרָתְךָ
law-thy ;abhorred-and ,hated-have-I Falsehood .much

אָהָבְתִּי׃ 164 שֶׁבַע בַּיּוֹם הִלַּלְתִּיךָ עַל
of-because ;thee-praised-have-I day-THE-in (*times*)-Seven .loved-have-I

מִשְׁפְּטֵי צִדְקֶךָ׃ 165 שָׁלוֹם רָב לְאֹהֲבֵי
love-who-those-to (*is*)-much Peace .righteousness-thy of-judgments-the

תוֹרָתֶךָ וְאֵין לָמוֹ מִכְשׁוֹל׃ 166 שִׂבַּרְתִּי
waited-have-I .block-stumbling-a them-for not-is-there-and ; law-thy

לִישׁוּעָתְךָ יְהוָה וּמִצְוֹתֶיךָ עָשִׂיתִי׃

.done-have-I commandments-thy-and ,Jehovah-O ,salvation-thy-for

167 שָׁמְרָה נַפְשִׁי עֵדֹתֶיךָ וָאֹהֲבֵם מְאֹד׃

.greatly them-loved-have-I-and ,testimonies-thy soul-my kept-Has

168 שָׁמַרְתִּי פִקּוּדֶיךָ וְעֵדֹתֶיךָ כִּי כָל־דְּרָכַי

ways-my all because ; testimonies-thy-and precepts-thy kept-have-I

נֶגְדֶּךָ׃

.thee-before-(*are*)

ת

169 תִּקְרַב רִנָּתִי לְפָנֶיךָ יְהוָה כִּדְבָרְךָ

word-thy-to-according ; Jehovah-O ,thee-before .outcry-my near-draw-Will

הֲבִינֵנִי׃ 170 תָּבוֹא תְּחִנָּתִי לְפָנֶיךָ

; thee-before supplication-my come-Shall .consider-to-me-cause

כְּאִמְרָתְךָ הַצִּילֵנִי׃ 171 תַּבַּעְנָה שְׂפָתַי תְּהִלָּה

; praise lips-my utter-Shall .me-deliver word-thy-to-according

כִּי תְלַמְּדֵנִי חֻקֶּיךָ׃ 172 תַּעַן לְשׁוֹנִי אִמְרָתֶךָ

; word-thy tongue-my answer-Shall .statutes-thy me-teach-wilt-thou for

כִּי כָל־מִצְוֹתֶיךָ צֶּדֶק׃ 173 תְּהִי־יָדְךָ

hand-thy be-Shall .righteousness-(*are*) commandments-thy all for

לְעָזְרֵנִי כִּי פִקּוּדֶיךָ בָחָרְתִּי׃ 174 תָּאַבְתִּי

longed-have-I .chosen-have-I precepts-thy for ; help-my-for

לִישׁוּעָתְךָ יְהוָה וְתוֹרָתְךָ שַׁעֲשֻׁעָי׃ 175 תְּחִי־

live-Shall .delights-my-(*is*) law-thy-and ; Jehovah-O ,salvation-thy-for

נַפְשִׁי וּתְהַלְלֶךָּ וּמִשְׁפָּטֶךָ יַעַזְרֻנִי׃ 176 תָּעִיתִי

wandered-have-I .me-help-shall judgments-thy-and ; thee-praise-shall-and soul-my

כְּשֶׂה אֹבֵד בַּקֵּשׁ עַבְדֶּךָ כִּי מִצְוֹתֶיךָ לֹא

not commandments-thy for ,servant-thy seek ; perishing lamb-a-as

שָׁכָחְתִּי׃

.forgotten-have-I

קכ

שִׁיר הַֽמַּעֲלוֹת אֶל־יְהוָה בַּצָּרָתָה לִּי
me-to distress-THE-in Jehovah Unto .up-goings-THE of-song-A

קָרָאתִי וַֽיַּעֲנֵנִי׃ 2 יְהוָה הַצִּילָה נַפְשִׁי מִשְּׂפַת־
of-lip-a-from soul-my deliver Jehovah-O .me-heard-he-and ;called-I

שֶׁקֶר מִלָּשׁוֹן רְמִיָּה׃ 3 מַה־יִּתֵּן לְךָ וּמַה־
what-and ,thee-to give-(*one*)-shall What .guile of-tongue-a-from ,lying

יֹּסִיף לָךְ לָשׁוֹן רְמִיָּה׃ 4 חִצֵּי גִבּוֹר
,man-mighty-a of-Arrows ?guile of-tongue-O ,thee-to add-(*one*)-shall

שְׁנוּנִים עִם גַּחֲלֵי רְתָמִים׃ 5 אוֹיָה־לִי כִּי־
that ;me-for !Alas .Rethem of-coals with ,sharpened

גַרְתִּי מֶשֶׁךְ שָׁכַנְתִּי עִם־אָהֳלֵי קֵדָר׃
.Kedar of-tents-the with dwelt-have-I ;Meshech in-sojourned-have-I

6 רַבַּת שָֽׁכְנָה־לָּהּ נַפְשִׁי עִם שׂוֹנֵא שָׁלוֹם׃
.peace hateth-who-him with soul-my itself-for dwelt-has Much

7 אֲנִי־שָׁלוֹם וְכִי אֲדַבֵּר הֵמָּה לַמִּלְחָמָה׃
.war-THE-for (*are*)-they speak-will-I when-and ,peace (*of-am*)-I

קכא

שִׁיר לַֽמַּעֲלוֹת אֶשָּׂא עֵינַי אֶל־הֶהָרִים
?mountains-THE unto eyes-my up-lift-I-Shall .up-goings-THE-of song-A

מֵאַיִן יָבוֹא עֶזְרִי׃ 2 עֶזְרִי מֵעִם יְהוָה
;Jehovah with-from (*is*)-help-My ?help-my come-shall whence-from

עֹשֵׂה שָׁמַיִם וָאָרֶץ׃ 3 אַל־יִתֵּן לַמּוֹט
moving-THE-to give-him-let Not .earth-and heavens-the of-maker-the

רַגְלֶךָ אַל־יָנוּם שֹׁמְרֶךָ׃ 4 הִנֵּה לֹא־
not Behold .thee-keeps-who-him slumber-let not ;foot-thy

יָנוּם וְלֹא יִישָׁן שׁוֹמֵר יִשְׂרָאֵל׃ 5 יְהוָה
Jehovah .Israel keeps-who-he sleep-shall not-and ,slumber-shall

שֹׁמְרֶךָ יְהוָה צִלְּךָ עַל־יַד יְמִינֶךָ׃ 6 יוֹמָם

day-By .right-thy hand upon shadow-thy (*is*)-Jehovah ; thee-keeping-(*is*)

הַשֶּׁמֶשׁ לֹא־יַכֶּכָּה וְיָרֵחַ בַּלָּיְלָה׃ 7 יְהוָה

Jehovah .night-THE-in moon-the-and ,thee-smite-shall not sun-THE

יִשְׁמָרְךָ מִכָּל־רָע יִשְׁמֹר אֶת־נַפְשֶׁךָ׃ 8 יְהוָה

Jehovah .soul-thy)(keep-will-he ,evil all-from thee-keep-will

יִשְׁמָר־צֵאתְךָ וּבוֹאֶךָ מֵעַתָּה וְעַד־עוֹלָם׃

.ever until-and now-from ,in-coming-thy-and out-going-thy keep-will

קכב

שִׁיר הַמַּעֲלוֹת לְדָוִד שָׂמַחְתִּי בְּאֹמְרִים

saying-those-of-because glad-was-I .David-Of ; up-goings-THE of-song-A

לִי בֵּית יְהוָה נֵלֵךְ׃ 2 עֹמְדוֹת הָיוּ

been-have Standing .go-will-we Jehovah of-house-the-(*to*) ; me-to

רַגְלֵינוּ בִּשְׁעָרַיִךְ יְרוּשָׁלָםִ׃ 3 יְרוּשָׁלַםִ הַבְּנוּיָה

builded-is-that ! Jerusalem .Jerusalem-O ,gates-thy-in ,feet-our

כְּעִיר שֶׁחֻבְּרָה־לָּהּ יַחְדָּו׃ 4 שֶׁשָּׁם עָלוּ

up-gone-have Whither .together itself-to joined-(*is*)-which city-a-as

שְׁבָטִים שִׁבְטֵי־יָהּ עֵדוּת לְיִשְׂרָאֵל לְהֹדוֹת

thanks-give-to ,Israel-to testimony-a ; Jah of-tribes-the ,tribes-the

לְשֵׁם יְהוָה׃ 5 כִּי שָׁמָּה ׀ יָשְׁבוּ כִסְאוֹת

thrones-(*on*) sat-have-they there For .Jehovah of-name-the-to

לְמִשְׁפָּט כִּסְאוֹת לְבֵית דָּוִד׃ 6 שַׁאֲלוּ

ye-Ask .David of-house-the-of thrones-the judgment-for

שְׁלוֹם יְרוּשָׁלָםִ יִשְׁלָיוּ אֹהֲבָיִךְ׃ 7 יְהִי־שָׁלוֹם

peace be-Shall .thee-love-who-those prosper-shall ; Jerusalem of-peace-the

בְּחֵילֵךְ שַׁלְוָה בְּאַרְמְנוֹתָיִךְ׃ 8 לְמַעַן אַחַי

brethren-my of-Because .courts-thy-in prosperity ,bulwark-thy-within

וְרֵעָי אֲדַבְּרָה־נָּא שָׁלוֹם בָּךְ׃

.thee-within (*be*)-peace ,pray-I ,say-me-let ,neighbours-my-and

9 לְמַעַן בֵּית־יְהוָה אֱלֹהֵינוּ אֲבַקְשָׁה

for-enquire-will-I ,God-our Jehovah of-house-the of-Because

טוֹב לָךְ׃

.thee-for good

קכג

שִׁיר הַמַּעֲלוֹת אֵלֶיךָ נָשָׂאתִי אֶת־עֵינַי

,eyes-my X up-lifted-have-I thee-Unto .up-goings-THE of-song-A

הַיֹּשְׁבִי בַּשָּׁמָיִם׃ 2 הִנֵּה כְעֵינֵי עֲבָדִים

servants of-eyes-the-as Behold .heavens-THE-in dwellest-who-Thou

אֶל־יַד אֲדוֹנֵיהֶם כְּעֵינֵי שִׁפְחָה אֶל־

unto-(*are*) handmaid-a of-eyes-the-as —,lords-their of-hand-the unto-(*are*)

יַד גְּבִרְתָּהּ כֵּן עֵינֵינוּ אֶל־יְהוָה אֱלֹהֵינוּ

God-our Jehovah unto eyes-our (*are*)-so —;mistress-her of-hand-the

עַד שֶׁיְּחָנֵּנוּ׃ 3 חָנֵּנוּ יְהוָה חָנֵּנוּ

;us-to-gracious-be ,Jehovah-O ,us-to-gracious-Be .us-to-gracious-be-will-he-that until

כִּי־רַב שָׂבַעְנוּ בוּז׃ 4 רַבַּת שָׂבְעָה־

with-satisfied-been-has Much .contempt with-satisfied-been-have-we much because

לָּהּ נַפְשֵׁנוּ הַלַּעַג הַשַּׁאֲנַנִּים הַבּוּז

contempt-THE ,ease-at-are-who-those (*of*)-mocking-THE soul-our itself-for

לִגְאֵיוֹנִים׃

.proud-the-of

קכד

שִׁיר הַמַּעֲלוֹת לְדָוִד לוּלֵי יְהוָה שֶׁהָיָה

was-who Jehovah (*was-it*)-Unless .David-of ;up-goings-THE of-song-A

לָנוּ יֹאמַר־נָא יִשְׂרָאֵל׃ 2 לוּלֵי יְהוָה שֶׁהָיָה

was-who Jehovah (*was-it*)-Unless .Israel ,pray-I say-let ,us-for

לָנוּ בְּקוּם עָלֵינוּ אָדָם׃ 3 אֲזַי חַיִּים

living Then .man us-against of-rising-the-in ,us-for

בִּלָעוּנוּ בַּחֲרוֹת אַפָּם בָּנוּ׃ 4 אֲזַי

Then .us-against anger-their wroth-being-in ;us-swallowed-had-they

הַמַּיִם שְׁטָפוּנוּ נַחְלָה עָבַר עַל־נַפְשֵׁנוּ׃

.soul-our over passed-had stream-the ;us-overflowed-had waters-THE

5 אֲזַי עָבַר עַל־נַפְשֵׁנוּ הַמַּיִם הַזֵּידוֹנִים׃

.proud-THE waters-THE soul-our over passed-had Then

6 בָּרוּךְ יְהוָה שֶׁלֹּא נְתָנָנוּ טֶרֶף לְשִׁנֵּיהֶם׃

.teeth-their-to prey-a us-gave not-who ,Jehovah (*be*)-Blessed

7 נַפְשֵׁנוּ כְּצִפּוֹר נִמְלְטָה מִפַּח יוֹקְשִׁים

; fowlers-the of-trap-the-of-out delivered-been-has bird-a-as soul-Our

הַפַּח נִשְׁבָּר וַאֲנַחְנוּ נִמְלָטְנוּ׃ 8 עֶזְרֵנוּ

(*is*)-help-Our .delivered-been-have we-and ,broken-been-has trap-THE

בְּשֵׁם יְהוָה עֹשֵׂה שָׁמַיִם וָאָרֶץ׃

.earth-the-and heavens-the made-who ,Jehovah of-name-the-in

קכה

שִׁיר הַמַּעֲלוֹת הַבֹּטְחִים בַּיהוָה

(*are*)-Jehovah-in confide-who-Those .up-goings-THE of-song-A

כְּהַר־צִיּוֹן לֹא־יִמּוֹט לְעוֹלָם יֵשֵׁב׃

.set-be-will-it ever-for ,moved-be-shall-it not ;Zion of-mountain-the-as

2 יְרוּשָׁלַם הָרִים סָבִיב לָהּ וַיהוָה סָבִיב

around-(*is*) Jehovah-and ,her-to around-(*are*) mountains-the ,Jerusalem-(*to-As*)

לְעַמּוֹ מֵעַתָּה וְעַד־עוֹלָם׃ 3 כִּי לֹא יָנוּחַ

rest-shall not For .ever unto-and now-from nation-his-to

שֵׁבֶט הָרֶשַׁע עַל גּוֹרַל הַצַּדִּיקִים לְמַעַן

that ;righteous-THE of-lot-the upon wickedness-THE of-rod-the

לֹא־יִשְׁלְחוּ הַצַּדִּיקִים ׀ בְּעַוְלָתָה יְדֵיהֶם׃

.hands-their iniquity-unto righteous-THE send-shall not

4 הֵיטִיבָה יְהוָה לַטּוֹבִים וְלִישָׁרִים

upright-are-who-those-to ,good-are-who-those-to Jehovah-O ,good-Do

בְּלִבּוֹתָם׃ 5 וְהַמַּטִּים עֲקַלְקַלּוֹתָם יוֹלִיכֵם
.hearts-their-in to-incline-who-those-And ways-crooked walk-[them]-make-will

יְהוָה אֶת־פֹּעֲלֵי הָאָוֶן שָׁלוֹם עַל־יִשְׂרָאֵל׃
Jehovah with the-doers-of iniquity-THE: (be)-peace upon Israel!

קכו

שִׁיר הַמַּעֲלוֹת בְּשׁוּב יְהוָה אֶת־שִׁיבַת
A-song-of THE-up-goings. In-the-turning-of Jehovah)(the-captivity-of

צִיּוֹן הָיִינוּ כְּחֹלְמִים׃ 2 אָז יִמָּלֵא שְׂחוֹק
Zion, we-were like-dreamers. Then was-filled-with laughter

פִּינוּ וּלְשׁוֹנֵנוּ רִנָּה אָז יֹאמְרוּ בַגּוֹיִם
our-mouth, and-our-tongue (with)-shouting; then they-said among-THE-Gentiles;

הִגְדִּיל יְהוָה לַעֲשׂוֹת עִם־אֵלֶּה׃ 3 הִגְדִּיל
has-magnified Jehovah to-work with these. Has-magnified

יְהוָה לַעֲשׂוֹת עִמָּנוּ הָיִינוּ שְׂמֵחִים׃ 4 שׁוּבָה
Jehovah to-work with-us, we-have-been those-who-are-glad. Turn

יְהוָה אֶת־שְׁבוּתֵנוּ כַּאֲפִיקִים בַּנֶּגֶב׃ 5 הַזֹּרְעִים
O-Jehovah)(our-captivity as-the-brooks in-THE-south. Those-who-sow

בְּדִמְעָה בְּרִנָּה יִקְצֹרוּ׃ 6 הָלוֹךְ יֵלֵךְ ׀
with-tears, with-shouting shall-reap. Walking (he-who)-shall-walk

וּבָכֹה נֹשֵׂא מֶשֶׁךְ־הַזָּרַע בֹּא־יָבֹא
and-(with)-weeping, bearing a-basket-of THE-seed, coming shall-come

בְרִנָּה נֹשֵׂא אֲלֻמֹּתָיו׃
with-shouting, bearing his-sheaves.

קכז

שִׁיר הַמַּעֲלוֹת לִשְׁלֹמֹה אִם־יְהוָה ׀ לֹא־
A-song-of THE-up-goings; to-Solomon. If Jehovah not

יִבְנֶה בַיִת שָׁוְא עָמְלוּ בוֹנָיו בּוֹ אִם־
if ;it-in builders-its toiled-have vanity-(*for*) ,house-the build-will

יְהוָה לֹא־יִשְׁמָר־עִיר שָׁוְא ׀ שָׁקַד שׁוֹמֵר׃
.keeper-the watched-has vanity-(*for*) ,city-the keep-will not Jehovah

2 שָׁוְא לָכֶם מַשְׁכִּימֵי קוּם מְאַחֲרֵי־שֶׁבֶת
,up-sitting of-late-being ,rising of-early-being you-for vanity-(*is-It*)

אֹכְלֵי לֶחֶם הָעֲצָבִים כֵּן יִתֵּן לִידִידוֹ
beloved-his-to give-will-he thus ;sorrows-THE of-bread-the eating

שֵׁנָא׃ 3 הִנֵּה נַחֲלַת יְהוָה בָּנִים שָׂכָר
(*is*)-reward-a ,sons-(*are*) Jehovah of-inheritance-the Behold .sleep

פְּרִי הַבָּטֶן׃ 4 כְּחִצִּים בְּיַד־גִּבּוֹר כֵּן
so ,man-mighty-a of-hand-the-in arrows-As .belly-THE of-fruit-the

בְּנֵי הַנְּעוּרִים׃ 5 אַשְׁרֵי הַגֶּבֶר אֲשֶׁר מִלֵּא
filled-has who man-THE of-blessings-the-O .youth-THE of-sons-(*are*)

אֶת־אַשְׁפָּתוֹ מֵהֶם לֹא־יֵבֹשׁוּ כִּי־יְדַבְּרוּ
destroy-shall-he for ,ashamed-be-he-will not ;them-with quiver-his)(

אֶת־אוֹיְבִים בַּשָּׁעַר׃
.gate-THE-in enemies-the)(

קכח

שִׁיר הַמַּעֲלוֹת אַשְׁרֵי כָּל־יְרֵא יְהוָה
,Jehovah fearing one-every of-blessings-the-O .up-goings-THE of-song-A

הַהֹלֵךְ בִּדְרָכָיו׃ 2 יְגִיעַ כַּפֶּיךָ כִּי תֹאכֵל
;eat-shalt-thou surely hands-thy of-labour-The .ways-his-in walks-who

אַשְׁרֶיךָ וְטוֹב לָךְ׃ 3 אֶשְׁתְּךָ ׀ כְּגֶפֶן פֹּרִיָּה
fruitful vine-a-as (*be-shall*)-wife-Thy .thee-to (*is*)-good-and !blessings-thy-O

בְּיַרְכְּתֵי בֵיתֶךָ בָּנֶיךָ כִּשְׁתִלֵי זֵיתִים סָבִיב
around olives of-plants-as sons-thy ;house-thy of-sides-the-on

לְשֻׁלְחָנֶךָ׃ 4 הִנֵּה כִי־כֵן יְבֹרַךְ גָּבֶר יְרֵא
fearing man-a blessed-be-shall thus that Behold .table-thy-[to]

יְהוָה׃ 5 יְבָרֶכְךָ יְהוָה מִצִּיּוֹן וּרְאֵה בְּטוּב
of-good-the-[in] thou-see-and ;Zion-of-out Jehovah thee-bless-Shall .Jehovah

יְרוּשָׁלָםִ כֹּל יְמֵי חַיֶּיךָ׃ 6 וּרְאֵה־בָנִים
sons-the thou-see-And .life-thy of-days-the all Jerusalem

לְבָנֶיךָ שָׁלוֹם עַל־יִשְׂרָאֵל׃
!Israel upon (*be*)-peace ;sons-thy-of

קכט

שִׁיר הַמַּעֲלוֹת רַבַּת צְרָרוּנִי מִנְּעוּרָי
;youth-my-from me-oppressed-they-have Much .up-goings-THE of-song-A

יֹאמַר־נָא יִשְׂרָאֵל׃ 2 רַבַּת צְרָרוּנִי
me-oppressed-they-have Much .Israel ,pray-I say-let

מִנְּעוּרָי גַּם לֹא־יָכְלוּ לִי׃ 3 עַל־גַּבִּי
back-my Upon .me-unto they-could not moreover ;youth-my-from

חָרְשׁוּ חֹרְשִׁים הֶאֱרִיכוּ לְמַעֲנוֹתָם׃ 4 יְהוָה
Jehovah .furrows-their-[to] lengthened-they ;ploughers ploughed-have

צַדִּיק קִצֵּץ עֲבוֹת רְשָׁעִים׃ 5 יֵבֹשׁוּ
ashamed-be-Shall .wicked-the of-cord-the asunder-cut-has-he ;righteous-(*is*)

וְיִסֹּגוּ אָחוֹר כֹּל שֹׂנְאֵי צִיּוֹן׃ 6 יִהְיוּ
be-shall-They .Zion hate-who-those all backward driven-and

כַּחֲצִיר גַּגּוֹת שֶׁקַּדְמַת שָׁלַף יָבֵשׁ׃ 7 שֶׁלֹּא
not-Which .withered-has up-grown-has-it before-which ,roofs-the of-grass-the-as

מִלֵּא כַפּוֹ קוֹצֵר וְחִצְנוֹ מְעַמֵּר׃ 8 וְלֹא
not-And .sheaves-binds-who-he lap-his-and ,reaper-the hand-his with-filled-has

אָמְרוּ ׀ הָעֹבְרִים בִּרְכַּת־יְהוָה אֲלֵיכֶם
;you-unto (*be*)-Jehovah of-blessing-The ;by-pass-who-those said-have

בֵּרַכְנוּ אֶתְכֶם בְּשֵׁם יְהוָה׃
.Jehovah of-name-the-in you blessed-have-we

קל

שִׁיר הַמַּעֲלוֹת מִמַּעֲמַקִּים קְרָאתִיךָ
,thee-called-have-I places-deep-the-of-Out .up-goings-THE of-song-A

יְהוָה׃ ²אֲדֹנָי שִׁמְעָה בְקוֹלִי תִּהְיֶינָה אָזְנֶיךָ
ears-thy be-shall ; voice-my-[in] hear ,Lord-O .Jehovah-O

קַשֻּׁבוֹת לְקוֹל תַּחֲנוּנָי׃ ³אִם־עֲוֹנוֹת תִּשְׁמָר־
,keep-wilt-thou iniquities If .supplications-my of-voice-the-to attentive

יָהּ אֲדֹנָי מִי יַעֲמֹד׃ ⁴כִּי־עִמְּךָ הַסְּלִיחָה
,pardon-THE-(*is*) thee-with But .stand-will who ,Lord-O ; Jah-O

לְמַעַן תִּוָּרֵא׃ ⁵קִוִּיתִי יְהוָה קִוְּתָה
expected-has ,Jehovah expected-have-I .feared-be-shalt-thou therefore

נַפְשִׁי וְלִדְבָרוֹ הוֹחָלְתִּי׃ ⁶נַפְשִׁי לַאדֹנָי
,Lord-the-for (*hoped-has*)-soul-My .hoped-have-I word-his-for-and ,soul-my

מִשֹּׁמְרִים לַבֹּקֶר שֹׁמְרִים לַבֹּקֶר׃ ⁷יַחֵל
hope-Shall .morning-THE-for watching morning-THE-for watchers-the-than-more

יִשְׂרָאֵל אֶל־יְהוָה כִּי־עִם־יְהוָה הַחֶסֶד וְהַרְבֵּה
multiply-to-& ; mercy-the-(*is*) Jehovah with for ; Jehovah unto Israel

עִמּוֹ פְדוּת׃ ⁸וְהוּא יִפְדֶּה אֶת־יִשְׂרָאֵל
Israel)(redeem-will he-And .redemption him-with-(*is-it*)

מִכֹּל עֲוֹנֹתָיו׃
.iniquities-his all-of-out

קלא

שִׁיר הַמַּעֲלוֹת לְדָוִד יְהוָה ׀ לֹא־
not ,Jehovah-O .David-*of* ; up-goings-THE of-song-A

גָבַהּ לִבִּי וְלֹא־רָמוּ עֵינַי וְלֹא־הִלַּכְתִּי ׀
walked-have-I not-and ; eyes-my exalted-been-have not-& ,heart-my high-been-has

בִּגְדֹלוֹת וּבְנִפְלָאוֹת מִמֶּנִּי׃ ²אִם־לֹא
not If .me-for-much-too wondrous-things-in-and ,things-great-in

שִׁוִּיתִי ׀ וְדוֹמַמְתִּי נַפְשִׁי כְּגָמֻל עֲלֵי אִמּוֹ
;mother-its from weaned-(*child-a*)-as ,soul-my silent-made-and ,set-have-I

כַּגָּמֻל עָלַי נַפְשִׁי׃ 3 יַחֵל יִשְׂרָאֵל אֶל־
for Israel hope-Shall .soul-my-(*is*) me-upon (*child*)-weaned-THE-as

יְהוָה מֵעַתָּה וְעַד־עוֹלָם׃
.ever unto-and now-from ,Jehovah

קלב

שִׁיר הַמַּעֲלוֹת זְכוֹר־יְהוָה לְדָוִד אֵת
X David-for ,Jehovah-O ,Remember .up-goings-THE of-song-A

כָּל־עֻנּוֹתוֹ׃ 2 אֲשֶׁר נִשְׁבַּע לַיהוָה נָדַר
vowed-he ;Jehovah-to swore Who .humbled-being-his all

לַאֲבִיר יַעֲקֹב׃ 3 אִם־אָבֹא בְּאֹהֶל בֵּיתִי
;house-my of-tent-the-into go-shall-I If .Jacob of-one-mighty-the-to

אִם־אֶעֱלֶה עַל־עֶרֶשׂ יְצוּעָי׃ 4 אִם־אֶתֵּן שְׁנַת
sleep give-will-I If :beds-my of-couch-the upon up-go-shall-I if

לְעֵינָי לְעַפְעַפַּי תְּנוּמָה׃ 5 עַד־אֶמְצָא מָקוֹם
place-a find-shall-I Until —;slumber eyelids-my-to ,eyes-my-to

לַיהוָה מִשְׁכָּנוֹת לַאֲבִיר יַעֲקֹב׃ 6 הִנֵּה
,Behold .Jacob of-one-mighty-the-for tabernacles ;Jehovah-for

שְׁמַעֲנוּהָ בְאֶפְרָתָה מְצָאנוּהָ בִּשְׂדֵי־יָעַר׃
.forest-the of-fields-the-in it-found-we ;Ephratah-in it-heard-we

7 נָבוֹאָה לְמִשְׁכְּנוֹתָיו נִשְׁתַּחֲוֶה לַהֲדֹם
of-stool-the-to down-bow-will-we ;tabernacles-his-to go-will-We

רַגְלָיו׃ 8 קוּמָה יְהוָה לִמְנוּחָתֶךָ אַתָּה
thou ;rest-thy-to Jehovah-O Arise .feet-his

וַאֲרוֹן עֻזֶּךָ׃ 9 כֹּהֲנֶיךָ יִלְבְּשׁוּ־צֶדֶק
;righteousness with-clothed-be-shall priests-Thy .strength-thy of-ark-the-and

וַחֲסִידֶיךָ יְרַנֵּנוּ׃ 10 בַּעֲבוּר דָּוִד עַבְדֶּךָ אַל־
not ,servant-thy David of-Because .joy-for-shout-shall saints-thy-and

תָּשֵׁב פְּנֵי מְשִׁיחֶךָ׃ 11 נִשְׁבַּע־יְהוָה ׀ לְדָוִד
David-to ,Jehovah Swore (sg.)-anointed-thy of-face-the away-turn

אֱמֶת לֹא־יָשׁוּב מִמֶּנָּה מִפְּרִי בִטְנְךָ אָשִׁית
set-will-I belly-thy of-fruit-the-of ; it-from turn-will-he not ,truth-(*in*)

לְכִסֵּא־לָךְ׃ 12 אִם־יִשְׁמְרוּ בָנֶיךָ ׀ בְּרִיתִי
,covenant-my sons-thy keep-will If .thee-for throne-the-on

וְעֵדֹתִי זוֹ אֲלַמְּדֵם גַּם־בְּנֵיהֶם עֲדֵי־עַד
ever until sons-their also ; them-teach-will-I which testimony-my-and

יֵשְׁבוּ לְכִסֵּא־לָךְ׃ 13 כִּי־בָחַר יְהוָה בְּצִיּוֹן
; Zion-[in] Jehovah chosen-has For .thee-for throne-the-in sit-shall

אִוָּהּ לְמוֹשָׁב לוֹ׃ 14 זֹאת־מְנוּחָתִי עֲדֵי־
until rest-my (*is*)-This .him-to dwelling-a-for (*it*)-desired-has-he

עַד פֹּה אֵשֵׁב כִּי אִוִּתִיהָ׃ 15 צֵידָהּ בָּרֵךְ
blessing provision-Its .it-desired-have-I for ,dwell-will-I here ; ever

אֲבָרֵךְ אֶבְיוֹנֶיהָ אַשְׂבִּיעַ לָחֶם׃ 16 וְכֹהֲנֶיהָ
priests-its-And .bread with-satisfy-will-I needy-its ; bless-will-I

אַלְבִּישׁ יֶשַׁע וַחֲסִידֶיהָ רַנֵּן יְרַנֵּנוּ׃
.joy-for-shout-shall joy-for-shouting saints-its-and ,salvation with-clothe-will-I

17 שָׁם ׀ אַצְמִיחַ קֶרֶן לְדָוִד עָרַכְתִּי נֵר
lamp-a order-in-set-have-I ; David-for horn-a spring-to-make-will-I There

לִמְשִׁיחִי׃ 18 אוֹיְבָיו אַלְבִּישׁ בֹּשֶׁת וְעָלָיו
him-upon-and ; shame with-clothe-will-I enemies-His .anointed-my-for

יָצִיץ נִזְרוֹ׃
.crown-his flourish-shall

קלג

שִׁיר הַמַּעֲלוֹת לְדָוִד הִנֵּה מַה־טּוֹב
good how Behold .David-of up-goings-THE of-song-A

וּמַה־נָּעִים שֶׁבֶת אַחִים גַּם־יָחַד׃
.together moreover brethren of-dwelling-the (*is*)-,pleasant how-and

2 כַּשֶּׁמֶן הַטּוֹב ׀ עַל־הָרֹאשׁ יֹרֵד עַל־הַזָּקָן
,beard-THE upon descending ,head-THE upon good-THE oil-THE-As

זְקַן־אַהֲרֹן שֶׁיֹּרֵד עַל־פִּי מִדּוֹתָיו׃
; garments-his of-mouth-the upon descending-(is)-which ; Aaron of-beard-the

3 כְּטַל־חֶרְמוֹן שֶׁיֹּרֵד עַל־הַרְרֵי צִיּוֹן
,Zion of-mountains-the upon descending-(is)-which Hermon of-dew-the-As

כִּי שָׁם ׀ צִוָּה יְהוָה אֶת־הַבְּרָכָה חַיִּים
life ,blessing-THE)(Jehovah commanded there for

עַד־הָעוֹלָם׃
.eternity-THE unto

קלד

שִׁיר הַמַּעֲלוֹת הִנֵּה ׀ בָּרְכוּ אֶת־יְהוָה
,Jehovah)(ye-bless ,Behold ,up-goings-THE of-song-A

כָּל־עַבְדֵי יְהוָה הָעֹמְדִים בְּבֵית־יְהוָה
Jehovah of-house-the-in stand-who ,Jehovah of-servants-ye all

בַּלֵּילוֹת׃ 2 שְׂאוּ־יְדֵכֶם קֹדֶשׁ וּבָרְכוּ
ye-bless-and ,place-holy-the-(in) hands-your up-Lift .nights-THE-in

אֶת־יְהוָה׃ 3 יְבָרֶכְךָ יְהוָה מִצִּיּוֹן עֹשֵׂה
made-who ; Zion-of-out Jehovah thee-bless-Shall .Jehovah)(

שָׁמַיִם וָאָרֶץ׃
.earth-the-and ,heavens-the

קלה

הַלְלוּ יָהּ ׀ הַלְלוּ אֶת־שֵׁם יְהוָה הַלְלוּ
,ye-Praise ; Jehovah of-name-the)(ye-Praise ; Jah ye-Praise

עַבְדֵי יְהוָה׃ 2 שֶׁעֹמְדִים בְּבֵית יְהוָה
,Jehovah of-house-the-in stand-Who ; Jehovah of-servants

בְּחַצְרוֹת בֵּית אֱלֹהֵינוּ׃ 3 הַלְלוּ־יָהּ כִּי־טוֹב
good for ,Jah ye-Praise .God-our of-house-the of-courts-the-in

יְהוָה זַמְּרוּ לִשְׁמוֹ כִּי נָעִים׃ 4 כִּי־יַעֲקֹב

Jacob For .pleasant-(is-*it*) for ,name-his-to psalms-sing ; Jehovah-(*is*)

בָּחַר לוֹ יָהּ יִשְׂרָאֵל לִסְגֻלָּתוֹ׃ 5 כִּי אֲנִי

I Surely .treasure-peculiar-his-for Israel ; Jah him-to chose

יָדַעְתִּי כִּי־גָדוֹל יְהוָה וַאֲדֹנֵינוּ מִכָּל־אֱלֹהִים׃

.Gods all-than-more Lord-our-and ; Jehovah (*is*)-great that known-have

6 כֹּל אֲשֶׁר־חָפֵץ יְהוָה עָשָׂה בַּשָּׁמַיִם

heavens-THE-in ; did-he Jehovah delighted which thing-Every

וּבָאָרֶץ בַּיַּמִּים וְכָל־תְּהֹמוֹת׃ 7 מַעֲלֶה

up-brings-Who .depths all-and seas-THE-in ; earth-THE-in-and

נְשִׂאִים מִקְצֵה הָאָרֶץ בְּרָקִים לַמָּטָר עָשָׂה

; made-he rain-THE-for lightnings ; earth-THE of-end-the-from vapours

מוֹצֵא רוּחַ מֵאוֹצְרוֹתָיו׃ 8 שֶׁהִכָּה בְּכוֹרֵי

of-firstborn-the smote-Who .storehouses-his-from wind-the out-bringing

מִצְרָיִם מֵאָדָם עַד־בְּהֵמָה׃ 9 שָׁלַח ׀ אֹתוֹת

signs sent-He .cattle unto man-from ,Egypt

וּמֹפְתִים בְּתוֹכֵכִי מִצְרָיִם בְּפַרְעֹה וּבְכָל־

all-upon-and Pharaoh-upon ,Egypt-O ,midst-thy-into wonders-and

עֲבָדָיו׃ 10 שֶׁהִכָּה גּוֹיִם רַבִּים וְהָרַג מְלָכִים

kings slew-and ,many Gentiles smote-Who .servants-his

עֲצוּמִים׃ 11 לְסִיחוֹן ׀ מֶלֶךְ הָאֱמֹרִי וּלְעוֹג

Og-[to]-and ,Amorites-THE of-king Sihon-[To] .strong

מֶלֶךְ הַבָּשָׁן וּלְכֹל מַמְלְכוֹת כְּנָעַן׃ 12 וְנָתַן

gave-he-And .Canaan of-kingdoms-the all-[to]-and ,Bashan-THE of-king

אַרְצָם נַחֲלָה נַחֲלָה לְיִשְׂרָאֵל עַמּוֹ׃ ס

.nation-his Israel-to inheritance-an ,inheritance-an land-their

13 יְהוָה שִׁמְךָ לְעוֹלָם יְהוָה זִכְרְךָ

(*is*)-remembrance-thy ,Jehovah-O ; ever-for (*is*)-name-thy ,Jehovah-O

לְדֹר־וָדֹר׃ 14 כִּי־יָדִין יְהוָה עַמּוֹ וְעַל־

concerning-& ; nation-his Jehovah judge-will For .generation-& generation-to

עֲבָדָיו יִתְנֶחָם׃ 15 עֲצַבֵּי הַגּוֹיִם כֶּסֶף

silver-(*are*) Gentiles-THE of-idols-The .himself-repent-will servants-his

וְזָהָב מַעֲשֵׂה יְדֵי אָדָם׃ 16 פֶּה לָהֶם

; them-to-(*is*) mouth-A .man of-hands-the of-work-the ,gold-and

וְלֹא יְדַבֵּרוּ עֵינַיִם לָהֶם וְלֹא יִרְאוּ׃

.see-will-they not-and them-to-(*are*) eyes ; speak-will-they not-and

17 אָזְנַיִם לָהֶם וְלֹא יַאֲזִינוּ אַף אֵין־יֶשׁ־רוּחַ

breath is-there not yea ; ear-give-will-they not-and ,them-to (*are*)-Ears

בְּפִיהֶם׃ 18 כְּמוֹהֶם יִהְיוּ עֹשֵׂיהֶם כֹּל

one-every ; them-make-who-those be-will them-Like .mouth-their-in

אֲשֶׁר־בֹּטֵחַ בָּהֶם׃ 19 בֵּית יִשְׂרָאֵל בָּרְכוּ

ye-bless ,Israel of-house-O .them-in confiding-(*is*) who

אֶת־יְהוָה בֵּית אַהֲרֹן בָּרְכוּ אֶת־יְהוָה׃

; Jehovah)(ye-bless ,Aaron of-house-O ; Jehovah)(

20 בֵּית הַלֵּוִי בָּרְכוּ אֶת־יְהוָה יִרְאֵי יְהוָה

,Jehovah fear-who-ye ; Jehovah)(ye-bless ,Levi-[THE] of-house-O

בָּרְכוּ אֶת־יְהוָה׃ 21 בָּרוּךְ יְהוָה ׀ מִצִּיּוֹן

; Zion-of-out Jehovah (*be*)-Blessed .Jehovah)(ye-bless

שֹׁכֵן יְרוּשָׁלָםִ הַלְלוּ־יָהּ׃

.Jah ye-Praise : Jerusalem inhabiting

קלו

הוֹדוּ לַיהוָה כִּי־טוֹב כִּי לְעוֹלָם

ever-for because ; good-(*is-it*) for Jehovah-to thanks-ye-Give

חַסְדּוֹ׃ 2 הוֹדוּ לֵאלֹהֵי הָאֱלֹהִים כִּי לְעוֹלָם

ever-for because ; gods-THE of-God-the-to thanks-ye-Give .mercy-his-(*is*)

חַסְדּוֹ׃ 3 הוֹדוּ לַאֲדֹנֵי הָאֲדֹנִים כִּי לְעוֹלָם

ever-for because ; lords-THE of-Lord-the-to thanks-ye-Give .mercy-his-(*is*)

חַסְדּוֹ׃ 4 לְעֹשֵׂה נִפְלָאוֹת גְּדֹלוֹת לְבַדּוֹ

; alone ,great works-wondrous does-who-him-To .mercy-his-(*is*)

כִּי לְעוֹלָם חַסְדּוֹ׃ 5 לְעֹשֵׂה הַשָּׁמַיִם

heavens-THE made-who-him-To .mercy-his-(*is*) ever-for because

בִּתְבוּנָה כִּי לְעוֹלָם חַסְדּוֹ׃ 6 לְרוֹקַע

spread-who-him-To .mercy-his-(*is*) ever-for because ;understanding-with

הָאָרֶץ עַל־הַמָּיִם כִּי לְעוֹלָם חַסְדּוֹ׃

.mercy-his-(*is*) ever-for because ;waters-THE upon earth-THE

7 לְעֹשֵׂה אוֹרִים גְּדֹלִים כִּי לְעוֹלָם חַסְדּוֹ׃

.mercy-his-(*is*) ever-for because ;great lights made-who-him-To

8 אֶת־הַשֶּׁמֶשׁ לְמֶמְשֶׁלֶת בַּיּוֹם כִּי לְעוֹלָם

ever-for because ,day-THE-in ruling-for sun-THE)(

חַסְדּוֹ׃ 9 אֶת־הַיָּרֵחַ וְכוֹכָבִים לְמֶמְשְׁלוֹת

ruling-for stars-and moon-THE)(.mercy-his-(*is*)

בַּלָּיְלָה כִּי לְעוֹלָם חַסְדּוֹ׃ 10 לְמַכֵּה מִצְרַיִם

Egypt smote-who-him-To .mercy-his-(*is*) ever-for because ;night-THE-in

בִּבְכוֹרֵיהֶם כִּי לְעוֹלָם חַסְדּוֹ׃ 11 וַיּוֹצֵא

brought-he-And .mercy-his-(*is*) ever-for because ;born-first-their-in

יִשְׂרָאֵל מִתּוֹכָם כִּי לְעוֹלָם חַסְדּוֹ׃ 12 בְּיָד

hand-a-With .mercy-his-(*is*) ever-for because ;midst-their-from Israel

חֲזָקָה וּבִזְרוֹעַ נְטוּיָה כִּי לְעוֹלָם חַסְדּוֹ׃

.mercy-his-(*is*) ever-for because ;out-stretched arm-an-with-and ,strong

13 לְגֹזֵר יַם־סוּף לִגְזָרִים כִּי לְעוֹלָם

ever-for because ;parts-into Suph of-sea-the parted-who-him-To

חַסְדּוֹ׃ 14 וְהֶעֱבִיר יִשְׂרָאֵל בְּתוֹכוֹ כִּי לְעוֹלָם

ever-for because ;midst-its-in Israel pass-to-made-he-And .mercy-his-(*is*)

חַסְדּוֹ׃ 15 וְנִעֵר פַּרְעֹה וְחֵילוֹ בְיַם־סוּף

;Suph of-sea-the-into host-his-and Pharaoh shook-he-And .mercy-his-(*is*)

כִּי לְעוֹלָם חַסְדּוֹ׃ 16 לְמוֹלִיךְ עַמּוֹ

nation-his walk-made-who-him-To .mercy-his-(*is*) ever-for because

בַּמִּדְבָּר כִּי לְעוֹלָם חַסְדּוֹ׃ 17 לְמַכֵּה

smote-who-him-To .mercy-his-(*is*) ever-for because ;wilderness-THE-in

מְלָכִים גְּדֹלִים כִּי לְעוֹלָם חַסְדּוֹ׃ 18 וַיַּהֲרֹג
slew-he-And .mercy-his-(*is*) ever-for because ;great kings

מְלָכִים אַדִּירִים כִּי לְעוֹלָם חַסְדּוֹ׃ 19 לְסִיחוֹן
Sihon-[To] .mercy-his-(*is*) ever-for because ;excellent kings

מֶלֶךְ הָאֱמֹרִי כִּי לְעוֹלָם חַסְדּוֹ׃ 20 וּלְעוֹג מֶלֶךְ
of-king Og-[to]-And .mercy-his-(*is*) ever-for because ;Amorites-the of-king

הַבָּשָׁן כִּי לְעוֹלָם חַסְדּוֹ׃ 21 וְנָתַן אַרְצָם
land-their gave-he-And .mercy-his-(*is*) ever-for because ,Bashan-THE

לְנַחֲלָה כִּי לְעוֹלָם חַסְדּוֹ׃ 22 נַחֲלָה
inheritance-An .mercy-his-(*is*) ever-for because ;inheritance-an-for

לְיִשְׂרָאֵל עַבְדּוֹ כִּי לְעוֹלָם חַסְדּוֹ׃ 23 שֶׁבְּשִׁפְלֵנוּ
lowness-our-in-Who .mercy-his-(*is*) ever-for because ;servant-his Israel-to

זָכַר לָנוּ כִּי לְעוֹלָם חַסְדּוֹ׃ 24 וַיִּפְרְקֵנוּ
us-rent-has-And .mercy-his-(*is*) ever-for because ;us-[for] remembered-has

מִצָּרֵינוּ כִּי לְעוֹלָם חַסְדּוֹ׃ 25 נֹתֵן לֶחֶם
bread Giving .mercy-his-(*is*) ever-for because ;distressors-our-from

לְכָל־בָּשָׂר כִּי לְעוֹלָם חַסְדּוֹ׃ 26 הוֹדוּ לְאֵל
of-God-the-to thanks-ye-Give .mercy-his-(*is*) ever-for because ;flesh all-to

הַשָּׁמָיִם כִּי לְעוֹלָם חַסְדּוֹ׃
.mercy-his-(*is*) ever-for because ;heavens-THE

קלז

עַל־נַהֲרוֹת ׀ בָּבֶל שָׁם יָשַׁבְנוּ גַּם־בָּכִינוּ
,wept-we also ;sat-have-we there ,Babylon of-rivers-the Upon

בְּזָכְרֵנוּ אֶת־צִיּוֹן׃ 2 עַל־עֲרָבִים בְּתוֹכָהּ
midst-its-in willows-the Upon .Zion)(remembering-our-in

תָּלִינוּ כִּנֹּרוֹתֵינוּ׃ 3 כִּי שָׁם ׀ שְׁאֵלוּנוּ שׁוֹבֵינוּ
captors-our us-asked there Because .harps-our hung-we

דִּבְרֵי־שִׁיר וְתוֹלָלֵינוּ שִׂמְחָה שִׁירוּ לָנוּ
us-to ye-sing ;gladness devastators-our-and ;song-a of-words-the

מִשִּׁיר צִיּוֹן׃ 4 אֵיךְ נָשִׁיר אֶת־־שִׁיר־־יְהוָה

Jehovah of-song-the)(sing-we-shall How .Zion of-song-the-of

עַל אַדְמַת נֵכָר׃ 5 אִם־־אֶשְׁכָּחֵךְ יְרוּשָׁלָם

,Jerusalem-O ,thee-forget-shall-I If .strange land-a upon

תִּשְׁכַּח יְמִינִי׃ 6 תִּדְבַּק לְשׁוֹנִי ׀ לְחִכִּי אִם־

if ,palate-my-to tongue-my cleave-Will .hand-right-my forget-shall

לֹא אֶזְכְּרֵכִי אִם־לֹא אַעֲלֶה אֶת־יְרוּשָׁלַם

Jerusalem)(up-bring-will-I not if ;thee-remember-will-I not

עַל רֹאשׁ שִׂמְחָתִי׃ 7 זְכֹר יְהוָה ׀ לִבְנֵי

of-sons-the-for ,Jehovah-O .Remember .gladness-my of-head-the above

אֱדוֹם אֵת יוֹם יְרוּשָׁלָם הָאֹמְרִים עָרוּ ׀

,bare-Make ,say-who ;Jerusalem of-day-the)(,Edom

עָרוּ עַד הַיְסוֹד בָּהּ׃ 8 בַּת־־בָּבֶל

Babylon-of Daughter .it-in foundation-THE unto ,bare-make

הַשְּׁדוּדָה אַשְׁרֵי שֶׁיְשַׁלֶּם־־לָךְ אֶת־

)(thee-to pay-will-who-him of-blessings-the-O ,destroyed-be-to-art-who

גְּמוּלֵךְ שֶׁגָּמַלְתְּ לָנוּ׃ 9 אַשְׁרֵי ׀ שֶׁיֹּאחֵז ׀

take-will-who-him of-blessings-the-O .us-to reward-didst-thou-which desert-thy

וְנִפֵּץ אֶת־עֹלָלַיִךְ אֶל־הַסָּלַע׃

.crag-THE against babes-thy)(dash-and

קלח

לְדָוִד ׀ אוֹדְךָ בְכָל־לִבִּי נֶגֶד אֱלֹהִים

gods-the before ;heart-my all-with thanks-thee-give-will-I .David-Of

אֲזַמְּרֶךָּ׃ 2 אֶשְׁתַּחֲוֶה ׀ אֶל־הֵיכַל קָדְשְׁךָ

;holiness-thy of-temple-the unto down-bow-will-I .thee-to-psalms-sing-will-I

וְאוֹדֶה אֶת־שְׁמֶךָ עַל־־חַסְדְּךָ וְעַל־

of-because-and mercy-thy of-because ;name-thy)(to-thanks-give-will-I-and

אֲמִתֶּךָ כִּי־־הִגְדַּלְתָּ עַל־־כָּל־־שִׁמְךָ אִמְרָתֶךָ׃

.word-thy name-thy all above magnified-hast-thou because ;truth-thy

³ בְּיוֹם קָרָאתִי וַתַּעֲנֵנִי תַּרְהִבֵנִי
with-up-me-set-wilt-thou ;me-answered-hast-thou-and called-I day-the-In

בְנַפְשִׁי עֹז׃ ⁴ יוֹדוּךָ יְהוָה כָּל־מַלְכֵי־אָרֶץ
;earth-the of-kings-the all ,Jehovah-O thanks-thee-give-Shall .strength soul-my-in

כִּי שָׁמְעוּ אִמְרֵי־פִיךָ׃ ⁵ וְיָשִׁירוּ בְּדַרְכֵי
of-ways-the-in sing-shall-they-And .mouth-thy of-words-the heard-have-they because

יְהוָה כִּי גָדוֹל כְּבוֹד יְהוָה׃ ⁶ כִּי־רָם
exalted-(*is*) Though .Jehovah of-glory-the (*is*)-great because ;Jehovah

יְהוָה וְשָׁפָל יִרְאֶה וְגָבֹהַּ מִמֶּרְחָק יְיֵדָע׃
.know-will-he afar-from proud-the-and ;see-will-he low-the-also ,Jehovah

⁷ אִם־אֵלֵךְ ׀ בְּקֶרֶב צָרָה תְּחַיֵּנִי עַל
upon ;alive-me-keep-wilt-thou ,distress of-midst-the-in walk-shall-I . If

אַף אֹיְבַי תִּשְׁלַח יָדֶךָ וְתוֹשִׁיעֵנִי יְמִינֶךָ׃
.hand-right-thy me-save-shall-and ;hand-thy send-wilt-thou enemies-my of-anger-the

⁸ יְהוָה יִגְמֹר בַּעֲדִי יְהוָה חַסְדְּךָ
mercy-thy ,Jehovah-O ;me-concerning (*is-what*)-end-an-to-bring-will Jehovah

לְעוֹלָם מַעֲשֵׂי יָדֶיךָ אַל־תֶּרֶף׃
.leave not hands-thy of-works-the ;ever-for-(*is*)

קלט

לַמְנַצֵּחַ לְדָוִד מִזְמוֹר יְהוָה חֲקַרְתַּנִי
me-searched-hast-thou ,Jehovah-O ,Psalm-A David-Of ;over-is-that-him-To

וַתֵּדָע׃ ² אַתָּה יָדַעְתָּ שִׁבְתִּי וְקוּמִי
;rising-my-and sitting-my known-hast Thou .known-and

בַּנְתָּה לְרֵעִי מֵרָחוֹק׃ ³ אָרְחִי וְרִבְעִי
down-lying-my-& path-My .off-far-from thought-my-[to] understood-hast-thou

זֵרִיתָ וְכָל־דְּרָכַי הִסְכַּנְתָּה׃ ⁴ כִּי
For .with-acquainted-been-hast-thou ways-my all-and ;scattered-hast-thou

אֵין מִלָּה בִּלְשׁוֹנִי הֵן יְהוָה יָדַעְתָּ
known-hast-thou Jehovah-O behold-(*but*) ;tongue-my-on word-a not-is-there

כֻלָּהּ׃ 5 אָחוֹר וָקֶדֶם צַרְתָּנִי וַתָּשֶׁת

set-hast-and ; me-besieged-hast-thou before-and Behind .all-it

עָלַי כַּפֶּכָה׃ 6 פְּלִאיָה דַעַת מִמֶּנִּי

; me-for-much-too knowledge-(*this-is*) Wonderful .hand-thy me-upon

נִשְׂגְּבָה לֹא־אוּכַל לָהּ׃ 7 אָנָה אֵלֵךְ

go-I-shall Whither .it-unto able-be-shall-I not ,high-on-set-been-has-it

מֵרוּחֶךָ וְאָנָה מִפָּנֶיךָ אֶבְרָח׃ 8 אִם־אֶסַּק

ascend-shall-I If ? flee-I-shall face-thy-from whither-and ? Spirit-thy-from

שָׁמַיִם שָׁם אָתָּה וְאַצִּיעָה שְּׁאוֹל

Hades-(*in*) bed-a-spread-shall-I-and ; (*art*)-thou there ,heavens-the

הִנֶּךָּ׃ 9 אֶשָּׂא כַנְפֵי־שָׁחַר אֶשְׁכְּנָה

dwell-will-I ; dawn-the of-wings-the take-will-I —: (*there-art*)-thou-behold

בְּאַחֲרִית יָם׃ 10 גַּם־שָׁם יָדְךָ תַנְחֵנִי

; me-lead-shall hand-thy there Moreover —; sea-the of-end-utmost-the-in

וְתֹאחֲזֵנִי יְמִינֶךָ׃ 11 וָאֹמַר אַךְ־חֹשֶׁךְ

darkness surely ,said-I-And .hand-right-thy me-of-hold-take-shall-and

יְשׁוּפֵנִי וְלַיְלָה אוֹר בַּעֲדֵנִי׃ 12 גַּם־חֹשֶׁךְ

darkness Moreover .me-about light-was night-the-and ; me-cover-shall

לֹא־יַחְשִׁיךְ מִמֶּךָ וְלַיְלָה כַּיּוֹם יָאִיר

; shine-will day-THE-as night-the-and ; thee-from dark-make-will not

כַּחֲשֵׁיכָה כָּאוֹרָה׃ 13 כִּי־אַתָּה קָנִיתָ כִלְיֹתָי

; reins-my possessed-hast thou For .light-(*is*)-so darkness-(*is*)-as

תְּסֻכֵּנִי בְּבֶטֶן אִמִּי׃ 14 אוֹדְךָ עַל כִּי

that because ,thanks-thee-give-will-I .mother-my of-belly-the-in me-cover-wilt-thou

נוֹרָאוֹת נִפְלֵיתִי נִפְלָאִים מַעֲשֶׂיךָ

; works-thy (*are*)-wonderful ; wonderful-made-been-have-I things-terrible-(*with*)

וְנַפְשִׁי יֹדַעַת מְאֹד׃ 15 לֹא־נִכְחַד עָצְמִי

bone-my concealed-was Not .exceedingly (*it*)-knowing-(*is*) soul-my-and

מִמֶּךָּ אֲשֶׁר־עֻשֵּׂיתִי בַסֵּתֶר רֻקַּמְתִּי

embroidered-was-I ,place-hiding-THE-in made-was-I when ; thee-from

בְּתַחְתִּיּוֹת אָרֶץ׃ 16 גָּלְמִי ׀ רָאוּ עֵינֶיךָ וְעַל־
upon-and ; eyes-thy saw substance-unformed-My .earth-the of-parts-lowest-the-in

סִפְרְךָ כֻּלָּם יִכָּתֵבוּ יָמִים יֻצָּרוּ
; fashioned-were-they-(*when*) days-the-(*to-as*) ,written-were them-of-all book-thy

וְלֹא אֶחָד בָּהֶם׃ 17 וְלִי מַה־יָּקְרוּ
precious-been-have how me-to-And .them-amongst one not-(*was-there*)-and

רֵעֶיךָ אֵל מֶה עָצְמוּ רָאשֵׁיהֶם׃ 18 אֶסְפְּרֵם
,them-count-will-I .sums-their been-have-strong How ; God-O ,thoughts-thy

מֵחוֹל יִרְבּוּן הֱקִיצֹתִי וְעוֹדִי עִמָּךְ׃
.thee-with (*am*)-I-still-and awaked-have-I ; many-be-shall-they sand-the-than-more

19 אִם־תִּקְטֹל אֱלוֹהַּ ׀ רָשָׁע וְאַנְשֵׁי דָמִים
,blood of-men-and ; (sg.)-wicked-the God-O slay-wilt-thou Surely

סוּרוּ מֶנִּי׃ 20 אֲשֶׁר יֹמְרוּךָ לִמְזִמָּה
,device-a-with thee-of-speak-will Who .me-from ye-depart

נָשֻׂא לַשָּׁוְא עָרֶיךָ׃ 21 הֲלוֹא־מְשַׂנְאֶיךָ
,thee-hate-who-those ? Not .enemies-thy vanity-[THE]-for (*name-thy*)-up-taken-have

יְהוָה ׀ אֶשְׂנָא וּבִתְקוֹמְמֶיךָ אֶתְקוֹטָט׃
? grieved-be-will-I ,thee-against-rise-who-those-with-and ? hate-I-will ,Jehovah-O

22 תַּכְלִית שִׂנְאָה שְׂנֵאתִים לְאוֹיְבִים הָיוּ
been-have-they enemies-for ,with-them-hated-have-I hatred of-Perfection

לִי׃ 23 חָקְרֵנִי אֵל וְדַע לְבָבִי בְּחָנֵנִי וְדַע
know-and ,me-prove ; heart-my know-and ,God-O me-Search .me-to

שַׂרְעַפָּי׃ 24 וּרְאֵה אִם־דֶּרֶךְ־עֹצֶב בִּי וּנְחֵנִי
me-lead-and ; me-in-(*be*) grieving of-way-a if see-And .thoughts-my

בְּדֶרֶךְ עוֹלָם׃
.everlasting way-a-in

קמ

לַמְנַצֵּחַ מִזְמוֹר לְדָוִד׃ 2 חַלְּצֵנִי יְהוָה
,Jehovah-O ,me-Deliver .David-of psalm-A over-is-that-him-To

מֵאָדָם רָע מֵאִישׁ חֲמָסִים תִּנְצְרֵנִי׃ 3 אֲשֶׁר
Who .me-preserve-wilt-thou violences of-man-the-from ;evil man-the-from

חָשְׁבוּ רָעוֹת בְּלֵב כָּל־יוֹם יָגוּרוּ מִלְחָמוֹת׃
.wars gather-they-will day-the all ;heart-the-in evils devised-have

4 שָׁנְנוּ לְשׁוֹנָם כְּמוֹ־נָחָשׁ חֲמַת עַכְשׁוּב
(*is*)-adder-an of-wrath ;serpent-a like tongue-their whetted-have-They

תַּחַת שְׂפָתֵימוֹ סֶלָה׃ 5 שָׁמְרֵנִי יְהוָה ׀
,Jehovah-O me-Keep .Selah .lips-their under

מִידֵי רָשָׁע מֵאִישׁ חֲמָסִים תִּנְצְרֵנִי
;me-preserve-wilt-thou violences of-man-the-from ;(sg.)-wicked-the of-hands-the-from

אֲשֶׁר חָשְׁבוּ לִדְחוֹת פְּעָמָי׃ 6 טָמְנוּ־גֵאִים ׀
proud-the hid-Have .steps-my down-thrust-to devised-have who

פַּח לִי וַחֲבָלִים פָּרְשׂוּ רֶשֶׁת לְיַד־מַעְגָּל
;track-the of-side-the-by net-a spread-have-they ;cords-and me-for trap-a

מֹקְשִׁים שָׁתוּ־לִי סֶלָה׃ 7 אָמַרְתִּי לַיהוָה
,Jehovah-to said-I .Selah .me-for set-have-they snares

אֵלִי אָתָּה הַאֲזִינָה יְהוָה קוֹל תַּחֲנוּנָי׃
.supplications-my of-voice-the ,Jehovah-O ,to-ear-give ;thou-(*art*) God-My

8 יֱהוִה אֲדֹנָי עֹז יְשׁוּעָתִי סַכֹּתָה לְרֹאשִׁי
head-my-[to] covered-hast-thou ,salvation-my of-strength-the ,Lord Jehovah-O

בְּיוֹם נָשֶׁק׃ 9 אַל־תִּתֵּן יְהוָה מַאֲוַיֵּי
of-desires-the Jehovah-O ,give Not .armour of-day-the-in

רָשָׁע זְמָמוֹ אַל־תָּפֵק יָרוּמוּ סֶלָה׃
.Selah .exalted-be-(*not*)-them-let ;further not device-his ;(sg.)-wicked-the

10 רֹאשׁ מְסִבָּי עֲמַל שְׂפָתֵימוֹ יְכַסּוּמוֹ׃
.them-cover-shall lips-their of-grievousness-the ,me-around-those of-head-the-(*to-As*)

11 יִמּוֹטוּ עֲלֵיהֶם גֶּחָלִים בָּאֵשׁ יַפִּלֵם
fall-them-make-shall-they ;fire-with coals them-upon moved-be-Shall

בְּמַהֲמֹרוֹת בַּל־יָקוּמוּ׃ 12 אִישׁ לָשׁוֹן בַּל־
not tongue of-man-The .rise-shall-they not-that ,pits-into

יִכּוֹן בָּאָרֶץ אִישׁ־־חָמָס רָע יְצוּדֶנּוּ

him-hunt-shall evil violence of-man-the-(*for-as*) ; earth-THE-in established-be-shall

לְמַדְחֵפֹת׃ 13 יָדַעְתָּ כִּי־יַעֲשֶׂה יְהוָה דִּין

of-cause-the Jehovah undertake-will that known-have-I .overthrowing-for

עָנִי מִשְׁפַּט אֶבְיֹנִים׃ 14 אַךְ צַדִּיקִים

righteous-the Surely .needy-the of-judgment-the ; (sg.)-poor-the

יוֹדוּ לִשְׁמֶךָ יֵשְׁבוּ יְשָׁרִים אֶת־פָּנֶיךָ׃

.presence-thy)(upright-the in-dwell-shall ; name-thy-to thanks-give-shall

קמא

מִזְמוֹר לְדָוִד יְהוָה קְרָאתִיךָ חוּשָׁה לִּי

; me-for Hasten ; thee-called-have-I ,Jehovah-O .David-of psalm-A

הַאֲזִינָה קוֹלִי בְּקָרְאִי־לָךְ׃ 2 תִּכּוֹן תְּפִלָּתִי

prayer-my established-be-Shall .thee-to calling-my-in ,voice-my to-ear-give

קְטֹרֶת לְפָנֶיךָ מַשְׂאַת כַּפַּי מִנְחַת־־עָרֶב׃

.evening-the of-offering-the-(*as*) hands-my of-up-lifting-the ; thee-before incense-(*as*)

3 שִׁיתָה יְהוָה שָׁמְרָה לְפִי נִצְּרָה עַל־־דַּל

of-door-the upon preserve ; mouth-my-to keeping-a ,Jehovah-O ,Set

שְׂפָתָי׃ 4 אַל־תַּט לִבִּי ׀ לְדָבָר רָע לְהִתְעוֹלֵל

practise-to ,evil matter-a-to heart-my incline Not .lips-my

עֲלִלוֹת ׀ בְּרֶשַׁע אֶת־אִישִׁים פֹּעֲלֵי־אָוֶן וּבַל־

not-and ; iniquity do-who ,men with wickedness-in deeds

אֶלְחַם בְּמַנְעַמֵּיהֶם׃ 5 יֶהֶלְמֵנִי צַדִּיק ׀

; (sg.)-righteous-the me-strike-Shall .dainties-their-of eat-me-let

חֶסֶד וְיוֹכִיחֵנִי שֶׁמֶן רֹאשׁ אַל־־יָנִי

break-it-shall not ; head-the of-oil-(*is-it*) ,me-rebuke-shall-he-and ; mercy-a-(*is-it*)

רֹאשִׁי כִּי־־עוֹד וּתְפִלָּתִי בְּרָעוֹתֵיהֶם׃

.evils-their-in (*be-shall*)-prayer-my-even yet for ,head-my

6 נִשְׁמְטוּ בִידֵי־־סֶלַע שֹׁפְטֵיהֶם וְשָׁמְעוּ

heard-they-and ; judges-their crag-the of-means-by stumbled-been-Have

אֲמָרַי כִּי נָעֵמוּ׃ 7 כְּמוֹ פֹלֵחַ וּבֹקֵעַ
words-my for .pleasant-been-have-they As cutting-(*one*) (*wood*)-cleaving-&

בָּאָרֶץ נִפְזְרוּ עֲצָמֵינוּ לְפִי שְׁאוֹל׃ 8 כִּי
,earth-THE-on scattered-been-have bones-our of-mouth-the-at .Hades For

אֵלֶיךָ ׀ יֱהֹוִה אֲדֹנָי עֵינָי בְּכָה חָסִיתִי אַל־
,thee-unto Jehovah-O ,Lord ,eyes-my-(*are*) thee-in ;trusted-I not

תְּעַר נַפְשִׁי׃ 9 שָׁמְרֵנִי מִידֵי פַח יָקְשׁוּ
bare-make .soul-my me-Keep of-hands-the-from trap-the laid-they-(*which*)

לִי וּמֹקְשׁוֹת פֹּעֲלֵי אָוֶן׃ 10 יִפְּלוּ בְמַכְמֹרָיו
;me-for of-snares-the-and of-doers-the .iniquity fall-Shall nets-own-their-in

רְשָׁעִים יַחַד אָנֹכִי עַד־אֶעֱבוֹר׃
wicked-the ;together I even .by-pass-shall

קמב

מַשְׂכִּיל לְדָוִד בִּהְיוֹתוֹ בַמְּעָרָה תְפִלָּה׃
;understand-to-Causing ;David-of being-his-in ;cave-THE-in .prayer-a

2 קוֹלִי אֶל־יְהֹוָה אֶזְעָק קוֹלִי אֶל־יְהֹוָה
voice-my-(*With*) unto Jehovah ;cry-will-I voice-my-(*with*) unto Jehovah

אֶתְחַנָּן׃ 3 אֶשְׁפֹּךְ לְפָנָיו שִׂיחִי צָרָתִי לְפָנָיו
.supplicate-will-I out-pour-will-I him-before ;meditation-my distress-my him-before

אַגִּיד׃ 4 בְּהִתְעַטֵּף ׀ עָלַי ׀ רוּחִי וְאַתָּה יָדַעְתָּ
.shew-will-I overwhelming-In me-upon ;spirit-my also-thou known-hast

נְתִיבָתִי בְּאֹרַח־זוּ אֲהַלֵּךְ טָמְנוּ פַח לִי׃
;path-my path-the-in which ,walk-will-I hid-have-they trap-a .me-for

5 הַבֵּיט יָמִין ׀ וּרְאֵה וְאֵין־לִי מַכִּיר
Look hand-right-the-(*on*) ,see-and none-is-there-& me-[for] ;knowing

אָבַד מָנוֹס מִמֶּנִּי אֵין דּוֹרֵשׁ לְנַפְשִׁי׃
perished refuge ;me-from none-is-there seeking .soul-my-for

6 זָעַקְתִּי אֵלֶיךָ יְהֹוָה אָמַרְתִּי אַתָּה מַחְסִי
cried-have-I ,thee-unto ;Jehovah-O ,said-have-I (*art*)-thou ,refuge-my

חֶלְקִי בְּאֶרֶץ הַחַיִּים׃ 7 הַקְשִׁיבָה ׀ אֶל־רִנָּתִי
,outcry-my unto attention-Give .living-THE of-land-the-in portion-my

כִּי־דַלּוֹתִי מְאֹד הַצִּילֵנִי מֵרֹדְפַי
,me-pursue-who-those-from me-deliver ;greatly low-brought-been-have-I for

כִּי אָמְצוּ מִמֶּנִּי׃ 8 הוֹצִיאָה מִמַּסְגֵּר ׀ נַפְשִׁי
soul-my prison-from out-Bring .I-than-more strong-been-have-they for

לְהוֹדוֹת אֶת־שְׁמֶךָ בִּי יַכְתִּרוּ צַדִּיקִים כִּי
for ,righteous-the encompass-shall me-upon ;name-thy)(to-thanks-give-to

תִגְמֹל עָלָי׃
.me-upon reward-wilt-thou

קמג

מִזְמוֹר לְדָוִד יְהוָה ׀ שְׁמַע תְּפִלָּתִי הַאֲזִינָה
ear-give ,prayer-my hear ,Jehovah-O .David-of Psalm-A

אֶל־תַּחֲנוּנַי בֶּאֱמֻנָתְךָ עֲנֵנִי בְּצִדְקָתֶךָ׃ 2 וְאַל־
not-And .righteousness-thy-in me-answer faithfulness-thy-in ;supplications-my to

תָּבוֹא בְמִשְׁפָּט אֶת־עַבְדֶּךָ כִּי לֹא־יִצְדַּק
just-be-shall not because ;servant-thy with judgment-into come

לְפָנֶיךָ כָל־חָי׃ 3 כִּי רָדַף אוֹיֵב ׀ נַפְשִׁי דִּכָּא
crushed-has-he ,soul-my enemy-the pursued-has For .living any thee-before

לָאָרֶץ חַיָּתִי הוֹשִׁיבַנִי בְמַחֲשַׁכִּים כְּמֵתֵי
of-dead-the-as ,places-dark-in dwell-me-made-has-he ,life-my earth-THE-to

עוֹלָם׃ 4 וַתִּתְעַטֵּף עָלַי רוּחִי בְּתוֹכִי יִשְׁתּוֹמֵם
desolate-be-will me-in ;spirit-my me-upon overwhelmed-was-And .old

לִבִּי׃ 5 זָכַרְתִּי יָמִים ׀ מִקֶּדֶם הָגִיתִי בְכָל־פָּעֳלֶךָ
;deeds-thy all-in meditated-I ;old-of days-the remembered-I .heart-my

בְּמַעֲשֵׂה יָדֶיךָ אֲשׂוֹחֵחַ׃ 6 פֵּרַשְׂתִּי יָדַי אֵלֶיךָ
;thee-unto hands-my spread-have-I .meditate-will-I hands-thy of-work-the-in

נַפְשִׁי ׀ כְּאֶרֶץ־עֲיֵפָה לְךָ סֶלָה׃ 7 מַהֵר עֲנֵנִי ׀
;me-answer ,Hasten .Selah .thee-to (*is*)-weary land-a-as soul-my

יְהוָה כָּלְתָה רוּחִי אַל־תַּסְתֵּר פָּנֶיךָ מִמֶּנִּי
; me-from face-thy hide not ; spirit-my consumed-been-has ; Jehovah-O

וְנִמְשַׁלְתִּי עִם־יֹרְדֵי בוֹר׃ 8 הַשְׁמִיעֵנִי
hear-to-me-Cause .pit-the descend-who-those with like-be-shall-I-and

בַבֹּקֶר ׀ חַסְדֶּךָ כִּי־בְךָ בָטָחְתִּי הוֹדִיעֵנִי
know-to-me-make ; confided-have-I thee-in because ; mercy-thy morning-THE-in

דֶּרֶךְ־זוּ אֵלֵךְ כִּי־אֵלֶיךָ נָשָׂאתִי נַפְשִׁי׃
.soul-my lifted-have-I thee-unto for ; walk-shall-I which way-the

9 הַצִּילֵנִי מֵאֹיְבַי ׀ יְהוָה אֵלֶיךָ כִסִּתִי׃
.(*myself*)-covered-have-I thee-unto Jehovah-O ; enemies-my-from me-Deliver

10 לַמְּדֵנִי ׀ לַעֲשׂוֹת רְצוֹנֶךָ כִּי־אַתָּה אֱלוֹהָי
; God-my (*art*)-thou for ; pleasure-thy do-to me-Teach

רוּחֲךָ טוֹבָה תַּנְחֵנִי בְּאֶרֶץ מִישׁוֹר׃ 11 לְמַעַן־
of-Because .plainness of-land-the-in me-lead-shall good spirit-thy

שִׁמְךָ יְהוָה תְּחַיֵּנִי בְּצִדְקָתְךָ ׀ תוֹצִיא
bring-wilt-thou righteousness-thy-in ; alive-me-keep Jehovah-O name-thy

מִצָּרָה נַפְשִׁי׃ 12 וּבְחַסְדְּךָ תַּצְמִית אֹיְבָי
; enemies-my off-cut-wilt-thou mercy-thy-in-And .soul-my distress-of-out

וְהַאֲבַדְתָּ כָּל־צֹרְרֵי נַפְשִׁי כִּי אֲנִי עַבְדֶּךָ׃
.servant-thy (*am*)-I for ; soul-my of-oppressors-the all destroy-wilt-and

קמד

לְדָוִד ׀ בָּרוּךְ יְהוָה ׀ צוּרִי הַמְלַמֵּד יָדַי
hands-my teaching-(*is*)-who ,rock-my Jehovah (*be*)-Blessed .David-Of

לַקְרָב אֶצְבְּעוֹתַי לַמִּלְחָמָה׃ 2 חַסְדִּי וּמְצוּדָתִי
,fortress-my-and ,mercy-My .battle-THE-for fingers-my-(*and*) ,war-for

מִשְׂגַּבִּי וּמְפַלְטִי־לִי מָגִנִּי וּבוֹ חָסִיתִי
; trusted-have-I him-in-and shield-my ; me-for deliverer-my-and ,place-high-my

הָרוֹדֵד עַמִּי תַחְתָּי׃ 3 יְהוָה מָה־אָדָם
man-(*is*) What ,Jehovah-O .me-under people-my subdues-who

וַתֵּדָעֵהוּ בֶּן־אֱנוֹשׁ וַתְּחַשְּׁבֵהוּ׃ 4 אָדָם
Man ?him-of-thought-hast-thou-& man of-son-the ?him-known-hast-thou-&

לַהֶבֶל דָּמָה יָמָיו כְּצֵל עוֹבֵר׃ 5 יְהוָה
,Jehovah-O .by-passing shadow-a-as (*are*)-days-his ;like-been-has vanity-THE-to

הַט־שָׁמֶיךָ וְתֵרֵד גַּע בֶּהָרִים וְיֶעֱשָׁנוּ׃
.smoke-will-they-& ,mountains-the-[on] touch ;down-come-and ,heavens-thy bow

6 בְּרוֹק בָּרָק וּתְפִיצֵם שְׁלַח חִצֶּיךָ וּתְהֻמֵּם׃
.them-discomfit-& ,arrows-thy send ;them-scatter-and ,lightning forth-Lighten

7 שְׁלַח יָדֶיךָ מִמָּרוֹם פְּצֵנִי וְהַצִּילֵנִי מִמַּיִם
waters-from me-deliver-and me-rid ;high-on-from hands-thy Send

רַבִּים מִיַּד בְּנֵי נֵכָר׃ 8 אֲשֶׁר פִּיהֶם דִּבֶּר־
spoken-has mouth-their Who .stranger-the of-sons of-hand-the-from ;many

שָׁוְא וִימִינָם יְמִין שָׁקֶר׃ 9 אֱלֹהִים
,God-O .falsehood of-hand-right-a-(*is*) hand-right-their-and ;vanity

שִׁיר חָדָשׁ אָשִׁירָה לָּךְ בְּנֵבֶל עָשׂוֹר
(*stringed*)-ten psaltery-a-with ;thee-to sing-will-I new song-a

אֲזַמְּרָה־לָּךְ׃ 10 הַנּוֹתֵן תְּשׁוּעָה לַמְּלָכִים
,kings-THE-to salvation givest-Who .thee-to psalms-sing-will-I

הַפּוֹצֶה אֶת־דָּוִד עַבְדּוֹ מֵחֶרֶב רָעָה׃ 11 פְּצֵנִי
me-Rid .evil sword-the-from servant-his David)(rids-who

וְהַצִּילֵנִי מִיַּד בְּנֵי־נֵכָר אֲשֶׁר פִּיהֶם
mouth-their who ;stranger-the of-sons of-hand-the-from me-deliver-and

דִּבֶּר־שָׁוְא וִימִינָם יְמִין שָׁקֶר׃ 12 אֲשֶׁר
That .falsehood of-hand-right-a-(*is*) hand-right-their-& ,vanity spoken-has

בָּנֵינוּ ׀ כִּנְטִעִים מְגֻדָּלִים בִּנְעוּרֵיהֶם בְּנוֹתֵינוּ
daughters-our ;youth-their-in up-grown plants-as (*bè-may*)-sons-our

כְזָוִיֹּת מְחֻטָּבוֹת תַּבְנִית הֵיכָל׃ 13 מְזָוֵינוּ
(*be-may*)-garners-Our .palace-a of-similitude-the-(*in*) hewn ,stones-corner-as

מְלֵאִים מְפִיקִים מִזַּן אֶל־זַן צֹאונֵנוּ
sheep-our ;kind to kind-from affording full

מַאֲלִיפוֹת מְרֻבָּבוֹת בְּחוּצוֹתֵינוּ ׃

.streets-our-in   thousands-ten-forth-bringing   ,thousands-forth-bringing

14 אַלּוּפֵינוּ מְסֻבָּלִים אֵין פֶּרֶץ וְאֵין יוֹצֵאת

,out-going   one-not-and   ,breach   not-be-there   ;laden-(*be-may*)   oxen-Our

וְאֵין צְוָחָה בִּרְחֹבֹתֵינוּ ׃ 15 אַשְׁרֵי הָעָם

,nation-THE   of-blessings-the-O   .streets-our-in   complaining   not-and

שֶׁכָּכָה לּוֹ אַשְׁרֵי הָעָם שֶׁיְהוָה אֱלֹהָיו ׃

.God-its-(*is*)   Jehovah-which-(*to*)   ,nation-THE   of-blessings-the-O   ;it-to   thus-(*is*)-which

קמה

תְּהִלָּה לְדָוִד אֲרוֹמִמְךָ אֱלוֹהַי הַמֶּלֶךְ

;king-THE   ,God-my   ,thee-exalt-will-I   .David-of   ,Praise

וַאֲבָרְכָה שִׁמְךָ לְעוֹלָם וָעֶד ׃ 2 בְּכָל־יוֹם

day   every-In   .ever-and   ever-for   name-thy   bless-will-I-and

אֲבָרְכֶךָּ וַאֲהַלְלָה שִׁמְךָ לְעוֹלָם וָעֶד ׃ 3 גָּדוֹל

Great   .ever-and   ever-for   name-thy   praise-will-and   ;thee-bless-will-I

יְהוָה וּמְהֻלָּל מְאֹד וְלִגְדֻלָּתוֹ אֵין

not-is-there   greatness-his-to-and   ;greatly   praised-be-to-and   ,Jehovah-(*is*)

חֵקֶר ׃ 4 דּוֹר לְדוֹר יְשַׁבַּח מַעֲשֶׂיךָ וּגְבוּרֹתֶיךָ

mights-thy-and   ,works-thy   praise-shall   generation-to   Generation   .search-a

יַגִּידוּ ׃ 5 הֲדַר כְּבוֹד הוֹדֶךָ וְדִבְרֵי

of-matters-the-and   ,honour-thy   of-glory-the   of-majesty-The   .shew-shall-they

נִפְלְאוֹתֶיךָ אָשִׂיחָה ׃ 6 וֶעֱזוּז נוֹרְאוֹתֶיךָ

works-terrible-thy   of-strength-the-And   .meditate-will-I   ,works-wondrous-thy

יֹאמֵרוּ וּגְדֻלּוֹתֶיךָ אֲסַפְּרֶנָּה ׃ 7 זֵכֶר

of-remembrance-The   .[it]-declare-will-I   greatness-thy-and   ;speak-shall-they

רַב־טוּבְךָ יַבִּיעוּ וְצִדְקָתְךָ יְרַנֵּנוּ ׃

.joy-for-shout-shall-they   righteousness-thy-(*in*)-&   ,utter-shall-they   goodness-thy   great

8 חַנּוּן וְרַחוּם יְהוָה אֶרֶךְ אַפַּיִם וּגְדָל־

of-great-and   ,anger   of-long   ;Jehovah-(*is*)   merciful-and   Gracious

חֶסֶד׃ 9 טוֹב־יְהוָה לַכֹּל וְרַחֲמָיו עַל־
over-(*are*) mercies-tender-his-& ,all-THE-to Jehovah (*is*)-Good .mercy

כָּל־מַעֲשָׂיו׃ 10 יוֹדוּךָ יְהוָה כָּל־מַעֲשֶׂיךָ
,works-thy all ,Jehovah-O ,thanks-thee-give-Shall .works-his all

וַחֲסִידֶיךָ יְבָרְכוּכָה׃ 11 כְּבוֹד מַלְכוּתְךָ יֹאמֵרוּ
; say-shall-they kingdom-thy of-glory-The thee-bless-shall saints-thy-and

וּגְבוּרָתְךָ יְדַבֵּרוּ׃ 12 לְהוֹדִיעַ ׀ לִבְנֵי הָאָדָם
man-[THE] of-sons-the-to known-make-To .speak-shall-they might-thy-and

גְּבוּרֹתָיו וּכְבוֹד הֲדַר מַלְכוּתוֹ׃ 13 מַלְכוּתְךָ
(*is*)-kingdom-Thy .kingdom-his of-majesty-the of-glory-the-& ,mights-his

מַלְכוּת כָּל־עֹלָמִים וּמֶמְשַׁלְתְּךָ בְּכָל־דּוֹר
generation all-in (*is*)-ruling-thy-and ; eternities all of-kingdom-a

וָדֹר׃ 14 סוֹמֵךְ יְהוָה לְכָל־הַנֹּפְלִים וְזוֹקֵף
raising-(*is*)-and ; fall-who all-for Jehovah holding-(*Is*) .generation-and

לְכָל־הַכְּפוּפִים׃ 15 עֵינֵי־כֹל אֵלֶיךָ יְשַׂבֵּרוּ
; wait-will thee-upon all of-eyes-The .down-bowed-are-who-those all-for

וְאַתָּה נוֹתֵן־לָהֶם אֶת־אָכְלָם בְּעִתּוֹ׃ 16 פּוֹתֵחַ
opening-(*art-Thou*) .season-its-in food-their)(them-to giving-(*art*) thou-and

אֶת־יָדֶךָ וּמַשְׂבִּיעַ לְכָל־חַי רָצוֹן׃ 17 צַדִּיק
(*is*)-Righteous .pleasure-the living all-to satisfying-and ,hand-thy)(

יְהוָה בְּכָל־דְּרָכָיו וְחָסִיד בְּכָל־מַעֲשָׂיו׃ 18 קָרוֹב
Near .works-his all-in holy-and ; ways-his all-in Jehovah

יְהוָה לְכָל־קֹרְאָיו לְכֹל אֲשֶׁר יִקְרָאֻהוּ
him-call-will-who who all-to ; him-call-who-those all-to Jehovah-(*is*)

בֶאֱמֶת׃ 19 רְצוֹן־יְרֵאָיו יַעֲשֶׂה וְאֶת־שַׁוְעָתָם
cry-their)(-and ; do-will-he him-fear-who-those of-pleasure-The .truth-in

יִשְׁמַע וְיוֹשִׁיעֵם׃ 20 שׁוֹמֵר יְהוָה אֶת־כָּל־
all)(Jehovah keeping-(*Is*) .them-save-will-and ; hear-will-he

אֹהֲבָיו וְאֵת כָּל־הָרְשָׁעִים יַשְׁמִיד׃ 21 תְּהִלַּת
of-praise-The .destroy-will-he wicked-THE all)(-and ; him-love-who-those

יְהוָה יְדַבֶּר־־פִּי וִיבָרֵךְ כָּל־בָּשָׂר שֵׁם קָדְשׁוֹ

holiness-his of-name-the flesh all bless-will-& ,mouth-my speak-will Jehovah

לְעוֹלָם וָעֶד׃

.ever-and ever-for

קמו

הַלְלוּ יָהּ הַלְלִי נַפְשִׁי אֶת־יְהוָה׃ 2 אֲהַלְלָה

praise-will-I .Jehovah)(soul-my-O Praise ; Jah ye-Praise

יְהוָה בְּחַיָּי אֲזַמְּרָה לֵאלֹהַי בְּעוֹדִי׃ 3 אַל־

Not .still-(*being*)-my-in God-my-to psalms-sing-will-I ; life-my-in Jehovah

תִּבְטְחוּ בִנְדִיבִים בְּבֶן־אָדָם ׀ שֶׁאֵין לוֹ

him-to not-is-there-who ; man of-son-a-in ,princes-in ye-confide

תְשׁוּעָה׃ 4 תֵּצֵא רוּחוֹ יָשֻׁב לְאַדְמָתוֹ בַּיּוֹם

day-THE-in ; earth-his-to return-will-he ,spirit-his out-go-Will .salvation

הַהוּא אָבְדוּ עֶשְׁתֹּנֹתָיו׃ 5 אַשְׁרֵי

(*him*)-of-blessings-the-O .thoughts-his perished that-[THE]

שֶׁאֵל יַעֲקֹב בְּעֶזְרוֹ שִׂבְרוֹ עַל־יְהוָה

Jehovah upon (*is*)-waiting-his ; help-his-in Jacob of-God-the-(*has*)-who

אֱלֹהָיו׃ 6 עֹשֶׂה ׀ שָׁמַיִם וָאָרֶץ אֶת־הַיָּם וְאֶת־

)(-and ,sea-THE)(,earth-and heavens-the made-Who .God-his

כָּל־אֲשֶׁר־בָּם הַשֹּׁמֵר אֱמֶת לְעוֹלָם׃ 7 עֹשֶׂה

does-Who —: ever-for truth keeps-who ; them-in (*is*)-which all

מִשְׁפָּט ׀ לַעֲשׁוּקִים נֹתֵן לֶחֶם לָרְעֵבִים

; hungry-the-to bread gives-who ; oppressed-are-who-those-for judgment

יְהוָה מַתִּיר אֲסוּרִים׃ 8 יְהוָה ׀ פֹּקֵחַ

(*of-eyes-the*)-opening-(*is*) Jehovah .prisoners-the loosing-(*is*) Jehovah

עִוְרִים יְהוָה זֹקֵף כְּפוּפִים יְהוָה אֹהֵב

loving-(*is*) Jehovah ; down-bowed-are-who-those raising-(*is*) Jehovah ; blind-the

צַדִּיקִים׃ 9 יְהוָה ׀ שֹׁמֵר אֶת־גֵּרִים יָתוֹם

orphan-the ; strangers)(ʼ keeping-(*is*) Jehovah .righteous-the

וְאַלְמָנָה יְעוֹדֵד וְדֶרֶךְ רְשָׁעִים יְעַוֵּת׃

.pervert-will-he wicked-the of-way-the-and ; up-lift-will-he widow-the-and

10 יִמְלֹךְ יְהוָה ׀ לְעוֹלָם אֱלֹהַיִךְ צִיּוֹן לְדֹר

generation-to ,Zion-O God-thy ; ever-for Jehovah reign-Shall

וָדֹר הַלְלוּ־יָהּ׃

.Jah ye-Praise ; generation-and

קמז

הַלְלוּ יָהּ ׀ כִּי־טוֹב זַמְּרָה אֱלֹהֵינוּ

; God-our to-psalms-sing ; good-(*is-he*) because ; Jah ye-Praise

כִּי־נָעִים נָאוָה תְהִלָּה׃ 2 בּוֹנֵה יְרוּשָׁלַםִ

Jerusalem building-(*Is*) .praise (*is*)-comely ; pleasant (*is-it*)-for

יְהוָה נִדְחֵי יִשְׂרָאֵל יְכַנֵּס׃ 3 הָרוֹפֵא לִשְׁבוּרֵי

of-broken-the-[to] heals-Who .gather-will-he Israel of-outcasts-the ; Jehovah

לֵב וּמְחַבֵּשׁ לְעַצְּבוֹתָם׃ 4 מוֹנֶה מִסְפָּר

number-the counts-Who .sorrows-their-[to] binding-(*is*)-and heart

לַכּוֹכָבִים לְכֻלָּם שֵׁמוֹת יִקְרָא׃ 5 גָּדוֹל אֲדוֹנֵינוּ

,Lord-our (*is*)-Great .call-will-he names them-of-all-to ; stars-THE-of

וְרַב־כֹּחַ לִתְבוּנָתוֹ אֵין מִסְפָּר׃

.numbering not-is-there understanding-his-to ; strength of-much-and

6 מְעוֹדֵד עֲנָוִים יְהוָה מַשְׁפִּיל רְשָׁעִים עֲדֵי־

unto wicked-the low-making-(*is-he*) ; Jehovah humble-the up-lifting-(*Is*)

אָרֶץ׃ 7 עֱנוּ לַיהוָה בְּתוֹדָה זַמְּרוּ לֵאלֹהֵינוּ

God-our-to psalms-sing ; thanksgiving-with Jehovah-to ye-Answer .earth-the

בְכִנּוֹר׃ 8 הַמְכַסֶּה שָׁמַיִם ׀ בְּעָבִים הַמֵּכִין

establishes-who ; clouds-with heavens-the covers-Who .harp-the-with

לָאָרֶץ מָטָר הַמַּצְמִיחַ הָרִים חָצִיר׃

.grass mountains-the forth-bring-to-makes-who ; rain earth-THE-for

9 נוֹתֵן לִבְהֵמָה לַחְמָהּ לִבְנֵי עֹרֵב אֲשֶׁר

which ravens of-sons-the-to ,food-their cattle-the-to giving-(*is-He*)

יִקְרָאוּ׃ 10 לֹא בִגְבוּרַת הַסּוּס יֶחְפָּץ לֹא

not ;delight-he-will horse-THE of-strength-the-in Not .call-will

בְשׁוֹקֵי הָאִישׁ יִרְצֶה׃ 11 רוֹצֶה יְהוָה אֶת־

with Jehovah pleased-(*Is*) .pleased-be-will-he man-THE of-legs-the-in

יְרֵאָיו אֶת־הַמְיַחֲלִים לְחַסְדּוֹ׃ 12 שַׁבְּחִי

,thou-Praise .mercy-his-for hope-who-those with ;him-fear-who-those

יְרוּשָׁלַםִ אֶת־יְהוָה הַלְלִי אֱלֹהַיִךְ צִיּוֹן׃ 13 כִּי־

Because .Zion-O God-thy thou-Praise ;Jehovah)(Jerusalem-O

חִזַּק בְּרִיחֵי שְׁעָרָיִךְ בֵּרַךְ בָּנַיִךְ

sons-thy blessed-has-he :gates-thy of-bars-the strengthened-has-he

בְּקִרְבֵּךְ׃ 14 הַשָּׂם־גְּבוּלֵךְ שָׁלוֹם חֵלֶב חִטִּים

wheat of-fat ;peace , border-thy makes-Who .midst-thy-in

יַשְׂבִּיעֵךְ׃ 15 הַשֹּׁלֵחַ אִמְרָתוֹ אָרֶץ עַד־

unto ;earth-the-(*upon*) word-his sends-Who .with-thee-satisfy-will-he

מְהֵרָה יָרוּץ דְּבָרוֹ׃ 16 הַנֹּתֵן שֶׁלֶג כַּצָּמֶר

;wool-THE-like snow gives-Who .word-his run-will speed

כְּפוֹר כָּאֵפֶר יְפַזֵּר׃ 17 מַשְׁלִיךְ קַרְחוֹ כְפִתִּים

;morsels-like ice-his casts-Who .scatter-will-he ashes-like frost-hoar

לִפְנֵי קָרָתוֹ מִי יַעֲמֹד׃ 18 יִשְׁלַח דְּבָרוֹ

word-his send-will-He ?stand-shall who cold-his before

וְיַמְסֵם יַשֵּׁב רוּחוֹ יִזְּלוּ־מָיִם׃ 19 מַגִּיד

showing-(*is-He*) .waters-the flow-will ;wind-his blow-to-make-will-he ;them-melt-will-&

דְּבָרָיו לְיַעֲקֹב חֻקָּיו וּמִשְׁפָּטָיו לְיִשְׂרָאֵל׃ 20 לֹא־

Not .Israel-to judgments-his-and statutes-his ;Jacob-to words-his

עָשָׂה כֵן ׀ לְכָל־גּוֹי וּמִשְׁפָּטִים בַּל־יְדָעוּם

.them-know-they-will not judgments-his-and ,nation any-to thus did-he

הַלְלוּ־יָהּ׃

.Jah ye-Praise

קמח

הַלְלוּ יָהּ ׀ הַלְלוּ אֶת־יְהוָה מִן־הַשָּׁמַיִם
; heavens-THE from Jehovah)(ye-Praise .Jah ye-Praise

הַלְלוּהוּ בַּמְּרוֹמִים׃ 2 הַלְלוּהוּ כָל־מַלְאָכָיו
; angels-his all him-Praise .heights-THE-in him-Praise

הַלְלוּהוּ כָּל־צְבָאָו׃ 3 הַלְלוּהוּ שֶׁמֶשׁ וְיָרֵחַ
; moon-and sun ,him-Praise .hosts-his all him-Praise

הַלְלוּהוּ כָּל־כּוֹכְבֵי אוֹר׃ 4 הַלְלוּהוּ שְׁמֵי
of-heavens-ye him-Praise .light of-stars-ye all him-Praise

הַשָּׁמָיִם וְהַמַּיִם אֲשֶׁר ׀ מֵעַל הַשָּׁמָיִם׃ 5 יְהַלְלוּ
praise-shall-They .heavens-THE above (*are*)-which waters-THE-& ; heavens-THE

אֶת־שֵׁם יְהוָה כִּי הוּא צִוָּה וְנִבְרָאוּ׃
.created-were-they-and ,commanded he because ,Jehovah of-name-the)(

6 וַיַּעֲמִידֵם לָעַד לְעוֹלָם חָק־נָתַן וְלֹא
not-and ,gave-he statute-a ; ever-for-(*even*) ever-for stand-them-made-he-And

יַעֲבוֹר׃ 7 הַלְלוּ אֶת־יְהוָה מִן־הָאָרֶץ תַּנִּינִים
dragons-ye ; earth-THE from Jehovah)(ye-Praise .pass-will-they

וְכָל־תְּהֹמוֹת׃ 8 אֵשׁ וּבָרָד שֶׁלֶג וְקִיטוֹר רוּחַ
of-wind ; smoke-and snow ,hail-and Fire .depths all-and

סְעָרָה עֹשָׂה דְבָרוֹ׃ 9 הֶהָרִים וְכָל־גְּבָעוֹת עֵץ
of-tree ; hills all-and mountains-[THE] .word-his doing ,tempest

פְּרִי וְכָל־אֲרָזִים׃ 10 הַחַיָּה וְכָל־בְּהֵמָה רֶמֶשׂ
,thing-moving ,cattle all-and beasts-[THE] .cedars all-and ,fruit

וְצִפּוֹר כָּנָף׃ 11 מַלְכֵי־אֶרֶץ וְכָל־לְאֻמִּים שָׂרִים
,princes ,peoples all-and earth-the of-Kings .wing of-bird-and

וְכָל־שֹׁפְטֵי אָרֶץ׃ 12 בַּחוּרִים וְגַם־בְּתוּלוֹת זְקֵנִים
men-old ,virgins also-and men-Young .earth-the of-judges all-and

עִם־נְעָרִים׃ 13 יְהַלְלוּ ׀ אֶת־שֵׁם יְהוָה כִּי־
for ,Jehovah of-name-the)(praise-shall-They .youths with

נִשְׂגָּב שְׁמוֹ לְבַדּוֹ הוֹדוֹ עַל־אֶרֶץ וְשָׁמָיִם׃
.heavens-and earth-the above (*is*)-honour-his ;alone name-his high-on-set-(*is*)

14 וַיָּרֶם קֶרֶן ׀ לְעַמּוֹ תְּהִלָּה לְכָל־חֲסִידָיו
;saints-his all-of praise-the ,nation-his-of horn-the exalted-he-And

לִבְנֵי יִשְׂרָאֵל עַם קְרֹבוֹ הַֽלְלוּ־יָהּ׃
.Jah ye-Praise .nearness-his of-nation-the ,Israel of-sons-the-of

קמט

הַֽלְלוּ יָהּ ׀ שִׁירוּ לַיהוָה שִׁיר חָדָשׁ תְּהִלָּתוֹ
praise-his-(*even*) ;new song-a Jehovah-to ye-Sing ,Jah ye-Praise

בִּקְהַל חֲסִידִים׃ 2 יִשְׂמַח יִשְׂרָאֵל בְּעֹשָׂיו
;maker-his-in Israel glad-be-Shall .saints-the of-congregation-the-in

בְּנֵי־צִיּוֹן יָגִילוּ בְמַלְכָּם׃ 3 יְהַלְלוּ שְׁמוֹ
name-his praise-shall-They .king-their-in rejoice-shall Zion of-sons-the

בְמָחוֹל בְּתֹף וְכִנּוֹר יְזַמְּרוּ־לוֹ׃ 4 כִּי־
For .him-to psalms-sing-shall-they harp-and timbrel-the-with ;dance-the-in

רוֹצֶה יְהוָה בְּעַמּוֹ יְפָאֵר עֲנָוִים בִּישׁוּעָה׃
.salvation-with humble-the honour-will-he ;nation-his-in Jehovah pleased-(*is*)

5 יַעְלְזוּ חֲסִידִים בְּכָבוֹד יְרַנְּנוּ עַל־
upon joy-with-shout-shall-they ;glory-in saints-the exult-Shall

מִשְׁכְּבוֹתָם׃ 6 רוֹמְמוֹת אֵל בִּגְרוֹנָם
;throat-their-in (*be-shall*)-God of-(*praises*)-exalted-The .beds-their

וְחֶרֶב פִּיפִיּוֹת בְּיָדָם׃ 7 לַעֲשׂוֹת נְקָמָה בַּגּוֹיִם
,Gentiles-THE-on vengeance do-To ;hand-their-in mouths of-sword-a-&

תּוֹכֵחוֹת בַּלְאֻמִּים׃ 8 לֶאְסֹר מַלְכֵיהֶם בְּזִקִּים
,chains-with kings-their bind-To .peoples-THE-on rebukes

וְנִכְבְּדֵיהֶם בְּכַבְלֵי בַרְזֶל׃ 9 לַעֲשׂוֹת בָּהֶם ׀
them-on do-To .iron of-fetters-with ones-honourable-their-&

מִשְׁפָּט כָּתוּב הָדָר הוּא לְכָל־חֲסִידָיו הַֽלְלוּ־יָהּ׃
.Jah ye-Praise ,saints-his all-to-(*is*) this majesty ;written judgment-the

קנ

הַלְלוּ יָהּ ׀ הַלְלוּ־אֵל בְּקָדְשׁוֹ הַלְלוּהוּ
him-praise ;holiness-his-in God ye-Praise .Jah ye-Praise

בִּרְקִיעַ עֻזּוֹ׃ 2 הַלְלוּהוּ בִגְבוּרֹתָיו הַלְלוּהוּ
him-praise ; mights-his-in him-Praise .strength-his of-expanse-the-in

כְּרֹב גֻּדְלוֹ׃ 3 הַלְלוּהוּ בְּתֵקַע שׁוֹפָר
;cornet-the of-sound-with him-Praise .greatness-his of-multitude-the-to-according

הַלְלוּהוּ בְּנֵבֶל וְכִנּוֹר׃ 4 הַלְלוּהוּ בְתֹף
timbrel-the-with him-Praise .harp-and psaltery-the-with him-praise

וּמָחוֹל הַלְלוּהוּ בְּמִנִּים וְעֻגָב׃ 5 הַלְלוּהוּ
him-Praise .organs-and instruments-stringed-with ,him-praise ;dance-and

בְצִלְצְלֵי־שָׁמַע הַלְלוּהוּ בְּצִלְצְלֵי תְרוּעָה׃
.shouting of-cymbals-the-with him-praise ;hearing of-cymbals-the-with

6 כֹּל הַנְּשָׁמָה תְּהַלֵּל יָהּ הַלְלוּ־יָהּ׃
.Jah ye-Praise ;Jah praise-shall breathes-that All

חזק

קרי וכתיב

	כתיב	קרי		כתיב	קרי
5 : 9	הַוְשַׁר	הישר	17 : 11	סְבָבוּנִי	סבבונו
6 : 4	וְאַתְּ	ואתה	14	וּצְפִינְךָ	וצפונך
9 : 13	עֲנִיִּים	ענוים	21 : 2	יָגִיל	יגל
19	עֲנָוִים	עניים	24 : 4	נַפְשׁוֹ	נפשי
10 : 5	דְּרָכוֹ	דרכיו	6	דֹּרְשׁוֹ	דורשיו
10	וְדָכָה	ידכה	26 : 2	צָרוֹפָה	צרפה
—	חֶלְכָּאִים	חל כאים	27 : 5	בְּסֻכֹּה	בסכו
12	עֲנִיִּים	ענוים	30 : 4	מִיּוֹרְדִי	מירדי
11 : 1	נוּדוּ	נודי	38 : 21	רְדוֹפִי	רדפי
16 : 10	חֲסִידֶיךָ	חסידך	39 : 1	לִידִיתוּן	לידותון

קרי וכתיב

קרי	כתיב	
ואשר	יְאֻשַּׁר	41 : 3
וצורם	וְצִירָם	49 : 15
הרב	הֲרֶבָה	51 : 4
ישיב	יָשׁוּב	54 : 7
ישי מות	יָשִׁימָוֶת	55 : 16
יצפונו	יִצְפִּינוּ	56 : 7
חציו	חִצָּו	58 : 8
חסדי	חַסְדּוֹ	59 : 11
יניעון	יְנוּעוּן	16
ועננִי	וַעֲנֵנוּ	60 : 7
ירומו	יָרִימוּ	66 : 7
חושה	חִישָׁה	71 : 12
הראיתני	הִרְאִיתַנוּ	20
תחייני	תְּחַיֵּינוּ	—
תעלני	תַּעֲלֵנוּ	—
ינון	יִנִּין	72 : 17
נטיו	נָטוּי	73 : 2
שפכו	שֻׁפְּכָה	—
ישוב	יָשִׁיב	10
הוא	היא	16
ועתה	וְעַתָּ	74 : 6
חיקך	חוֹקְךָ	11
ידותון	יְדִיתוּן	77 : 1
אזכור	אֶזְכִּיר	12
ושבילך	וּשְׁבִילֶיךָ	20
בגוים	בַּגּוֹיִם	79 : 10
שבית	שְׁבוּת	85 : 2
תרום	תָּרִים	89 : 18
אשמר	אֶשְׁמוֹר	29
שתה	שַׁתָּ	90 : 8
עולתה	עַלְתָה	92 : 16
ולו	וְלֹא	100 : 3
כחי	כֹּחוֹ	102 : 24
רגלו	רַגְלָיו	105 : 18
דברו	דְּבָרָיו	28
שליו	שְׂלָו	40
חסדיו	חֲסָדָו	106 : 45
ועננִי	וַעֲנֵנוּ	108 : 7
וידעי	וְיֹדְעוּ	119 : 79
לדברך	לִדְבָרֶיךָ	147
ומדברך	וּמִדְּבָרֶיךָ	161
לגאי יונים	לִגְאֵיוֹנִים	123 : 4
שביתנו	שְׁבוּתֵנוּ	126 : 4
למעניתם	לְמַעֲנוֹתָם	129 : 3
פליאה	פְּלִאָיה	139 : 6
ולו	וְלֹא	16
יכסימו	יְכַסּוּמוֹ	140 : 10
ימוטו	יִמִּיטוּ	11
ידעתי	יָדַעְתָּ	13
וגדולתך	וּגְדֻלּוֹתֶיךָ	145 : 6
וגדל	וּגְדוֹל	8
דבריו	דְּבָרוֹ	147 : 19
צבאיו	צְבָאוֹ	148 : 2

www.ingramcontent.com/pod-product-compliance
Lightning Source LLC
Chambersburg PA
CBHW071429150426
43191CB00008B/1088

* 9 7 8 1 7 2 5 2 8 7 5 7 0 *